军事课教程

刘文炳　主编

清华大学出版社

北　京

内 容 简 介

本书依据《普通高等学校军事课教学大纲》，充分吸取各高校教学经验编写而成。全书共九章，主要介绍了中国国防、国家安全、军事思想、现代战争、信息化装备、共同条令教育与训练、射击与战术训练、防卫技能与战时防护训练、战备基础与应用训练等内容。

本书注重以史为鉴、立足当前、着眼未来、与时俱进，既关注世界各国军事研究新理论，又注重我国国防建设新成就。全书尽可能用通俗、易懂的语言介绍基本的国防、军事知识，旨在增强大学生的国防观念，激发爱国热情，自觉履行国防义务。

本书结构体系合理，内容简明易懂，理论与实际联系紧密，可读性强，适用性广，既可作为普通高校军事教学和国防教育的教材，也可作为大学生和军事爱好者的学习参考书。

图书在版编目(CIP)数据

军事课教程 / 刘文炳主编. —北京：清华大学出版社，2020.8(重印 2021.7)
ISBN 978-7-302-55198-0

Ⅰ. ①军… Ⅱ. ①刘… Ⅲ. ①军事科学—高等学校—教材 Ⅳ. ①E

中国版本图书馆 CIP 数据核字(2020)第 048084 号

责任编辑：王　定
封面设计：周晓亮
版式设计：孔祥峰
责任校对：成凤进
责任印制：刘海龙

出版发行：清华大学出版社
　　　　　网　　址：http://www.tup.com.cn，http://www.wqbook.com
　　　　　地　　址：北京清华大学学研大厦 A 座　　　　邮　　编：100084
　　　　　社 总 机：010-62770175　　　　　　　　　　邮　　购：010-62786544
　　　　　投稿与读者服务：010-62776969，c-service@tup.tsinghua.edu.cn
　　　　　质 量 反 馈：010-62772015，zhiliang@tup.tsinghua.edu.cn
印 装 者：小森印刷霸州有限公司
经　　销：全国新华书店
开　　本：195mm×260mm　　　印　　张：17.5　　　字　　数：497 千字
版　　次：2020 年 8 月第 1 版　　印　　次：2021 年 7 月第 3 次印刷
定　　价：48.00 元

产品编号：084733-01

编写委员会

主　任　严金静

副主任　陈长树　池有忠

主　编　刘文炳

副主编　陈国林　薛军楼

委　员（按姓氏笔画为序）

刘文炳　刘继宪　池有忠　严金静　苏炳海　李　维

李猷艺　沈国俊　张冬冬　张华阳　陈　诚　陈长树

陈国林　陈亮建　林　夷　周善标　赵　岚　徐　婧

黄　斌　蔡秋英　薛军楼

前　　言

　　近代中国屡遭外来侵略和掠夺的惨痛教训，告诫我们不重视国防教育和国防建设，势必会给国家和民族带来灾难，甚至会导致国家灭亡。中华人民共和国成立以后，党和国家全面加强了国防教育工作，弘扬爱国主义和革命英雄主义精神。2001年4月，全国人大常务委员会颁布了《中华人民共和国国防教育法》，设立了国防教育日，用法律手段规范国防教育。2002年6月，教育部、总参谋部和总政治部印发《普通高等学校军事课教学大纲》。全国高校普遍开展以军事理论教学和军事技能训练为主要形式的教育活动。进入新时代，以习近平同志为核心的党中央高度重视国防教育工作，并将其作为党的思想宣传工作和国民教育的重要组成部分，作为提高全民素质和培塑民族精神的重要途径，作为全面推进国防和军队现代化建设的战略举措。在党的十九大上，习总书记还特别强调，要加强国防教育，巩固军政军民团结，为实现中国梦强军梦凝聚强大力量。这也为我们做好新时代的国防教育工作提供了根本遵循、指明了前进方向。加强高校国防教育，对于弘扬爱国主义精神、强化忧患危机意识、增强全民国防观念，意义重大而深远。2019年年初，教育部、中央军委国防动员部制订新版《普通高等学校军事课教学大纲》(教体艺〔2019〕1号)(以下简称《教学大纲》)。为推进军事课程教学的创新发展，我们组织一些军地院校的专职军事教师，依据《教学大纲》，充分吸取各高校教学经验，编写了这本《军事课程》。

　　在编写过程中，各参编教师认真贯彻国防教育法律法规的要求，坚持科学、严谨、实用、新颖的原则，严格按照《教学大纲》设计、编排章节，注重章节内容前后的逻辑关系，既便于教师选择讲授内容，又便于学生复习考试，力求达到"教师好教、学生好学"的目的。同时，本书还努力突出以下特色：①教学内容注重以史为鉴、立足当前、着眼未来、与时俱进，既关注世界各国军事研究新理论，又注重我国国防建设新成就；②全书尽可能用通俗、易懂的语言介绍基本的国防、军事知识，旨在增强大学生的国防观念，激发爱国热情，自觉履行国防义务；③在相关章节增加钓鱼岛、东海大陆架、南海岛礁和海域的知识，以强化大学生的海洋国土意识；④按照教育部有关文件要求，将"人民防空教育"作为试点教学内容编入"中国国防"等章节；⑤新增了格斗基础、识图用图、电磁频谱监测等内容，以促进各高校师生参加全国军事课教学展示比赛、各省大学生军事技能大比武等。

　　本书的编写工作是在福建省军区和教育厅有关领导的支持下，由福建农林大学牵头，厦门大学、南京陆军指挥学院、福建师范大学、福建中医药大学、福建江夏学院、莆田学院、武夷学院、仰恩大学、闽南理工学院、福建警察学院、福建幼儿师范高等专科学校等省内、外数十所高校的有关领导和专职军事教师组成编写委员会，召开会议讨论、确定大纲、目录、各章节的教学目标、主要内容和教学要求等，以下各教师分工撰写初稿：刘文炳(第一章、第三章第四节和第五节、第四章第四节、第六~九章)、陈诚(第二章第一节和第二节)、李猷艺(第二章第三节)、陈国林(第三章第一节和第二节)、刘继宪(第三章第三节)、赵岚(第三章第六节)、薛军楼(第四章第一节和第二节)、陈亮建(第四章第三节)、林夷(第五章第一节和第二节)、周善标(第五章第三节和第四节)等。书稿完成后，先由本书主编统稿、编委会审核，再送国家国防教育办公室教材审稿专家，以及清华大学、东南大学等著名高校国防教育专家和全国普通高等学校军事课教学指导委员会委员进行审稿。在此，衷心对他们表示感谢！感谢郑传芳教授、陆华教授的精心指导！感谢福建农林大学出版基金的支助！感谢清华大学出版社编辑们的辛勤付出！

编写一本高质量的军事课教材是一件难度较大的基础性工作，有许多理论与实际问题需要不断研究和解决。在编写过程中，我们参考了大量教材、专著、学术文章和有关资料，并尽量列举在参考文献中，但仍不免遗漏，在此一并对相关作者表示诚挚的谢意。本书的编写和出版得到了福建省教育厅和省军区的大力支持，清华大学、东南大学等一些知名高校的武装部部长、国防教育专家对本书的编写提出了许多宝贵意见和建议，全国普通高等学校军事课教学指导委员会的多名专家对本书内容进行了审核，在此表示衷心的感谢！

本书编写从确定提纲到最后定稿历时一年多，经过多次集体研究和讨论，但受学术水平和研究能力的限制，不足和缺憾之处在所难免，望广大读者在使用过程中多提宝贵意见，以便再版时修订完善。

本书提供配套电子教案、多媒体课件、在线 MOOC，下载或学习地址如下，微课视频欣赏请扫描相应章节二维码。

电子教案

多媒体课件

在线MOOC

编　者

2020 年 3 月

目　　录

第一章

中国国防

【教学目标】

理解国防的含义和中国的国防历史，促进大学生树立正确的国防观；了解我国国防领导体制、国防建设成就、国防战略及国防政策，激发大学生的爱国热情；熟悉国防法规、武装力量、国防动员、人民防空的主要内容，增强大学生国防观念，强化国家安全和责任意识。

第一节　国防概述

国防随着国家的产生而产生，随着国家的发展而发展，最后也将随着国家的消亡而消亡。在原始社会时期，没有剥削，没有阶级，没有国家，当然无须国防。随着生产力的不断发展，私有制开始出现，代表不同利益的阶级、政治集团和国家也开始形成。这时，人类本能的自卫意识也就转化成阶级或政治集团的防卫观念，国家的产生带来了国家的防务，即国防。

一、国防的含义

《中华人民共和国国防法》(以下简称《国防法》)规定，国防是国家为防备和抵抗侵略，制止武装颠覆和分裂，保卫国家主权、统一、领土完整、安全和发展利益所进行的军事活动，以及与军事有关的政治、经济、外交、科技、教育等方面的活动。根据这一定义，国防的基本要素包括以下几点。

国防的含义和类型

(一) 国防的主体

国防的主体是指国防活动的实行者，通常是国家。也就是说，国防是国家的事业，是国家的固有职能。国家自诞生之日起，就要固国强边，防备和抵御外来侵略，维护国家生存和发展。从本义来看，国防是国家的防务，是全民族的防务，与国家机关部门、各个单位、各种组织以及全体公民都息息相关。从本质来看，国家是阶级专政的工具，是统治阶级利益和意志的体现，只有通过国家权力才能实现这种利益与意志。国防就是要维护国家的权力，同时也只有依靠国家的权力才能使国防得以运转，因而，只有国家才能领导和管理国防事业。

(二) 国防的手段

国防的手段是指为达到国防目的而采取的方法和措施。根据《国防法》规定，国防的手段包括："保卫国家的主权、统一、领土完整和完全所进行的军事活动，以及与军事有关的政治、经济、外交、科技、教育等方面的活动。"其中，军事手段是对付外来侵略和武装暴乱最根本和最有效的手段之一，即用巨大的即时打击能力给侵略者造成精神和物质的严重损害，迫使对方中止侵略行动，直至放弃侵略企图。同时，军事手段也是解决国家间矛盾和冲突的最后手段。当不同国家之间的主权和利益矛盾不断积累，激化到极限状态后，就不得不依靠军事手段，采用武装冲突或战争的方式进行解决。此外，军事手段还可以作为经济、外交、科技和教育手段的有力后盾，强化这些非军事手段的国防功能。

(三) 国防的对象

国防的对象是指国防所要防备、抵抗和制止的行为。也就是说，一个国家在什么情况下可以使用国防、军事力量的重大问题。根据《国防法》规定，国防的对象：一是外来侵略，二是武装颠覆。1974 年 12 月 14 日，联合国大会通过了《关于侵略定义的决议》，明确了"侵略是指一个国家使用武力侵犯另一个国家的主权、领土完整或政治独立，或以本定义所宣示的与《联合国宪章》不符的任何其他方式使用武力。"应该说，凡是《关于侵略定义的决议》所指的侵略，均属于运用国防、军事力量防备和抵抗的对象。武装颠覆就是以武力推翻现政府。一切武装性质的颠覆活动，如分裂国家的"独立活动"、武装叛乱以及企图推翻社会主义制度的武装暴乱等，均对国家安全构成了重大威胁，必须依法动用国防、军事力量给予强力打击。这也是我国《国防法》规定的国防的对内职能。

(四) 国防的目的

《国防法》明确规定，国防的目的是保卫国家主权、统一、领土完整、安全和发展利益。

保卫国家主权是国防的首要目的。国家和主权不可分割，主权是一个国家的根本标志。一个国家没有主权，就意味着没有一切，更谈不上自己的独立、领土完整、政治制度、社会准则和国家荣誉等。

保卫国家统一是国防的重要任务。国家统一是指国家由一个中央政府对其领土内一切居民和事务行使完整的管辖权，不允许另立政府或分割国家管辖权。从国际法角度来说，保卫国家统一、反对分裂，历来是一个国家的内部事务，绝不允许外国干涉。

保卫国家领土完整是国防的重要目的。国家领土是一个国家赖以存在的战略空间，是国家存在和发展的自然物质前提，是构成国家的基本要素之一。领土完整的含义是：凡属于本国的领土，决不能丢失，决不允许被分裂、肢解和侵占。当然，任何国家也不得破坏他国的领土完整。一个国家的领土被侵占，主权必然受到侵犯。因此，保卫国家主权统一，必然要保卫国家领土完整。

维护国家安全和发展利益是国防的又一个重要目的。国家的正常生存和发展，必须要有一个安全的内、外环境。一旦国家受到外来侵略或武装颠覆，安全受到威胁，就难以维持和平、稳定与发展。

二、国防的类型

一个国家的国家性质、社会制度、国防战略和政策决定了其国防的类型。按照社会制度和国防目标的不同，目前世界上国家的国防类型主要分为扩张型、自卫型、联盟型和中立型四种。

(一) 扩张型国防

扩张型国防是指极少数的大国、强国奉行霸权主义政策，为了维护它们在世界各地区的利益，经常以国家防卫为幌子，公然对其他主权国家进行武力渗透、侵略和颠覆，把自己的"安全"建立在他国不安全的基础上。例如，美国的国防就是典型的扩张型国防。

(二) 自卫型国防

自卫型国防是指以防止外敌入侵为目的，以本国国防、军事力量为主，同时也广泛争取国际上的同情和支持，努力维护本国的国家主权和安全，促进周边地区和世界的和平与稳定。例如，我国的社会主义国家性质、制度和政策，以及实行的防御性国防战略，决定了我国是自卫型国防。我国《国防法》明确规定："国家独立自主、自力更生地建设和巩固国防，实行积极防御战略，坚持全民自卫原则。"

(三) 联盟型国防

联盟型国防是指以结盟形式联合相关国家进行的国防。根据联盟国家关系，联盟型国防又分为一元联盟型和多元联盟型。前者的联盟国家中有一个大国处于盟主地位，其余国家处于从属地位，如美、日、韩三国间的联盟；后者的联盟国家基本处于平等伙伴关系，如北大西洋公约组织。

(四) 中立型国防

中立型国防一般是指某些中、小发达国家为了保障本国的繁荣、发展与安全，严格遵守和平、中立的国防政策，实行总体防御战略和寓兵于民的防御体系。例如，北欧的瑞士、瑞典就是典型的中立型国防。

三、中国的国防历史

我国的国防历史悠久，源远流长。随着人类社会的演进和发展，我国先后经历了不同的社会制度和发展阶段，国防也经历了昌盛与衰败、荣耀与屈辱的历史。它既记录了古代国防的成功经验，蕴含了中华民族的智慧与勇敢，也铭记了近代国防的悲痛教训，充满了中华民族的屈辱与愤慨。这不仅是中国人民的精神财富，也是当代开展国防教育的生动教材。

中国国防历史和启示

(一) 中国古代国防

我国古代国防是从第一个奴隶制王朝(夏朝)的建立开始，到最后一个封建王朝(清朝)后期(第一次鸦片战争前)为止，大约经历了4000多年、20多个朝代的更迭延绵，呈现兴衰交替、曲折发展的特点。

1. 古代国防理论

公元前21世纪，我国由原始氏族社会进入奴隶制社会，出现了国家，也开始有了国防。在随后的几千年抵御外来侵略和保卫国家安全的过程中，逐渐形成了中国古代的国防理论。

春秋战国时期，由于封建地主阶级推翻奴隶主阶级的武装斗争，以及各诸侯国间的争霸战争频繁，国防观念和军事思想得到迅速发展，产生了"义战却不非战""非攻兼爱却不非诛""足食足兵""富国强兵""文武相济""重战、慎战、备战""不战而屈人之兵"等指导思想，在此基础上形成了较为完整的战争观和"知彼知己，百战不殆""伐谋伐交，不战而胜""以智使力"等战争指导思想，总结出一整套治军方法，形成了较合理的军队编制体制。这标志着中国古代军事思想和国防理论的基本形成，从而为古代国防理论体系的建立奠定了基础。

公元前221年，秦始皇统一中国，建立了中央集权国家，标志着中国封建社会进入一个新的历史阶段。随后的汉、唐时期，在军事上开疆拓土，更是开创了封建社会的鼎盛时期。在这一阶段，中国古代国防理论进一步丰富和发展，经过全面整编兵书，初步形成了我国古代国防理论体系。

从宋朝至清朝，随着封建王朝的不断更替，军事也有相当的发展。北宋时期开办"武学"，设立武举，培养和选拔了一大批军事人才，大大繁荣了军事学术。明朝和清朝前期，又将武举拓展到更大的范围，甚至出现文人谈兵、武人弄文的局面，大批的军事著作面世，军事思想和国防理论进一步发展，最终形成较为完整的国防理论体系，如"以民为体""居安思危"的国防指导思想；"富国强兵""寓兵于农"的国防建设思想；"爱国教战""崇尚武德"的国防教育思想；"不战而胜""安国全军"的国防斗争策略等。

2. 古代兵制建设

兵制就是军事制度，又称军制，包括武装力量体制、军事领导体制和兵役制度等方面的内容。兵制建设是我国古代国防的一个重要方面。据史书记载，我国原始社会没有军队，到了原始社会末期，氏族、部落之间经过暴力争斗建立了夏王朝。统治者为了巩固政权，镇压奴隶的反抗，平息被征服民族的反叛，抵御外族侵扰或继续征服周边的民族，建立军队成为必然。同时，随着生产力的进步，青铜器制造技术得到发展，基本具备了建立军队的物质条件。所以，夏朝出现了最初形式的国家军队。少数不参加生产劳动的贵族上层成员组成卫队，担任王室的警卫，一旦发生战争，便临时征集平民组成军队。

商朝开始有了固定编制的王师(军队)。据安阳殷墟出土的甲骨卜辞，已有"王作三师：左、中、右"的记载，这说明商朝出现了固定编制——王师。商朝后期，战争规模不断扩大，军队的建制也趋于成熟。在西周灭商的"牧野之战"中，已有"戎车三百乘、虎贲三千人、甲士四万五千人，以东伐纣"(《史记·周本纪》)的记载，还有"宗周六师、成周八师"之说，这说明西周已经出现常备军，主要是车兵(以车战为主)，最高单位为师；车兵的基本建制单位为"乘"，一个师为100乘，师的统帅称"师氏"；同时出现了军事领导官职：周王、卿和司马。这一时期，军队按师、旅、卒、两、伍编成。据《司马法》记载：二十五为两，四两为卒，百人也；五卒为旅，五百人。到了春秋时期，随着战车数量的增加，各诸侯国出现军的编制，编为左、中、右三军或上、中、下三军，每军约有战车二百乘。战国时期，由于冶铁技术的发展，铁兵器大量应用于战场，使得军队由单一兵种向多兵种发展。步兵从车兵的依附中脱离出来，成为一支独立兵种，在战争中占据主要地位。继车兵、步兵之后，又出现骑兵，也成为一个重要兵种。此外，有的诸侯国(如吴、齐、楚)为了满足战争的需要，也建立了能独立作战的水师。

秦始皇统一中国后，国家有了统一的军队，由京师兵、郡县兵、边兵组成。京师兵为野战部队、中央部队(兵称正卒)，由皇帝直接指挥调遣；郡县兵为地方部队(兵称更卒)，部署在各郡县，维护地方政权；边兵类为边海防守备部队(兵称戍卒)，主要部署在边境地区。汉朝承秦制，以后各朝代随着社会发展，虽然战争形态逐步由热兵器取代了冷兵器，兵役制度也进行了更改，根据作战空间又进行了陆、海军的分工，但武装力量体制仍然沿用中央部队、地方部队、边防部队的基本类型。

在军事领导体制上，奴隶社会"礼乐征伐自天子出"，军队由国王直接指挥。到春秋战国时期，出现了将、相分职，将领兵的局面。秦统一中国后，设立了专管军事的太尉。隋朝设立兵部，宋朝设立枢密院，清朝设立军机处。各朝代在军事领导体制方面的做法虽然不尽一致，但皇权至上，军队的调拨使用大权始终掌握在皇帝手中。

在兵役制度上，奴隶社会时期，生产力低下、人口稀少、战争规模小，主要实行"兵民合一"的民军制度；进入封建社会后，民军制度逐渐演变成与当时社会相适应的兵役制度，如秦汉的征兵制、三国两晋南北朝的世兵制、隋唐的府兵制、宋朝的募兵制以及明朝的卫所兵役制等。

3. 古代边防、海防工程建设

我国历代王朝为防备和抵御外敌入侵，修筑了数量众多、规模庞大的边防、海防工程，如古代的城池、长城、京杭大运河、古代海防工程等。

城池是中国古代国防建设中时间最早、数量最多的工程之一。城池建筑始于商朝，之后规模不断扩大，结构日趋完善，一直延续到近代。因此，攻城、守城池也成为中国古代战争的主要战术。

长城是城池建设的延续和发展，始建于春秋战国。秦始皇统一中国后，将秦、赵、燕三国北部的长城予以修缮，连贯为一。后经各朝代多次修建连接，至明代形成西起嘉峪关、东至山海关的万里长城。长城据险筑墙、关堡相连、烽燧相望、敌台林立、层层布防，在战国时期的诸侯国争霸战争以及秦汉之后的民族战争中都发挥了重要作用。

京杭大运河是我国古代伟大的水利和军事工程。隋炀帝时，在原有旧河道上开凿连贯，形成北起北京通州、南至浙江杭州的大运河，全长 1794 千米，把南北方许多州、县连成一线，对历朝历代的军事交通运输和"南粮北运"都起到了积极作用。

古代海防工程始建于明朝。公元 14 世纪，为了抵御倭寇对沿海地区的频繁袭扰，明朝政府在沿海重要地段修建以卫城、所城、新城为骨干，水陆寨、营堡、墩、台、烽、燧等相结合的海防工程。清朝前期，在明代卫城、所城的基础上，修建炮台要塞式设施，逐步形成海岛、海口、海岸、江防要塞于一体的防御体系，并编成了江河水师和外海水师。清朝中后期，政府腐败，海防也日渐虚弱。

(二) 中国近现代国防

从第一次鸦片战争(1840 年)到中华人民共和国国成立(1949 年)，我国先后经历了清朝后期和民国时期。中国近现代史是一部中国人民的革命史，也是一部中华民族抵抗侵略的抗争史，更是一部中华民族打倒帝国主义、打倒封建主义以实现国家独立和民族解放的斗争史。

1. 清朝后期的国防

鸦片战争以前，我国是一个主权独立的封建国家，国防一直都较为巩固。16 世纪倭寇入侵，被清朝军队赶出了中国国土。17 世纪初，民族英雄郑成功收复了被荷兰殖民主义者侵占的台湾岛。17 世纪中叶，沙皇俄国侵占我国东北的雅克萨等地，筑城盘踞。清政府谋求和平解决，在多次谈判无效的情况下，于 1685 年、1686 年两次出兵击败俄军，后经谈判，签订了《中俄尼布楚条约》，从法律上确定了中俄东段边界。

18 世纪，中国封建社会开始走下坡路，国防力量由盛而衰，在鸦片战争前夕，军事实力衰竭到极点。军队武器装备极为落后，仍然使用大刀、长矛、弓箭，以及少量的鸟枪、火绳枪和用黑色炸药发射的铁炮；战术呆板，作战方法仍是密集整体冲杀的方阵队形；指导思想陈旧，仍以骑射为主，因此战斗力很弱。反之，其他资本主义国家正处于迅速发展时期，热兵器代替了冷兵器，军队大量使用能发射弹丸的枪炮，广泛运用"线式"散兵战术，作战能力大大增强。外国资产阶级在其强大军力的支持下，长期向我国大量倾销鸦片，以至清朝"国无可用之兵，库无可支之银"。1839 年 6 月，林则徐主持虎门销烟。英国政府寻找借口，于 1840 年派遣了由 16 艘军舰、4 艘武装轮船、28 艘运输船、546 门大炮和 4000 名士兵组成的舰队，发动了鸦片战争。至 1842 年，英舰队先后占领了定海，北犯天津大沽，炮击广州，进犯南京，使当时拥有 4 亿人口、80 万军队的清政府战败。清政府被迫签订了中国历史上第一个不平等条约《南京条约》。从此，中国沦为半殖民地半封建社会，东方明珠香港沦为英国殖民地。

第一次鸦片战争后，帝国主义掀起了侵略瓜分中国的狂潮：1856 年 10 月—1860 年 11 月英法联军发起的第二次鸦片战争；1883 年 12 月—1884 年 6 月的中法战争；1894 年 7 月—1895 年 4 月的中日甲午战争；1900 年 6 月—1901 年 9 月的八国联军侵华战争等。这些战争都以中国的失败而告终。战争失败固然有经济技术落后、清军战斗力不强等原因，但清政府政治上的懦弱也助长了帝国主义侵略扩张的嚣张气焰。比如，1884 年中法战争，中国军队虽然战胜了法军，但清政府抱定屈膝求和的方针，与法军签订条约并赔款，使中国不败而败。正因为这样，侵略者得寸进尺，强迫清政府先后签订了 500 多个不平等条约，仅沙皇俄国就割去中国黑龙江以北 60 多万平方千米和乌苏里江以东 45 万平方千米、新疆以西 44 万平方千米的土地，以及伊犁地区 7 万多平方千米的中国领土，共计 150 多万平方千米。

在帝国主义列强大举侵略下，我国赔款白银高达 12 亿两，国土被大片侵占。在 18 000 多千米的海防线上，没有一个港口自己享有主权。在中华大地上，俄国在长城以北，英国在长江流域，日本在台湾、福建，德国在山东，法国在云南公然划分势力范围。帝国主义国家还获得了许多特权，蛮横地在我国驻军，划割租界，肆意蹂躏妇女，枪杀老人和儿童，并到处开矿场、建工厂、筑铁路，疯狂地掠夺我国资源。帝国主义列强的军事入侵，不仅使我国在政治上、经济上蒙受巨大损失，国土被蹂躏得支离破碎，更使中国人民的人格和尊严丧失殆尽，传统文化遭受空前劫难。

2. 民国时期的国防

1911年辛亥革命的成功对中国近、现代史产生了深远影响，但是，中国并未能由此建立起一个独立强大的国家。袁世凯复辟帝制后与帝国主义相勾结，1915年拱手把山东让给了日本，又接受了日本提出的变中国为其殖民地的"二十一条"要求。袁世凯死后，北洋军阀内部分化为直、皖、奉三系。以冯国璋和他的继承人曹锟、吴佩孚为首的直系，以英美帝国主义作后台，统治直隶(今河北)、江苏、江西和湖北等省，并与皖系争夺北京政府的控制权。以段祺瑞为首的皖系，以日本帝国主义为靠山，掌握北京的中央政权，统治山东、河南、安徽、福建、浙江等省。奉系的张作霖统治东北三省，在日本帝国主义的扶植下，逐渐把势力扩张到关内，与直、皖系争夺北京的中央政权。此外，各地军阀彼此也进行着频繁的争战，如广西、广东的桂系陆荣廷，云南、贵州的滇系唐继尧，山西的阎锡山，新疆的杨增新等，都把军队当作自己的私产，为了巩固和扩大自己的地盘，争夺对中央的控制权而进行战争，出现了军阀混战的局面。

为了满足战争的需要，各派军阀除掠夺人民财产外，公开或秘密举借外债180多次，数额在银元8亿元以上。为了借到外债，各派军阀将中国人民的许多权益，包括铁路修筑权、矿山开采权、银行投资权、内河航运权，以及关税、盐税、烟酒茶税、米捐等大宗财政收入，都作为借款的抵押品。帝国主义国家则通过提供大量借款，在财政金融上扼住中国的咽喉，操纵中国的内政和外交。此时的中国已无国防可言。

1919年5月4日，中华大地上掀起了"外争主权，内除国贼"的反对帝国主义、反对封建主义的"五四爱国运动"。1921年中国共产党成立，中国工人阶级在马克思列宁主义的指引下开始以自觉的姿态登上了历史舞台。1924年，第一次国共合作，在中国大地上爆发了一场席卷全国的以"打倒列强，除军阀"为目标的革命运动，是一次以革命军事手段推翻帝国主义和封建军阀统治的尝试。然而，革命形势却因1927年4月12日蒋介石发动反革命政变而发生严峻的变化。随后，蒋介石背叛孙中山反帝、联俄的主张，实行卖国政策，建立起独裁政权，开始了在中国大陆22年的反动统治。

1927年8月1日，南昌起义打响了武装反抗国民党反动派的第一枪，标志着中国共产党独立领导武装斗争的开始。1931年，日本帝国主义制造了"九一八事变"，暴露了武装侵略中国的狂妄野心。1937年7月7日，日本发动了"卢沟桥事变"，开始了蓄谋已久的全面侵华战争。中国共产党始终高举团结抗日的旗帜，号召全国人民武装反抗日本帝国主义的侵略，积极倡导和推动抗日民族统一战线。在抗日战争中，八路军、新四军在极其艰苦的条件下，不怕牺牲，英勇杀敌，为中国抗日战争的胜利作出了不可磨灭的贡献。1945年抗日战争胜利，这是中国近现代史上第一次取得完全胜利的伟大的民族解放战争，是全国各族人民共同奋斗的结果，是中华民族不可战胜的象征。

抗战胜利后，中国人民在中国共产党领导下进行了伟大的解放战争。经过三年多的英勇作战，中国人民推翻了国民党反动政府，成立了中华人民共和国，结束了100多年来中华民族有国无防的屈辱历史，开始谱写中国国防史的新篇章。

(三) 新中国国防

1949年中华人民共和国成立后，国防力量不断发展壮大，国防和军队现代化建设也先后经历了四个阶段。

1. 初创阶段

1949 年 10 月—1953 年是我国国防的初创阶段，主要完成了以下 3 个方面的任务。

(1) 解放全国大陆。新中国成立初期，中国人民解放军先后进行了广西战役、西南战役、海南岛战役等，同时向新疆和西藏进军，采用作战与和平谈判的方式，解放了除台湾、金门和少数海岛以外的全部国土，肃清了大陆的国民党残余武装，消灭了匪患，建立了守备部队，加强了边防和海防建设。

(2) 取得抗美援朝战争的胜利。中国人民志愿军出兵朝鲜保家卫国，经过 2 年又 9 个月的战争，迫使美帝国主义在停战书上签字，取得了抗美援朝战争的伟大胜利。

(3) 实现了从单一陆军向合成军队的转变。1949—1953 年，中国人民解放军先后组建了空军、海军、炮兵、装甲兵、工程兵等军兵种；1950 年 4 月，成立了华北、华东等六大军区，相继组建了北海、东海、南海舰队和地空导弹部(分)队等；1951—1953 年，先后建立了 107 所军事、政治、后勤和工程技术院校。

2. 全面建设阶段

1953 年年底—1965 年 6 月是我国国防的全面建设阶段，国防建设突飞猛进。

(1) 军队的正规化、现代化建设全面展开。我军先后压缩了军队编制，确定了总参谋部、总政治部、总后勤部三总部领导体制，明确了大军区、省军区、军分区三级体制，成立了军事科学院、国防科学技术委员会。在制度上实行了义务兵役制、军官薪金制、军衔制等重大改革，颁布一系列条令条例，促进军队统一装备、统一编制、统一训练、统一制度、统一纪律，国防建设有了新发展。

(2) 加强了诸军兵种合成训练。1955 年 11 月之后，我军先后在辽东地区、山东半岛、上海等地举行了多次大规模军事演习，军队合成训练提高到一个新水平。

(3) 出色地完成作战任务。1958 年在东南沿海地区的对敌斗争中，粉碎了蒋军"反攻大陆"的梦想；1959 年 3 月—1962 年 3 月，平息了西藏地区的武装叛乱；1962 年 10 月 20 日—11 月 21 日，取得了中印边界自卫反击战的胜利。

(4) 国防工业迅速发展并形成体系。我国国防工业在完善领导机构的同时，建立了一系列生产常规武器的工厂，成立了一大批国防科研机构，缩小了与西方国家之间的差距。

3. 曲折发展阶段

1966 年 5 月—1976 年 10 月是我国国防的曲折发展阶段。"文化大革命"期间，国防和军队建设遭到了挫折和破坏。首先是林彪、江青两个反党集团对军队开刀，一大批久经考验的高级指挥员受到迫害，军委领导班子也受到冲击。其次是以所谓"突出政治"为名，使军队基本上停止了正常军事训练；撤销了大批军队院校，影响了军队的正常建设。毛泽东及时揭露和粉碎了林彪和"四人帮"破坏军队建设的阴谋，保持了军队的稳定，成立了第二炮兵(即战略导弹部队)，加强了战场建设，如大、中城市的民防建设、全国战略后方建设(即"大三线")和各地区战略后方建设(即"小三线")等。这一阶段，我军在珍宝岛自卫反击战、西沙自卫反击战、援越抗美战争中，出色地完成了作战任务；在支援社会主义建设和抢险救灾中也作出了大量贡献。

4. 现代化建设阶段

1978 年 12 月至今是我国国防现代化建设的全新阶段。党的十一届三中全会以后，随着党和国家工作重心的转移，国防建设也进入一个全新的历史时期。20 世纪 80 年代，邓小平同志根据世界形势的变化，提出"和平与发展是当代世界主题"的论断，实现国防和军队建设指导思想的战略性转变，由原来的临战应急状态转变到和平建设的轨道上来，有计划、有步骤、有重点地加强国防和军队现代化建设。在服从和服务于国家建设大局的基础上，积极推进以现代化为中心的军队建设。按照"精兵、利器、合成、高效"原则进行重大调整改革，提升军队在现代条件下的作战能力。20 世纪 90 年代，以江泽民同志为核心的党的第三代领导集体科学地回答和解决了国防和军队建设的一系列理论和实践问题，按照"政治合格、军事过硬、作风优良、纪律严明、保障有力"的总要求，全面推进军队现代化建设，走中国特色军事变革之路，实施"科技强军"战略，逐步实现我军由数量规模型向质量效能型、由人力密集型向科技密集型转变。21世纪，以胡锦涛同志为总书记的党中央，以科学发展观为指导，主动适应世界军事的发展变化，适应打赢信息化条件下局部战争的要求，积极推进国防和军队的现代化建设。党的十八大后，以习近平同志为核心的党中央，站在新的历史起点上，为适应国家安全环境新变化，提出了党在新形势下的强军目标，以国家核心安全需求为导向，贯彻新形势下的军事战略方针，着眼建设信息化军队、打赢信息化战争，全面深化国防和军队改革，努力构建具有中国特色的现代军事力量体系，不断提高军队应对多种安全威胁、完成多样化军事任务的能力，坚决维护国家主权、安全、发展和利益，为实现"两个一百年"奋斗目标和中华民族伟大复兴的"中国梦"提供坚强保障。

(四) 中国国防历史的启示

纵观我国 4000 多年的国防历史，不难发现，国防的兴衰与各时期的政治、军事和经济密切相关。当统治阶级影响力处于上升时期，政治清明、经济发展、军事强大、国家统一、民族团结，这个时候的国防就强盛；反之，当统治阶级影响力处于下降时期，政治腐败、经济凋敝、军事孱弱、民族分裂、国内混乱，这个时候的国防就衰弱甚至崩溃。在建设现代化国防的进程中，重温这一漫长历史，可以得到诸多警示和启迪。

1. 政治清明是国防巩固的根本

战争是政治的继续。战争的本质决定了国防从来都是服从、服务于政治，国防状况历来与国家政治紧密相连。无论是中国整部国防历史或是某一朝代的国防历史，都呈现出一条由兴及衰、兴衰交替的发展轨迹。这种现象与中国的封建社会或某一朝代的政治发展轨迹是基本重合的，是社会政治决定国防建设的明证。封建社会前期，地主阶级作为新生产力的代表，为了巩固和扩大政权，做到了广开言路、选贤任能、发展生产、注重国防和军队建设。政治上的清明，造就了汉初与唐初等时期一个个国防伟业。封建社会中后期，地主阶级逐渐腐朽没落，但为了维护和巩固其反动统治，一方面集中力量镇压农民阶级的反抗运动，奉行"防民甚于防寇"的方针；另一方面加剧了内部派系争斗，互相残杀。政治上的腐朽必然造成国防上的衰败。

国防是国家的重要组成部分，与国家政治休戚相关。因而加强国防建设就要关注和解决国家政治生活中的重大问题，持续保持国家政权的生机和活力。中国古代的政治家、军事家都强调"文事武备""文治武功"，一向将政治和国防并重，我们现代人应当比古人更清醒地认识到这些。

2. 经济发展是国防强大的物质基础

强大的国防必须有雄厚的经济力量作后盾。从古至今，没有一个国家是经济落后而国防强大的。春秋战国时期，一些著名的政治家、军事家提出，强兵之要，首在富国。孙子曰，"带甲十万"要"日费千金"，说明进行战争要有物质保证。管仲曰，"甲兵之本，必先于田宅"，说明国防、军事的根本在于注重生产、发展经济。这一时期，齐桓公、晋文公、秦孝公、楚庄王等一些立志图强争霸的国君，都采取奖励农耕、发展生产的措施，禁奢侈，戒淫佚，减轻民众负担，促进国家富强。

秦、汉、唐、明、清各朝前期，也都注意劝课农桑、开垦荒地、兴修水利、开矿鼓铸、减免赋税，从而奠定了国防强盛的基础，造就了国防史上的一个个伟业。曹操、诸葛亮、朱元璋等政治家、军事家都主张把发展生产和加强国防统一起来，并在组织军队屯田方面取得了明显的效果。这一古代国防史上的伟大创造，即使在军事技术飞速发展、军队高度职业化的今天，仍具有积极的借鉴意义。

相比之下，宋朝奢侈成风，"冗官、冗兵、冗费"成灾，府库不充，边用匮乏，加上朝廷政治腐败等原因，300余年历史中，外患几乎从未中断，直至被蒙古骑兵所灭。史称"积贫积弱"，正好反映了宋朝经济危机与国防危机的内在联系。到了清朝后期，清政权在帝国主义侵略下一败再败，国门洞开，有国无防。究其成因，除政治腐败外，经济落后也是重要因素。

历史告诉我们，强兵必先富国。因此，加强国防建设必先加强经济建设，要始终坚持国防建设与经济建设协调并可持续发展。

3. 强大的军队是国防巩固的基本保证

国防是武装力量建设、战场准备、国防工业建设、国防科学技术，以及国家在军事、经济、政治等方面的防务措施的总和。常备军是国防的象征，是国防事业的基本支柱。没有一支数量足够的常备军，就没有国防的起码保证。然而，军队数量与国防强弱并不总是成正比。北宋中期有军队120万，实行募兵制，募兵骄纵，平时不训练，战时骑兵不能披甲上马，弓手射箭一二十步就坠地，军纪更是败坏到极致。这样的军队扰民有余，保家卫国就谈不上了。在战场上屡屡败北，最后落得全军覆没的结局也在情理之中。相比之下，军队的质量比数量更为重要。古人云："兵贵精，不贵多。"而"精兵之要，首在选练"，使之训练有素，管理良好，始终保持旺盛的战斗意志和强盛的战斗力。

建立和保持一支有强大作战能力的军队，要科学判断国际环境的变化趋势；正确处理文治与武备的关系；注重军队建设，提高军人的待遇，尊重军事职业；坚持"兵可百年不用，不可一日不练"的准则，鼓励军人敬业，爱军习武；建立保障军事训练和军队纪律的法规体系，根除人存政举、人亡政息的弊端。

4. 全民国防意识是国防确立的精神根基

国防昌盛与民族振兴都要求全国军民具有强烈的国防意识，包括居安思危的国防警觉和一旦强虏压境全民族同仇敌忾的精神准备。国防意识的强弱是民族精神素质高低、国防发展潜力大小的重要标志之一，事关民族的兴衰与国家的存亡。

历史上，由于思想麻痹、国防意识淡薄而导致战败甚至亡国的不乏其例。西周时期，武王在"牧野之战"一举灭殷商后，自认为天下从此太平，因此刀枪入库、马放南山。两年后武王病死，成王继位，管、蔡、霍三王叔联合武庚等17国反周，周危在旦夕。唐玄宗时，承平日久，毁戈牧马，罢将休兵，不重军事训练，"人皆不能受甲"，军民均无居安思危、卫国之念，对兵属的优待办法也被取消，民众以当兵为耻。正如白居易《新丰折臂翁》诗中所言："惯听梨园歌管声，不识旗枪与弓箭。"当"安史之乱"突然发生时，军士听到攻城的鼓角声，有的竟吓得从城上跌下来。近代中国在两次鸦片战争、中日甲午战争、八国联军侵华战争中一败再败，除了清廷腐败外，很重要的一个原因是全国从上到下均无防卫御敌之念，思想上"一盘散沙"，以致军队遇敌一触即溃，望风而逃。

总之，强烈的国防意识、高度的爱国精神可使民众关心国家安危、民族兴衰，增强"天下兴亡，匹夫有责"的爱国心和责任感，积极支持和参与国防建设；可使军人提高警惕，热爱国防事业，自觉加强军事训练。这样，增强了整个民族的凝聚力和向心力，筑起"精神上的长城"，平时可以保持巨大的威慑力，战时可以产生强大的战斗力。正可谓：军民团结如一人，试看天下谁能敌！

四、新时代国防观

国防观作为国防行为所持的基本立场与基本观点，是国防理论的重要组成部分，也是国家制定国防战略的思想基础，在一定程度上影响和决定了国防、军事力量的运用和发展。不同的国家在不同的时代会有不同的国防观念、不同的国防政策。当前，我国身处全球化、信息化、非传统安全威胁凸显的新形势下，因此应当有全球视野、历史视野、辩证视野的安全观，更要有中国特色、立足现实、正视变化、展望未来，树立新时代的大国国防观。

(一) 国防疆域的"扩大"，要求树立新型国防观念

当代信息化战争不再局限于传统的"看得见硝烟的战场"，即陆、海、空等实体空间，还包括电磁、网络、心理等"看不见硝烟"的虚拟空间，各维度的作战并不孤立，相互配合，相互影响。大兵压境不再是威胁的主要标志，攻城略地也不再是争夺利益的基本手段，传统界线正在变得越来越模糊。因此，国家安全的维度也应相应扩大，国家疆域的内涵也应该相应延展，将领土、领海、领空，以及电磁、网络等概念都纳入新型国防观念的认识之中。

(二) 传统安全与非传统安全交集，要求树立新型国防观念

当前影响国家安全的因素除了政治、军事、国土等领域的传统安全，还出现了诸如信息安全、文化安全、生态安全、经济安全等领域的非传统安全，并且它们表现出了突发性、跨国性、与传统安全交织等特点。如果说传统的国防职能主要是"应战"，而非传统安全问题的凸显则要求国防还需要具备"应急"的功能。传统安全问题与非传统安全问题交集，要求人们更新国防观念，努力拓展国防手段和功能，"应战"与"应急"兼备，切实维护好新时代的国家安全和利益。

(三) 国家安全需求多元化，要求树立国防能力"多元"的新型国防观念

根据《国防法》对国防的定义可知，国防不等于军队，强大的国防也绝不仅仅是强大的军事力量，还涉及政治、经济、军事、外交、科技、教育、工业、农业等诸多方面因素，是建立在强大的国家综合实力基础上的国防，特别是我国进入建设有中国特色社会主义新时代后，国家安全的内涵和外延比历史上任何时候都更加丰富，时空领域比历史上任何时候都更加宽广，内外因素比历史上任何时候都更加复杂。国家安全的需求也更加多元化，这就要求我们树立与国防能力"多元"相适应的新型国防观念。

(四) 信息化战争形态，要求树立军民融合发展的国防观念

信息化战争是以国家整体实力为基础的体系对抗，它要求各国彻底摒弃军民分离、分割的传统模式，将国防科技工业发展融入经济社会发展整体规划之中，走国防建设融入国家经济社会发展体系之路，以国家整体经济和科技实力支撑国防与军队建设。事实上，从中华人民共和国成立以来，党和国家历来重视这一问题，从"军民两用""军民结合""寓军于民"到"军民融合"，都可以看成是人民战争中"全民皆兵"防务思想在新时代的拓展。进入新时代，习近平总书记更要求："加快形成全要素、多领域、高效益的军民融合深度发展格局，逐步构建军民一体化的国家战略体系和能力。"

(五) 信息网络技术发展，要求突出舆论安全观

信息化时代，现代新闻、传媒手段比以前更加便捷、高效，传播速度更快、影响力更大、渗透性更强，这一特点与非传统安全威胁突发、偶然、随机性增强的特点叠加，使得能影响民族精神和民族气节的舆论安全变得极为迫切。因此，世界各国普遍重视从文化、思想、教育、科技、艺术等方面加强国防意识，增强以民族精神和民族气节为内涵的爱国主义建设，筑好国民的心理长城。

思考题：

1. 简述国防的含义和主要类型。
2. 简述我国古代兵制建设情况。
3. 中国国防历史留给我们哪些启示？
4. 新时代国防观包括哪些内容？

第二节　国防法律法规

国防法律法规是由国家立法机关等制定的，并以国家强制力保证其实施的，用于调整国防体制、武装力量建设、国防科技建设、战争动员体制、国防生产、全民防御和国防教育等方面社会关系的法律规范的总称。它是国家国防政策的法律体现，是指导国防活动的行为准则，又是国家法律体系的重要组成部分。国防法律法规涉及政治、经济、外交、教育、科技、文化等各个领域，不仅适用于军人，也适用于民兵和预备役人员。对于其他公民来说，由于国家法律赋予的国防义务，因此在一定范围内也要受国防法律法规的制约。

一、国防法律法规的特性

国防法律法规是由国家制定或认可的，并由国家强制力保证其实施的法律规范，具有和其他法律规范一样的共同特性，即鲜明的阶级性、高度的权威性、严格的强制性、普遍的适用性和相对的稳定性。此外，国防法律法规也有着区别于其他法规的特殊性质。

(一) 调整对象的军事性

法律是调整社会关系的行为规范，不同的法律用于调整不同领域的社会关系。国防法律法规专门用来调整国防和军队建设领域的各种社会关系，如军队内部的社会关系、军队与外部的社会关系、武装力量内部的社会关系等。这些带有军事性特点的社会关系是国防法律法规特有的调整对象，是其他任何法律规范所不能代替的，是国防法律法规特性的一个基本表现。同时，国防不仅是国家的行为，也是与国家各个部门、各种组织、全体公民都密切相关的事情，因此，调整对象的军事性绝不意味着国防法律法规只管军队，不管地方。一切社会团体、组织和个人都必须严格遵守国防法律法规，认真履行自己的国防义务。

(二) 公开程度的有限性

一般的法律不存在保密性，而国防法律法规则不同。普通的国防法律法规，如《国防法》《中华人民共和国国防教育法》《中国人民解放军军官服役条例》等都是向社会大众公开的，但是，也有一些关于军队作战、训练、编制、装备和战备工作的法规，如《战斗条令》《战备工作条例》《军事训练条例》等，都规定了保密等级，只限于一定范围的人员知悉。所以说，国防法律法规的公开程度是有限的，是公开性和保密性相结合的。

(三) 司法适用的优先性

国防法律法规优先适用是指在解决与国防利益、军事利益有关的法律问题时，如果国防法律法规和其他法律法规都有相关规定时，就要以国防法律法规为司法依据，作为评判是非的标准和采取行动的准则，优先适用国防法律法规，其他法律法规则不起作用。国际上有一条公认的法律适用原则，即特别法优先于普通法。特别法是在特定领域、特定时间，对特定对象起作用的法律。国防法律法规属于特别法，因而在司法过程中要实行"军法优先"。对司法机关来说，国防法律法规是优先适用；对一般公民、组织来说，对国防法律法规应优先遵守。公民、组织履行国防义务时，如果与其他法律产生冲突，就要自觉地优先遵守国防法律法规。

(四) 处罚措施的严厉性

国防法律法规所保护的国防利益是关系到国家安危的重大利益，因而对危害国防安全和利益的犯罪行为，国防法律法规也规定了比较严厉的处罚措施。例如《中华人民共和国刑法》(以下简称《刑法》)规定：抢劫罪一般处三年以上十年以下有期徒刑，而冒充军警人员抢劫军用物资的则要处十年以上有期徒刑、无期徒刑甚至死刑；破坏公用电信设施罪一般处三年以上七年以下有期徒刑，而破坏军事通信罪则要处三年以上十年以下有期徒刑，情节特别严重的，处十年以上有期徒刑、无期徒刑甚至死刑。同一犯罪行为，在战时的处罚力度也要比平时更严厉。《刑法》《中华人民共和国兵役法》(以下简称《兵役法》)都有战时从重处罚的规定。例如，平时应征公民拒绝、逃避征集的，一般在两年内不得被录取为国家公务员、国有企事业职工，不得出国或者升学，还可处以罚款；而在战时则要被依法追究刑事责任，判处两到三年有期徒刑。

二、国防法律法规的体系

中国国防法律法规体系的建设随着中华人民共和国的发展走过了风风雨雨 70 多年，到今天基本上形成了以宪法为指导，由不同门类、不同层次的国防法律法律和规章构成的相互联系、相互制约的有机整体。按照立法权限和立法原则的不同，我国现行的国防法律法规从纵向上可以划分成 6 个层次。

(一) 宪法中有关国防的条款

宪法是一个国家的根本大法，具有最高的法律效力，因此，宪法中有关国防的条款是国防法律法规的最高层次，也是制定其他国防法律法规的基本依据。最近一次修订是 2018 年 3 月 11 日第十三届全国人民代表大会第一次会议通过的《中华人民共和国宪法修正案》。《中华人民共和国宪法》(以下简称《宪法》)共 4 章 138 条，其中第 29、55、62、80、93、124、130 等条款，主要是对国防、军队和武装力量的建设等若干根本问题作出规定：一是我国武装力量领导体制和国家最高军事机构；二是武装力量的性质、任务和建设方针；三是军队在国家政治、经济生活中的地位和职能；四是国家权力机关、行政机关和国家主席在国防方面的职权；五是国防和军队建设的领导和管理体制；六是全国总动员、局部动员和宣布战争状态的制度；七是军人的衔级制度；八是军事审判机关和军事检察机关的设置等。

(二) 全国人大及其常委会制定的国防法律

中华人民共和国全国人民代表大会(以下简称全国人大)是最高国家权力机关，它的常设机关是中华人民共和国全国人民代表大会常务委员会(以下简称全国人大常委会)。全国人大及其常委会共同行使国家立法权。全国人大制定的《国防法》《兵役法》等基本国防法律，其效力仅次于宪法，在国防法律法规体系中起着诠释、衔接宪法，统领其他国防法律法规的作用。全国人大常委会制定的《中华人民共和国人民防空法》《中华人民共和国国防教育法》《中华人民共和国国防动员法》等普通国防法律，主要是国防和军队建设某一方面的原则、制度和行为规范，是宪法和基本国防法律的具体化。上述国防法律的特点是：立法程序严格，通常要通过提案、审议、通过、公布等过程；法律调整的社会关系主体广泛，法律效力适用于国家管辖的整个疆界或国家的整个武装力量；具有较强的稳定性，并且是制定其他国防和军事规范性文件的基本依据。

(三) 国务院和中央军委制定的国防法律法规

国务院是我国最高行政机关，中央军事委员会(以下简称中央军委)是我国最高军事机关，两者都是国家权力机关的执行机关。它们制定的国防法律法规在我国国防法律法规体系中数量最多且占有重要地位，如国务院单独制定的《军人抚恤优待条例》《退伍义务兵安置条例》；中央军委制定的《纪律条令》《内务条令》《文职干部条例》；国务院和中央军委联合制定的《征兵工作条例》《国防交通条例》《士兵服役条例》

等。此类国防法律法规的主要特点是：以宪法和国家法律为依据，如果没有相应的现行法律，则直接依据宪法的有关军事条款制定；通常以条令、条例、决定、规定的形式发布；依据法规的性质或内容，以国务院和中央军委的名义合署或单独发布；法规的适用范围仅次于国防法律的适用范围，涉及全国和全军。

(四) 国务院各部(委)和中央军委各部(委)单独或联合制定的国防规章

国务院各部(委)和军委各部(委)是中央人民政府和中央军委的办事机关。依照我国宪法和有关法律的规定，各部(委)以国防法律、法规为依据，可以在其权限范围内制定若干具体的规章。国务院各部(委)和军委各部(委)联合制定的国防规章在全军或全国一定范围内具有法律效力，如《士官管理规定》《学生军事训练工作规定》《从大学毕业生士兵中选拔军官暂行办法》《应征公民体格检查标准》等。这类国防规章的特点是：数量大，形式多样，适用时间较短，适用范围较窄。

(五) 各军种(部队)、各战区(军区)等发布的军事规章

中国人民解放军是一个诸军兵种合成的军队，各军种(部队)、各战区(军区)、各军事单位的情况千差万别。为了适应训练和作战的需要，各军种(部队)、各战区(军区)依据有关法律、法规，结合本系统或本战区的实际情况制定一些具体的军事规章，用于保证各项国防法律、法规的贯彻实施，如军委陆军部颁布的《战斗条令》、海军部发布的《舰艇管理条令》、空军部颁发的《飞行条令》、武警总部颁发的《关于开除军籍的有关规定》、新疆军区颁发的《内务条令若干章节贯彻执行细则》等。这些军事规章的特点是：主体具有法定性，立法内容具有从属性，法律效力具有地域性，专业性、技术性、时间性很强。

(六) 各省(区、市)人大和政府制定的地方性法规和规章

为了贯彻国家宪法、国防法律，加强国防建设，确保地方政府各部门有法可依、有章可循，各省、自治区、直辖市的人大和政府制定相应的地方性法规和规章。地方性国防法律法规的制定以国防法律法规为依据，内容大多为本地区国防建设的制度和行为规范，主要限于兵员征集、军人优抚及退伍安置、国防教育、军事设施保护等方面，如福建省人大常委会制定的《福建省国防教育条例》，上海市人民政府制定的《退伍义务兵安置办法》《征兵工作若干意见》等。

三、中国主要国防法律

中国现行国防法律、法规和规章众多，门类齐全，包括国防基本法类、国防教育法类、战争法类、兵役法类、国防动员法类、国防经济法类、军事管理法类、军人优抚法类等十多个门类。这里简要介绍几部常见的国防法律。

(一) 《中华人民共和国国防法》

1997 年 3 月 14 日，由第八届全国人大第五次会议通过并公布施行的《中华人民共和国国防法》(以下简称《国防法》)于 2009 年进行了修正，是依据宪法制定的一部规范国防活动的基本法律，也是我国调整和规范国防与武装力量建设的基本依据，在国防法律法规系统中居统帅地位。

1. 《国防法》的主要内容

《国防法》共计 12 章 70 条，主要包括以下内容。

(1) 国防法的适用范围和调整对象。主要规定了立法的目的与依据、调整范围、国防的地位、国防建设的任务和基本方针、国防战略、双拥活动、对外军事关系基本原则、国防活动中的奖惩等。

(2) 国防行为。主要规定了国家机关、社会组织、武装力量和公民个人的国防行为，平时和战时的国

防行为，直接和间接的国防行为等。

(3) 国防活动的基本原则。主要规定了维护国家安全、保证领土(陆、海、空)不受侵犯、抵御外敌入侵、防止颠覆和全民防御的原则，国防建设与国民经济协调发展的原则等。

(4) 国家机构的国防职权。主要规定了全国人大及其常委会、国家主席、国务院和中央军委在国防方面的职权，国防协调会议制度，地方各级人民代表大会和人民政府的国防职责，军地联席会议制度等。

(5) 武装力量。主要规定了武装力量的性质与任务，中国共产党对武装力量的领导，武装力量建设的目标、方针和原则，武装力量的组成、规模及任务，兵役制度，禁止非法武装等。

(6) 国防教育。主要规定了国防教育的地位、作用、方针和原则，以及国防教育的组织、实施和保障等。

(7) 公民、组织的国防义务和权利。主要规定了兵役义务，承担国防科研生产、接受国家军事订货的义务，交通建设中的国防义务，保护国防设施、接受国防教育的义务，保守国防秘密、支持国防建设的义务；国防建设建议权，维护国防利益、依法取得补偿的权利等。另外，对军人的义务与权益、国防法律责任等都作了具体的规定。

2. 颁布《国防法》的意义

国防关系到国家的存亡、经济的发展、社会的稳定、人民的安宁，国防利益是国家和人民的根本利益。巩固国防和保护国防利益的最好方式就是把国家和人民对国防的愿望上升为法律，用法律的强制力来保障国防建设。《国防法》的制定与颁布顺应了历史发展的客观要求和人民群众的主观愿望，具有重要的现实意义和深远的历史意义。

《国防法》是国防建设的总章程，充分体现国家意志，反映全国各族人民利益。制定和颁布《国防法》，可以把党和国家在国防建设、军队建设中形成的优良传统及方针、政策，用法律的形式加以确认，上升为国家意志，确保长期、稳定地付诸实施。制定与颁布《国防法》，可以充分发挥法律机制在国防建设中的规范、约束、保障和引导作用，使国防建设适应社会主义市场经济的要求，保证国防建设与经济建设的协调发展。制定与颁布《国防法》，以法律的形式向国际社会表明我国国防的基本原则和防务政策，有利于树立和维护爱好和平的国际形象，为深化改革开放创造良好的外部环境，也为进一步完善国防法制提供了基本的法律依据。

(二) 《中华人民共和国兵役法》

《中华人民共和国兵役法》(以下简称《兵役法》)是国家关于公民参加军队和其他武装组织或在军内外接受军事训练的法律，是全国人大依据宪法制定并颁布实施的，用以调整各行各业与常备军和后备力量建设关系的专门法规，是制定常备军和后备力量建设法规的基本依据。《兵役法》主要规定了我国的兵役制度，公民服兵役的条件、形式、期限，以及公民的兵役义务和权利。现行的《兵役法》是 1984 年 5 月 31 日第六届全国人大第二次会议通过的。其后，全国人大常委会分别在 1998 年、2009 年和 2011 年对《兵役法》进行了修订。

1. 《兵役法》的主要内容

《兵役法》共 12 章 74 条，主要包括以下内容。

(1) 兵役制度。中华人民共和国实行义务兵与志愿兵相结合、民兵和预备役相结合的兵役制度。

(2) 平时征集。由县级以上兵役机关每年征集年满 18～22 周岁的男性公民，普通高等学校毕业生放宽至 24 岁；根据军队需要和自愿原则可征集女性公民和年龄较小的文艺兵、体育兵；缓征家庭唯一劳力的公民；不征集违法犯罪人员。

(3) 士兵的现役和预备役。义务兵服现役期限为两年，期满后根据军队需要和本人自愿，可改为志愿兵；士官实行分级服现役制度，期限一般不超过三十年，年龄不超过五十五周岁；退出现役的士兵，符合预备役条件的，由部队确定服士兵预备役。

(4) 军官的现役和预备役。现役军官补充途径：选拔优秀士兵和普通高中毕业生入军队院校学习毕业的学员；选拔普通高等学校毕业的国防生和其他应届优秀毕业生；直接提升具有普通高等学校本科以上学历表现优秀的士兵；改任现役军官的文职干部；招收军队以外的专业技术人员和其他人员。另外，战时根据需要，可以从士兵、征召的预备役军官和非军事部门的人员中直接任命军官。预备役军官补充途径：退出现役转入预备役的军官；确定服军官预备役的退出现役的士兵；确定服军官预备役的普通高等学校毕业生；确定服军官预备役的专职人民武装干部和民兵干部；确定服军官预备役的非军事部门的干部和专业技术人员。现役、预备役军官达到年龄或经批准可以退役。

(5) 军校从青年学生中招收学员。学员完成学业考试合格的，由院校发给毕业证书，按照规定任命为现役军官、文职干部或者士官；军队根据需要可以依托普通高校招收、选拔培养军事人才，享受专项奖学金，参加军事训练、政治教育，毕业后择优录用为现役军官或文职干部。

(6) 预备役人员、普通高等学校和普通高中学生必须参加军事训练的有关规定。各级政府教育部门、军事部门和驻地部队应当提供条件保证上述人员参加军事训练。

(7) 民兵与战时兵员动员的相关规定。

(8) 现役军人的待遇和退出现役的安置。军官实行职务军衔等级工资制，士官实行军衔级别工资制，义务兵享受供给制生活待遇；现役军人享受规定的津贴、补贴、奖励工资，以及休假、疗养、医疗、住房、保险等福利待遇；军官退役采取转业、复员、退休、自主择业等办法予以妥善安置；满十二年的士官退役由安置地的县级以上政府安排工作或自主就业；义务兵和不满十二年的士官退役，发给退役金和经济补助，免费参加职业教育、技能培训，就业享受国家扶持优惠政策。

(9) 法律责任。对违反《兵役法》的行为进行了规范，规定了惩处措施、执法主体、领导责任，提高了可操作性。

2. 颁布《兵役法》的意义

1955 年我国制定的第一部《兵役法》，对国防和军队建设发挥了巨大作用。1984 年，我国在认真总结实行义务兵役制度以来经验的基础上，吸取前一部法律的长处，充分体现我军的实际情况和现代战争的特点，借鉴国外兵役法的先进经验，制定并颁布了具有中国特色的《兵役法》。近些年，为了加强国防和军队建设，依法开展兵役工作，保障军人的合法权益，国家三次对其中一些不适宜的条款进行了修改，从而更有利于贯彻新时期军事战略方针，加强军队质量建设，走有中国特色的精兵之路。

(三)《中华人民共和国国防教育法》

2001 年 4 月 28 日第九届全国人大常委会第二十一次会议审议通过并公布施行的《中华人民共和国国防教育法》(以下简称《国防教育法》)，是我国第一部全面调整和规范国防教育的重要法律，于 2018 年进行了修订。《国防教育法》是以宪法为根本，以国防法、教育法为依据，以党中央、国务院、中央军委关于国防发展战略、国防教育发展规划为指针制定的，是对《国防法》《教育法》相关内容的进一步细化和规范，是具有中国特色的国防立法和教育立法的重要组成部分。

1.《国防教育法》的主要内容

《国防教育法》共 6 章 38 条，主要包括以下内容。

(1) 国防教育的地位、方针、原则。国防教育是建设和巩固国防的基础，是增强民族凝聚力、提高全民素质的重要途径；国防教育要贯彻全民参与、长期坚持、讲求实效的方针，实行经常教育与集中教育相结合、普及教育与重点教育相结合、理论教育与行为教育相结合的原则，针对不同对象确定相应的教育内容并分类组织实施。

(2) 国防教育的主要内容。国防理论、国防法制、国防科技、国防经济、国防外交与形势、国防体育等都是国防教育的重要内容。

(3) 国防教育的领导体制。国务院领导全国的国防教育工作。中央军委协同国务院开展全民国防教育。地方各级人民政府领导本行政区域内的国防教育工作。驻地军事机关协助和支持地方人民政府开展国防教育。

(4) 学校国防教育。国防教育是每个学生的必修课程，是各级各类学校不可缺少的教育内容，要通过开展形式多样的国防教育活动，使学生掌握基本的国防知识，学习必要的军事技能，增强国防观念，激发爱国热情，自觉履行国防义务。

(5) 社会国防教育。主要规定了国家机关、企业事业组织、社会团体和城市居民委员会、农村村民委员会开展国防教育，以及有关军事机关对民兵、预备役人员进行国防教育的形式和要求，如国家机关工作人员应当具备的基本国防知识，从事国防建设事业的国家机关工作人员必须学习的国防知识和履行职责所必须掌握的国防知识等。

(6) 国防教育的保障和法律责任。主要规定了国防教育活动的保障条件和相关法律责任，国防教育的经费保障、场所保障、教材保障、师资保障，以及与国防教育有关的法律责任。

2. 颁布《国防教育法》的意义

国防教育是建设和巩固国防的基础，是增强民族凝聚力、提高全民素质的重要途径。制定并颁布一部具有中国特色的《国防教育法》，是国防教育史上的一件大事，也是国防立法工作取得的又一个重大成果，有力地推进了全民国防教育的发展。制定与颁布《国防教育法》的主要意义是：把有关国防教育的服务对象、指导思想、教育内容及方式方法等内容以法律的形式上升为国家意志，为国防教育提供了可靠的法律依据；为广泛地开展正规的军事训练、国防教育提供了有效制度保障；对《国防法》《教育法》相关内容进一步细化和规范，使国防教育工作的各个方面、各个环节都有可以遵循的法律规范，增强了可操作性，有利于贯彻落实《国防法》和《教育法》，保证全民国防教育依法开展。

四、公民的国防权利和国防义务

公民的国防权利是指宪法和法律赋予公民、组织在国防方面享有的权力或利益，国家从法律和物质上保障公民和组织享有这种权利的可能性。公民的国防义务是指宪法和法律规定的公民、组织在国防方面应当履行的责任，由国家强制力保证其落实。每一个公民在享有一定的国防权利时，也必须履行相应的国防义务。

中国公民的国防权利
和国防义务

(一) 国防权利

根据《国防法》《兵役法》等国防法律法规的规定，我国公民享有以下三个方面的国防权利。

1. 对国防建设提出建议的权利

《宪法》第41条规定："中华人民共和国公民对于任何国家机关和国家工作人员，有提出批评和建议的权利。"此项权利充分体现了社会主义国家人民当家作主的性质。在此基础上，《国防法》第54条又规定："公民和组织有对国防建设提出建议的权利。"进一步明确了公民有权对国防建设的指导思想、方针、政策、原则、规章制度及实施方法等提出建议和意见。

2. 制止、检举危害国防利益的行为的权利

制止危害国防利益的行为是指公民依法采取一定的方式、方法使危害国防的行为停止下来，从而维护国防利益。对于危害国防安全的行为，公民有权采取一切合法手段制止其发生、发展。检举危害国防利益的行为是指危害国防的行为发生后，公民对违法行为进行揭发。《国防法》第 54 条规定："公民和组织有对危害国防的行为进行制止或者检举的权利。"这对及时发现和有效地制止、打击侵害国防利益的违法犯罪行为，维护国防利益，加强国防建设有着重要作用。

3. 国防活动中经济损失补偿的权利

《国防法》第 55 条规定："公民和组织因国防建设和军事活动在经济上受到直接损失的，可以依照国家有关规定取得补偿。"这一规定体现了我国一切为了人民利益的社会主义本质，既保护了公民和组织的经济权利，又有利于调动公民和组织依法积极参加国防建设和军事活动。但是，公民和组织在国防活动中享有的经济损失补偿，与其在民事活动中享有的损害赔偿是不同的。国防活动中经济损失的补偿仅限于直接的经济损失，而不包括间接的经济损失和非经济的损失，且对直接经济损失的偿付，视情况可以是全部的，也可以是部分的；而民事活动中的损害赔偿，是以实际造成的损失为限，既包括直接经济损失，也包括间接经济损失，且对损失应当全部偿付。

(二) 国防义务

国防义务是公民和组织必须履行的法定责任，既可表现为按照法律要求做出一定的行为，也可以表现为按法律要求不应做一些行为。根据我国国防法律法规的规定，普通公民应当履行的国防义务如下。

1. 履行兵役的义务

兵役义务是公民在参加国家武装力量和以其他形式接受军事训练方面应当履行的责任，也是公民最重要的一项国防义务。《宪法》第 55 条规定："保卫祖国、抵抗侵略是中华人民共和国每一个公民的神圣职责。依照法律服兵役和参加民兵组织是中华人民共和国公民的光荣义务。"根据宪法的这一基本指导思想，《兵役法》第 3 条又进一步规定："中华人民共和国公民，不分民族、种族、职业、家庭出身、宗教信仰和教育程度，都有义务依照本法的规定服兵役。"公民履行兵役义务主要有服现役、服预备役和接受军事训练三种形式。

(1) 服现役。服现役是指公民在中国人民解放军和武装警察部队中所服的兵役。服现役的途径主要有：一是报考军事院校，普通高中学生可以报考军事院校，如被录取，意味着被应征入伍；二是大学毕业生入伍，军队每年都会根据需要从地方高校征召一些优秀毕业生直接到军队担任军官、士官或士兵，这是服现役的一种重要途径；三是应征入伍(含普通高校在校生)，即每年征兵时报名参军，大多数公民是通过这个途径服现役的。《征兵工作条例》(2001 年 9 月 5 日修订)第 25 条规定："依法可以缓征的正在全日制高等学校就学的学生，本人自愿应征并且符合条件的，可以批准服现役，原就读学校应当按照有关规定保留其学籍，退伍后准其复学。"国家鼓励在校大学生报名参军，国家教育部和有关部门联合出台了一系列政策，规定参军大学生退伍后，在专升本、考研、调整专业、减免学费、增加奖学金等方面享有一定优惠，大大调动了在校学生参军的积极性。

(2) 服预备役。预备役是指公民在军队之外所服的兵役，包括军官预备役和士兵预备役。《兵役法》规定，每年 9 月 30 日之前要对到年底满 18～35 周岁的男性公民进行兵役登记，登记后经审查合格的称为应征公民。应征公民当年未被征集服现役的，一律服士兵预备役。同时，兵役机关专门对退伍军人和地方与军事专业对口的技术人员进行预备役登记，审查合格的人员服士兵预备役或军官预备役。此外，公民也可

以通过参加民兵组织或编入预备役部队服预备役。

(3) 接受军事训练。《兵役法》第43条规定："高等院校的学生在就学期间，必须接受基本军事训练。"第44条规定："高等院校设军事训练机构，配备军事教员，组织实施学生的军事训练。"这些规定表明，参加军训是学生必须履行的兵役义务。教育部、国防动员部联合制定的《普通高等学校军事课教学大纲》规定，普通高校应当将军事课(含军事理论教学和军事技能训练)作为本、专科学生的必修课，列入学校教学计划。军事理论教学时间为36学时，军事技能训练时间为2~3周，实际训练时间不得少于14天。军事课考试成绩记入学生档案，不合格者要按普通高等学校学籍管理办法和有关规定处理。因此，在校学生应自觉服从学校的教学安排，认真履行军训义务，完成训练科目。

2. 接受国防教育的义务

国防教育是国家为防备和抵抗侵略，制止武装颠覆，保卫国家的主权、统一、领土完整和安全，对全体公民所进行的一种具有特定目的和内容的教育活动，其内容包括国防理论教育、国防精神教育、国防知识教育和国防技能教育，以及战备形势教育、国防任务教育、敌情等特定教育。这些教育相互联系、相互渗透、相互促进，其核心都是爱国主义精神教育。《国防教育法》明确规定，全体公民都是国防教育的对象，都有接受国防教育的义务。对不履行接受国防教育义务的主体，要进行批评教育；批评教育不改的，要强制其接受教育或给予行政处分。

3. 保护国防设施的义务

国防设施是指国家直接用于国防目的的建筑、场地和设备，包括军事设施、人民防空设施、国防交通设施和其他用于国防目的的设施。国防设施是国家抵抗侵略、巩固国防、维护安全的物质基础。国家采取一切必要措施保护国防设施。《中华人民共和国军事设施保护法》规定，国家对军事设施实行"分类保护、确保重点"的方针，根据其性质、作用、安全保密和使用效能的要求分为三类：一是划定军事禁区予以保护的设施；二是划定军事管理区予以保护的设施；三是不便于划定保护区域，但同样需要采取有效措施予以保护的设施，如通信线路、铁路和公路线、导航和助航标志等。公民在从事经济、文化和其他社会活动时，应当遵守法律规定，自觉保护国防设施；对危害和破坏国防设施的行为，应当检举、控告或制止。破坏、危害国防设施者应承担相应的法律责任。

4. 保守军事秘密的义务

军事秘密是指关系国防安全与利益，依照法定程序确定，在一定时间内或只限一定范围的人员知悉的军事或与军事有关的政治、经济、外交、科技、文化等方面的事项。公民应当遵守《中华人民共和国保守国家秘密法》及有关的保密规定，严格保守军事秘密。发现军事秘密已经泄露或者可能泄露时，立即采取补救措施并及时报告。泄露军事秘密、危害国防安全与利益者应当承担相应的法律后果。

5. 支持国防建设、协助军事活动的义务

《国防法》明确规定，公民和组织应当支持国防建设，为武装力量的军事训练、战备勤务、防卫作战等活动提供便利条件或者其他协助。这是一项适用比较广泛的法定义务，如国家因国防需要进行设施征用时，公民和组织应当积极配合，不得抵制或阻挠，否则将承担相应的法律责任。此项义务的核心是支持和协助，对国防建设广泛支持，而协助的重点是武装力量的军事活动。特别是要深刻认识军队在国防建设中的地位和作用，积极支持军队的建设，在全社会形成尊重、爱护军队的良好风尚，并从各方面大力支持军队平时的各项工作和战时的各种作战勤务。

思考题：

1. 国防法律法规是什么？

2. 国防法律法规有哪些特性？

3. 中国主要有哪些国防法律法规？

4. 中国公民有哪些国防权利和国防义务？

第三节　国防建设

国防建设是指为国家安全利益需要，提高国防能力而进行的各方面的建设。国防建设是国家建设的重要组成部分，既包括物质建设，又包括精神建设，其内容包括国防领导体制和武装力量建设，国防工程和军事设施建设，国防工业和武器装备发展，国防动员与战略物资储备，国防教育和学生军事训练，边防、海防、空防和人防建设，国防立法和国防理论研究等。

一、国防领导体制

国防领导体制指国防领导的组织体系和相应制度，包括国防领导机构的设置、职权划分、相互关系等。它是国家政权组织形式和机构的重要组成部分，一般设最高统帅、最高国防决策机构、国家行政机关中管理国防事务的部门、武装力量领导指挥系统等。我国《宪法》规定了中国共产党在国防事务中的领导地位和作用。《国防法》第 19 条规定："中华人民共和国的武装力量受中国共产党领导。"同时，《国防法》还规定了全国人大及其常委会、国家主席、国务院、中央军委在国防方面的职权。

(一) 中共中央的国防领导职权

中国共产党作为执政党，是领导中国社会主义事业的核心力量。中共中央在国家生活包括国防事务中发挥着决定性的领导作用。有关国防、战争和军队建设的重大问题，都是由中共中央、中央军委、中央政治局及其常委会作出决策并通过必要的法定程序，作为党和国家的统一决策贯彻执行。《中国人民解放军政治工作条例》第 4 条规定："中国人民解放军必须置于中国共产党的绝对领导之下，其最高领导权和指挥权属于中国共产党中央委员会和中央军事委员会。"

(二) 全国人大及其常委会的国防职权

全国人大是最高国家权力机关。它在国防方面的职权主要有：决定战争与和平的问题；制定有关国防方面的基本法律；选举中央军委主席，根据中央军委主席的提名，决定中央军委其他组成人员，并有权罢免以上人员；审查和批准包括国防建设计划在内的国民经济和社会发展计划和计划执行情况的报告；审查和批准包括国防经费预算在内的国家预算和预算执行情况的报告；改变或者撤销全国人大常委会在国防方面的不适当的决定；应当由全国人大行使的国防方面的其他职权。

全国人大常委会在国防方面的职权主要有：在全国人大闭会期间，如果遇到国家遭受武装侵犯或者必须履行国际上共同防止侵略的条约的情况，决定战争状态的宣布；决定全国总动员或者局部动员；制定有关国防方面的法律；在全国人大闭会期间，审查和批准包括国防建设计划在内的国民经济和社会发展计划，包括国防经费预算在内的国家预算在执行过程中所必须作的部分调整方案；监督中央军委的工作；在全国人大闭会期间，根据中央军委主席的提名，决定中央军委其他组成人员的人选；根据最高人民法院院长和最高人民检察院检察长的提请，任免军事法院院长和军事检察院检察长；决定同外国缔结的有关国防方面的条约和重要协定的批准和废除；规定军人的衔级制度；规定和决定授予在国防方面国家的勋章和荣誉称号；全国人大授予的国防方面的其他职权。

(三) 国家主席在国防方面的职权

中华人民共和国主席在国防方面的职权主要有：根据全国人大的决定和全国人大常委会的决定，宣布战争状态；根据全国人大的决定和全国人大常委会的决定，发布动员令；公布全国人大及其常委会制定的有关国防方面的法律；根据全国人大常委会的决定，授予在国防方面的国家勋章和国家荣誉称号；根据全国人大常委会的决定，批准和废除同外国缔结的有关国防方面的条约和重要协定。

(四) 国务院在国防方面的职权

中华人民共和国国务院是最高国家权力机关的执行机关，是最高国家行政机关。它在国防方面的职权是领导和管理国防建设事业，包括：编制国防建设发展规划和计划；制定国防建设方面的方针、政策和行政法规；领导和管理国防科研生产；管理国防经费和国防资产；领导和管理国民经济动员工作和人民武装动员、人民防空、国防交通等方面的有关工作；领导和管理拥军优属工作和退出现役军人的安置工作；领导国防教育工作；与中央军委共同领导中国人民武装警察部队、民兵的建设和征兵、预备役工作，以及边防、海防、空防的管理工作；法律规定的与国防建设事业有关的其他职权。

(五) 中央军委在国防方面的职权

中央军委是最高国家军事机关，负责领导全国武装力量。其职权主要包括：统一指挥全国武装力量；决定军事战略和武装力量的作战方针；领导和管理中国人民解放军的建设，制定规划、计划并组织实施；向全国人大或者全国人大常委会提出议案；根据宪法和法律，制定军事法规，发布决定和命令；决定中国人民解放军的体制和编制，规定军委机关部门、各军种、各战区和其他同级单位的职责和任务；依照国防法规的规定，任免、培训、考核和奖惩武装力量成员；批准武装力量的武器装备体制和武器装备发展规划、计划；协同国务院领导和管理国防科研生产；会同国务院管理国防经费和国防资产；法律规定的其他职权。

中央军委实行主席负责制，军委主席即为全国武装力量统帅，其组成人员包括军委主席、副主席若干人，委员若干人。中央军委实行多部制，下设七个部(厅)、三个委员会、五个直属机构。这些部门和机构按职能划分，相互配合，共同领导和管理全军的军事、政治、后勤、装备和动员等方面的工作。

(六) 国家安全委员会在国防方面的职能

2013 年 11 月 12 日，党的十八届三中全会提出设立中央国家安全委员会，完善国家安全体制和国家安全战略等，确保国家安全。2014 年 1 月 24 日，中央政治局决定，中央国家安全委员会由习近平任主席，李克强、张德江任副主席，下设常务委员和委员若干名。中央国家安全委员会作为中共中央关于国家安全工作的决策和议事协调机构，向中央政治局、中央政治局常务委员会负责，统筹协调涉及国家安全的重大事项和重要工作。中央国家安全委员会既有对内职能，也有对外职能，具有统筹国内和国际两个大局、整合对内对外事务的内外兼顾特点。它的设立既代表着我国在捍卫国家安全利益方面的决心和意志，也有利于提升国家应对各种安全危机和挑战的能力。

此外，国务院和中央军委也建立了协调会议的制度，可以根据情况召开协调会议，解决国防事务的有关问题。国家还设立了国防动员委员会，在党中央、国务院和中央军委领导下主管全国国防动员工作。国家国防动员委员会主任、副主任由国务院、中央军委领导兼任，委员由国务院有关部委、军委机关有关领导组成。国家国防动员委员会下设综合办公室、人民武装动员办公室、经济动员办公室、人民防空办公室、交通战备办公室和国防教育办公室等。

二、国防建设成就

自中华人民共和国成立以来，在中国共产党的正确领导下，中国人民经过 70 余年的不懈努力，国防和军队建设取得了举世瞩目的巨大成就。

(一) 人民解放军的革命化、现代化和正规化建设有了突破性进展

中华人民共和国成立初期，中国人民解放军基本上是一支单一的以普通步兵为主的陆军，炮兵、装甲兵等技术兵种所占比例非常小，且空军、海军都是刚组建不久。经过数十年的建设，人民解放军由单一陆军发展为诸军种合成的军队，不仅拥有种类比较齐全的常规武器装备，而且拥有具有一定威慑力的原子弹、氢弹等尖端武器装备。2015 年 12 月 31 日，中国人民解放军陆军领导机构、中国人民解放军火箭军、中国人民解放军战略支援部队在北京成立。其后，中央军委进行了一系列重大改革，调整组建了由办公厅、联合参谋部、政治工作部、后勤保障部、装备发展部、训练管理部、国防动员部、科学技术委员会等 15 个职能部门组成的领导和管理机构，调整组建成陆军、海军、空军、火箭军和战略支援部队五大军种，重新划设了五大战区，健全并完善了各级领导管理、联合作战指挥和联勤保障等机构。

新时代，中国人民解放军按照"听党指挥、能打胜仗、作风优良"的要求，继续优化体制编制，更新教育训练内容和手段，改善武器装备，加强军队的质量建设，提高诸军兵种的合成化水平，向精兵、合成、高效的方向奋进。2015 年 9 月 3 日抗战胜利阅兵和 2019 年 10 月 1 日国庆大阅兵，中国人民解放军各受阅部队装备着新式武器，以空前的阵容浩浩荡荡通过天安门广场，接受祖国和人民的检阅。这充分展示了中国军队革命化、现代化、正规化建设的巨大成就，也展现出中国维护祖国安全与统一、促进世界和平与发展的坚强决心和强大力量。

(二) 建成门类齐全、综合配套的国防科技工业体系

中华人民共和国成立后，在党中央、国务院和中央军委的领导下，经过 70 余年的建设和发展，我国建立起了包括电子、船舶、兵器、航空、航天和核能等门类齐全、综合配套的国防科技工业与科研实验生产体系，取得了一大批具有国内或国际先进水平的科研成果，也为军队现代化建设和增强综合国力作出了重大贡献。

在军用电子方面，已发展成具有相当规模、门类齐全的新兴工业部门；在军事通信、指挥自动化、预警探测、情报侦察、电子对抗和网络攻防等方面，为人民军队提供了新产品和装备，增强了军队侦察、通信、指挥和作战能力。

在船舶工业方面，自行研制并建造了常规潜艇、核动力潜艇、导弹护卫舰、导弹驱逐舰、导弹快艇等作战舰艇，以及各种辅助舰船、新型鱼雷、水雷、反水雷等新装备。2012 年 9 月 25 日上午，中国首艘航空母舰"辽宁"号正式交接入列；2017 年 4 月 26 日，中国首艘国产航空母舰在大连正式下水；2017 年 6 月 28 日，新一代 055 型导弹驱逐舰在上海江南造船厂下水。2019 年 12 月 17 日，中国首艘自主建造的国产航母"山东"号交付海军。这都标志着我国的船舶工业和造舰能力达到国际先进水平。

在兵器工业方面，研制并生产了一大批具有先进性能的坦克、装甲车辆、自行火炮、火箭炮、轻武器和弹药、军用光电器材和设备、综合火控和指挥系统等新型武器装备。

在航空工业方面，我国自己生产的歼击机、轰炸机、歼击轰炸机、直升机、运输机、教练机等，已能满足海空军飞行训练和作战的需要。特别是近些年，新一代隐形战机、航母舰载机相继试飞和列装，标志着我国的航空工业又取得了长足进步。

在航天科技工业方面，已拥有地地、地空、海空和空空导弹武器系统与运载火箭，具备各种应用卫星

的研制、实验和发射能力，在世界高技术领域占有一席之地。

在核工业方面，1964年10月，我国自行研制的第一颗原子弹爆炸成功；1966年12月28日，突破了氢弹技术；1966年10月27日，导弹核武器"两弹合一"发射成功；1967年6月17日，首次全当量氢弹空爆试验成功；此后，又研制成功了鱼雷核潜艇等。1981年4月，中国海军第一代092型弹道导弹核潜艇下水；2009年，中国自行设计建造的第二代094型弹道导弹核潜艇在南海舰队服役。这些标志着我国的战略核力量发展到一个新阶段。

在航天技术方面，我国从20世纪50年代开始研制科学实验、对地观测、通信、气象等不同类型、不同用途的卫星和"长征"系列运载火箭，并开发了卫星应用系统，开展载人航天研究，已取得令人瞩目的成就。1970年4月24日，成功发射了"东方红一号"人造地球卫星。1984年4月8日，我国成功发射第一颗地球同步轨道通信卫星。2003年10月15日，我国首次发射"神舟五号"载人飞船将杨利伟送入太空，中国因此也成为继苏联(现由俄罗斯承继)和美国之后，第三个有能力独自将人送上太空的国家。2011年9月29日，我国成功发射"天宫一号"空间实验室，并于11月3日凌晨与"神舟八号"飞船对接成功。2016年9月15日，中国"天宫二号"空间实验室发射成功，并先后与"神舟十一号"载人飞船和"天舟一号"货运飞船完成了四次交会对接，为空间站研制建设和运营管理积累了丰富经验。2019年1月3日，"嫦娥四号"首次成功实现了人类在月球背面的软着陆，随即着陆器与巡视器分离，开始就位探测和巡视探测，开启了人类月球探测新篇章。此外，我国自行研制的北斗卫星导航系统(BDS)是继美国GPS系统和俄罗斯GLONASS系统之后，世界上第三个成熟的全球卫星定位与通信系统。截至2020年3月9日，我国已成功发射54颗北斗导航卫星，可以初步在全球范围内全天候、全天时为各类用户提供高精度、高可靠定位、导航、授时服务，并具短报文通信能力。

以上事实都说明，我国尖端武器技术和航天技术都取得了可喜的成就，标志着我国国防科学技术在某些方面已经接近或达到世界先进水平。

(三) 进一步完善了国防动员体制

完善国防动员体制的重点是健全国防动员机构，建立雄厚的国防后备力量。为了使战时能有效而迅速地进行动员，我国在完善国防动员体制方面做了大量工作。

(1) 成立国防动员机构。1994年11月，国务院、中央军委共同决定成立国家国防动员委员会，主管全国国防动员工作的议事协调机构。地方各级人民政府也在相应部门下设立动员机构。省级军区、军分区、人民武装部，既是同级党委的军事部门，又是政府的兵役机关，是集后备建设与动员于一体的机构。2010年2月颁布的《中华人民共和国国防动员法》规定，国家国防动员委员会在国务院、中央军事委员会的领导下，负责组织、指导、协调全国的国防动员工作；县级以上地方各级国防动员委员会负责组织、指导、协调本区域的国防动员工作。

(2) 建立了雄厚的国防后备力量。经过几代人努力，我国的国防后备力量建设形成了一整套制度和优良作风，为我国国防事业发展打下了坚实基础。党的十一届三中全会后，特别是1985年党中央、国务院和中央军委明确提出"精干的常备军和强大的后备力量相结合，是建设现代化国防的必由之路"这一指导方针后，我国国防后备力量作为一支重要的战略力量，受到党和国家的高度重视。1984年5月颁布的《兵役法》规定："恢复预备役，实行民兵和预备役相结合的制度。"这对建立雄厚的国防后备力量，进一步完善动员体制，都具有重要的战略意义。现在全国的民兵组织已由单一的步兵发展成为包括高炮、地炮、通信、工兵、防化、侦察，以及海、空军等专业技术在内的强大的群众武装力量。预备役部队是以现役军人为骨干，以预备役人员为基础组成的，是战时实行快速动员的一种组织形式。转业退伍官兵编入预备役部队，由于他们经过正规部队的培养和训练，使预备役部队在军政素质、动员速度、反应能力等方面都达到了较高水平。

(3) 依托地方高校培养优秀军事人才。国家为了进一步适应高新技术在军事领域广泛运用的新形势，拓宽选拔、培养高素质军事人才的途径，培养和造就一大批军政兼优、掌握现代科学文化知识的新型军事人才。国务院、中央军委颁布的《关于建立依托普通高等教育培养军队干部制度的决定》规定：①军队可以从普通高等学校低年级在校生中确定培养对象，毕业后选拔担任军队干部；②军队可以从普通高等学校的应届毕业生(含研究生)中择优挑选热爱国防事业、知识全面、素质好的学生，入伍担任军官、士官或士兵；③采取军地院校联合培养人才的方式，选送军队现役干部到普通高等学校学习深造等。

2010 年 2 月 26 日，第十一届全国人大常委会第十三次会议通过《中华人民共和国国防动员法》，进一步完善了我国国防动员法律法规。这对加强国防动员建设，增强国防潜力，提升综合国力都具有重要的意义。

(四) 全面开展国防教育

国防教育是一种全面的、综合的教育，包括爱国主义、革命英雄主义、集体主义的品德教育和军事理论、军事知识、军事技能、军事体能教育。从本质上来说，国防教育是一个国家为了捍卫主权、领土完整和安全，抵御外来侵略，对全体公民进行的教育活动。中华人民共和国成立后，在继承和发扬优良历史传统与经验的基础上，根据国内外形势的变化对国防教育内容及对象进行了调整，我国国防教育有了巨大发展。

20 世纪 50 年代，我国主要围绕抗美援朝开展了全国性国防教育。新中国成立初期，国内国民党的残余势力还未肃清，台湾岛等地区正待解放。国际反华势力对我国进行包围、封锁，并发动了侵朝战争，把战火烧到鸭绿江畔，妄图把新中国扼杀在摇篮里。针对当时的情况，毛泽东发出了"抗美援朝、保家卫国"的伟大号召，掀起了轰轰烈烈的抗美援朝运动，于 1950 年 10 月派出了中国人民志愿军，和朝鲜军民并肩打击侵略者，在全国开展了轰轰烈烈的抗美援朝宣传教育活动，揭露了帝国主义的侵略罪行。同时，把爱国主义教育和国际主义教育结合起来，国防教育开展得非常深入，家喻户晓，扎扎实实，卓有成效。

20 世纪 60 年代，主要是反对以美国为首的霸权主义，结合打击蒋介石集团窜犯大陆和多次自卫反击作战，贯彻毛泽东关于"备战、备荒、为人民"的指示以及民兵工作"三落实"等，在全国开展了保卫祖国边防和维护领土完整的国防教育，运用作战中的英雄模范事迹对全国人民进行了生动、实际的爱国主义教育和革命英雄主义教育。

20 世纪 70 年代，这一时期的国防教育主要表现为"随时准备打仗"的战备教育。1973 年中国共产党第十次全国代表大会的报告中进一步传达了毛泽东关于"深挖洞，广积粮，不称霸"的指示，强调对帝国主义可能发动的侵略战争应保持高度警惕，做好一切准备。因此，"随时准备打仗"的战备教育是当时国防教育的根本任务。

20 世纪 80 年代以后，全党的工作重点转移到经济建设上，国防建设的指导思想也由临战状态转移到和平建设轨道，国防教育进入了一个新的时期。党和国家发出了一系列指示，要求公民积极、认真地履行兵役义务，在裁减军队员额的情况下，组建预备役部队，搞好预备役的组织、训练和民兵建设。2001 年 4 月国家颁布了《中华人民共和国国防教育法》，首次以法律的形式规定全社会都要进行国防教育，国防教育内容也从原来单纯的提高战备观念扩展成为包括德、智、体多方面的素质教育。国防教育对象从单纯的军队、民兵转为全体公民。国防教育取得了可喜的成绩，积累了丰富的经验，并逐步走上了规范化、法制化的轨道。

(五) 完善了有中国特色的武装力量领导体制

我国的武装力量领导体制是在长期的革命战争中形成和发展起来的。中华人民共和国成立后，中央人民政府于 1949 年 10 月 19 日成立了人民革命军事委员会，作为全国武装力量的最高统帅机关。1954 年 9

月，第一届全国人大第一次会议通过的《宪法》规定，中华人民共和国主席统帅全国武装力量，设立国防委员会和国防部，国家主席担任国防委员会主席，并取消中央人民政府人民革命军事委员会。随后召开的中央政治局会议决定在中央政治局和书记处之下成立中共中央军事委员会，领导全国武装力量。中央军委下设总参谋部、总政治部、总后勤部三个工作机关。1998 年，中央军委又增设总装备部，领导和管理全军武器装备工作。

1982 年起，党和国家共同设立中央军事委员会。同年 12 月，全国人大第五届第五次会议通过的《中华人民共和国宪法》规定，国家中央军委统一领导全国的武装力量。国家的中央军委与党的中央军委同时存在，为"一个机构，两个牌子"，其组成人员完全相同，全体军委委员都是共产党员。党的中央军委与国家中央军委并存，同时向中央和全国人大及人大常委会负责。这种体制既坚持党对军队的绝对领导，又体现国家对武装力量的领导权。它符合我国的国情和军情，符合四项基本原则，能体现中国共产党作为唯一的执政党在国家政治生活中的领导地位和作用。

2016 年 1 月起，中央军委由原来的总部制改为多部制，按照"军委管总、战区主战、军种主建"的总原则，优化军委机关职能配置和机构设置，突出核心职能，整合相近职能，加强监督职能，充实协调职能，使军委机关成为军委的参谋机关、执行机关、服务机关。这样调整后，有利于坚持党对军队绝对领导和军委集中统一领导，有利于军委机关履行战略谋划和宏观管理职能，有利于加强权力运行制约和监督。

三、国防战略与国防政策

国防战略是对国防建设和运用综合国力维护国家安全，实现国防目标的总体构想，取决于国家战略和国家政策，最终体现国家利益。国防政策则是一定历史阶段国家进行国防建设、军事斗争和使用武装力量，以及进行与国防建设有关的活动的准则。

(一) 国防战略

国防战略是筹划和指导国防力量建设与运用，保障国家安全的战略。国防战略是国家战略的组成部分，受国家战略的指导和制约，通常由最高国防决策机构制定。制定国防战略的主要目的是从国家根本利益出发，综合运用政治、军事、外交、经济、科技及其他手段，遏制和抵御外来侵略，确保国家领土和主权不受侵犯。国防战略不仅要重视运用实战手段打赢战争，而且要重视运用威慑手段遏制和防止战争，维护和平。

国防战略的优劣直接关系国防建设的发展，乃至战争胜负、国家存亡、民族兴衰。早在 1936 年，毛泽东就在《中国革命战争的战略问题》一文中指出了"积极防御"的基本内涵，并在长期的革命战争中不断贯彻和丰富这一思想。中华人民共和国成立后，1956 年彭德怀同志代表中共中央和中央军委所作的《关于保卫祖国和战略方针和国防建设问题》的报告中，将"积极防御"列为战略方针。20 世纪 60 年代后，随着外部压力的增大，军队建设转为立足于准备"早打、大打、打核战争"。1977 年，叶剑英代表中央军委所作的《抓纲治军、准备打仗》的报告中，又重新申明了"积极防御"的战略方针地位。党的十一届三中全会以后，党和国家的工作重点转移到经济建设，邓小平对"积极防御"进行了马克思主义辩证观点的阐释，仍然强调其重要性。在新形势和新时代下，我国进一步发展和丰富了"积极防御"战略的内涵。

2015 年，《中国的军事战略》白皮书对"积极防御"原则作了新的阐释：服从服务于国家战略目标，贯彻总体国家安全观，加强军事斗争准备，预防危机、遏制战争、打赢战争；营造有利于国家和平发展的战略态势，坚持防御性国防政策，坚持政治、军事、经济、外交等领域斗争密切配合，积极应对国家可能面临的综合安全威胁；保持维权维稳平衡，统筹维权和维稳两个大局，维护国家领土主权和海洋权益，维护周边安全稳定；努力争取军事斗争战略主动，积极运筹谋划各方向、各领域的军事斗争，抓住机遇加快推进军队建设、改革和发展；运用灵活机动的战略战术，发挥联合作战整体效能，集中优势力量，综合运用战法手段；立足应对最复杂、最困难的情况，坚持底线思维，扎实做好各项准备工作，确保妥善应对、措置裕如；充分发挥人民军队特有的政治优势，坚持党对军队的绝对领导，重视战斗精神培育，严格部队组织纪律性，纯洁巩固部队，密切军政军民关系，鼓舞军心士气；发挥人民战争的整体威力，坚持把人民战争作为克敌制胜的重要法宝，拓展人民战争的内容和方式方法，推动战争动员以人力动员为主向以科技动员为主转变；积极拓展军事安全合作空间，深化与大国、周边、发展中国家的军事关系，促进建立地区安全和合作架构。

(二) 国防政策

国防政策是国家在一定的历史阶段进行国防建设、军事斗争和使用武装力量，以及进行与国防建设有关的活动的准则，是国家进行国防建设和使用国防力量的准则。国防政策是国防建设和国家安全的保证，具有鲜明的阶级性。

不同的国家有着不同的国防政策，霸权主义国家的国防政策主要为其强权政治服务，我国的国防政策是为维护和平、反对侵略服务。21 世纪以来，我国先后发布了 8 份《国防白皮书》，全面阐释了中国对国家安全利益、武装力量使用、军事力量建设及战争观的立场和政策。其中《2010 年中国的国防》指出：中国奉行防御性的国防政策；依照宪法和法律，中国武装力量肩负对外抵抗侵略、保卫祖国，对内维护社会大局稳定、保卫人民和平劳动的神圣职责；建设与国家安全和发展利益相适应的巩固国防和强大军队，是中国现代化建设的战略任务，也是中国各族人民的共同事业。中国的国家性质、发展道路、对外政策和文化传统也都决定了中国必然实行防御性的国防政策。中国坚定不移地走和平发展道路，对内努力构建社会主义和谐社会，对外推动建设持久和平、共同繁荣的和谐世界，主张用和平方式解决国际争端。中国不论现在还是将米，不论发展到什么程度，都永远不称霸，永远不搞军事扩张。

2019 年 7 月，国务院新闻办公室发布了《新时代的中国国防》。中国的社会主义国家性质，走和平发展道路的战略抉择，独立自主的和平外交政策，“和为贵”的中华文化传统，决定了中国始终不渝奉行防御性国防政策。新时代中国防御性国防政策的主要内容如下。

1. 根本目标：坚决捍卫国家主权、安全、发展利益

慑止和抵抗侵略，保卫国家政治安全、人民安全和社会稳定，反对和遏制“台独”，打击“藏独”“东突”等分裂势力，保卫国家主权、统一、领土完整和安全。维护国家海洋权益，维护国家在太空、电磁、网络空间等安全利益，维护国家海外利益，支撑国家可持续发展。

中国坚定维护国家主权和领土完整。南海诸岛、钓鱼岛及其附属岛屿是中国固有领土。中国在南海岛礁进行基础设施建设，部署必要的防御性力量，在东海钓鱼岛海域进行巡航，是依法行使国家主权。中国致力于同直接有关的当事国在尊重历史事实和国际法的基础上，通过谈判协商解决有关争议。中国坚持同各地区、国家一道维护和平和稳定，坚定维护各国依据国际法所享有的航行和飞越自由，维护海上通道安全。

解决台湾问题，实现国家完全统一，是中华民族的根本利益，是实现中华民族伟大复兴的必然要求。中国坚持“和平统一、一国两制”方针，推动两岸关系和平发展，推进中国和平统一进程，坚决反对一切分裂中国的图谋和行径，坚决反对任何外国势力干涉。中国必须统一，也必然统一。中国有坚定决心和强大能力维护国家主权和领土完整，决不允许任何人、任何组织、任何政党在任何时候，以任何形式，把任何一块中国领土从中国分裂出去。我们不承诺放弃使用武力，保留采取一切必要措施的选项，针对的是外部势力干涉和极少数“台独”分裂分子及其分裂活动，绝非针对台湾同胞。如果有人要把台湾从中国分裂出去，中国军队将不惜一切代价，坚决予以挫败，捍卫国家统一。

2. 鲜明特征：坚持永不称霸、永不扩张、永不谋求势力范围

国家虽大，好战必亡。中华民族历来爱好和平。近代以来，中国人民饱受侵略和战乱之苦，深感和平之珍贵、发展之迫切，决不会把自己经受过的悲惨遭遇强加于人。中华人民共和国成立 70 多年来，中国没有主动挑起过任何一场战争和冲突。改革开放以来，中国致力于促进世界和平，主动裁减军队员额 400余万。中国由积贫积弱发展成为世界第二大经济体，靠的不是别人的施舍，更不是军事扩张和殖民掠夺，而是人民勤劳、维护和平。中国既通过维护世界和平为自身发展创造有利条件，又通过自身发展促进世界和平，真诚希望所有国家都选择和平发展道路，共同防范冲突和战争。

中国坚持在和平共处五项原则的基础上发展与各国的友好合作，尊重各国人民自主选择发展道路的权利，主张通过平等对话和谈判协商解决国际争端，反对干涉别国内政，反对恃强凌弱，反对把自己的意志强加于人。中国坚持结伴不结盟，不参加任何军事集团，反对侵略扩张，反对动辄使用武力或以武力相威胁。中国的国防建设和发展始终着眼于满足自身安全的正当需要，始终是世界和平力量的增长。历史已经并将继续证明，中国决不走追逐霸权、"国强必霸"的道路。无论将来发展到哪一步，中国都不会威胁谁，都不会谋求建立势力范围。

3. 战略指导：贯彻落实新时代军事战略方针

新时代军事战略方针坚持防御、自卫、后发制人原则，实行积极防御，坚持"人不犯我、我不犯人，人若犯我、我必犯人"，强调遏制战争与打赢战争相统一，强调战略上防御与战役战斗上进攻相统一。

贯彻落实新时代军事战略方针，服从服务党和国家战略全局，落实总体国家安全观，强化忧患意识、危机意识、打仗意识，积极适应战略竞争新格局、国家安全新需求、现代战争新形态，有效履行新时代军队使命任务。根据国家面临的安全威胁，扎实做好军事斗争准备，全面提高新时代备战打仗能力，构建立足防御、多域统筹、均衡稳定的新时代军事战略布局。坚持全民国防，创新人民战争的战略战术和内容方法，充分发挥人民战争的整体威力。

中国始终奉行在任何时候和任何情况下都不首先使用核武器、无条件不对无核武器国家和无核武器区使用或威胁使用核武器的核政策，主张最终全面禁止和彻底销毁核武器，不会与任何国家进行核军备竞赛，始终把自身核力量维持在国家安全需要的最低水平。中国坚持自卫防御核战略，目的是遏制他国对中国使用或威胁使用核武器，确保国家战略安全。

4. 发展路径：坚持走中国特色强军之路

建设与国际地位相称、与国家安全和发展利益相适应的巩固国防和强大军队，是中国社会主义现代化建设的战略任务，是坚持走和平发展道路的安全保障，是总结历史经验的必然选择。

新时代中国国防和军队建设深入贯彻习近平强军思想，深入贯彻习近平军事战略思想，坚持政治建军、改革强军、科技兴军、依法治军，聚焦能打仗、打胜仗，推动机械化信息化融合发展，加快军事智能化发展，构建中国特色现代军事力量体系，完善和发展中国特色社会主义军事制度，不断提高履行新时代使命任务的能力。

新时代中国国防和军队建设的战略目标是，到 2020 年基本实现机械化，信息化建设取得重大进展，战略能力有大的提升。与国家现代化进程相一致，全面推进军事理论现代化、军队组织形态现代化、军事人员现代化、武器装备现代化，力争到 2035 年基本实现国防和军队现代化，到 21 世纪中叶把人民军队全面建成世界一流军队。

5. 世界意义：服务构建人类命运共同体

中国人民的梦想与世界人民的梦想息息相通。一个和平、稳定、繁荣的中国是世界的机遇和福祉。一支强大的中国军队是维护世界和平稳定、服务构建人类命运共同体的坚定力量。

中国军队坚持共同、综合、合作、可持续的安全观，秉持正确义利观，积极参与全球安全治理体系改革，深化双边和多边安全合作，促进不同安全机制间协调包容、互补合作，营造平等互信、公平正义、共建共享的安全格局。

中国军队坚持履行国际责任和义务，始终高举合作共赢的旗帜，在力所能及的范围内向国际社会提供更多的公共安全产品，积极参加国际维和、海上护航、人道主义救援等行动，加强国际军控和防扩散合作，建设性参与热点问题的政治解决，共同维护国际通道安全，合力应对恐怖主义、网络安全、重大自然灾害等全球性挑战，积极为构建人类命运共同体贡献力量。

四、军民融合

军民融合就是把国防和军队现代化建设深深融入经济社会发展体系之中，全面推进经济、科技、教育、人才等各个领域的军民融合，在更广范围、更高层次、更深程度上把国防和军队现代化建设与经济社会发展结合起来，为实现国防和军队现代化提供丰厚的资源和可持续发展的后劲。这是我们党长期探索经济建设和国防建设协调发展规律的重大成果，是从国家发展和安全全局出发作出的重大决策，是应对复杂安全威胁、赢得国家战略优势的重大举措。

(一) 军民融合战略的形成

中华人民共和国成立后，毛泽东首先提出"军民两用"的思想，之后，邓小平发展为"军民结合"思想，江泽民强调要"寓军于民"，胡锦涛正式提出"军民融合"思想。在党的十八大中，习近平总书记深刻把握世情、国情、军情的变化，在国家总体战略中兼顾发展和安全，把军民融合发展确立为兴国之举、强军之策，作出一系列重要论述和重大决策，形成了习近平总书记关于军民融合发展的重大战略思想。2017年1月22日，在中央政治局会议上成立了中央军民融合发展委员会。军民融合就是要打破"军"与"民"相互分割和自成体系的封闭系统，促进"军"和"民"之间全领域、全要素、全方位的物质和信息等交流与渗透，从而形成一个军民兼容、相互协调和良性互动的开放对流系统，使一次性资源投入获得国防安全利益和经济社会利益双重产出，实现经济社会资源的最优配置。

(二) 实施军民融合发展战略的总体目标

习近平指出："今后一个时期军民融合发展，总的是要加快形成全要素、多领域、高效益的军民融合深度发展格局。"中共中央、国务院、中央军委印发的《关于经济建设和国防建设融合发展的意见》(以下简称《意见》)明确提出，经济建设和国防建设融合发展的主要目标是：形成全要素、多领域、高效益的军民融合深度发展格局，使经济建设为国防建设提供更加雄厚的物质基础，国防建设为经济建设提供更加坚强的安全保障。2017年6月，在中央军民融合发展委员会第一次全体会议上，习近平对军民融合发展目标的内涵又作了新的拓展，并明确指出："加快形成全要素、多领域、高效益的军民融合深度发展格局，逐步构建军民一体化的国家战略体系和能力。"

(三) 实施军民融合发展战略的重点任务

1. 扎实推进制度建设，健全并完善相关的制度体系

目前正值我国军民融合政策制度深度发育期，军民融合相关政策制度处于体系形成期。未来相关政策制度的发育状况取决于有效化解制约我国军民融合深度发展中的各类体制性障碍、结构性矛盾和政策性问题的情况。为此，《意见》提出了系统的改革思路，即坚持问题导向，将影响国家安全和发展的全局性问题、各领域融合发展亟待解决的关键问题、单靠军地某一方面或一个部门难以协调解决的突出问题通盘考

虑，构建一个包含政策、规划、体制、机制、标准、法治、信息在内的综合举措体系。概括起来，就是要构建和完善组织管理、工作运行、政策制度"三位一体"的制度体系。

2. 根据微观、中观、宏观各层次的任务需求，全面推进全方位军民融合

在微观层面上，推进企业或企业集团在产品、技术、资本等要素上的军民融合；在中观层面上，着重优化区域军民融合布局，将京津冀协同发展、长江经济带发展与"一带一路"建设紧密结合起来；在宏观层面上，着力在各重点领域军民融合发展上取得重大进展，加强基础领域、产业领域、科技领域、教育资源、应急和公共安全、社会服务、海洋开发和海上维权等领域的统筹。

思考题：

1. 简述中国国防领导体制。
2. 中国国防建设有哪些主要成就？
3. 简述中国新时代的国防政策。
4. 简述中国的军民融合发展战略。

第四节　中国武装力量

武装力量是一个国家或政治集团所拥有的各种武装组织的总称，是国家机器的重要组成部分。武装力量一般以军队为主体，由军队和其他正规的、非正规的武装组织结合组成，其组织和构成通常受国家政治制度、经济实力、军事战略、地理环境和历史传统等因素的影响和制约。

一、人民军队的发展历程

1927 年的南昌起义打响了武装反抗国民党反动派的第一枪，标志着中国共产党开始独立领导革命战争。中国共产党从此有了自己绝对领导之下、忠实执行革命政治任务的武装力量，中华民族也从此有了实现独立解放和伟大复兴的坚强保障。90 多年来，在党的领导下，人民解放军从小到大、由弱变强，发展成为一支诸军兵种合成、具有一定现代化水平并开始向信息化迈进的强大军队。

(一) 在土地革命战争中创建成长

1927 年，国民党反动派背叛革命，勾结帝国主义，血腥屠杀中国共产党人和革命群众。共产党人开始认识到：无产阶级必须要有自己的新型人民军队。1927 年 8 月 1 日，周恩来、叶挺、朱德、贺龙等在南昌领导发动了两万余人的起义，激战 4 个多小时，占领南昌城。这是共产党第一次独立领导武装斗争，开启了创建新型人民军队的时期。1927 年 9 月，毛泽东又发动了秋收起义，起义部队向井冈山转移的过程中进行了"三湾改编"，提出"支部建在连上"的原则，在部队中建立党的各项组织和党代表制度。1929 年 12 月，在福建上杭古田召开了红四军第九次代表大会，即古田会议。毛泽东全面总结红军建军以来的经验和教训，强调红军必须置于党的绝对领导之下，明确了人民军队的性质、宗旨和"三大任务"等一系列建军原则。这一时期，强大的敌人先后发起了五次围剿，妄图扼杀力量尚且弱小的红军，生存成为革命的首要问题。在井冈山斗争中，毛泽东总结提出"敌进我退、敌驻我扰、敌疲我打、敌退我追"的游击战"十六字诀"，形成了积极防御的基本方针，粉碎了敌人的多次围剿。由此，中国工农红军得到了迅猛发展，至 1934 年 10 月中央红军长征前，其总人数将近 30 万，创建了六大战略区，实现人民军队力量的第一次跃升。

(二) 在抗日战争中经受锤炼

抗日战争是中国近代以来最伟大、最壮烈的民族解放斗争。1931 年 9 月 18 日，日本帝国主义制造了震惊中外的"九一八"事变，占领了中国东北。1935 年，日本又制造了华北事变，鲸吞中国的野心日益膨胀。"七七事变"后，北平、天津相继失陷，日寇调集重兵向华北腹地展开猛烈进攻，国民党军节节败退。中国共产党以民族大义为重，在"西安事变"后与国民党展开第二次国共合作，将自己领导的中央红军改编为国民党军第八路军，南方 13 省的红军游击队改编为新四军，奔赴抗日战场。之后，一系列漂亮的伏击战，激发了中国民众的抗日信心，平型关大捷歼灭日军精锐部队 1000 多人，"百团大战"歼敌 4 万余人，都沉重打击了日军嚣张气焰。毛泽东还指挥人民军队成功开辟敌后战场，陆续建立了 16 块抗日根据地，创新出地雷战、地道战、麻雀战、破袭战、围困战、联防战等游击战术。人民军队一方面顽强抵抗日伪军的"三光政策"，另一方面还要与国民党顽固派破坏抗日统一战线的行为作坚决斗争。在人民群众的支持下，党领导的抗日武装对敌作战达 12.5 万次，收复国土 104.8 万平方千米，解放人口 1.255 亿，消灭日军 52.7 万、伪军 119 万多，为民族独立和解放作出了重要贡献。经过艰苦抗战，我们党领导的八路军、新四军也增长到 100 万，民兵达到 220 万，实现了人民军队力量的第二次大跃升。

(三) 在解放战争中发展壮大

抗战胜利之后，国民党妄图独享战胜果实，消灭我军，实行"独裁、内战与卖国"的三位一体方针，将中国再次拖入战争深渊。1946 年 6 月，国民党军对解放区发动全面进攻。在广大群众大力支持下，中国人民解放军奋起反抗，经过 160 余次战斗，歼灭敌军 71 万。1947 年春起，国民党军由于兵力不足，被迫放弃全面进攻，改为对陕北和山东解放区采取重点进攻。中共中央因势利导，实行三路大军挺进中原、两翼牵制、内外线配合的战略，将战争引到了国统区，开始了从战略防御向战略反攻的转变。特别是刘邓大军千里挺进大别山后，我军在各个战场上连奏凯歌，敌我力量对比开始发生逆转。1948 年，我军又展开战略决战，先后发起辽沈、淮海、平津三大战役，歼敌 154 万，敌人精锐尽丧，我军发展到 400 万以上。1949 年 4 月，我军"百万雄师"发动渡江战役，解放南京，结束了国民党在大陆的统治，迎来中华人民共和国的诞生，为中国人民赢得新生，对世界格局产生深远影响。

(四) 在社会主义革命和建设中奋勇前行

中华人民共和国的建立对军队的使命提出了新的要求，中国人民解放军担负起了保家卫国的重担，也成为人民民主专政的坚强柱石。1950 年，美帝国主义悍然发动朝鲜战争，严重威胁新中国的国家安全。中国人民志愿军进行了抗美援朝，经过两年九个月的浴血奋战，迫使美国停战和谈，实现了保家卫国的目标。20 世纪 60 年代以后，我军又先后进行了中印边境自卫反击战、珍宝岛自卫反击战、西沙群岛自卫反击战等作战行动，用热血和忠诚捍卫了国家主权和领土完整。同时，我军还积极参加国家经济建设，架桥修路、治理江河、开发矿山、兴修水利、植树造林、垦荒造田，特别是在关系到国家经济命脉的青藏、川藏、新藏公路和大庆、胜利油田等国家重点项目的开发建设中，到处都洒满了广大官兵的鲜血和汗水。

(五) 在改革开放中迈出新步伐

党的十一届三中全会后，我军实现了国防和军队建设指导思想的战略性转变，坚持走中国特色的精兵之路，积极推动军队由数量规模型向质量效能型、由人力密集型向科技密集型转变，围绕"打得赢、不变质"两个历史性课题，按照"政治合格、军事过硬、作风优良、纪律严明、保障有力"的总要求，实现从半机械化向信息化军队的"跨越式"发展，并依法驻军港澳，履行防务职责。党的十六大提出了用科学发展观统筹国防和军队建设，将"为党巩固执政地位提供重要的力量保证，为维护国家发展的重要战略机遇期提供坚强的安全保障，为维护国家利益提供有力的战略支撑，为维护世界和平与促进共同发展发挥重要作用"作为新世纪新阶段我军的历史使命。人民军队积极参与对外军事合作交流和联合国维和行动，2008年12月26日起参与索马里海域护航，为维护世界和平与稳定发挥重要作用。

(六) 在新时代努力建成世界一流军队

党的十八大以来，习近平主席着眼实现中国梦、强军梦，提出一系列国防和军队建设新理念、新思想、新战略，创立了习近平强军思想。近年，正是由于习近平强军思想的科学指引，我军实现了政治生态重塑、组织形态重塑、力量体系重塑、作风形象重塑，实现了体制一新、结构一新、格局一新、面貌一新。党的十九大着眼实现中华民族伟大复兴的中国梦，进一步发出了实现党在新时代的强军目标、全面建成世界一流军队的伟大号召，指明了中国特色强军之路的前进方向。当前，我军正朝着这一伟大目标大步前进，努力建成一支"听党指挥、能打胜仗、作风优良"的世界一流军队。

二、我国武装力量体制

中国武力量组成

我国的武装力量体制是在中国共产党领导中国人民进行长期革命战争和国防建设的过程中逐步形成的。在长期的革命战争中，共产党领导广大人民群众，为适应革命战争需要，逐步建立起野战军、地方军和民兵相结合的武装力量体制。中华人民共和国成立后，对"三结合"的武装力量体制进行调整和改革。1949年10月—1950年9月，实行人民解放军、人民公安部队和民兵相结合体制，期间，公安部队归公安机关建制领导。1950年9月—1959年12月，实行野战军、公安部队(有两年时间称公安军)和民兵相结合期间，其中担负内卫和边防任务的公安部队归军队建制领导。1959年1月—1966年6月，实行人民解放军、人民武装警察(1963年2月改成人民公安部队)和民兵相结合，期间，人民武装警察和公安部队隶属公安机关，实行军队和公安机关双重领导。1966年7月，全国公安部队统一整编为人民解放军，归军队建制和领导。1978年颁布的《宪法》确认，我国实行野战军、地方军和民兵相结合的武装力量体制。党的十一届三中全会以后，我国进入以经济建设为中心的现代化建设新时期。为有效打击国内外敌对势力的阻挠和破坏活动，党和国家决定重新组建中国人民武装警察部队。1984年5月，全国人民代表大会颁布《兵役法》，确立了由中国人民解放军、中国人民武装警察部队和民兵组成的武装力量新体制。1997年，全国人民代表大会颁布的《国防法》明确规定："中华人民共和国的武装力量，是由中国人民解放军现役部队和预备役部队、中国人民武装警察部队和民兵组成。""三结合"武装力量体制既符合我国的国情、军情，又符合我国武装力量的性质和特点，有助于完成保家卫国和维护世界和平的新使命。

我国的武装力量由中央军委统一领导和指挥。中央军委实行多部制，下设七个部(厅)、三个委员会、五个直属机构，即办公厅、联合参谋部、政治工作部、后勤保障部、装备发展部、训练管理部、国防动员部、纪律检查委员会、政法委员会、科学技术委员会、战略规划办公室、改革和编制办公室、国际军事合作办公室、审计署、机关事务管理总局。2015年12月，中央军委调整改革军队领导管理体制和作战指挥体制，按照"军种主建、战区主战"的原则，实行军令、军政分开的新体系：一方面调整组建各军种领导机构，负责中国五大军种的日常管理和建设；另一方面按照战略方向需求重新调整划设东、西、南、北、中五大战区，负责战时统一指挥和平时统一训练。

此外，中央军委还下辖联勤保障部队、军事科学院、国防大学、国防科技大学。联勤保障部队是实施联勤保障和战略战役支援保障的主体力量，是中国特色现代军事力量体系的重要组成部分；军事科学院是高级军事研究机关，是全军军事科学研究的中心，也是中央军委从军事理论高度指导军队建设的助手；国防大学是中国最高军事学府，主要负责培养高级指挥人员、高级参谋人员和高级军事理论研究人员；国防科学技术大学是直属中央军委领导的综合性大学，主要负责培养高级科学和工程技术人才与专业指挥人才，培训军队高级领导干部，从事先进武器装备和国防关键技术研究。

三、中国人民解放军

中国人民解放军是中国共产党缔造和领导的，用马克思列宁主义、毛泽东思想、邓小平理论、"三个代表"重要思想、科学发展观、习近平新时代中国特色社会主义思想武装的人民军队，是我国武装力量的主体，是人民民主专政的坚强柱石，是捍卫社会主义祖国的钢铁长城，是建设有中国特色社会主义和维护世界和平的重要力量。中国人民解放军担负着巩固国防、抵抗侵略、保卫祖国、保卫人民、参加现代化建设的重任，为维护国家主权、安全和发展利益起着不可替代的作用。中国人民解放军由现役部队和预备役部队组成，其中，现役部队是国家的常备军，由陆军、海军、空军、火箭军、战略支援部队和联勤保障部队组成。

(一) 陆军

陆军是中国人民解放军的一个主要军种，以步兵、炮兵、装甲兵为主体，是主要在陆地上遂行作战任务的军种。陆军具有强大的火力、突击力和快速的机动能力，既能单独作战，又能与其他军种联合作战。陆军按其担负的任务不同，可分为机动作战部队、边海防部队、警卫警备部队等。机动作战部队是执行全国机动作战任务的正规军，是陆战场上的骨干和核心力量，担负超区域性的作战任务。边海防部队是指专门驻守国家边境、沿海地区，严守国界、保卫边(海)疆的部队，有些国家称边防军，也有些国家由警卫队或警察担任边防任务。警卫警备部队平时担负本地区的警备和守卫任务，并协同地方政府维护社会治安和训练民兵等；战时可配合机动部队完成作战任务或独立执行游击作战任务。

中国人民解放军陆军下辖 5 个战区陆军、新疆军区、西藏军区等。东部战区陆军下辖第 71、72、73 集团军，南部战区陆军下辖第 74、75 集团军，西部战区陆军下辖第 76、77 集团军，北部战区陆军下辖第 78、79、80 集团军，中部战区陆军下辖第 81、82、83 集团军。陆军的基本组织层次为集团军、旅、营、连、排、班。集团军、旅设立领导机关。各战区陆军平时自行组织训练、管理和教育，同时按战区要求参加联合演习；战时接受战区指挥参与作战行动。

陆军的主要任务如下：

(1) 抵御外来军事侵略。在抗敌军事入侵和军事干涉中，将担负陆战场的主要作战任务，与其他军兵种密切配合，大量杀伤敌方有生力量，坚决夺取反侵略战争的胜利。

(2) 守卫我国漫长的边境线和海岸线。一旦发生各种武装冲突或局部战争，陆军将单独或与其他军兵种联合进行自卫反击战争，消除外来威胁，维护祖国的安宁和领土主权。

(3) 维护国家和平统一和社会稳定。目前祖国统一大业尚未完成，国内外敌对势力相互勾结，妄图颠覆和破坏社会主义制度，分裂国家统一和破坏民族团结。陆军责无旁贷地担负维护祖国统一和社会稳定、保卫现代化建设顺利进行的神圣任务。

陆军由步兵、炮兵、装甲兵、防空兵、陆军航空兵、电子对抗兵、工程兵、通信兵、防化兵等兵种，以及侦察兵、测绘兵、汽车兵等专业兵种构成。各兵种根据各自的专业特性配置多种类型的武器装备，遂行不同的战斗、防卫、支援和保障任务。下面介绍几种陆军主要兵种。

1. 步兵

步兵主要是徒步或搭乘汽车、装甲输送车、步兵战车实施机动和作战的兵种。按照运输方式的不同，步兵分为徒步步兵、摩托化步兵和机械化步兵。步兵的主要装备有步枪、机枪、火箭筒、轻型火炮、反坦克导弹、迫击炮、防空火器、汽车、装甲输送车和步兵战车等。徒步步兵爬山、涉水皆可，行动受地形、气象影响大，机动性弱；摩托化步兵是以吉普车、卡车等非装甲车辆作为士兵及重装备主要运输载具的步兵，乘非装甲车辆运输至战场并下车作战，相当于现代轻步兵，具有较强的机动力和火力，可以在战场上快速部署，但运输时极度依赖良好的道路和交通系统，越野能力不强，受地形和气象条件的限制；机械化步兵是以步兵战车或装甲输送车作为主要运输载具的步兵，乘装甲车辆运输至战场并下车并在轻装甲载具的支援下作战，相当于现代重步兵，具有较强的机动力、防护力和火力，行动快并具有一定的突击力，越野能力强但乘车时目标大，受一定地形和气象条件的限制，且需可靠的技术保障。步兵是陆军中人数最多的兵种，在地面作战中具有重要作用，通常情况下，最后夺取和扼守阵地，歼灭敌人，主要靠步兵。

2. 炮兵

炮兵是以火炮、火箭炮、战术导弹和反坦克导弹为基本装备的作战兵种，是陆军对地作战的主要火力突击力量。炮兵由压制炮兵、反坦克炮兵、战役战术导弹兵，以及通信、侦察等专业部(分)队组成，其中以压制炮兵为主体。炮兵具有强大的火力、较远的射程、良好的精度和较强的机动能力，能迅速、突然、连续地集中火力对敌实施猛烈突击，但其机动能力也易受气象、地形、道路等条件的限制和影响，装备复杂，补给困难，射击准备时间较长。炮兵的主要装备有各种型号、口径与用途的加农炮、榴弹炮、加农榴弹炮、火箭炮、迫击炮、无座力炮、反坦克导弹、地地战役战术导弹等。

3. 装甲兵

装甲兵又称坦克兵，是以坦克及其他装甲战车、保障车辆为基本装备的作战兵种，是陆军地面作战突击力量。装甲兵具有强大的火力、快速的机动能力和较好的装甲防护力；能快速机动、迅速有效地利用火力进行猛烈突击，在短时间内歼灭敌人；其装备复杂、车辆多、目标大，行动易受地形限制，且弹药、油料等保障任务繁重；可与其他军兵种联合作战，也可单独遂行作战任务。装甲兵的主要装备有各种型号的主战坦克、水陆坦克、扫雷坦克、侦察坦克、自行火炮、步兵战斗车、装甲输送车、装甲侦察与指挥车及其他勤务保障车辆。

4. 防空兵

防空兵是以地空导弹、高射武器系统为基本装备，是主要遂行地面防空作战任务的兵种，是陆军对空作战的主要力量。有的国家称防空兵为防空炮兵。防空兵主要由地空导弹、高射炮、高射机枪、雷达和电子对抗等部(分)队组成，有较强的火力、良好的射击精度、较高的机动能力和快速反应能力，能在昼夜和复杂气象条件下持续打击敌空中目标。防空兵的主要装备有高射机枪，各种口径的高炮，自行高炮，各型中低空中近程地空导弹及与其配套的雷达、指挥仪和自动化指挥系统等。

5. 陆军航空兵

陆军航空兵是主要遂行以航空火力支援地面作战和机降作战任务的兵种，通常由飞行、场站和航空维修等部(分)队组成。陆军航空兵以直升机为主要装备，具有空中机动、空中突击和空中保障能力；具有较强的火力、快速的反应能力；作战范围广，活动高度较低，隐蔽性好，不受地形的限制。陆军航空兵的主要装备有攻击直升机(也称武装直升机)、运输直升机和其他类专用直升机。一些攻击直升机除装备航空枪炮外，还可携带多种航空炸弹、航空火箭弹、导弹等。运输直升机主要用于运送部队、各种装备和物资器材；专用直升机可用于遂行指挥、通信、侦察、空中布雷、电子对抗等。

6. 工程兵

工程兵是担负工程保障任务和以工程手段遂行战斗任务的专业兵种，通常由工兵、舟桥、建筑、伪装、野战给水工程、工程维护等专业部队组成，分属陆军、海军和空军。工程兵专业种类多，机械化程度高，技术性和完成任务的时效性强，具有快速遂行多种工程作业和遂行一定战斗任务的能力。工程兵的主要装备有工程侦察器材、地雷爆破器材(含各种地雷、布雷扫雷器材、工程爆破器材等)、渡河桥梁器材、工程机械、伪装器材、给水设备等。

7. 防化兵

防化兵(防化学兵)是担负防化保障任务的专业兵种，是陆军对核、生物、化学武器防护的技术骨干力量，并同时担负喷火和发烟任务。防化兵主要由防化(观测、侦察、洗消)、喷火和发烟等分队组成，专业性、技术性和完成任务的时效性强，执行任务分散，保障目标多，因而具有较强的独立性、机动性和灵活性。防化兵的主要装备有核爆炸探测仪器、化学与生物观测器材、核辐射探测仪器、化学侦察器材、防化洗消车、喷火器和发烟器等。

8. 通信兵

通信兵是担负军事通信联络任务，保障军队指挥连续不间断的专业技术兵种，主要由通信、通信工程、指挥自动化、无线电通信对抗、航空兵导航和军邮等专业部(分)队组成。通信兵装备器材复杂，通信手段多样，技术性、专业性、保密性和时效性较强。通信兵的主要装备有各种型号的短波、超短波电台、单边带电台、超短波接力机、载波电话机、收讯机等各种通信联络工具及自动化指挥设备与器材。

(二) 海军

海军是以舰艇部队为主体，主要在海洋遂行作战任务的军种，是国家维护领海主权和海洋权益的主要武装力量。海军具有在水面、水下、空中和岸上实施攻防作战的能力，既能独立地在海上作战，又能协同陆、空军等作战。海军担负的使命是防御外敌海上入侵，收复敌占岛屿，保卫国家领海主权，维护祖国统一和海上权益。海军的基本任务是消灭敌作战舰艇和运输、勤务保障舰船，破坏敌海上交通运输；攻击敌海军基地、港口和海岸附近的重要目标；进行海上封锁与反封锁作战；协同陆、空军进行反袭击，保卫海军基地、港口和沿海重要目标；协同陆、空军进行登陆和抗登陆作战；参加战略核反击作战；保障我国海上交通运输、渔业生产、资源开发、科学实验和海洋调查的安全。

中国人民解放军海军创建于 1949 年 4 月 23 日，现已发展成为一支装备复杂、技术密集、多兵种合成、初具现代化作战能力的近海防御力量。中央军委海军部下辖东部战区海军(东海舰队)、南部战区海军(南海舰队)、北部战区海军(北海舰队)、海军陆战队等。战区海军下辖基地、潜艇支队、水面舰艇支队、航空兵旅等部队。海军是一支由多兵种组成的技术装备比较复杂的合成军种，主要包括水面舰艇部队、潜艇部队、航空兵、岸防部队、陆战队，以及侦察通信、修理维护、水文气象、防险救生等专业勤务保障部队。各部队(兵种)有着各自的特点，配备不同的武器装备，担负着不同的作战、防卫、支援和保障任务。

1. 水面舰艇部队

水面舰艇部队是以水面舰艇为基本装备，在水面遂行作战任务的兵种，是海军的基本突击力量。水面舰艇部队由驱逐舰、护卫舰(艇)、导弹艇、猎潜艇、鱼雷艇、扫(布)雷舰(艇)等战斗舰艇部队，登陆舰(艇)和担负各种保障任务的勤务舰船部队组成。水面战斗舰艇部队按舰艇支队(师级)、大队(团级)、中队(营级)编成，勤务舰船部队根据专业性能和担负的任务分别编成不同的专业大队。水面舰艇部队具有遂行任务广泛、战斗活动持续力大和机动能力强的特点，可独立作战，但其隐蔽性差，易受到来自空中、水下的攻击，与其他军兵种协同作战更能发挥威力。水面舰艇部队的装备有航空母舰、驱逐舰、护卫舰、导弹艇、鱼雷艇、护卫艇、猎潜艇、布雷舰、扫雷舰艇、登陆舰艇、气垫船及各种专业勤务舰船，包括运输船、油船、水船、冷藏船、工程船、消磁船、医院船、救生船、侦察船等。舰艇上的武器有中小口径舰炮、舰舰导弹、舰空导弹、反潜武器等。航空母舰另有舰载机、反潜直升机、预警直升机等，有些舰艇也配有舰载直升机。

2. 潜艇部队

潜艇部队是以潜艇为基本装备，主要在水下遂行作战任务的海军兵种，是海战场的重要突击力量。潜艇部队包括攻击潜艇部队和战略导弹潜艇部队。前者由常规动力鱼雷潜艇、核动力鱼雷潜艇和飞航式导弹潜艇组成，担负海上战役战术作战任务；后者由核动力弹道导弹潜艇和常规动力弹道导弹潜艇组成，担负战略核打击任务。潜艇部队基本编制是潜艇支队和潜艇基地。潜艇部队具有良好的隐蔽性、强大的突击力和持久的作战能力。潜艇部队的武器装备有各种型号的普通动力、核动力的鱼雷潜艇和导弹潜艇。艇上的武器有舰炮、鱼雷、水雷、飞航式导弹、弹道导弹。

3. 海军航空兵

海军航空兵是以军用飞机为基本装备，在海洋上空遂行作战任务的兵种，是海战场的重要突击和保障力量。海军航空兵通常由轰炸航空兵、歼击轰炸航空兵、歼击航空兵、强击航空兵、侦察航空兵、反潜航空兵部队和执行预警、电子对抗、运输、救护等保障任务的部队组成。海军航空兵具有很强的适应海洋空间作战的能力，能单独或协同其他军兵种进行各种海上作战。海军航空兵的装备有多种型号的歼击机、轰炸机、强击机、水上飞机、侦察机、反潜机等。此外，还有各种运输机、直升机和其他特种飞机。机载武器有航炮、航空火箭弹、航空炸弹、空空导弹、空舰导弹、鱼雷、深水炸弹等。

4. 海军岸防部队

海军岸防部队是部署在沿海重要地段，以岸炮和岸舰导弹为基本装备，参加对海防御作战的海军兵种。海军岸防部队是海岸防御的骨干力量，由海岸导弹部(分)队和海岸炮兵部(分)队组成，能充分利用岛、岸的有利条件，预先构筑多种阵地，储备大量作战物资，进行持久作战。海军岸防部队的导弹部队装备有机动式和固定式岸舰导弹，具有飞行高度低、速度快、射程远、威力大、命中精度高等特点，但技术保障复杂，易受干扰。海岸炮兵部队装备有大口径的自动化岸炮，具有稳定性好、命中精度高、防护力强、射程远、威力大、能持续作战的特点。

5. 海军陆战队

海军陆战队是以两栖作战武器为基本装备，是海军担任两栖作战任务的兵种，通常由陆战步兵、炮兵、装甲兵、工程兵及侦察、通信等部(分)队组成。海军陆战队具有较强的火力、较强的机动能力、较强的保障能力和很强的突击力。海军陆战队的武器装备是按两栖作战的要求编配，主要有自动化的步兵武器、反坦克导弹、防空导弹、各种火炮、火箭炮、舟桥、冲锋舟、气垫船、水陆两用坦克、装甲输送车及其他特种装备和作战器材。

(三) 空军

空军是以航空兵为主体，进行空中斗争、空对地斗争和地对空斗争的战略军种。空军具有高速机动、远程作战和猛烈突击的特性，既可协同陆、海军和火箭军作战，又能独立地遂行作战任务，是实施空中进攻和对空防御作战的主要力量。空军担负的使命是组织国土防空，夺取制空权，协同陆、海军和火箭军作战，保卫国家领土、领空、领海主权和国家利益，维护国家统一和安全，保障我国改革开放和经济建设的顺利进行。空军担负的任务是保卫国家领土、领空、领海和重要目标的安全，独立实施空中进攻作战，协同陆军、海军和火箭军等作战，实施空中威慑、空中运输、空降作战，执行电子对抗、侦察、通信等作战和勤务保障任务。

中国人民解放军空军成立于 1949 年 11 月 11 日。中央军委空军部下辖五个战区空军、一个空降兵军等。战区空军下辖基地、航空兵旅(师)、地空导弹兵旅(师)、雷达兵旅等部队。空军由航空兵、空降兵、地面防空兵、雷达兵、电子对抗部队、信息通信部队和其他专业勤务保障部队组成。各兵种(部队)有着各自的特点，配备不同的武器装备，担负着不同的作战、防卫、支援和保障任务。

1. 航空兵

航空兵是以军用飞机和直升机为基本装备，是遂行空中作战和保障任务的空军兵种，是空军的主要作战和保障力量。航空兵具有高速机动和猛烈突击的能力，能协同地面部队、舰艇部队作战，也可单独作战。航空兵通常由歼击、轰炸、强击、歼击轰炸、运输、侦察航空兵等组成，按旅(师)、大队、中队编成。根据各航空兵装备的特点，担负的任务也各不相同。航空兵主要装备有各种型号的歼击机、轰炸机、歼击轰炸机、强击机、侦察机、运输机、直升机及其他特种飞机。机载武器除航炮外，还携载有航空炸弹、航空火箭弹、空空导弹、空地导弹，以及各种特殊性能的炸弹、各种照相侦察设备等。此外，航空兵还装备有电子干扰机、空中加油机和预警指挥机等各种专业飞机。

2. 地面防空兵

地面防空兵是主要遂行地面防空作战任务的兵种，包括地空导弹部队和高射炮部队。地面防空兵以地空导弹武器系统和高射炮武器系统为基本装备，遂行防空作战任务的空军兵种，是国土防空的重要力量。地面防空兵具有较强的战斗力、迅猛的火力、较高的射击精度和机动能力，能全天候遂行作战任务。地面防空兵装备有各种型号的地(防)空导弹和各种口径的高射炮。

3. 空降兵

空降兵是以降落伞和陆战武器为基本装备，遂行伞降和机降作战任务的空军兵种，由步兵、装甲兵、炮兵、工程兵、通信兵及其他专业部(分)队组成。空降兵具有快速反应、远程作战和全纵深作战能力，以及随时能飞、到处能降、降则能打、打则能胜的全方位、全天候空降作战能力。空降兵的武器装备有步兵轻武器(自动步枪、机枪、冲锋枪)、各种火炮(迫击炮、无后坐力炮、火箭炮、榴弹炮、高射炮)、反坦克导弹和便携式防空导弹，以及特种装备和各型降落伞、伞兵战车、伞兵突击车等。

4. 雷达兵

雷达兵是以雷达为基本装备，遂行对空中目标探测和报知空中情况任务的兵种，是国土防空预警系统的主体和保障指挥、引导的主要力量，具有全天候搜索、测定和监视空中目标的能力。目前，雷达部队已构成了覆盖全国的雷达预警网，在保障国土防空、飞行管制、航空兵作战和飞行训练等方面都发挥了巨大作用。雷达兵按旅(团)、营、连编成。雷达兵的装备有各种型号的超视距、超远程、中远程、中近程警戒雷达，以及引导雷达、航管雷达等。

5. 电子对抗部队

电子对抗部队是空军编成内利用电子对抗装备、电子信息系统、设备进行斗争的兵种或部队。有的国家称电子对抗部队为空军电子战兵或空军电子斗争部队，也是空军夺取战役作战制电磁权的重要力量。空军电子对抗部队通常由航空电子对抗部队和地面电子对抗部队构成。航空电子对抗部队包括航空电子对抗侦察部队、航空电子干扰部队和航空反辐射攻击部队，主要装备有电子对抗侦察飞机、电子干扰飞机、反辐射攻击飞机和电子对抗无人机。地面电子对抗部队包括地面电子对抗侦察部队、地面电子干扰部队和地面反辐射攻击部队，主要装备有电子对抗侦察装备、电子干扰装备、反辐射武器和电子对抗无人机。

6. 信息通信部队

信息通信部队是空军编成内担负通信、导航和指挥自动化保障任务的兵种，也是空军战斗力的重要因素。信息通信部队由固定通信部队和机动通信部队组成，通常编有战备通信值勤部队、应急机动通信部队，以及通信装备修理、装备器材供应、教育训练、科研等机构。信息通信部队的主要装备包括无线电、有线电、光通信等通信装备，进场着陆、近程导航、远程导航等导航装备，信息传输、信息处理、终端显示等指挥自动化装备。

(四) 火箭军

火箭军即地地战略导弹部队，是以地地导弹武器系统为基本装备，实现积极防御战略方针的重要核反击力量和常规作战力量。中国人民解放军火箭军是中国人民解放军新的军种，是中国大国地位的战略支撑，是维护国家安全的重要基石。

中国人民解放军火箭军前身第二炮兵，成立于 1966 年 7 月 1 日，由毛泽东主席批准，周恩来总理亲自命名，始终由中央军委直接掌握，是中国实施战略威慑的核心力量，主要担负遏制他国对中国使用核武器，遂行核反击和常规导弹精确打击任务。这支掌握着"大国利剑"的神秘部队肩负着保障中华民族根本生存利益的重任，堪比古希腊神话中的"达摩克利斯"之剑，是震慑敌人的最有力杀手锏。2015 年 12 月 31 日，中央军委将第二炮兵正式命名为中国人民解放军火箭军，并授予军旗。第二炮兵也由原来的战略性独立兵种上升为独立军种。

中国人民解放军火箭军的使命为双重任务、双重作用。双重任务是指核反击和常规导弹作战。双重作用是指威慑与实战，即和平时期，不断加强建设，增强实力，发挥核威慑作用，打破敌核讹诈，为和平外交政策服务；战争时期，根据中央军委的命令，单独或协同其他军种对敌进行核反击或常规导弹突击，实现特定的战略战役目的。火箭军的作战任务包括：①打击敌政治、经济中心，在政治上、心理上威慑敌人，使敌国经济和战争潜力遭到损失；②打击敌重要经济目标，从而削弱敌进攻能力和战争潜力；③打击敌军政首脑指挥中心，扰乱和破坏敌战略指挥；④打击敌交通枢纽，以切断敌物资补给，阻止敌战略机动；⑤突击敌重兵集团，杀伤敌有生力量，削弱敌作战能力；⑥打击敌海、空基地，削弱敌远程作战能力；⑦配合其他军种实施常规导弹突击等。

中国人民解放军火箭军由地地近程、中程、远程、洲际导弹部队及各种保障部队、院校和科研试验单位等组成，按导弹基地、旅、营编成。它与海军的潜射战略导弹部队、空军的战略轰炸机部队构成了我国三位一体的战略核力量，对遏制外敌入侵和核讹诈起到了决定性作用。经过几十年的建设和发展，火箭军现已初步形成了常规导弹、核导弹兼有，近、中、远程与洲际导弹齐备，能独立或协同其他军种实施核反击和纵深常规打击，具有双重精确打击能力的整体作战力量。火箭军主要装备有各种型号的近程导弹(射程1000km 以内)、中程导弹(射程 1000～3000km)、远程导弹(射程 3000～8000km)、洲际导弹(射程 8000km 以上)和巡航导弹。另建有与之配套的作战指挥、防护工程和其他各种设施。

随着科学技术的飞速发展，火箭军的导弹武器不断向固体化、机动化、小型化转变，并发展多种发射方式的战略导弹和多种弹头，从而提高命中率、快速反应能力、摧毁能力和突防能力。同时，火箭军也加快发展常规导弹，为打赢高技术条件下的局部战争做好准备。目前，中国已建立起一支具有一定规模和作战能力的战略导弹部队，有效地提高我军的战斗力和威慑力，打破某些国家的核垄断和核讹诈，遏制可能对中国的核袭击，维护国家安全与世界和平。

(五) 战略支援部队

2015 年 12 月 31 日，中国人民解放军战略支援部队在北京正式成立，成为中国陆军、海军、空军、火箭军之后的第五大军种。战略支援部队是维护国家安全的新型作战力量，是我军新质作战能力的重要增长点，主要是将战略性、基础性、支撑性都很强的各类保障力量进行功能整合后组建而成的。

战略支援部队的职责包括情报、技术侦察、电子对抗、网络攻防、心理战五大领域的内容。战略支援部队属于独立军种部队，按照军种主建的原则，仅负责相关部队的军政管理工作，不具备作战指挥功能。它对其他所有传统作战力量起到战略层面上支援作用，集合天空、太空、网络空间、电磁空间的力量，提供战略层面的支援。中国战略支援部队的成立，有利于优化军事力量结构、提高综合保障能力。战略支援部队的标志图案由麦穗、八一五角星、三角箭头、卫星或电子云轨道组成，可见，战略支援部队包括电子对抗、网络攻防、卫星管理等方面力量。

(六) 联勤保障部队

中央军委联勤保障部队于 2016 年 9 月 13 日成立，总部机关位于武汉，是实施联勤保障和战略战役支援保障的主体力量，是中国特色现代军事力量体系的重要组成部分。联勤保障部队是本轮军改中新组建的一支部队，直属于中央军委领导，在体制上与陆军、海军、空军、火箭军、战略支援部队等平行，为副战区级。

联勤保障部队包括仓储、卫勤、运输投送、输油管线、工程建设管理、储备资产管理、采购等力量，以武汉联勤保障基地为建制领导，下辖无锡、桂林、西宁、沈阳、郑州五个联勤保障中心，以及解放军总医院、解放军疾病预防控制中心等。联勤保障部队的胸标、臂章图案由军徽、五星、长城垛口和托举的双手构成，寓意联勤保障部队的地位作用和使命任务。组建联勤保障基地和联勤保障中心是党中央和中央军委着眼于全面深化国防和军队改革作出的重大决策，是深化军队领导指挥体制改革、构建具有我军特色的现代联勤保障体制的战略举措。当前，我国正按照联合作战、联合训练、联合保障的要求，加快融入联合作战体系，提高一体化联合保障能力，努力建设一支强大的现代化联勤保障部队。

(七) 预备役部队

中国人民解放军预备役部队简称预备役部队，是中国人民解放军的组成部分，是建设祖国、保卫祖国的一支重要力量。预备役部队纳入军队领导指挥体系，由党中央、中央军委集中统一领导。

预备役部队组建于 1983 年，以少数现役军人为骨干，以复(员)退(伍)军人为主要成分，由预备役军官和士兵组成，按照中国人民解放军的统一编制组建，属于人民解放军序列。平时按照军委联合参谋部的计划进行军事训练，努力提高军事素质和快速动员能力，必要时可按照法律规定协助维护社会秩序；战时根据国家发布的动员令转为现役部队。

预备役部队编有预备役师、旅、团，并建有相应的领导机关，主要按地域进行编组，以省建师、以地(州、市)建旅(团)或跨地(州、市)建师(旅)、跨县(市、区)建团。现役军人主要是各级军政主官、部门主要领导、部分机关人员和专业技术骨干。预备役军官主要从符合条件的退伍军人、地方干部、人民武装干部、民兵干部和地方相关专业技术人员中选配。预备役士兵主要从符合服预备役的退伍士兵、基干民兵和地方相关专业技术人员中选编。预备役官兵一般每年进行 240 小时的军政训练。预备役部队的武器装备不断改进，训练进一步加强，战斗力有效提升，并在现代国防和战争中的地位日益突出。世界上许多国家已经把组建预备役部队视为增强军队后备力量的重要手段。

四、中国人民武装警察部队

中国人民武装警察部队简称武警部队，是我国武装力量的重要组成部分，是担负国家内部安全保卫任务的现役部队。中国人民武装警察部队成立于 1982 年 6 月，前身是始建于 1949 年 8 月的中国人民公安中央纵队。中国人民武装警察部队肩负着维护国家安全和社会稳定、保障人民安居乐业的神圣使命。它同中国人民解放军一样，都是中央军委领导的国家武装力量，遵守人民解放军的条令、条例，但不列入人民解放军的序列。在中国人民武装警察部队中服役的军人也称为现役军人，享受人民解放军的同等待遇。

(一) 管理和指挥

2017 年 12 月以前，武警部队属于国务院编制，由国务院、中央军委双重领导，实行统一领导管理与分级指挥相结合的体制。武警部队由内卫部队和属武警序列的公安边防、消防、警卫部队，以及交通、水电、黄金、森林警察部队组成。2018 年 1 月 1 日起，党中央进一步加强党对全国武装力量的绝对领导，按照"军是军、警是警、民是民"原则，调整武警部队领导指挥体制，将原列武警部队序列、由国务院部门领导管理的现役力量全部退出武警部队，将原国家海洋局领导管理的海警队伍转隶武警部队，将武警部队担负民事属性任务的黄金、森林和水电部队整体移交国家相关职能部门并改编为非现役专业队伍，同时撤收武警部队海关执勤兵力，彻底理顺武警部队领导管理和指挥使用的关系。

改革后的武警部队由党中央、中央军委集中统一领导，实行统一领导管理与分级指挥相结合的体制。武警部队设武警总部(正大军区级)、指挥部(正军级)、总队(正军级、副军级)、支队(旅、团)四级领导机关。各省级(市、区)设武警总队(正军级、副军级)，各地级(市、州、盟)设武警支队(旅、团级)，各县级(地市辖区、市、县)、镇设有武警大队(营级)或中队(连级)。武警总部设司令部(副大军区级)、政治部(副大军区级)、后勤部(正军级)、各警种指挥部(正军级)及各机动师。

(二) 编成和任务

中国人民武装警察部队主要由内卫部队、机动部队、海警部队、院校和科研机构等组成。按照党中央和中央军委赋予的新时代使命任务，武警部队将主要担负执勤、处突、反恐怖、海上维权、抢险救援、防卫作战等任务，拓展了维护国家领土主权完整和国家安全职能。

1. 内卫部队

中国人民武装警察部队内卫部队是武警部队的主要组成部分，是受武警总部直接领导，包括各省、自治区、直辖市武警总队和总部直属单位。其主要任务包括：一是承担固定目标执勤和城市武装巡逻任务，保障国家重要目标的安全；二是处置各种突发事件，维护国家安全与社会稳定；三是支援国家经济建设和执行抢险救灾任务。

2. 机动部队

中国人民武装警察部队机动部队，隶属武警部队战斗序列，目前主要存在于保卫国家安全部队中。其主要任务包括：对突然发生的危害国家安全或者社会秩序的违法事件依法实施处置，包括处置叛乱事件、骚乱及暴乱事件、群体性治安、械斗事件等；实施反恐怖活动，主要是反袭击、反劫持、反爆炸等；支援国家经济建设，遇有严重灾害时，参加抢险救灾。武警机动部队主要由机动师和机动支队组成，一般是一个省至少有一个机动支队。机动师受武警总部直接领导，驻地根据上级要求来定，驻扎范围较广。

3. 海警部队

2018 年 6 月 22 日，为了贯彻落实党的十九大和十九届三中全会精神，按照党中央批准的《深化党和国家机构改革方案》和《武警部队改革实施方案》决策部署，原国家海洋局海警队伍整体划归武警部队领导指挥，调整组建成中国人民武装警察部队海警部队。中国人民武装警察部队海警总队对外也称中国海警局，统一指挥调度海警队伍开展海上维权执法活动的具体工作。中国海警局内设海警司(海警司令部)、人事司(海警政治部)、财务装备司(海警后勤装备部)，并在沿海各省、直辖市设立直属海区分局或地方海警总队。海警部队的主要任务包括：承担海上维权执法职责，包括执行打击海上违法犯罪活动、维护海上治安和安全保卫、海洋资源开发利用、海洋生态环境保护、海洋渔业管理、海上缉私等方面的执法任务，以及协调指导地方海上执法工作；执行打击海上违法犯罪活动、维护海上治安和安全保卫等任务，行使法律规定的公安机关相应执法职权；执行海洋资源开发利用、海洋生态环境保护、海洋渔业管理、海上缉私等方面的执法任务，行使法律规定的有关行政机关相应执法职权等。

此外，武警部队还有一小部分特殊队伍，如国宾护卫队、仪仗队、礼炮队、警乐团、文工团等。

五、中国民兵

中国民兵是我们党领导的不脱离生产的群众武装组织，是中国人民解放军的助手和后备力量。民兵在军事机关的指挥下，担负战备勤务、防卫作战任务和协助维护社会治安的任务。全国的民兵工作在党中央、国务院、中央军委的统一领导下，实行地方党委、政府和军事系统的双重领导制度。国防动员部、政治工作部、训练管理部等部门是全国民兵工作的领导机关，共同管理全国民兵的思想政治、组织训练、武器装备和战备执勤等工作。各省级军区(卫戍区、警备区)、军分区(警备区)、县(市、区)人民武装部，是本地区的军事领导指挥机关，是同级党委和政府的军事部，负责本辖区的民兵和兵役工作。乡、镇、街道和企业事业单位设立的人民武装部是国防动员体制的组成部分，负责本区域、本单位民兵的编组、管理和训练等工作。

我国《兵役法》和有关法规规定，民兵分为基干民兵和普通民兵。基干民兵为一类士兵预备役，是战时兵员动员、就地作战和平时执行应急任务的骨干，是民兵工作的重点；普通民兵为二类士兵预备役。28岁以下的退出现役的士兵和经过军事训练的人员，以及选定参加军事训练的人员，编为基干民兵；其余18～35岁符合服兵役条件的男性公民，除应征服现役的以外，编为普通民兵。女民兵只编基干民兵，人数控制在适当比例内。普通民兵、男民兵、女民兵应分别编组，一般以乡(镇)、行政村和厂矿企业为单位，按照人数多少分别编成民兵连或营。普通行政村、乡、镇和企事业单位(包括国有企业、"三资"企业、股份制企业和集体企业等)，凡党组织健全、生产经营稳定、适龄人员较多的，都应建立民兵组织。

民兵应当按照《民兵军事训练大纲》开展规范化训练，由县(市、区)人民武装部组织实施。干部训练时间为30天，在一年内完成；民兵训练时间为15天，一次完成。通过训练，干部应具备相应的军事技能和组织指挥能力，并提高本职工作的能力；民兵要学会使用手中的武器装备，掌握基本军事技能；分队能担负一般的战斗任务。

思考题：
1. 简述我国武装力量领导和指挥体系。
2. 简述中国人民解放军的性质和任务。
3. 中国人民解放军陆军由哪些兵种组成？
4. 中国人民解放军海军由哪些专业部队组成？
5. 中国人民解放军空军由哪些兵种组成？
6. 简述中国人民解放军火箭军的使命和任务。
7. 简述中国人民武装警察部队的编成和任务。

第五节　国防动员

战争动员产生于奴隶制社会时期，发展于封建社会和资本主义社会时期。特别是第二次世界大战前，各国纷纷将政治、经济、外交等领域纳入动员范围，将工业、商业、财政金融、交通运输和邮电通信等部门纳入战时轨道，成立专门的领导机构，制定相应的法律法规，使得战争动员体系日趋完备。我国在长期革命战争和国防建设中，也逐步建立起战争和国防动员体制。

一、国防动员的定义和分类

中华人民共和国成立后，随着国际战略形势和周边安全环境的发展变化，我国政府机构和军队编制体制进行了多次改革，国防动员体制也经历多次调整，逐步形成具有中国特色的体制模式。2010 年 2 月 26 日，第十一届全国人民代表大会常务委员会第十三次会议通过了《中华人民共和国国防动员法》(以下简称《国防动员法》)，标志着我国的国防动员开始进入了法制化、规范化发展的新阶段。

(一) 国防动员的定义

国防动员又称战争动员，简称动员，是指国家为准备和实施战争，在相应范围内采取紧急措施，由平时状态转入战时状态，统一调动人力、物力、财力适应战争需求的一系列活动。这一活动具备三个要素：一是国防动员的主体通常是国家(或政治集团)；二是国防动员的对象是一切能够为战争服务的人力、物力、财力；三是国防动员的目的是及时将战争潜力转换为军事实力，适应战争需求，服务战争需要。

国防动员

(二) 国防动员的分类

国防动员有多种分类方法，按动员规模分为总动员和局部动员，按方式分为公开动员和秘密动员，按时间分为初期动员和持续动员。《国防法》和《国防动员法》都明确规定，当国家的主权、统一、领土完整和安全遭受威胁时，全国人大及其常委会依照宪法和有关法律的规定，决定全国总动员或者局部动员。可见，我国现行法律主要是从动员规模这一角度对国防动员进行分类。

1. 总动员

总动员也称全面动员，是指国家采取紧急措施，在全国范围内实施的战争动员，即将全国政治、军事、经济、外交、科技、文化、教育及社会生活的各个方面由平时转入战时轨道。总动员将使国家转入战时体制，全国进入战争状态，一切单位、部门和全体公民都必须服从战争需要，以各种不同的方式支持战争。总动员一般是在爆发大规模战争初期，需要举国迎敌时，才由国家最高权力机关决定实施，由国家元首或政府首脑发布总动员令。一般来说，全面战争比局部战争涉及的范围更广，持续的时间更长。因此，总动员可能持久进行或者反复进行，甚至贯穿战争的整个过程。

2. 局部动员

局部动员是指国家在部分地区或部门进行的动员，一般是动员部分武装力量和人力、物力、财力进行战争。局部动员是古今中外战争动员中最常见的动员类型，不涉及国家的总体发展布局和正常的经济建设，社会的各个方面和公民也大多保持正常生产和生活，维持正常的社会秩序。例如中国在抗美援朝战争、对印自卫反击作战和对越自卫还击作战前，都实施了局部动员。

实施总动员或是局部动员主要由战争规模和国家战略意图决定，两者在一定条件下互相转化。随着战争规模的扩大，局部动员有可能升级为总动员，同样，随着战争规模的缩小，原来在全国实施的总动员，也可逐步变为局部动员。决定实施总动员或是局部动员的权限均属于国家最高权力机关。

二、国防动员的主要内容

国防动员的主要内容包括武装力量动员、国民经济动员、人民防空动员、交通战备动员、政治动员等。有的国家(如美国)将工业动员和经济动员并列为两大主要内容；也有的国家将科学技术动员单列，以突出科技因素在现代战争动员中的地位。

(一) 武装力量动员

武装力量动员是指国家将军队及其他武装组织由平时体制转为战时体制所采取的措施。武装力量是战争动员的核心和主体,武装力量动员通常包括现役部队动员、预备役部队动员和民兵动员,以及相应的武器装备和军需物资等动员。

现役部队动员是指将中国人民解放军和武装警察部队由平时体制转为战时体制,按动员计划进行扩编,达到齐装满员的国防活动。现役部队动员的主要内容如下。

(1) 进入临战状态。部队接到动员命令后应立即召回外出人员,停止转业、复员、退伍、探亲和休假等活动,启封库存的武器装备,做好战斗准备。

(2) 实行战时编制。不满编的部队迅速按战时编制补充兵员和装备,达到齐装满员。

(3) 扩建现役部队。扩建部队以现役部队为基础,扩建时的兵员空缺由预备役官兵补充。

(4) 组建新的部队。按照动员计划和部队编制方案,从现役部队或军事院校抽调官兵,搭建部队架子,同时征召预备役官兵,组成新的部队。

预备役部队动员是指国家为实施战争或应对其他重大危机,征召预备役部队并使之达到可遂行任务的状态的国防活动。预备役部队动员的主要内容通常包括征召所属人员,配发装备、物资,进行临战训练,组织动员等。预备役部队动员是战时迅速扩编军队的重要组织形式。《国防法》规定,预备役部队战时可根据国家发布的动员令转为现役部队。

民兵动员是指国家为实施战争或应对其他重大危机,征召民兵并使之达到可遂行任务状态的动员活动。民兵是不脱离生产的群众武装组织,是保卫祖国的一支重要力量,战时可以配合军队作战和担负支援保障任务,也可以独立担负后方防卫作战和维护社会稳定的任务。

(二) 国民经济动员

国民经济动员是指国家将经济部门、经济活动和相应的体制由平时状态转入战时状态所进行的国防活动,主要包括农业动员、工业动员、科学技术动员、财政金融动员、医疗卫生动员、劳动力动员和其他动员。

(1) 农业动员,是指在战争爆发后农业劳动力和农业机械大幅减少的情况下,及时调整农业结构,努力扩大农业生产的动员活动。实施农业动员,既能保障战争所需要的粮食和某些工业的原料,又能保障人民生活的需要,还能为前线部队提供人力、畜力和机械运输工具。

(2) 工业动员,是指国家调整和扩大工业生产能力,增加武器装备和战争需要的其他工业品产量的动员活动。工业动员是经济动员的重点,也是经济动员中最复杂的问题。工业动员通常包括:统筹安排军需民用,调整工业布局,改组生产与产品结构,实行快速转产,扩大军品生产;组织工厂企业进行必要的搬迁、复产以及作战物资的生产和储备等,最大限度地把工厂企业潜力转化为军事实力。

(3) 科学技术动员,是指为保障战争对科学技术的需要,国家统一组织和调整科研机构、科研人员、科研设备、研究资料及成果所进行的动员活动,通常包括科研机构动员,科技人员动员,科技经费、设备和物资动员,科技成果和科技情报动员等。

(4) 财政金融动员,是指国家为保障战争需要而采取的筹措和分配资金,维持财政金融秩序的活动,通常包括实行战时税制、实行战时预算、加强金融监管、增加举借债务等。

(5) 医疗卫生动员,是指统一调度和使用医疗卫生方面的人力、药品器材、设备和设施,满足战争对于医疗卫生的需要所进行的动员活动,主要包括组织战时医疗救护、实行医药卫生管制、搞好卫生防疫等。

(6) 劳动力动员,是指国家统一调配和使用劳动力,开发劳动力资源,以满足武装力量扩编、军工生产及其他领域对人力的需求而进行的动员活动,通常包括:根据战争需求调配和使用劳动力,实行战时就业制度,扩大劳动力资源总量,实行战时劳动制度,提高劳动强度和效率。

(7) 其他动员，是指除上述部门外，对国民经济其他部门和行业进行的动员活动，如国家计划部门根据战争需要，对国家资源进行的再分配；物价、计量部门加强市场管理，稳定物价，保障国计民生；商业服务行业在"军民兼顾"原则下，保障全国军民作战和日常生活需要等。总之，凡是能够担负支援战争任务的行业和部门，都要适时转换，为战争服务。

（三）人民防空动员

人民防空动员又称人防动员，是国家为适应战争的需要，发动和组织人民群众防备敌人空袭，减少空袭损失，消除空袭后果所进行的国防活动。有些国家把组织民间防备敌人空袭、消除空袭后果、防护自然灾害统称为民防动员。随着科技快速发展，各种新式空袭武器不断出现，空袭、反空袭已成为现代战争的一种主要作战样式。做好人民防空动员对于增强国家的总体防御能力具有重要的战略意义。人民防空动员的内容包括人防预警动员、重要经济目标防护动员、群众防护动员、人防专业队伍动员等。

(1) 人防预警动员，是指为了获取防空斗争所必需的情报，为组织民众防护和进行抢救抢修提供信息保障的动员活动。

(2) 重要经济目标防护动员，是指为了减轻战争破坏程度，保护重要经济目标，保护关键生产能力的动员活动。现代战争表明，空袭经济目标、摧毁国防潜力对战争的进程和结局具有决定性影响，搞好重要经济目标防护动员非常必要。

(3) 群众防护动员，是指组织和发动全体居民，共同防备与抵御敌人空袭，尽量避免和减少敌空袭造成的人员与财产损失的动员活动。

(4) 人防专业队伍动员，是指根据战时消除空袭后果的需要，以及按照专业系统组成的担负抢救、抢修等防空勤务的群众性组织需要所进行的动员活动。人防专业队伍动员的主要任务包括：平时组建各种人防专业队伍，进行必要的训练和演练；战时适当扩充人防专业队伍，组织开展抢救、抢修行动，消除空袭后果，维护社会治安。

（四）交通战备动员

交通战备动员是指国家统一管制各种交通线路、设施、工具和通信系统，组织和调动交通、通信专业力量为战争服务的动员活动。交通战备动员通常包括交通运输动员、通信动员等。

(1) 交通运输动员，是指国家为了适应战争需要，组织和利用各种交通运输线路、设施和工具，进行人员、物资和装备输送的动员活动，通常包括公路、铁路、水路和航空等运输方式的动员。

(2) 通信动员，是指国家为了适应战争需要，统一组织、调动通信资源和力量，综合运用多种通信手段，保证通信联络安全、畅通所进行的动员活动。通信动员由军队通信部门、地方通信部门和通信动员部门共同组织实施。通信动员通常包括：对国家通信网络实行统一管制；征集和调用民用通信资源和力量，组织通信防卫，抢修抢建通信线路和设施，确保军队指挥顺畅、军地联络通畅。

（五）政治动员

政治动员是指国家或政治集团为实施战争或应对其他军事危机，在思想和政治方面所进行的国防活动。政治动员内容包括：对政治体制进行必要的调整，整合内部和外部的政治力量，战时宣传教育和面向社会的思想发动。政治动员分为平时政治动员和战时政治动员。

(1) 平时政治动员，主要表现为国防教育，其内容包括国防观念、国防知识、军事技能等方面的教育，目的是增强国防观念和国家安全意识，提高履行国防义务的自觉性。国防教育以全民为对象，重点是国家机关工作人员、武装力量编成人员和青年学生。

(2) 战时政治动员，主要包括国内政治动员和外交舆论宣传。国内政治动员是指政府、军队和社会团体等，运用各种宣传工具，对全国军民进行以爱国主义和革命英雄主义为核心的国防教育，使之增强国防观念，坚定打败敌人、夺取胜利的信心。外交舆论宣传是指国家通过各种外交活动和对外宣传，揭露敌人的战争阴谋，控诉敌人的战争暴行，瓦解敌方的战斗意志，争取世界爱好和平国家的声援和支持，建立国际统一战线或建立战略协作关系。

三、国防动员的作用

国防动员是准备与实施战争的重要举措，是国防活动的一项重要内容，是关系国家安危的大事。无论是古代战争，或是现代战争；无论是全面战争，或是局部战争；无论是常规战争，或是核战争，都离不开动员。毛泽东曾指出：革命战争是群众的战争，只有动员群众才能进行战争，只有依靠群众才能进行战争；动员了全国的老百姓，就能陷敌于灭顶之灾的汪洋大海，形成了弥补武器落后等缺陷的补救条件，能够克服战争中的一切困难。国防动员的重要性决定了其在赢得战争胜利等关系到国家安危的重大活动中具有极为重要的作用。

(1) 能将战争潜力转换成军事实力，为打赢战争奠定基础。战争是实力的较量，一个国家纵然拥有雄厚的财富，但是如果这些财富仅仅作为战争潜力，不能适时地转换成战争实力，仍然难以用于战争并发挥作用。国家只有持续不断地保持战争实力的供给，才能把战争进行到底。如何将社会中蕴藏的战争潜力转换为战争实力？唯有动员。动员是国家把战争潜力转化成战争实力的转换器，也是持续保障战争实力不可或缺的重要活动。因此，为赢得胜利提供足够的战争实力是国防动员的基本功能，这一功能要国家通过平战体制的转换和资源的重新配置才能实现。

(2) 能提供强大的威慑力量，有效遏制战争的爆发。"冷战"期间，在美苏两大集团严重对峙的条件下，国防动员的应战功能由过去的"为赢得胜利提供足够的战争实力"拓展到"为遏制危机提供强大的威慑力量"。21世纪以来，随着和平与发展的时代主题越来越深入人心，以及世界和平力量的持续增长，许多国家和地区已把遏制危机和战争作为军事战略的首要任务。在实践中，也有一些国家通过显示实力有效地消除了威胁，遏制了战争。国防动员的这种"止战"的功能变得越来越突出。

(3) 能提供有效措施，应对各种突发事件。国防动员最初是国家为了应对战争需要而建立的一种体制。到了现代，随着人类社会的各种自然灾难和突发事故的频繁发生，国防动员的功能也不断拓展，并在国家应对和处置各类灾害与事故中发挥重要作用。当国家遇到严重自然灾害、发生重大疾病传播事件或特大安全事故，危及人民生命财产安全，影响社会稳定时，国防动员系统可以凭借自身功能和特有的机制，使全国或某一特定地区在必要时进入一种应急状态，动员国家、军队和社会力量，积极参与抗洪抢险救灾，处置各种事故和灾难，维护人民生命财产安全和社会正常生活秩序。

(4) 能通过减轻国家负担，为经济和社会发展提供一定支援。和平时期，任何国家都没有必要也不可能维持庞大的战争准备规模。如果这样做，就会对国家形成沉重的负担，会直接影响国家经济建设和社会发展。因此，各国都在加强预备役部队建设，加强寓军于民的各项准备工作，做到"平时少养兵，战时多出兵"。做好了这些工作，就可以把省下来的经费用于经济建设，从而达到增强综合国力的目的。从这个意义上可以说，做好战争动员准备也是促进国家经济和社会发展的需要。

四、中国应对非战争灾害的动员

21世纪以来，恐怖袭击、恶性事故、疾病传播、重大自然灾害等非战争威胁严重危害人民生命财产安全，影响国民经济的发展，成为威胁国家安全的重要因素。为了应对多种威胁、遂行多样化任务，国防动员要突破传统观念，将着眼点从应对战争威胁向应对非战争威胁拓展，为增强综合国力、确保人民生命财产安全、维护社会政治稳定提供强大保证。

(一) 21世纪中国主要的非战争灾害动员

20世纪90年代以后，中国就没有遭遇过大规模战争和其他武装冲突。21世纪以后，我国的国防动员主要是做好局部战争动员准备和应对各类突发事件，较典型的动员活动有抗击"非典"、抗击南方冰雪灾害、汶川抗震救灾和2020年春全国抗击新冠肺炎的动员。

1. 2003年春全国抗击"非典"的动员

2003年春，一场突如其来的传染性非典型肺炎(以下简称SARS)疫情席卷了神州大地。在党中央、国务院的坚强领导下，全国人民同SARS展开了一场没有硝烟的战斗。

为了加强对SARS的防治，党中央、国务院采取了一系列紧急动员措施。中央和地方财政紧急安排资金100亿元，其中，国家发展改革委员会安排了23.5亿元，用于对SARS的科研攻关、医疗救治、防护设施建设、医疗设备购置、医药用品采购和储备等。财政部和税务总局出台了多项财税优惠政策，对捐赠、个体供商户等给予税收优惠，对旅店、餐饮、旅游、娱乐、客运、民航等行业减免33项行政事业收费和政府基金，对国家民航公司和旅游企业的短期贷款给予贴息。国家又另外紧急投入经费1.08亿元，专门用于抗SARS项目(共85项)的科研攻关。中科院北京基因组研究所、北京协和医院、军事医学科学院等单位通力合作，仅在5天内研制出检测SARS病毒的试剂。上海制皂厂紧急动员，开足了10条流水线生产，药皂产量从原来年产18万箱，快速提高到月产30万箱。国家防治SARS指挥部协调，仅2003年4月24日—5月1日，就从外地将大米19717吨、面粉1010吨、食盐3576吨、药皂261.6万块、消毒液225吨、口罩134.3万只等调入北京，有效稳定了北京市场的供应。北京市先后确定和征用地坛医院、佑安医院、中日友好医院等18家医院，又紧急兴建了小汤山医院，专门用于SΛRS患者集中治疗，并从全军各大医院抽调1200名医护人员支援北京。这一切都为抗击SARS的胜利提供了有效的动员保障。

2. 2008年抗击南方冰雪灾害的动员

2008年1月10日至2月中旬，广州、贵州、湖北、湖南、江西、安徽等地区遭遇历史罕见的低温、雨雪和冰冻天气，灾害波及全国21个省(市、区)，因灾死亡107人，倒塌房屋140.8万间，农作物受灾1.77亿亩，绝收2530万亩，森林受损2.6亿亩；因灾直接经济损失超过1111亿元，给灾区人民群众的生产和生活造成了严重影响。

面对突如其来的严重灾害，党中央、国务院高度重视，周密部署，各部门、各单位紧急动员，全力以赴、众志成城、奋勇抢险，共同谱写了一首感天动地的抗冻救灾壮歌。国家气象局启动了《重大气象灾害预警应急预案》；民政部、交通部、铁道部等纷纷启动应急预案，建立抗灾救灾应急指挥机构，第一时间派工作组赶赴灾区一线；交通部、铁道部、公安部会同有关省、市建立了跨区域交通运输协调机制，合力保障道路畅通；农业部派出20个工作组深入灾区，指导农业抗灾救灾和恢复生产工作；财政部、民政部、商务部紧急下拨救灾款项和物资，妥善安置受灾群众；南方电网公司、国家电网公司积极抢修供电线路，发电企业满负荷生产，全力保证发电、供热；中央财政安排和拨付救灾补助资金27亿元；军队和武警部队共出动69.4万人次，民兵预备役出动189.5万人次。正是因为快速、高效的动员，最终取得了抗击低温雨雪冰冻灾害的全面胜利。

3. 2008年汶川抗震救灾的动员

2008年5月12日，四川省汶川一带发生8.0级特大地震，造成7万余人遇难、30余万人受伤、1万余人失踪的特大损失。地震发生后，国家立即启动应急动员机制，胡锦涛、温家宝等党和国家领导人亲临前线指挥，突显国防动员的强大功能。截至6月30日，共计投入兵力10余万人，投入资金达千亿元，救援和转移受灾群众147万余人，抢修公路5.2万千米，抢修供水管道4.4万千米，向灾区运送帐篷157.9万顶、衣物1410.1万件、被子486.6万床、燃油156万吨、煤炭333万吨，安装活动板房3.7万套。经过中央和各级政府的不懈努力，以及全国人民的大力支持，最大限度地减少了地震造成的损失，在抗震救灾和灾后重建方面都取得了显著成果。

4. 2020年春全国抗击新冠肺炎的动员

庚子新春，一场全国抗击新冠肺炎疫情的阻击战骤然打响。在这场大考中，各地国防动员系统坚决贯彻落实党中央、中央军委和习近平主席的决策部署，敢打硬仗、主动作为，交出一份令人民满意的抗疫答卷。

(1) 充分动员医护人员，齐心共筑"白衣长城"。"一方有难，八方支援"。面对迅猛的新冠肺炎疫情，通过紧急动员，陆、海、空三军率先派出4000多名军队医护人员，携带防护装备赶赴武汉，展开一场生命守卫战。紧接着，全国各地先后派出340多支医疗队、42 322名医务工作者，白衣作战袍，披甲赴荆楚。当年抗击"非典"的领军人物，84岁高龄的钟南山院士再次义无反顾地赶往武汉抗疫最前线；年过古稀的李兰娟院士也奔波在前线，每日查房后脸上的防护压痕清晰可见；陈薇院士想方设法缩短了核酸检测时间，大大加快确诊速度；王辰院士首次提出建设方舱医院，既是救治又是隔离；张伯礼院士带领"中医力量"驰骋抗疫战场。全国各大医院的院长、书记挂帅一线，"北协和、南湘雅、东齐鲁、西华西"会师武汉，重症、呼吸、感染等专科顶级团队前赴后继，整建制接管武汉等地的重症病区。此外，感控专家、疾控团队、心理救援队等"特种部队"尽锐出征。在党中央坚强领导下，九州同心，筑起一道坚不可摧的"白衣长城"。

(2) 充分发挥桥梁纽带作用，军民同心抗击疫情。2020年2月12日，湖北襄阳、宜昌两个城市因医疗物资紧缺先后发出紧急求助，湖北省疫情防控指挥部立即协调湖北省军区、中部战区紧急调动空降兵某旅两架直升机，空中机动300多千米，仅1个多小时就将物资火速送达。此前，1月28日，已向中部战区总医院调运防护物资1.3万件；2月11日，再向武汉军地医疗单位和社区调运防护物资15万件……新冠肺炎疫情发生以来，全国国防动员系统充分发挥桥梁纽带作用，使军地在抗疫中形成联动。为保障抗疫期间武汉市生活物资的运输，由湖北省军区协调从驻鄂部队紧急抽调130辆卡车、260余名官兵组成的联合运输队，日夜奔驰在武汉的大街小巷，给全市人民运送生活物资。为防控人员随意流动，各地组织民兵在主要交通枢纽和进出城市道路路口设置临时检查站，协助过往车辆检查消毒、检测过往人员体温、疏导劝返户外流动人员等；一些基层民兵应急分队队员还充当快递员，帮助群众代购、运送生活物资，切实解决群众困难。国防动员系统作为军地协调的桥梁纽带，切实把动员潜力转化为防疫实力，形成强大的社会合力。

(3) 全国上下一条心，紧急驰援湖北抗击疫情。全国人民把防疫当战役，全力支援湖北抗疫。应火神山医院的紧急请求，浙江省启动应急动员程序，不到72小时就将援助物资送达武汉。江苏省泰州市动员编兵企业紧急生产应急发电机组和保温材料驰援火神山、雷神山医院。浙江省还协调顺丰速运、中通快运设立抗疫专项基金，组织航空运输10多架次、陆运760余车次，向湖北地区承运防疫物资1000余万件、消毒液90多吨。山东省枣庄市则动员筛选52名心理专家，为武汉地区5000余户群众提供网上诊疗援助、心理健康辅导等服务。全国齐动员、上下一条心，各级动员机构和人员冲锋在抗疫第一线，全力以赴打赢新冠肺炎防控的人民战争。

(二) 中国应对非战争灾害动员的若干启示

21世纪，中国非战争灾害动员的实践为加强国防动员建设积累了成功经验，同时也对进一步做好应战、应急动员准备提出了新的要求。

1. 国防动员要坚持平战结合、军民结合、寓军于民的方针

平战结合、军民结合、寓军于民，是毛泽东、江泽民、邓小平、胡锦涛、习近平等党和国家领导人一贯倡导的国防动员建设方针，也是当代中国国防动员建设发展的经验总结，其核心是把国防、军队建设融入国家经济、科技发展体系之中，依托社会保障条件，利用民用资源，与经济建设协调发展，以实现统筹资源、减少浪费、军民两用的目的。

2. 国防动员要坚持平时服务、急时应急、战时应战的定位

在过去很长一段时间，中国国防动员建设主要定位于应战功能。现阶段，我国安全环境发生了较大改变，非传统安全威胁日渐增多，国防动员应急功能也日益凸显，这在抗击"非典"疫情、南方雪冰灾害、汶川抗震等应急行动中都得到充分印证。正如温家宝曾提出的，国防交通战备工作应当坚持"平时服务、急时应急、战时应战"的工作定位，这既是对我国国防动员机制长期建设实践的科学总结，又为推动国防动员又好又快发展指明了方向。

3. 国防动员要建立统一的组织体系和完善的法规制度

推进国防动员应战、应急一体化建设，拓展国防动员应急功能，提高应对非传统安全威胁能力，是党中央、国务院和中央军委为适应国家安全形势新变化而采取的战略举措，也是当前和今后一段时期内国防动员建设发展的基本方向。《突发事件应对法》第 8 条规定："县级以上地方各级人民政府设立由本级人民政府主要负责人、相关部门负责人、驻当地中国人民解放军和中国人民武装警察部队有关负责人组成的突发事件应急指挥机构……"这一规定明确了政府在应对突发事件中的主导地位，与国防动员在指挥主体上具有一致性。同时，我国的国防动员体制经过数十年建设，各级国防动员委员会及其办事机构运行良好，指挥部(所)设施完善、功能齐全，基本具备了实施应急指挥的条件。因此，依托当前较为完善的国防动员体制，整合现有应急管理机构，建立集动员、维稳、救灾等多种功能于一体的综合性体制，正是一种现实、合理、可行的选择。

此外，完善国防动员法规体系，是保证动员机构战时能快速高效运转的根本要求，也是社会主义国家法制建设的重要内容。为此，中国已经制定了《国防动员法》《人民防空法》《民用运力国防动员条例》等，下一阶段还要制定《国民经济动员法》《科技动员法》《政治动员条例》等，并力求使这些法律法规与管理制度相互衔接，科学规范各部门、各单位和个人的责任与义务，明确国防动员各职能部门的分工和职责，全面提高国防动员行动的执行力度。

思考题：
1. 简述国防动员的定义和分类。
2. 国防动员主要包括哪些内容？
3. 简述国防动员的地位和作用。
4. 中国应对非战争灾害动员有哪些启示？

第六节　人民防空

随着军事科技的发展和武器装备的更新，现代战争已经呈现出与传统战争明显不同的特征，远距离空中打击、非接触作战已成为主要作战样式。在这样的作战样式和战争背景下，如何在战争初期乃至整个战争过程中防范和抗击敌人的空中打击，保存战争潜力和维护社会稳定，已经成为当前国家国防战略的核心问题。因此，深入开展人民防空教育，增强全民国防观念和人防意识，抓好人防工程建设，提高防护技能

和水平，对保障国家安全与发展以及维护人民生命财产安全都具有重要的意义。

一、人民防空概述

人民防空简称人防，是国家根据国防需要，动员和组织人民群众采取防护措施，以防范和减轻空袭危害的活动。人民防空是国防的重要组成部分，是现代城市建设的重要内容，更是利国利民的公益事业。人民防空目的是运用伪装、掩蔽、疏散等防护手段，采取抢救、抢修等措施，保护人民生命财产安全，减少全民经济损失，保存国家战争潜力。

人民防空(一)　　　人民防空(二)

(一) 人民防空的内容

在我国，人民防空主要包括两个方面的内容：一是人民防空建设，即在平时围绕国防需要而动员和组织人民群众所采取的各种准备措施和行动；二是人民防空斗争，即在战时围绕防护敌人空袭需要而动员和组织人民群众所采取的各种对抗措施和行动。人民防空部门一般是由人民政府和军事部门共同领导，实行政府主导与属地负责相结合的行政机构。西方一些国家以及我国部分省、市，已经把战时的人民防空与平时的防灾、减灾、救灾结合成一体，称作民众保护或民众防护，简称民防。

(二) 人民防空的主要任务

人民防空的任务通常要根据战时防备敌人空袭的客观情况和基本目的来确定，因而，它也是国家开展人民防空建设与斗争的主要依据。《中华人民共和国人民防空法》(以下简称《人民防空法》)第2条规定，人民防空的任务是国家根据国防需要，动员和组织群众采取防护措施，防范和减轻空袭危害。

在这里，国防需要包括两方面含义：一是平时人民防空的各项准备，要根据国防建设的需要，以提升防空袭能力为目的，按照国家总体规划和要求，科学安排、稳步推进；二是战时人民防空的各种行动，即要根据国家需要，开展人民防空动员，组织城市居民疏散、掩蔽，调整扩编专业队伍等。同时，还要遵守国防法律法规，符合战争的总体要求。

动员和组织群众采取防护措施也包括两方面含义：一是群众自身采取的防护措施，即人民群众要通过接受人民防空教育，掌握防护方法，学会救助技能，达到自我保护的目的；二是政府动员和组织群众采取的集体防护措施，即各级人防部门要按照防空袭要求，搞好平时建设，加强战时防护。例如建立完善指挥、通信和警报系统，及时发放警报，实施高效指挥；精心构筑人员、物资防护工程，组织城市居民快速疏散和人员、物资及时掩蔽；大力开展人防知识教育，鼓励群众学习必要的技能等。

防范和减轻空袭危害即平时要做好人民防空的各项准备：战时能及时发放防空袭警报信号，有计划地进行伪装、疏散和掩蔽，防范敌人的空袭打击；对已经发生的空袭危害，要通过群众自救互救和人防专业队伍抢救、抢修，以达到消除、减轻空袭危害的目的。

(三) 人民防空的领导与管理

国家为组织和实施人民防空，需要建立完整的组织体系和相应制度，如人民防空机构设置、职能划分和相互关系等。按照《人民防空法》规定，我国人民防空平时的领导和管理体制是：国务院、中央军事委员会领导全国的人民防空工作，国家人民防空办公室负责管理全国的人民防空工作；县级以上地方人民政府人民防空办公室(或民防局)设在各级人民政府，负责管理本辖区的人民防空工作；中央国家机关人民防空办公室，设在中央直属机关事务管理局和国务院机关事务管理局，统一负责中央直属机关和中央国家机关及其在京直属单位的人民防空工作。

县级以上各级人民政府内设的人民防空办公室(或民防局)是本级人民政府序列内的行政职能部门之一，平时在本级人民政府的领导和上级人民防空部门的指导下开展工作。其主要职责是：贯彻落实国家人民防空工作的方针、政策和法律、法规、规章，拟制本辖区的人民防空建设规划和计划；拟订防空袭方案和各项保障方案；监督、检查城市建设、基本建设和城市开发利用地下空间的情况；组织人民防空宣传教育和科研；管理人民防空物资、经费和资产等。按照"平战结合"原则，人民防空办公室(或民防局)也是本级人民政府抢险救灾和处理突发事件的主要办事机关。

人民防空的战时指挥体制和平时领导管理体制有所区别。《人民防空法》规定，我国人民防空战时指挥体制贯彻"条块结合、以块为主、以市级为重点"的原则，实行省(级)、市、区(县)、街道(乡、镇)四级指挥体制。当国家发布国防动员令后，人民防空工作即转入战时指挥体制，县以上各级人民政府和同级军事机关应成立人民防空指挥部，履行战时人民防空组织指挥职能。省级人民防空指挥部由省级党委、政府和省级军区的领导、省级人民防空办公室及有关部门领导组成；市人民防空指挥部由市委、市政府、军分区、市人民防空办公室和有关部门领导组成；区(县)、街道和大型厂矿企业，以及重要经济管理部门，要根据其担负的任务成立人民防空指挥部，并按照精干、高效的原则设立业务部门和配备工作人员。

(四) 人民防空标志与警报信号

1. 人民防空标志

中国人民防空标志如图 1-1 所示，其中 CCAD 是英文 Chinese Civil Air Defense 的缩写。图案的金黄色外框为人民防空工程图形，象征人民防空的基本手段、任务和宗旨，即人民防空通过采用工程掩蔽等防护措施，防范和减轻空袭及灾害的危害，保护人民生命财产安全；金黄色长城图形象征中华人民共和国并寓意人民防空是国防的重要组成部分，是国家的地下长城；绿色橄榄枝象征和平与安宁；蓝色三角图形和橙色背景为日内瓦公约第一附加议定书确定的民防国际通用标志的主体，象征中国人民防空与国际民防接轨。

图1-1　中国人民防空标志

2. 人民防空警报信号

国家规定人民防空警报信号分为预先警报、空袭警报、解除警报三种类型。

(1) 预先警报：预先告诉人们即将空袭城市，要求做好防空袭的准备。规定音响信号鸣 36 秒，停 24 秒，重复 3 遍为一个周期，时间为 3 分钟，如图 1-2 所示。

鸣36秒	停24秒	鸣36秒	停24秒	鸣36秒	停24秒

图1-2　预先警报音响信号示意

(2) 空袭警报：表明敌空袭兵器已临近城市，空袭即将或已经开始，警告人们迅速隐蔽。规定音响信号鸣 6 秒，停 6 秒，重复 15 遍为一个周期，时间为 3 分钟，如图 1-3 所示。

6秒	6秒	6秒	6秒	6秒	……共重复15遍……

图1-3　空袭警报音响信号示意

(3) 解除警报：表明空袭阶段已结束，空袭警报解除。规定音响信号鸣一长声，时间为 3 分钟，如图 1-4 所示。

长鸣3分钟

图1-4　解除警报音响信号示意

二、人民防空的地位和作用

在人类战争史上，人民防空曾经发挥了重要作用，因而世界各国竞相开展人民防空建设。随着科技的快速发展，各种空袭兵器不断涌现，战场破坏性更大。而人民防空这一战争的产物，在保护人民生命财产安全的同时，又能很好地保存国家的战争潜力。因此，世界各国争相加强人民防空建设，并将它作为国防建设的重要组成部分，纳入国家安全战略和国防发展战略之中。

(一) 人民防空是国防的重要组成部分

在国防活动中，人民防空作为制约和延缓战争的威慑行动之一，对巩固国防、保护人民生命财产安全及保障社会主义现代化建设都有着重要的战略意义。随着空袭兵器的大规模运用，空袭作战的突然性、精确性、破坏性逐步增强，对国家安全和人民生存都构成了严重威胁。战时，一个国家能否有效地防敌空袭，已经影响到其国防活动的大局，因而，人民防空也日益成为国防的重要组成部分。中华人民共和国成立以来，党中央、国务院、中央军委从国防建设的大局出发，高度重视人民防空工作，并为此制定了一系列方针、政策和法规，从法制层面保障人民防空工作的发展。1996 年 10 月，全国人大常委会颁布了《人民防空法》，明确规定人民防空是国防的组成部分。

(二) 人民防空是保存战争潜力的重要手段

战争潜力是通过动员和开发可用于战争的潜在力量。它虽然平时并不表现为直接的战斗力，但战时却能根据需要迅速转化成战争实力。战争潜力所包括的内容很多，既包括可能用于战争的物力和财力，又包括军力、人力和精神力量。动员和组织广大人民群众开展防空斗争，对保存战争潜力具有重要意义。

(1) 可以避免人力资源的重大损失。在未来信息化战争中，采取有效的防护措施可减轻敌人空袭对人民生命财产的危害，避免人力资源的重大损失，保存国家的战争潜力。

(2) 可以有效地保存经济潜力。在现代战争中，交战双方都把对方的大型厂矿企业、工业基地、水力电站等经济目标作为主要的打击对象，造成对方战时经济瘫痪，使之无法维持战争。因此，许多国家通过人防措施，保障重要经济目标的安全，减少敌空袭造成的损失，保持国家的经济潜力。

(3) 可以提高重要目标的生存能力。在信息化战争中，重要的工厂企业和交通枢纽、通信中枢、党政军领导机关、电视广播、水厂电厂、炼油厂等目标，都是敌空袭的首选目标。因此，要加强对重要目标的防护，除积极拦截和打击敌人的空袭兵器外，还应积极运用人防措施，提升重要目标的生存能力，从而保存国家的战争潜力。

(三) 人民防空是配合军队作战的重要形式

人民防空经过长期的发展和建设，已经形成了较为完善的人民防空体系。当前，许多国家都建成了人民防空通信警报网、地下人民防空掩蔽工程网，平时拥有一支较为专业的人民防空队伍，储备一定数量的人民防空物资器材。战时动员后，人民防空力量就会急剧增大，并能配合军队实施一切作战行动。

(1) 人民防空警报通信系统可以为作战部队提供情报信息。人民防空警报系统具有覆盖面广、传递情报手段多、方法灵活的特点，在未来信息化战争中可以为作战部队提供准确、及时的空情信息。

(2) 人民防空工程体系可以为作战部队提供安全的作战环境。大量的人民防空工事，战时不仅可以为作战部队提供隐蔽的指挥场所，还可以为作战部队的隐蔽作战和安全转移提供场所和通道。

(3) 人民防空力量可以为作战部队提供足量的人力支援和补充。战时，通过动员人民防空力量中的青壮年和专业队员，可以为作战部队提供人员的补充。

(4) 人民防空力量可以配合部队实施反空袭作战。在未来信息化战争中，人民防空力量也将会装备更先进的防空武器，成为一支更有效的反空袭作战力量，可以更好地配合军队实施反空袭作战。

(四) 人民防空是维护社会稳定的积极行动

战争一旦爆发，大规模的空袭必将会造成建筑物大量损毁，水、电、网络、煤气中断，交通堵塞，生态环境急剧恶化。这不仅给人们的生产、生活及生命财产带来重大的破坏和损失，还会引发人们心理上的恐慌和行动上的失措，动摇民心士气。在海湾战争中，伊拉克因为防空组织不力，巴格达在遭到空袭半小时后才进行灯火管制，造成了居民的极度恐慌和混乱。持续 38 天的空袭，使伊拉克的生产、生活秩序严重失常，民心士气大幅削弱。因此，在未来信息化战争中，只有采取有效的人民防空措施，才能提高居民应对敌人空袭的心理准备。广大群众才能在敌空袭中处乱不惊、秩序井然，从而保持团结一致的民心和高昂的士气，减少敌人空袭造成的损失，维护社会的安定和稳定。

(五) 人民防空是遏制战争的战略措施

美国一位前国会议员曾说："一个强有力的民防甚至可以提供比我们大多数杀伤武器都大的制止战争的作用。"美国一些民防专家也指出："民防同任何武器装备一样重要，关系到国家的生存和能否遏止战争。"我们国家一些领导人也多次强调："人民防空工作属于战略问题，特别是城市的人民防空工作搞好了，在一定程度上也能够增加延缓和制止战争的因素。"现代战争对国家战争潜力的依赖逐步增大，人民防空的威慑作用日益突出。加强人民防空建设，做好战争准备工作，增强国家战争潜力，就可以起到延缓战争、遏止战争的作用，就能为国家争取到相对和平的环境。

三、人民防空建设

人民防空建设涉及的领域非常广，为了进一步规范人民防空建设，《人民防空法》明确规定了人民防空建设应当坚持的指导思想、方针和原则，以及需要重点把握的基本内容。

(一) 人民防空建设的指导思想

人民防空建设是一个系统工程，涉及社会生活的诸多方面，是国家国防建设和国民经济建设的重要组成部分。在新的历史条件下，为推进人防工作的更好发展，在人民防空建设实践中应当遵循"广泛动员、扎实建设、严密防护、力保潜力"的指导思想。广泛动员就是要通过广泛深入的宣传教育，使广大人民群众认识到人防工作的重要性，调动各种社会力量参与人防建设，增强人防的公众性和社会性，提高人防建设的平时效益和战时防护能力。扎实建设就是要根据信息条件下空袭的特点和反空袭的要求，从本国的军事战略出发，结合新时期军事斗争的要求，全面推进人防建设。严密防护就是在遭到敌人空袭时，要及时采取有效的措施和方法，充分利用人防建设的成果，认真组织防护和救护，最大限度地防范和减轻敌人空袭的危害。力保潜力就是要注意保护能够支撑国家和军队持续作战的重要目标，力求在遭到敌人空中打击后，人力少减、物力少损、财力不枯、交通不阻、通信不断，特别是广大人民群众能够保持信心，社会生产、生活秩序良好。这也是最终能够取得胜利的战争基础和最大的战争潜力。

(二) 人民防空建设的方针和原则

人民防空建设的方针和原则是人防工作的基本法则与主要依据。我国的人民防空建设只有在党和国家的统一领导下，遵循这些基本的方针和原则，才能持续、稳步地推进。

1. 人民防空建设的方针

《人民防空法》规定，人民防空建设应当遵循"长期准备、重点建设、平战结合"的方针。其中"长期准备"是指在和平时期要居安思危,有组织、有计划地开展人民防空建设,要结合经济建设、城市建设,有计划、有步骤地做好人民防空的各项准备。"重点建设"是指在服从和服务于国家经济建设大局的前提下,区分轻重缓急,有重点、分层次地进行人民防空建设。"平战结合"主要包含三层含义:一是平时的准备要与战时的需求相结合;二是战时的防空要与平时的防灾、救灾相结合;三是防空工程平时可以开发利用,如防空地下室可以作为大型超市、地下停车场、仓库和文体活动场所等,既可以缓和城市用地紧张、停车困难的局面,又可以增加人民防空部门收入,促进人民防空事业的发展。

2. 人民防空建设的原则

《人民防空法》规定,人民防空要贯彻与经济建设协调发展、与城市建设相结合的原则。这一原则有两个方面的含义:一是从国家建设大局来看,人民防空建设要与经济建设协调发展,要与经济发展水平相适应,制定切实可行的发展规划和目标;二是从人民防空工程建设方面来看,人民防空工程应当与城市建设相结合,从规划、建设、使用、维护和管理上,力求做到统一规划、同步建设、节约投资、提高效益,既要为国家节约人力、物力、财力,也要依法开展人民防空建设。

(三) 人民防空建设的基本内容

人民防空建设是国防建设的一个重要方面,关系到国家和民族的生存与发展,是国家为保障人民群众生命财产安全而采取的战略举措。人民防空建设是一项长期的系统工程,涉及社会生活的方方面面。针对现代战争和空袭的特点,结合当前的军事战略和国防建设的需要,我国的人民防空建设应该重点做好五个方面的工作。

(1) 人民防空指挥体系建设。人民防空指挥体系是指在人民防空袭斗争中,负责领导和组织人民防空力量实施防空袭斗争的有机整体,是人民防空工作的中枢神经。人民防空指挥体系建设的内容包括指挥机构建设、指挥人才培养、指挥场所建设、指挥手段建设和指挥制度建设等。

(2) 人民防空信息系统建设。人民防空信息系统是指为保障人民防空的组织指挥、防护救援、战备训练、政务管理、日常办公等需要,按照一定的关系将信息设施、设备及软件综合而成的整体,主要由指挥控制系统、预警与空情接收系统、通信系统与警报系统等构成。《人民防空法》规定,人民防空通信、警报和指挥控制系统建设应当具备"平战结合"的双重功能,即平时可以用于防灾、救灾,战时则可以用于防空袭斗争。

(3) 人民防空防护体系建设。人民防空防护体系建设主要包括人民防空工程建设、疏散地域建设和重要经济目标防护建设三大类。针对信息条件下空袭目标的可选择性、打击的精确性和毁伤的可控性等特点,应当采取相应的综合防护措施。人防工程也应由单一的结构防护转变为与隐蔽、伪装、干扰、拦截和机动相结合的综合防护,科学确定各类防护工程的比例、布局、功能和配置等,形成大区域、多主体、相互连通、易于机动、攻防兼备的人防工程体系。

(4) 人民防空专业队伍建设。人民防空专业队伍是根据战时消除空袭后果的需要,按照专业系统组成的担负人民防空群众性组织任务的队伍,是人民防空袭斗争的骨干力量。《人民防空法》规定,县级以上地方各级人民政府应当根据人民防空的需要,组织有关部门建立人民防空专业队伍。人民防空专业队伍主要分为抢修、消防、治安、运输、通信、医疗救护和防化防疫共七种队伍。各专业队伍由人民防空部门和军事部门根据城市防敌空袭斗争的需要提出计划,经同级人民政府批准后,再分别由各主管部门负责组建,并担负相应的工作任务。

(5) 人民防空教育。人民防空教育是国家根据国防需要,对公民的国防观念、人民防空法规和人民防空知识与技能等方面进行的教育。人民防空教育是全民国防教育的重要组成部分,是人民防空整体防护能力的基础,其目的是增强全民的国防观念和防空意识,掌握人民防空的基本知识和必要技能。《人民防空法》规定，人民防空教育包括国防观念教育、人民防空法规教育、人民防空知识教育、人民防空技能教育等。人民防空教育应当采取学校、国家机关、社会团体、企业事业单位、城乡人民政府相结合的形式，形成"五位一体"的人民防空教育网络体系，才能取得良好的效果。

四、人民防空行动

人民防空行动主要包括战时防敌空袭的防护行动和平时抢险救灾的行动。一般由人民防空指挥机构组织领导，广大人民群众、政府机关、驻地部队、人防专业力量、社会团体、企事业单位相互协调与配合，遵循法定原则，按照预定方案，共同实施人民防空行动。

（一）人民防空的战时防护行动

人民防空的战时防护行动是在敌方对我方实施侦察、袭击的情况下，我方通过人防工事隐蔽、疏散、伪装、管制等措施，避免或减轻人民群众和重要目标被敌侦知、杀伤和破坏而实施的一系列保护性行动。认真组织防护行动是防空袭斗争的重要组成部分，也是保存自己的有效手段，且贯穿防空袭斗争的全部过程。

（1）组织人民群众的防护。我国城市人口密集，在敌方实施空袭的情况下，不仅会受到直接打击的伤害和破坏，而且还面临间接伤害和次生灾害的危害。为避免和减少人员伤亡，保存有生力量和战争潜力，应当迅速组织人民群众开展防护行动，其措施主要是疏散和隐蔽。

（2）组织对重要经济目标的防护。重要经济目标是国家的经济命脉，直接关系国计民生和战争潜力，也是现代战争中敌人空袭的主要目标，更是空袭斗争必须严密防护的重要目标。因此，对于重要经济目标，平时应当合理规划、分散布局，并增加一些抗毁措施；战时则需要采取隐蔽加固、伪装欺骗、空中设障等防护措施。

（3）消除空袭后果的行动。消除空袭后果的行动是指在敌空袭间隙和空袭后，组织人民群众迅速进行的减少损失和恢复秩序的行动。未来战争中，敌方一旦对我方实施空袭，造成的直接毁伤和引发的次生灾害可能非常严重。因此，及时、有效地消除敌空袭后果，对于减轻人员伤亡、财产损失，尽快恢复生产、生活秩序和保持战争潜力都有着重要作用。

（二）人民防空的平时抢险救灾行动

人民防空的平时抢险救灾行动是指在和平时期，人民防空部门利用现有的组织指挥、通信警报、工程设备和群众防空组织等便利条件，在地方各级党委和政府的领导下，积极参与灾区防灾、救灾的活动。这也是人民防空行动的一项重要职能和任务，旨在控制和减轻自然灾害、重大疫情、突发事故所造成的人员和财产损失，保障经济社会健康发展。

1. 平时抢险救灾行动的主要模式

人民防空参与平时的抢险救灾行动主要有以下三种方式。

（1）主导型抢险救灾行动。即人民防空部门作为本级人民政府在抗灾管理方面的日常办事机构，以组织者身份负责协调和管理城市的防灾、减灾、救灾工作。

（2）辅助型抢险救灾行动。即人民防空部门根据本级人民政府的授权，以参与者身份协助相关抗灾管理部门，开展抢险救灾行动。

（3）服务型抢险救灾行动。即人民防空部门按照政府要求，利用自身的便利条件，以参谋者身份为其他部门或单位开展抢险救灾行动提供情报和信息支持，以及工程、通信、专业队伍等多方面的保障。

2. 平时抢险救灾行动的组织实施

人民防空平时抢险救灾行动应当坚持统一指挥、以防为主、分级管理、平战结合的原则，并重点把握以下三个环节。

(1) 收集灾情信息。即要依托人民防空情报搜集系统，通过各种渠道及时、准确、全面地收集可能与灾害相关的各种信息。

(2) 周密计划。即要根据灾害情况，合理安排抢险、救灾行动，如建立指挥机构、区分救援力量、明确救援职责、提出措施要求等。

(3) 精心组织救援。即要加强宏观指挥和现场调控，顺利实施抢险救灾行动，其内容包括：组织救援力量迅速到达现场，组织开展勘察、疏导和保护现场作业，组织开展救援行动，尽快控制和消除险情、灾情，配合展开灾害调查工作等。人民防空部门要主动提供相关资料和资源，并与其他部门密切配合，共同完成抢险救灾任务。

3. 平时抢险救灾应把握的主要问题

在和平时期，人民防空参与抢险救灾行动还应注意以下三个问题。

(1) 要依法组织实施。《人民防空法》规定，群众防空组织平时应当协助防汛、防震等部门担负抢险救灾任务。各级人民防空部门应该强化法制意识和制度观念，依法组织实施平时的抢险救灾行动。

(2) 要政府授权组织实施。地方各级人民政府的抢险救灾工作基本是按行业归口管理，人民防空部门并没有组织实施平时抢险救灾行动的权力，因此，只有在人民政府的明确授权下，人民防空参与平时抢险救灾行动才能真正落实。

(3) 要努力推进人防向民防的转型。人民防空积极参与抢险救灾，并逐步向民防过渡，是和平时期人民防空部门服务于国家经济建设的具体体现，也是人民防空拓展职能的内在要求，更是人民防空与国际接轨、谋求更大发展的必然选择。我国地域辽阔，地理环境复杂，自然灾害、突发事故多发。全面构建战时防空与平时防灾相结合的体制，把人防的战备功能应用到地方防灾救灾中，能更好地为经济建设和社会发展服务。

思考题：

1. 简述人民防空的概念。

2. 人民防空有哪些任务？

3. 人民防空警报信号有哪几种？

4. 简述人民防空的地位和作用。

5. 简述人民防空建设的基本内容。

第二章

国 家 安 全

【教学目标】

正确认识和把握国家安全的内涵，理解我国总体国家安全观，提升学生防间保密意识；深刻认识当前我国面临的安全形势；了解世界主要国家的军事力量及战略动向，增强大学生的忧患意识和国家安全责任意识。

第一节　国家安全概述

国家安全是国家的基本利益，是安邦定国的重要基石，也是全国各族人民的根本利益所在。习近平强调：“我们党要巩固执政地位，要团结带领人民坚持和发展中国特色社会主义，保证国家安全是头等大事。”为更好地维护国家安全，2015 年 7 月 1 日，第十二届全国人大常务委员会新修订的《国家安全法》，将国家安全领域拓展到政治安全、国土安全、军事安全、文化安全、科技安全等 11 个方面。2020 年，一场突如其来的新冠肺炎在全球蔓延。2020 年 2 月 14 日，习近平总书记就在中央全面深化改革委员会第十二次会议上强调，要从保护人民健康、保障国家安全、维护国家长治久安的高度，把生物安全纳入国家安全体系，系统规划国家生物安全风险防控和治理体系建设，全面提高国家生物安全治理能力。

总体国家安全观

一、国家安全的内涵

中国自古就重视国家安全问题，诸多古代著作均有“安邦定国”“国泰民安”“安国全军”等类似的论述。现代意义的国家安全(national security)作为一个词语，最早出现在 1943 年出版的《美国对外政策》(*US Foreign Policy*)一书中。1945 年 8 月，美国海军部长詹姆斯·福里斯特尔在参议院听证会发言时，第一次以官方身份使用了“国家安全”一词。1945 年后，“国家安全”逐渐成为国际政治的标准概念。《国家安全法》规定，国家安全是指国家政权、主权、统一和领土完整、人民福祉、经济社会可持续发展和国家其他重大利益相对处于没有危险和不受内外威胁的状态，以及保障持续安全状态的能力。根据这一定义，国家安全的内涵可以概括为以下几点。

(1) 国家安全是国家没有外部的威胁与侵害的客观状态。所谓外部的威胁与侵害，大致可分为外部自然界的威胁和侵害与外部社会的威胁和侵害两大类。由于国家安全是一种社会现象，国家的外部威胁和侵害也就主要是指处于一国之外的其他社会存在对本国造成的威胁和侵害。由于威胁和侵害者的不同，这种外部威胁和侵害包括：其他国家的威胁；非国家的其他外部社会组织和个人的威胁，如某些国际组织或地区组织对某国的威胁和侵害；国内力量在外部所形成的威胁和侵害，如国内反叛组织在国外从事的威胁和侵害本国的活动。

(2) 国家安全是国家没有内部的混乱与疾患的客观状态。危及国家生存的力量不仅来源于一个国家的外部，而且还时常来源于一个国家的内部。国内的混乱、动乱、骚乱、暴乱，以及其他各种形式的疾患，都会直接危害国家生存，造成国家的不安全。因此，国家安全必然包括没有内部混乱和疾患的要求。仅仅没有外部的威胁和侵害，国家并不一定就会安全。

(3) 只有在同时没有内外两方面危害的条件下，国家才安全，因此，只有这两个方面的统一，才是国家安全的特有属性。无论是"没有外部威胁"，还是"没有内部混乱"，都不是国家安全的特有属性，由此并不能把国家安全与国家不安全完全区别开来，单独从这两方面的任何一方面来定义国家安全，都是片面的、无效的。如果把这两个方面结合起来，表述为既没有外部威胁和侵害，又没有内部混乱与疾患，那么这就把国家安全与国家不安全区别开了，因此也就抓住了国家安全的特有属性，从而体现了一个真实、有效的内涵：国家安全是国家既没有外部威胁和侵害，也没有内部混乱与疾患的客观状态。

二、国家安全的确立原则

早先的国家安全主要侧重于生存安全，集中体现为政治安全和军事安全。随着时代发展，人们的认识开始向经济、科技、文化、信息和生态等方面的安全扩展。根据《国家安全法》和有关规定，当代国家安全包括 12 个方面的基本内容，即政治安全、国土安全、军事安全、经济安全、文化安全、社会安全、科技安全、信息安全、生态安全、资源安全、生物安全和核安全。

国家安全的确立包括以下基本原则。

(1) 确立国家与民族崛起的基本目标。

(2) 采取综合一体化的手段。

(3) 新安全观包括主权安全、综合安全和合作安全。国家享有的主权包括独立权、管辖权、平等权、自卫权。国家综合安全包括政治、经济、社会、信息、军事安全等。经济安全是国家综合安全的核心；军事安全是国家综合安全的支柱。

(4) 解决经济发展与国家安全脱节的问题。

(5) 树立独立发展理念，为"全球化"条件下的民族国家定位。

国家安全工作应当坚持总体国家安全观，以人民安全为宗旨，以政治安全为根本，以经济安全为基础，以军事、文化、社会安全为保障，以促进国际安全为依托，维护各领域国家安全，构建国家安全体系，走中国特色国家安全道路。

国家安全工作应当坚持中国共产党对国家安全工作的领导，建立集中统一、高效权威的国家安全领导体制。中央国家安全领导机构负责国家安全工作的决策和议事协调，研究制定、指导实施国家安全战略和有关重大方针政策，统筹协调国家安全重大事项和重要工作，推动国家安全法治建设。

国家制定并不断完善国家安全战略，全面评估国际、国内安全形势，明确国家安全战略的指导方针、中长期目标、重点领域的国家安全政策、工作任务和措施。

维护国家安全，应当遵守宪法和法律，坚持社会主义法治原则，尊重和保障人权，依法保护公民的权利和自由。维护国家安全，应当与经济社会发展相协调。国家安全工作应当统筹内部安全和外部安全、国土安全和国民安全、传统安全和非传统安全、自身安全和共同安全。维护国家安全，应当坚持预防为主、标本兼治，专门工作与群众路线相结合，充分发挥专门机关和其他有关机关维护国家安全的职能作用，广泛动员公民和组织，防范、制止和依法惩治危害国家安全的行为。维护国家安全，应当坚持互信、互利、平等、协作，积极与外国政府和国际组织开展安全交流合作，履行国际安全义务，促进共同安全，维护世界和平。

中华人民共和国公民、一切国家机关和武装力量、各政党和各人民团体、企业事业组织和其他社会组织都有维护国家安全的责任和义务。中国的主权和领土完整不容侵犯和分割。维护国家主权、统一和领土完整是包括港澳同胞和台湾同胞在内的全中国人民的共同义务。

国家对在维护国家安全工作中作出突出贡献的个人和组织给予表彰和奖励。国家机关工作人员在国家安全工作和涉及国家安全活动中，滥用职权、玩忽职守、徇私舞弊的，依法追究法律责任。任何个人和组织违反有关法律，不履行维护国家安全义务或者从事危害国家安全活动的，依法追究法律责任。

三、总体国家安全观

党的十八大以来，以习近平同志为核心的党中央科学分析国际战略形势和国家安全发展的新变化、新特点，在科学总结新中国成立以来国家安全历史经验的基础上，大力推进国家安全工作的创新发展，提出了"总体国家安全观"，极大地丰富了国家安全的理论与实践。之后，习近平在国家安全委员会成立会议上全面阐述了总体国家安全观的丰富内涵。党的十九大报告把总体国家安全观作为建设中国特色社会主义的基本方略之一，这对维护国家安全、实现中华民族伟大复兴的中国梦将产生深远的影响。

(一) 总体国家安全观的产生背景

当前，中国特色社会主义建设已进入新时代，国际国内形势也发生了深刻变化。尽管和平与发展仍是时代主题，然而世界多极化、经济全球化、社会信息化、文化多样化在深入发展，新一轮科技革命和产业革命在加速推进。从总体上看，近年来推动国际形势和平、稳定发展的积极因素不少，但国际关系中"零和"思维也呈上升趋势，单边主义盛行，逆全球化思潮蔓延，贸易保护主义抬头，地区热点问题此起彼伏，人类社会面临着共同威胁：恐怖主义、气候变化、环境问题、高传染性疾病等非传统安全问题日益突出，影响全球战略稳定的消极因素增多，国际安全也面临诸多严峻挑战。这些都在客观上要求我们确立全新的国家安全观念。

1. 国际安全形势的新认识

总体国家安全观是指导新时代国家安全的纲领。21世纪以来，一些重大事件对国际形势产生了深刻影响。"911"事件的发生，导致了国际安全形势的重大变化；国际金融危机的严重后果，对全球政治经济、大国力量消长和地区稳定产生了剧烈冲击；乌克兰危机、叙利亚内战，引发了俄罗斯与以美国为首的西方大国的激烈地缘政治对抗；席卷中东地区的"阿拉伯之春"，使多个国家陷入长期战乱，后续影响仍在扩散，波及范围之广、影响程度之深前所未有，不仅影响了阿拉伯世界，也对国际秩序、大国关系和地区安全造成了严重威胁。

随着国际形势的发展演变，世界主要大国内外政策竞相调整，围绕权力和利益再分配的斗争激烈。特别值得关注的是，大国互动中出现了一些新趋势、新特点。中国、印度等新兴国家实力增强，在国际舞台上影响力上升，新兴大国崛起成为不可阻挡的历史潮流，深刻影响着世界格局和战略形势的变化。在国际形势深刻演变的大背景下，国际融合与国际竞争趋势深入发展，全球治理体系和国际秩序变革加速推进，各国相互联系、相互依存不断加深，国家之间的利益关系变得更加复杂。总体来看，和平发展的大势不可逆转，但随着国际战略力量对比的变化，国际安全中的积极与消极因素都在增长，迫切需要创新维护国家安全与世界和平稳定的理论和实践。

2. 国家安全发展的新需求

当前，我国国家安全形势总体稳定，但影响内外安全环境变化的因素更趋复杂。改革开放以来，我国的综合国力不断提高，国际影响力持续上升。中国经济长期以较高的速度发展，成为推动世界经济增长的重要力量；中国的国防和军队现代化建设稳步推进，也受到了外部世界越来越多的关注。党的十九大报告提出，到21世纪中叶全面建成社会主义现代化强国，这一伟大目标举世瞩目。在世界巨变、中国发展不断取得新的更大进步的背景下，如何把握国家安全形势出现的新变化，如何解决好国家由大向强进程中的重大安全问题，迫切需要创新指导国家安全的理论。

我国维护安全的能力空前提高，这为实现国家发展的战略目标奠定了坚实的基础。但是，影响国家安全的不确定因素在增长。从外部安全威胁来看，当前面临的主要风险是来自霸权主义和各种敌对势力的干扰破坏。从内部安全威胁来看，主要风险来自分裂势力以及转型期社会风险的积累。总体上看，国家安全面临的挑战比较复杂、严峻。近年来，美国不断增加在亚太地区的军事存在，强化美日、美韩、美澳等地区安全同盟，从多个方向挤压我国地缘政治空间。美国在亚太地区不断投棋布子，增添了中国周边不安全、不稳定因素。来自海洋方向的安全威胁突出，解决争端的难度上升；朝鲜半岛形势转机中更显扑朔迷离，不确定因素仍然存在；"三股势力"(宗教极端势力、暴力恐怖势力、民族分裂势力)内外勾连，对国家安全构成现实威胁；在外部势力推动下，"台独"等分裂势力沆瀣一气，活动猖獗，借机生战生乱的可能性不可低估。在域外势力的挑拨下，与我国存在领土、岛礁海域争端的周边国家，侵占我国岛屿主权、蚕食我国海洋权益情况也不能排除。随着国家安全利益的不断拓展，维护国家海外安全利益的需求不断上升。所有这些因素都对维护国家安全提出更高的要求。

更值得关注的是，随着影响国家安全因素的增多，内外部安全、不稳定的因素相互影响，相互作用，对国家安全构成更大的威胁。内部安全问题解决得不好，就有可能引来外部势力的插手干预；外部安全问题如果应对不当，就有可能在内部出现连锁反应。外部问题通过内部矛盾发生作用，风险联动叠加，可能产生更大的危害，从而破坏社会和谐稳定，威胁国家安全。

面对复杂多变的外部安全环境，迫切需要创新国家安全理念，以提高指导国家安全的战略能力。应健全维护国家安全的制度法规，完善国家安全体制机制，提升维护国家安全的能力，拓展维护国家安全的途径。党的十八届三中全会决定设立国家安全委员会，这是完善国家安全体系的重大举措，对于统筹国家安全工作产生了重要影响，同时也为总体国家安全观的提出和国家安全战略的制定创造了条件。

要在变化的国际环境中把握主动，在伟大斗争实践中赢得胜利，必须准确把握国家安全面临的新形势，始终保持清醒的战略头脑，强化风险防控意识，而在理论上作出新的概括，提高维护国家安全的战略指导能力，才能满足日益增长的国家安全需求。总体国家安全观的提出，为应对国家安全面临的重大挑战提供了基本依据。

3. 国家安全理论的新发展

中华人民共和国的建立，从根本上结束了国家积贫积弱、任人宰割的历史。我们党在维护国家安全的实践中，在各个时期都高度重视国家安全，针对客观形势提出指导国家安全的理论，在实践中积累了丰富的经验，为维护国家安全提供了可靠的保障。

"冷战"时期，美苏两个超级大国争夺世界霸权，在两极体系严重对抗的时期，国家安全威胁主要来自传统的军事领域，维护国家安全的主要手段是依靠国防和军事实力。以毛泽东为代表的老一辈革命家，把国家的生存安全作为巩固国家政权的根本目标，坚决捍卫国家独立、主权和领土完整，与颠覆危害国家安全的各种势力进行了坚决斗争，奠定了我国国家安全的基础。

改革开放之后，我们党牢牢把握和平与发展的时代主题，结合新的历史条件，坚持"国家的主权、国家的安全要始终放在第一位"，拓展和丰富了国家安全的内涵，提出了以经济建设为中心，发展和安全两个轮子驱动，为经济社会的持续稳定发展提供了更加坚实可靠的基础，从根本上提高维护国家安全的能力。在对外开放中始终坚持以国家利益为最高准则，丰富和发展了国家安全的理论与实践。

随着经济全球化深入发展和信息网络时代的到来，人类面临的共同安全威胁和挑战与日俱增，各国在安全上相互依存的趋势加强。从维护国家根本利益出发，在坚持和平共处五项原则的基础上，我国适时提出了树立互信、互利、平等、协作的新安全观，为创造合作互利共赢的国际安全环境贡献了中国智慧。

21世纪以来，我国综合实力继续提升，国际地位和角色发生了重要变化，与外部世界的关系也正在发生变化。从维护战略机遇期出发，不断拓展国家安全战略视野，努力开辟中国和平发展道路，构建牢固的国家安全基础，推动建设和谐社会与和谐世界。

党的十八大以来，以习近平同志为核心的党中央审时度势、高瞻远瞩，牢牢把握国家安全形势发展变化的新特点、新趋势，继承我们党历届领导集体的一贯思想，在科学总结维护国家安全历史经验的基础上，提出了总体国家安全观这一重大战略思想，把对国家安全的认识提升到一个新高度。总体国家安全观创造性地提出了富有中国特色的国家安全价值观念、工作思路与机制路径，是具有划时代意义的国家安全理论，标志着中国将走一条具有自身特色的国家安全道路。

(二) 总体国家安全观的深刻内涵

2014年4月，习近平在国家安全委员会第一次会议上首次全面、系统地阐述了总体国家安全观。此后，在一系列重要讲话中论述了这一重要理论。总体国家安全观为开创新时代国家安全工作新局面提供了基本遵循。党的十九大报告把总体国家安全观确立为新时代国家安全工作的重要指导思想，明确提出以总体国家安全观为指导，实现发展和安全的统筹，增强全党全军和全民的忧患意识，做到居安思危。坚持国家利益至上，以人民安全为宗旨，以政治安全为根本，统筹外部安全和内部安全、国土安全和国民安全、传统安全和非传统安全、自身安全和共同安全，完善国家安全制度体系，加强国家安全能力建设，维护国家主权、安全、发展利益。

总体国家安全观是一个内涵丰富的体系，其内容涵盖政治、国土、军事、经济、文化、社会、科技、网络、生态、资源、核以及海外利益等多个领域。总体国家安全观集中体现了以习近平同志为核心的党中央关于国家安全的战略思想，是国家安全理论的最重要的创新成果。

总体国家安全观揭示了当代中国国家安全的本质内涵，科学回答了作为一个外部安全环境复杂、正处于由大向强发展阶段的大国，如何维护和塑造国家安全的基本问题。总体国家安全观是在对国家安全形势科学判断的基础上提出来的，这一重要思想为全面建设社会主义现代化国家、开创国家安全工作新局面、坚持走中国特色的国家安全之路提供了科学指南。

1. 以人民安全为宗旨

国家安全的根本目的是人民安全，因此，实现国家安全目标也必须紧紧依靠广大群众，这是人民在国家安全中的主体地位所决定的。人民的利益高于一切，人的安全是第一位的。以人民安全为宗旨，从根本上讲就是维护中华民族的生存权、发展权，保障国家的基本制度、核心价值、发展道路，以及人民生产生活的基本权利。保障人民的基本权利，让全体人民分享发展成果，这是总体国家安全观的本质要求。

人民是国家安全的主体，坚持人民安全、政治安全和国家利益至上，是走中国特色国家安全道路的必然要求，是党的性质和宗旨的体现，是维护和塑造中国特色大国安全的重要保证。政治安全是国家安全的根本，其核心是国家政权、宪法法律安全，即维护党的领导，维护中国特色社会主义制度，维护以习近平同志为核心的党中央权威。制度安全能从根本上提高人民的安全感、幸福感、归属感，这是检验国家安全的重要标准。

维护国家政治安全，必须从政治的高度谋划和推进国家安全工作，保障人民安居乐业，实现国家长治久安。随着我国经济社会发展和对外开放不断扩大，人民对国家安全有了更高需求和期待，人民希望国家强大，希望有更强的实力维护国家统一和民族团结，希望为实现国家长治久安提供可靠的战略支撑。人民希望党和政府更加积极主动作为，确保全体国民的生命财产安全，确保广大人民群众在法治秩序下充分享受安居乐业的生活。

我国的政治制度决定了党、人民和国家是一个整体，人民安全、政治安全和国家利益是紧密联系、相辅相成的有机统一体。人民安全居于中心地位，国家安全归根到底是保障人民利益；政治安全是维护人民安全和国家利益的根本保证，国家利益至上是实现人民安全和政治安全的基本途径。

2. 以国家利益为根本

维护国家利益是国家安全行为的逻辑起点，也是国家安全行为的根本目标。国家利益是发展的、动态的，随着时代的发展而不断变化。不同时期，处在不同发展阶段的国家，其国家利益会有不同的表现形态。现阶段，我国国家利益向多领域、多层次扩展的特点突出。从国家利益的重要程度上区分，既有核心利益、重大利益，也有一般利益；从空间上看，国家利益分布在不同方向、不同领域、不同范围；从时间上看，既有当前利益，也有长远利益。

在国家利益的天平上，核心利益是关乎国家的生存安全、制度安全，一旦受到破坏，将造成严重后果。因此，维护国家核心利益必须坚定不移。当国家核心利益受到严重威胁时，国家将采取包括使用军事力量在内的一切手段来加以捍卫。核心利益与国家政治性质、法律制度、发展道路等联系紧密，具有相对稳定的特点。维护国家安全，首要是确保核心利益安全。重大利益是指对国家安全与发展具有重大影响的利益，一旦受损，将严重损害国家安全，干扰国家正常发展，需要运用国家综合力量和各种手段来加以维护。

国家利益至上是国家安全的基本准则。维护国家安全，就是维护国家利益，特别是核心利益。国家核心利益是主权国家不可侵犯的红线，关系国家生死存亡、政权巩固和人民根本福祉。中国奉行防御性的国防政策，不侵略别国，不威胁别国，也不觊觎别国的利益，更不会嫉妒别国发展。但是，在任何情况下，中国也绝不会放弃自己的正当权益。

国家利益的构成并非一成不变，某些重大利益，甚至一般利益在特定条件下都有可能上升为国家的核心利益。同样，有些国家核心利益、重大利益在一定条件下，可能对国家安全不再具有特别重大的影响，也可能降低为一般利益。总之，对国家利益要进行客观分析，应随时代、国际格局和国家自身发展加以科学界定。坚决捍卫核心利益，确保重大利益，灵活应对和处理一般利益。

3. 完善国家安全战略体系

全面落实总体国家安全观的要求，必须根据国家安全发展需求构建与国家发展相适应的科学、高效的国家安全体系，这是实现国家安全目标的重要一环。我国国家安全体系建设主要包括国家安全目标、战略能力、制度建设、法律规定及战略实施理论体系等。当前需要重点关注的领域包括政治、国土、经济、社会和网络安全等，要大力强化军事、科技、文化安全的基础支撑作用，注重推进生态、资源与核等领域的安全问题，要努力维护国家海外利益。在当前形势下，还应特别关注新型领域的国家安全问题，重视国际战略竞争中出现的新趋势、新问题。

实现总体国家安全目标，在提高维护国家安全能力的同时，还需要不断完善国家安全体系，建设符合世情、国情的国家安全战略体系。党的十八大以来，党和国家在国家安全的法规制度建设、体制机制建设、组织机构设置等方面取得了重要进展，从组织上为确保落实总体国家安全观创造了良好条件。今后的工作重点是加强战略统筹，动员各方面力量，综合施政，推进国家各项安全政策和措施的落实。

4. 构建"人类命运共同体"

中国是维护世界和平、促进共同发展的坚定力量。中国致力于通过自身发展影响世界，惠及世界，为人类进步作出更大贡献。中国奉行独立自主的和平外交政策，坚定不移地扩大对外开放，努力构建总体稳定、均衡发展的大国关系框架；坚持正确的义利观，致力于加强同广大发展中国家的团结合作；积极推动"一带一路"建设，扩大与世界各国的共同利益；坚持亲诚惠容的理念，深化与周边国家的友好关系。中国坚持相互尊重、互惠互利、共同发展的行为准则，积极参与国际和地区安全机制建设，推动构建开放、透明、平等的安全架构与和平、稳定的国际秩序。从推动经济合作、文化交流入手，带动安全合作，实现利益交融，进而推动人类命运共同体的建设。

党的十八大以来，习近平主席观大势、谋大局，站在维护世界和平的高度深刻指出："弱肉强食、丛林法则不是人类共存之道。穷兵黩武、强权独霸不是人类和平之策。赢者通吃、零和博弈不是人类发展之路。" 时代的发展拉近了人与人、国与国之间的距离。今天，各国间的相互联系、相互依存达到了空前的程度，人类共同生活在一个"地球村"，越来越呈现出你中有我、我中有你的利益交汇特征。

在共同安全威胁不断上升的时代，不再有与世隔绝的孤岛，任何一个国家在人类共同安全威胁面前都难以独善其身。因此，在经济全球化和互联网、物联网等高速发展的今天，建立以合作共赢为核心的"人类命运共同体"，符合时代发展潮流。从发展环境和生态安全的角度来看，今天全人类都处在一条已经出了问题的航船上，面对共同的安全威胁和挑战。中国把建立伙伴关系确定为国家间交往的指导原则，明确提出建设"人类命运共同体"的主张，为构建以合作共赢为核心的新型国际关系奠定政治基础。2017 年 2月，"构建人类命运共同体"首次写入联合国决议，这一理念已经得到越来越多国家的认同，这是中国对世界和平与发展事业作出的积极贡献。

"人类命运共同体"着眼国际社会的共生、共存和发展，坚持从全人类的根本利益出发。一是强调共同安全。世界各国的国情不同，每个国家所处的发展环境、发展阶段和水平不同，选择的发展道路和方式也不尽相同。但是，各国人民对生存与发展的追求是一致的，都以国家发展为根本目标，而实现这一目标的前提是创造和平、稳定的国际环境，这是各国进行合作安全的重要基础。二是强调共同应对。人类社会发展到今天，从来没有像今天这样把各国利益联系得如此紧密，也从来没有像今天这样面临如此众多的共同安全挑战。共同的利益，共同的挑战，需要各国共同应对。由发展产生了全球性问题，特别是关乎人类生存的重大问题，必须由全人类共同承担、共同治理，所有国家都应承担责任，共同推动人类社会进步和发展。

中国作为一个发展中的大国，正以前所未有的速度走近世界舞台的中心。中国在与世界各国一起追求共同利益、迎接共同挑战，力求承担更多的责任和义务。构建"人类命运共同体"的理念是负责任大国的具体表现，是中国为维护世界和平稳定、促进人类共同发展所提出的中国主张。

构建"人类命运共同体"，必须摒弃传统的零和思维，在相互尊重、平等相处的前提下，通过合作共赢实现各自的利益诉求，这既符合实现共同安全的根本目标，又符合全人类共同的价值追求。在"人类命运共同体"理念的指引下，中国在互利共赢、互惠发展的基础上逐步建立起多层次的伙伴关系网，这对中国今后的多边安全合作发展产生了良好的促进作用。

在安全问题变得日益复杂的今天，各国维护国家安全的任务变得更加艰巨。30 年前，世界上没有一个国家面临网络安全问题。今天，没有网络安全就没有国家安全，网络安全已经成了许多国家必须面对的现实。从这个意义来说，固守传统安全理念已经不能有效应对复杂的安全问题，只有坚持总体国家安全观，大力推动构建"人类命运共同体"，才能努力探索出一条兼顾安全与发展、国内与国际、自身与外部世界的共同安全之路。

5. 走中国特色的安全之路

总体国家安全观是新时代中国特色社会主义思想的重要组成部分。中国在今后一个较长时期仍将处于社会主义初级阶段，无论是从理论的角度还是从实践的角度来看，都必须坚持独立自主、走具有中国特色的发展道路。要保持清醒的战略头脑，保持战略定力，既不过高估计自己，盲目自大，也不妄自菲薄。不能离开现实国情谈安全，也不能离开战略机遇谈安全，更不能孤立、静止地看待日趋复杂的国家安全问题，而应从总体上把握国家安全形势，将国家安全问题放在实现民族伟大复兴的进程中思考。

走中国特色的国家安全之路，就必须始终坚持党对国家安全工作的绝对领导。全面、科学地界定国家安全的利益需求，以政治安全为根本，科学统筹，实现可持续安全，探索不同于任何传统大国武力争霸的和平发展道路，不走"国强必霸"的道路，努力探索一条适应时代发展、具有中国特色的新型国家安全道路。

(三) 实现总体国家安全的根本保证

当代中国正处在由大向强的重要当口，处在全面建成小康社会的决胜阶段，处在实现中华民族伟大复兴的关键时期，习近平强调指出："这是中华民族的一个重要历史机遇，我们必须牢牢抓住，决不能同这样的历史机遇失之交臂。这就是我们这一代人的历史责任，是我们对中华民族的责任，是对前人的责任，也是对后人的责任。"越是接近奋斗目标，前进阻力可能越大，面对的风险压力可能越大。站在新的历史起点上，时刻准备应对各种重大风险考验，必须奋力推进伟大事业、伟大工程、伟大斗争，排除干扰，确保国家发展的进程不被严重干扰或打断。

1. 统筹兼顾国家安全需求

总体国家安全观体现了指导国家安全工作思想和艺术的高度统一，要求以全面、客观、系统的观点分析、认识国家安全问题，要坚持统筹兼顾，把握全局，掌握应对复杂局面的基本方法。坚持总体国家安全观，就要统筹发展和安全两件大事，既要善于运用发展成果夯实国家安全的实力基础，又要善于塑造有利于经济社会发展的安全环境。要努力维护和延长发展的重要战略机遇期，重视规避重大安全风险，确保民族复兴进程。总体国家安全观为指导国家安全实践提供了依据和指导。依据总体国家安全观要求，加强战略统筹，有效维护国家安全。

根据我国内外安全环境新发展、新变化，当前需要重点处理好几个重大关系。

(1) 要统筹兼顾国内、国际两个大局。既立足国内，又放眼全球。国内大局的重点是求发展、求变革、求稳定，建设平安中国。国际大局的重点是求和平、求合作、求共赢，推动构建"人类命运共同体"。

(2) 既关注当前，更注重长远。把积极作为和规避战略风险统一起来。当前，国际形势发展正处于百年未有之大变局，面对复杂激烈的国际竞争，保持战略定力至关重要。要临危不乱，处变不惊，尽最大努力维护世界和平和周边稳定，避免战略对决，把握机遇，积极作为，在国际事务中发挥更大的作用。

(3) 既重视生存安全，又重视发展安全。发展和安全是国家战略的两个轮子，发展是安全的基础，安全是发展必不可少的条件，两者不可或缺。积极推进国内社会变革，不断完善社会安全稳定体系，为国家可持续发展提供可靠保障，并通过经济社会健康、稳定的发展，努力提升维护地区与世界和平，实现可持续、共同发展和共同安全的能力。

总体国家安全观以维护国家安全主权、安全和发展利益为主线。安全战略筹划的目的是实现国家安全目标。确保人民的生存需求，维护和赢得国家发展的战略机遇，为在2020年全面建成小康社会，在21世纪中叶建成富强、民主、文明的社会主义现代化国家和实现中华民族伟大复兴的中国梦提供强有力的安全保障。

2. 提高核心战略能力

国家安全是一种状态，在世界格局深刻变化的形势下，国家安全的挑战在增加。任何时候都不要寄希望于没有安全威胁，没有任何安全挑战，那种理想的安全状态在现实中是不存在的。有安全威胁和挑战并不可怕，只要国家有能力、有办法、有把握应对，国家就是安全的。而要做到这一点，必须从根本上提高应对安全威胁的战略能力，尤其是核心能力，一旦出现重大安全威胁或者发生重大危机事态，要有能力应对各种复杂局面。

要提高维护国家安全的战略运筹能力，准确判断国际战略形势发展变化，因势利导，顺势而为，借势而动，这既是维护国家安全的要求，也是实现国家安全目标的重要途径。要坚持战略目标和战略手段一致性，维护国家安全的决定性因素是国家战略能力，要进行精心的战略筹划，使主观愿望与客观实际相统一，提高维护国家安全总体效益。

3. 强化全民安全意识

安全是国家生存和发展的前提，安全观既是对国家安全形势的科学认识，也是全体国民维护国家安全的行动指南。不同的安全形势要求不同的安全理论。提高全体国民的国家安全意识是现代国家安全观的重要内容，是实现国家安全目标的必然要求。将总体国家安全观化作全党、全军、全国人民维护国家安全的自觉行动，才能实现国家安全的目标。

中国传统战略文化历来强调忧患意识，重视居安思危。国家安全是实现全体国民幸福的前提，是实现国家发展的前提，同时也是实现社会进步的重要条件。实现这样的目标，必须重视提高全体国民的国家安全意识，增强全体国民的国家安全责任感、使命感，提高维护国家安全的自觉性，这是国家安全目标的固本之策和长久之计。国家安全是民族命运共同体的重要保障，全体国民每人都有强烈的国家安全意识，实现国家安全目标就有了强大的社会思想基础。

4. 把握战略底线

总体国家安全观，强调应对国家所面临的重大安全风险，要着眼于最复杂、最严峻的情况，超前谋划，充分准备，努力争取最好结果。

坚持底线思维，就要对国家安全挑战和可能面临的重大威胁充分准备，预有防范。习近平强调，要"安而不忘危，存而不忘亡，治而不忘乱"。要加强对安全环境的塑造，提高捍卫国家主权、安全和发展利益的能力，做好遏制战争、打赢战争、控制危机的准备。

坚持底线思维，就必须加强战略筹划，提高国家安全危险的预见性，要有控制安全态势恶化、影响战略态势、赢得战略主动的措施，有防止安全事态升级和扩散、防患于未然的办法。

坚持底线思维，还要建立科学的国家安全风险评估机制。积极创造条件应对各种威胁，维护国家利益，以低成本、低代价争取最大的安全效益。控制安全过程，既不以降低安全目标来规避风险，同时兼顾目标与手段的平衡。要突出重点，长期经营，抓住主要矛盾，改善总体安全态势。

5. 坚持综合施策

当前，我国比任何时候都更加接近民族复兴目标，处在这样重要的历史阶段，只有保持更加清醒的战略头脑、坚定的战略定力，才能避免出现重大战略指导失误，才能在前所未有的国际大变局中把握机会，赢得主动。

在国际体系加速演变与中国综合国力不断提升的情况下，中国要走向世界、融入世界，需要重视借助和依托国际关系中积极力量，借助国际社会的积极因素，努力扩大战略回旋空间，创造有利条件，充分发挥中国作为地区重要国家的地缘优势和不断增长的扩散效应，扩大国际影响，勇于担负更大的国际责任，努力成为国际公共产品的重要提供者。坚持量力而行，不做超越现实、不切合实际的事情，在对外关系中采取积极的防御态势，充分发挥政治优势，扩大国家软实力。坚持维护国家安全的正义性、正当性与合法性，增强我国走和平发展道路的吸引力，不断拓展战略回旋余地。努力在变化的世界中实现国家安全目标，在与外部世界深度互动中实现国家安全与国际安全的统一，为世界的和平与发展作出更大贡献。

当今时代，要想实现国家安全的目标，战略指导与运筹的作用比以往任何时候都更突出、更重要。这是一个需要理论而且一定能够产生理论的时代，这是一个需要思想而且一定能够产生思想的时代，这是一个需要战略并且需要战略创新的时代。对国家安全的正确战略谋划，首先要认清格局演变，洞察未来发展，适应时代潮流，努力把握先机，主动作为，激发更多的战略智慧；其次要做到知己知彼，正确判断形势，准确把握时机，审时度势，通过精心运筹，以较低的战略成本实现更高的国家安全目标。总体国家安全观的本质要求是站在全局，对国家安全进行全面、系统、辩证的思考，充分调动和运用国家总体实力实现长治久安。

6. 致力共同安全

中国的国家安全与世界的和平、稳定息息相关。总体国家安全观的核心内容之一是以促进国际安全为依托，既实现自身安全，也重视共同安全，做到两者统一。坚持和平发展，积极承担与我国国力地位相适应的国际责任。总体国家安全观继承和发展了我们党长期坚持的和平发展思想。

习近平指出，中国走和平发展道路，不是权宜之计，更不是外交辞令，而是从历史、现实、未来的客观判断中得出的结论，是思想自信和实践自觉的有机统一。中国始终不渝地走和平发展道路，奉行积极防御的国防政策，无论国际形势如何变化，自身如何发展，中国永不称霸、永不扩张、永不谋求势力范围。中国人民坚持走和平发展道路，也希望世界各国都走和平发展这条道路。中国从一个积贫积弱的国家发展成为世界第二大经济体，既不靠军事扩张，也不靠殖民掠夺，而是靠全体人民的勤劳和智慧。

作为一个发展中的大国，中国需要集中精力发展自己。全面建成社会主义现代化强国本身，就是中国对世界承担的最大的国际责任和历史担当。今天的中国比一百多年来任何时候都更有意愿和能力，主动适应和引领时代潮流，为世界和平与发展承担其更大的国际责任。多年来，中国在联合国框架下为维护世界和平作出了巨大的努力，得到国际社会的广泛赞誉。

中国主张摒弃零和博弈、追求绝对安全、扩大军事同盟等旧观念，提出构建"人类命运共同体"，在国际上树立了普遍包容的国家安全理念，不仅体现了中国风格，也展示了中国胸怀，彰显了中国智慧。

构建"人类命运共同体"，必须坚持共同安全理念，走合作安全的发展道路。今天人类面临的许多安全问题，任何一个实力强大的国家都难以独立解决，全球性的安全挑战需要各国通力合作应对，世界上的事情越来越需要各国共同商量才能得到处理。建立能够及时、客观反映世界力量格局深刻变化的全球治理框架，集中全世界各国人民的智慧，向国际社会提供充分、足够的可持续的公共产品，为国际秩序不断趋向公正合理提供有力保障。建立国际机制、遵守国际规则、追求国际正义成为多数国家的共识。推进全球治理，引导国际社会共同塑造更加公正合理的国际新秩序。

面对近百年来前所未有的世界大变局，要实现中华民族的伟大复兴目标，不仅要提高自身的国际竞争能力，同时也要为实现人类共同安全、共同发展作出更大的贡献。中国坚定发挥现行国际体系建设者的作用，增强规则制定能力、议程设置能力、舆论宣传能力、统筹协调能力，努力为完善全球治理贡献中国智慧和力量。

经过 40 多年的改革开放，中国的综合国力获得了巨大提升，维护国家安全、塑造安全环境、解决安全问题的能力大大增强。实践证明，一个国家长期落后会使其面临的安全问题更为突出。但是，一个国家的快速发展同样会产生新的安全问题，面对新的安全需求。面对国际形势和国家安全环境的巨大变化，客观认识国家安全形势，强化安全意识、忧患意识和国防意识，在复杂多变的国际环境中，有效应对各种威胁和挑战。坚持总体国家安全观，开拓国家安全工作新局面，为实现"两个一百年"奋斗目标和中华民族伟大复兴作出更大贡献。

思考题：

1. 简述国家安全的定义和内涵。
2. 简述总体国家安全观。

第二节　国家安全形势

国家安全形势是一个国家所处的国际环境和周边安全状况的总体态势，也就是说在一定时期内，世界各主要大国、周边国家或国家集团对该国的主权、领土完整是否构成威胁、有无军事入侵、渗透颠覆等情况的综合分析和评估。国家安全形势是关系国家和民族兴衰存亡的大事，是制定国防和军事战略的首要依据。

一、中国地缘环境概况

地缘环境是指影响一个国家安全的地理位置、地理特征，以及与地理密切相关的国家关系等因素，它对国家的安全有着持久的影响。我国位于亚太地区中心位置，周边陆上与东北亚、东南亚、南亚、中亚、北亚毗连相接，海上濒临西太平洋地区，这种特殊的地缘环境长期影响着我国的安全观念、安全形势、国防政策和军事战略。

南海安全形势及对策

(一) 中国的边界线较长，陆海邻国众多

中国是位于亚洲东部、太平洋西岸的濒海大国，陆地国土面积约 960 万平方千米，居世界第三位，陆地边界线长 2.2 万千米，邻国 14 个，海疆线 3.2 万千米，大陆海岸线 1.8 万千米，与 8 个国家隔海相望。黄海、东海、南海三大海区总面积 468 万平方千米，其中有 6500 多个海岛面积大于 500 平方米。中国的陆海邻国众多，周边环境复杂。在陆上，由北至南相邻国家依次为朝鲜、俄罗斯、蒙古、哈萨克斯坦、吉尔吉斯斯坦、塔吉克斯坦、阿富汗、巴基斯坦、印度、尼泊尔、不丹、缅甸、老挝和越南。在海上，中国的大陆架、专属经济区依次与朝鲜、韩国、日本、菲律宾、马来西亚、文莱、印度尼西亚和越南相连接，其中与朝鲜、越南既陆地接壤，又海上相邻。此外，由于历史、文化和宗教信仰等方面的原因，周边有些国家虽然与我国没有共同边界或海疆，但历来与中国交往比较密切，如泰国、柬埔寨、孟加拉国等。

在众多陆海邻国中，有的国家过去曾经侵略过我国，并且现在仍然是军事大国或经济大国，有着强大的军事实力和综合国力，对我国安全构成潜在或现实的威胁；有的国家政局极不稳定，一旦爆发内乱，势必对中国边境带来巨大压力；有些邻国之间积怨极深、严重对立、剑拔弩张，一旦爆发战争或武装冲突，必将影响中国边境安全；有些国家的居民与我国某些地区的居民信奉同一宗教，一旦这些国家的教派斗争加剧或者某一极端教派掌权，就可能增加我国相应地区的不稳定因素；还有一些国家与我国之间存在边界领土争议或海域划界纠纷，可能引发边界事件甚至武装冲突。

(二) 中国及周边地区人口众多，大国强国最集中

中国及周边国家聚集着世界约一半人口，也是世界上人口上亿的国家最多的区域。除中国之外，印度人口达 13.44 亿，印度尼西亚 2.68 亿，俄罗斯 1.47 亿，日本 1.26 亿，巴基斯坦 2.39 亿，孟加拉国 1.66 亿，

菲律宾 1.07 亿。此外，越南、泰国、韩国和缅甸等国的人口都在 4000 万～9000 万。

在上述周边国家中，俄罗斯、日本、印度、印度尼西亚等都是世界或地区大国。俄罗斯是一个拥有大量尖端科技、先进武器和核武器的世界性大国，又与中国有着 4300 千米的共同边界。日本是一个曾经多次侵略我国的国家，又与我国在历史、文化和经济方面有着密切关系，经济实力居世界第三位，近年来不断扩充军事实力，谋求成为世界军事、政治大国。印度是世界第二人口大国，也是南亚次大陆举足轻重的国家，其政治、经济、军事潜力极大。早在 1998 年 5 月，印度曾在 48 小时内连续进行 5 次地下核试验，掌握了核武器技术。印度尼西亚是世界第四大人口大国，在东南亚的地位正不断提升。此外，世界头号强国美国虽不与中国相邻，却与中国周边一些国家签订了军事同盟协议，在这一地区长期部署军事力量，不断干涉东北亚和东南亚地区事务，并与我国在一些重大问题上存在分歧。可见，世界公认的五大力量中心，除欧盟外，美、中、俄、日均交汇于此；世界核俱乐部成员国、事实上的有核国家在此构成了密集分布圈，核扩散形势依然严峻。这些因素汇集在一起，势必对我国的国家安全形成巨大压力。

(三) 中国周边国家政治制度、经济发展水平差距大，民族与宗教矛盾交织

中国周边诸多邻国，其政治制度不同，既有坚持社会主义制度的国家，如越南、朝鲜；也有实行资本主义制度的国家，如印度、巴基斯坦、哈萨克斯坦等。在经济发展水平上差距极大，既有发达的经济强国，如日本、韩国；也有发展中国家，如马来西亚、菲律宾；还有长期被联合国列为最不发达的穷国，如不丹、尼泊尔、缅甸和蒙古。中国是亚太地区中心的大国，亚太地区是与中国安全关系最为密切的区域，特别是周边国家形势更是与我国安全直接相关。周边国家和地区所奉行的国家安全战略和外交政策各不相同，导致这一区域的安全环境极为复杂，这样的外部环境势必给我国安全带来不利的影响。

中国及周边国家的民族分布、宗教信仰和文化传统存在巨大差异和复杂矛盾。这些矛盾所造成的冲突将不可避免地给中国的安全带来消极影响，且越来越突出。由于我国是个多民族、多宗教国家，一些少数民族和宗教团体与周边国家存在跨境联系，特别是在当前国际战略格局大变化的背景下，我国周边地区各种极端的民族、宗教势力日益蔓延，并不断向我国境内渗透，进而影响我国边疆地区的安全和稳定。近年来，宗教极端主义、民族分裂主义和国际恐怖主义三股势力和国际反华势力相勾结、相呼应，在一些边疆地区制造了多起打、砸、抢、烧暴力事件，已对我国社会稳定和民族团结造成了严重影响。

(四) 中国位于世界两大地缘战略区交接处，处理好大国关系至关重要

目前，世界可划分为两大地缘战略区，即海洋地缘战略区和欧亚大陆地缘战略区。美国属于海洋地缘战略区，是世界超级海洋强国，具有全球性影响。世界上其他强国大都集中在欧亚大陆地缘战略区，俄罗斯则位于该战略区的心脏地带。中国属于欧亚大陆战略区边缘，背靠欧亚大陆，面向太平洋，处于两大战略区的交接处，是连接东北亚、东南亚、南亚和中亚的核心枢纽，历史上曾遭受两大战略区强国的侵略和压迫，现在则成为能够对两大战略区关系产生重要影响的国家。

早在"冷战"时期，美国就企图通过控制欧亚大陆边缘地带，构成对苏联的遏制包围圈，把它困死在欧亚大陆中心；而苏联也企图控制大陆边缘地带，千方百计地向海洋地缘战略区扩展自己的势力。处在边缘地带的国家均难以摆脱美、苏两个超级大国争霸的影响，中国也不例外。那时，如何处理与两个超级大国的关系是国家安全政策的中心问题。中国根据形势的变化和自身安全的需要，多次调整安全政策，与美苏形成了著名的"大三角关系"。苏联解体后，美国成为世界唯一的超级大国。位于大陆心脏地带的俄罗斯虽然暂时力量衰弱，但它仍是世界上第一资源大国、第二军事强国。与中国同处欧亚大陆东部边缘的日本，经济实力居世界第三位，军费开支也逐年攀升，且正向政治、军事大国迈进。中国位于这些大国交接处，如何处理好与美、俄、日等国的关系，不仅关系到中国自身的安全，而且关系到东亚、亚太地区乃至

世界的安全与稳定。

二、中国地缘安全现状

一直以来，中国坚定不移地奉行独立自主的和平外交政策。21世纪以后，中国坚持"与邻为善、以邻为伴"和"睦邻、安邻、富邻"的方针，进一步推动周边形势向着有利于和平、稳定的方向发展，中国周边安全环境也进入新中国成立以来最好的时期，总体缓和、稳定、可控，和平与发展仍然是时代主题，"求和平、谋发展、促合作"是中国及周边国家的共同愿望。从整体安全态势来看，近年虽然时常出现军事紧张事态，甚至个别地区发生了有限武装冲突，但没有大规模战争。进入新时代，我国营造周边安全环境的能力显著提升，奉行"亲、诚、惠、容"理念，"一带一路"倡议在逐步推行，"周边命运共同体"建设进程已经展开，与周边国家对话、协商、合作也不断深化。周边国家对中国的认同日益大于顾虑，合作愿望和合作行动有所增强，周边安全中的积极因素明显增多。但是我们也应该看到，由于各种历史和现实的原因，中国及周边地区仍然是一个安全形势复杂、战略竞争激烈、民族宗教矛盾突出、热点问题频发的地区，各种传统安全威胁与非传统安全威胁相互交织，维护国家主权、统一和领土完整、维护发展利益的任务依然艰巨。

(一) 国家和平统一形势依然严峻

台湾地区是目前中国的热点地区，台海安全也只是中国的内政问题。但是，由于"台独"分裂势力的狂热和美国等西方国家长期插手台湾事务，使得中国和平统一形势依然严峻。

1. 台湾的历史概况

台湾自古属于中国。中国人最早开发了台湾。1700年前的中国历史文献《临海水土志》对此就有所记述，这是世界上最早记述台湾的文字。公元3世纪和7世纪，三国孙吴政权和隋朝政府都曾先后派万余人去台湾，从17世纪开始，中国人民开发台湾的规模越来越大。从元朝开始，中国历代政府先后在台湾设立行政机构，对台湾进行有效管辖。17世纪中叶，荷兰殖民者侵占台湾，民族英雄郑成功于1662年驱逐了荷兰殖民者，收复了台湾。1895年，清朝政府因在甲午战争中战败，在日本的胁迫下签订了不平等的《马关条约》，把台湾、澎湖割让给日本。1937年7月，日本发动全面侵华战争。1941年12月，中国政府在《中国对日宣战布告》中昭告中外，废止与日本签订的一切不平等条约，并宣布将收复台湾和澎湖。1945年，日本宣布投降，无条件接受《波茨坦公告》和《开罗宣言》，把台湾等岛交还给中国。至此，台湾重入中国版图，重归于中国的主权管辖之下。1949年中华人民共和国成立后，由于众所周知的原因，台湾和祖国大陆处于暂时的分裂状态，但这并未改变台湾是中国不可分割的一部分的事实。世界上只有一个中国，台湾是中国不可分割的一部分。这是海内外中国人的共识，也是得到联合国和世界上绝大多数国家承认的。

2. 台湾是中国不可分割的战略要地

台湾地区包括台湾岛、澎湖群岛、金门群岛、马祖列岛、东沙群岛、乌丘列屿、南沙太平岛及其附属岛屿等，又称台澎金马地区。其中，台湾岛是我国第一大岛，面积约3.6万平方千米，位于东南沿海的大陆架上，是我国沿海岛屿中枢，扼西太平洋海上航道要冲，是我国南北两大战略海区的连接点和枢纽，是我国跨越西太平洋第一岛链走向太平洋的战略门户，是我国集攻防于一体的战略要地和海防屏障。台湾与大陆的完全统一不仅事关国家主权与领土完整，而且事关民族的生存、发展和伟大复兴。如果任由"台独"分裂势力胡作非为，让台湾从中国版图分割出去，不仅使我国海上战略屏障丧失，战略防御纵深锐减，两大战略海区的联系被拦腰截断，而且大片海洋国土、海洋资源将被他国窃取。我国也可能永远被封闭在西太平洋第一岛链以内，丧失安全通达的出海口，能源和外贸运输线将处于分裂势力与敌对势力的监控与威胁之下。因此，早在 2005 年 3 月 14 日，全国人民代表大会就颁布了《反分裂国家法》，表明全国各族人民坚决反对分裂、维护统一的意志和决心，同时也有力地震慑"台独"分裂势力。

3. 台海安全形势现状

20 世纪 80 年代以后，海峡两岸双方在求同存异的基础上开启协商、对话与民间交流，经贸关系迅速发展，人员往来和各项交流活动日趋频繁。同时，一些阻碍两岸交流、破坏祖国统一的不利因素也在增长，台海安全形势也日趋复杂，主要表现在以下方面。

(1) 岛内"台独"势力与国际反华势力相互勾结从事分裂中国的活动。国际上一些敌对势力也想借助台湾遏制中国，特别是美国政府多次违背中美三个联合公报，向台湾兜售先进武器装备，一些政府要员更是发表一些极不负责的言论，为"台独"活动鼓气撑腰，也助长了"台独"势力的嚣张气焰。

(2) 台湾当局加强了"以武拒统"的军事准备。台湾当局每年维持高额的军费支出(每年 100 亿美元以上)，大力购买和研制先进武器装备，企图"以武拒统"阻止国家统一大业。2016 年，台湾民进党再度执政，其领导人蔡英文至今拒不承认体现"一个中国"原则的"九二共识"，两岸关系陷入"深水区"。然而，我们党和国家始终坚持以两岸人民的福祉为重，以中华民族的根本利益为重，努力谋求两岸关系和平稳定发展，努力实现中华民族的伟大复兴。

(二) 岛礁归属与海域划分争议复杂

中国是陆、海大国，毗连海域自然延伸面积达 468 万平方千米。但由于历史和现实的原因，我国与多个海上邻国存在岛礁归属和海域划界之争，维护海洋权益的斗争形势复杂。

1. 钓鱼岛主权归属争议

东中国海(国际称谓，包括我们常说的渤海、黄海和东海)是由中国大陆、台湾岛、朝鲜半岛、日本九州岛和琉球群岛等围绕的边缘海。其东北部通过对马海峡与日本海相通，西南部通过台湾海峡与南海相连。中国大陆一侧沿海分布诸多岛屿，如台湾岛、舟山群岛、澎湖群岛、钓鱼岛群岛等。

钓鱼岛群岛位于东海大陆架边缘，冲绳海槽西侧，地理上为台湾附属岛屿，由钓鱼岛、黄尾屿、赤尾屿、南小岛、北小岛及一些礁石组成。其中主岛钓鱼岛长约 3641 米，宽约 1905 米，面积约 3.91 平方千米，最高海拔约 362 米，地势北部较平坦，东南侧山岩陡峭，东侧岩礁颇似尖塔，中央山脉横贯东西。岛上盛产山茶、棕榈、仙人掌、海芙蓉等珍贵中药材，栖息着大批海鸟，有"花鸟岛"的美称。钓鱼岛自古是中国的领土，一直在中国政府的管辖之下。公元 1403 年(明永乐元年)以前，中国人最早发现并命名了钓鱼岛。明嘉靖年间编制的《筹海图篇》正式把钓鱼岛划入海防范围。1893 年，慈禧太后颁"手谕"把钓鱼岛、黄尾屿、赤尾屿三岛赐给盛宣怀家族，作为海外采药基地。1894 年，甲午海战战败后，日本逼迫清政府签订《马关条约》，钓鱼岛群岛连同台湾一起被割让给日本。1900 年日本将其更名为"尖阁列岛"，划归冲绳县管辖。1943 年，中、美、英三国发表的《开罗宣言》指明，日本用武力从中国夺去的东北、台湾、澎湖列岛等中国领土，战后必须归还中国。在法理上，1945 年日本战败投降，中国政府收复台湾、澎湖列岛的同时，也收复了台湾附属岛屿——钓鱼岛的主权。然而，日本在投降时，以钓鱼岛等岛屿的行政管辖归冲绳县为由，一并交由美军托管。

1969 年 11 月 21 日，日美签署"归还冲绳协定"(《关于琉球诸岛及大东诸岛的日美协定》)。1971 年 6 月，美国竟公然违背《开罗宣言》，把本属中国的钓鱼岛群岛"归还"日本，日本遂派巡逻船赴钓鱼岛海域巡逻。1972 年，中日建交时，双方同意"以后再说"。1979 年，日本一些右翼团体在岛上设置航标灯、修建直升机场，甚至出动舰艇进入钓鱼岛海域驱赶大陆和台湾渔民，海峡两岸均强烈抗议，并引发一次次保钓风潮。1990 年 10 月 27 日，中国政府再次声明，要求日本政府维护双方过去达成的谅解，立即停止任何单方面行动，再次建议双方就搁置主权争议、共同开发钓鱼岛海域资源、开放渔业资源等问题进行磋商。1992 年，中国颁布《领海及毗连区法》，写明钓鱼群岛是我国领土，日方则提出"抗议"。2005 年 2 月，日本政府宣布正式将右翼团体在岛上建造的灯塔收为"国有"并加以保护，以此制造其控制钓鱼岛的"事实依据"。2010 年 9 月，日本巡逻艇冲撞正在钓鱼岛海域捕捞的中国渔船，并非法登船检查，扣留渔船和船长。2012 年 9 月 10 日，日本政府不顾中方一再严正交涉，宣布"购买"钓鱼岛及其附属岛屿，实施所谓"国有化"，再次挑起钓鱼岛纠纷。2013 年 11 月 23 日，中国国防部宣布划设东海防空识别区，包含钓鱼岛附近相关空域。近年，双方领导人就处理和改善中日关系达成了一些原则共识，有效促进了经济合作和共同发展。

2. 中日东海大陆架划界争议

1982 年 12 月 10 日，第三次联合国海洋法会议通过的《联合国海洋法公约》(1994 年 11 月 16 日生效)，确立了"专属经济区"制度。专属经济区是指从测算领海基线量起 200 海里、在领海之外并邻接领海的一个区域。领海基线是指沿海国的大潮低潮线。在一些海岸线曲折的地方，或者海岸附近有一系列岛屿时，允许使用直线基线的划分方式，即在各海岸或岛屿确定各适当点，以直线连接这些点，划定基线。内水是领海基线向陆地一侧的所有水域及水道。沿岸国有权制定法律规章加以管理，而他国船舶无通行之权利。领海是领海基线以外 12 海里之水域。沿岸国可制定法律规章加以管理并运用其资源，而他国船舶有"无害通过"之权利。在专属经济区内，沿海国对其自然资源享有主权权利和其他管辖权，而其他国家享有航行、飞越自由等，但这种自由应适当顾及沿海国的权利和义务，并遵守沿海国按照《联合国海洋法公约》规定和其他国际法规则所制定的法律与规章。

根据东海大陆架实际情况，参照《联合国海洋公约》有关规定和各国海域划界的实践，冲绳海槽构成了中国东海大陆架与琉球大陆架的自然分界线。因此，中国主张按"大陆架自然延伸原则"，以冲绳海槽中心线为界划分东海大陆架，而日本、韩国则主张按"等距离中间线原则"划界。这样，中日间就产生了 20 多万平方千米海域的争议区。20 世纪 60 年代后，该争议区海底发现储量丰富的油气资源和矿产资源，更加剧了中日两国之间的争夺。

3. 南沙岛礁归属和南海海域争议

南中国海(国际称谓，即我们常说的南海)位于中国大陆的南方，是太平洋西部海域。南北纵跨约 2000 千米，东西横越约 1000 千米，北起广东省南澳岛与台湾岛南端鹅銮鼻一线，南至加里曼丹岛、苏门答腊岛，西依中国大陆、中南半岛、马来半岛，东抵菲律宾，通过海峡或水道东与太平洋相连，西与印度洋相通，是一个东北—西南走向的半封闭海。该海域平均水深 1212 米，最大深度 5559 米，总面积约 350 万平方千米，其中我国领海面积约 210 万平方千米。

南海诸岛包括东沙群岛、西沙群岛、中沙群岛和南沙群岛，分布在南海中心部位，扼太平洋和印度洋水道的咽喉，不仅地理位置十分重要，而且蕴藏丰富的水产资源和海底油气资源。其中南沙群岛是最南端的一组群岛，由 230 多个岛屿、礁滩和沙洲组成，分布范围很广，露出水面的岛屿 25 个，明暗礁盘 128 个，明暗沙洲 77 个。

南沙群岛历来是中国的领土。20 世纪 70 年代以前，南海毗邻国家对此从未提出异议。然而，在南海发现丰富的油气资源后，周边国家就开始窥视这一海域。1971 年，菲律宾率先抢占了南沙东部一些岛屿和沙洲，随后，南越政府也派兵占领了南沙西部 6 个岛礁。1975 年 4 月越南统一后，一反承认南沙是中国领土的立场，接管南越军队占领的岛礁，并在 20 世纪 80—90 年代，又多次侵占南沙其他岛礁。1983 年后，马来西亚也先后侵占南沙南部多个岛礁。《联合国海洋法公约》公布后，这些国家又单方面宣布了大陆架和 200 海里专属经济区，将南沙一些岛礁划入其"版图"。2009 年 2 月，菲律宾国会制定"海洋基线法案"，将我国的黄岩岛和中业岛划入"所属岛屿"。2012 年 4 月，菲律宾当局又公然在黄岩岛海域抓扣中国渔民，再次挑起黄岩岛争端。2013 年以后，我国实施了南沙岛礁扩建工程，改善了驻岛官兵的生活条件，添置了一些防卫装备和器材，以更好地履行中国在海上搜救、防灾减灾、海洋科研、气象观察、航行安全、渔业生产服务等方面承担的国际责任和义务。

目前，南沙群岛已形成六国七方控制的局面。除我国控制 8 个礁和台湾当局占据太平岛外，共有 43 个岛礁被他国侵占，其中越南占据 29 个，菲律宾占据 8 个，马来西亚占据 5 个。另外，文莱也宣布对南沙 1 个礁拥有"主权"，并将该礁周围 3000 平方千米海域划归为专属经济区。印度尼西亚也单方宣布专属经济区，将南沙部分海域划入其范围。近年来，南海周边一些国家增强了对南沙岛礁的军事控制，同时也加紧开发海底资源：越南已先后与 30 多家西方公司合作，从南海开采百亿美元的石油、天然气；菲律宾、马来西亚、印度尼西亚和文莱也正在开发海底油气资源。值得注意的是，南海问题国际化趋势严峻。在美、日等国际势力支持下，2013 年 1 月 22 日，菲律宾阿基诺三世政府单方面将南海问题提交国际仲裁。就此，中方多次声明，菲律宾单方面提起仲裁违背国际法，仲裁庭没有管辖权，中国不接受、不承认。2016 年 7 月 13 日，国务院新闻办公室发表了《中国坚持通过谈判解决中国与菲律宾在南海的有关争议》白皮书。白皮书强调，中国一贯遵守《联合国宪章》的宗旨和原则，坚定维护和促进国际法治，尊重和践行国际法，在坚定维护中国在南海的领土主权和海洋权益的同时，坚持通过谈判协商解决争议，坚持通过规则机制管控分歧，坚持通过互利合作实现共赢，致力于把南海建设成和平之海、友谊之海和合作之海。

此外，我国与朝鲜、韩国在黄海、东海也存在海域划分和礁盘归属的争议，一时还难以解决。

(三) 中印两国边界争端难以解决

中国与邻国的陆地边界大部分已妥善解决。从 20 世纪 60 年代起，中国就先后与缅甸、尼泊尔、巴基斯坦、蒙古、阿富汗、朝鲜 6 国签订了边界条约或协定。20 世纪 90 年代以后，中国又分别与俄罗斯、哈萨克斯坦、吉尔吉斯斯坦、塔吉克斯坦、老挝、越南等国签订了边界协定，解决了一系列领土纠纷。

中、印两国边界全长约 1700 千米，历史上从未正式划定，只是根据双方行政管辖区形成了一条传统习惯边界线：东段沿喜马拉雅山脉南麓，中段沿喜马拉雅山脉，西段沿喀喇昆仑山脉。1914 年，英国殖民主义者炮制了非法的"麦克马洪线"，印度独立后，不仅继承英国对中国部分领土的侵占，而且进一步扩展到"麦克马洪线"。1962 年 10 月，印度又在边境地区发动武装进攻，企图用武力攫取领土，中国进行了自卫还击。此后，两国边境地区在很长一段时间基本保持平静。1987 年 2 月，印度在非法侵占"麦克马洪线"以南的中国领土上设立"阿鲁纳恰尔邦"。中方多次严正声明，绝不承认非法的"麦克马洪线"和"阿鲁纳恰尔邦"。目前，中印两国争议区面积达 12.5 万平方千米，其中东段约 9 万平方千米为印度控制，中段约 2000 平方千米也由印度控制，西段约 3.3 万平方千米为我国控制。

近年，在双方共同努力下，中印边界问题联合工作小组一直定期举行会谈，两国也发表了《中印联合声明》，共同承诺：愿意从两国关系的总体利益出发，通过平等友好协商，力求公平合理以及双方都能接受的解决边界问题方案。在最终解决问题之前，双方应根据之前达成的各项协定，继续共同努力保持边境地区的和平与安宁。为实现这一目标，中印还达成了在边境实际控制线地区军事领域建立信任措施的补充协定。应当看到，由于双方确信边界问题的早日解决符合两国的基本利益，因此将其视为共同战略目标，这为解决两国边界问题奠定了基础。然而，中印争议领土面积极大，边界谈判工作复杂，最终解决还需要很长的时间。

(四) 民族分裂势力威胁边疆地区安全

中国是一个多民族国家，迄今为止，由中央政府确认的民族共 56 个。其中，汉族人口最多，其他 55

个民族人口较少,习惯上被称为少数民族。中华人民共和国成立后,党和政府坚持民族平等、民族团结和共同发展的原则,实行民族区域自治,对少数民族地区施行扶持和优惠政策,使得边疆和少数民族地区的经济得到快速发展,人民生活得到很大改善。然而,原西藏地区的达赖集团流亡海外后,成为外国反华势力"分化"中国的工具,其内部的一些激进势力"藏青会""藏妇会"等组织暴力倾向明显,恐怖活动日益突出。2008 年 3 月 14 日,达赖集团公然在拉萨市区制造打砸抢烧事件,追打过路群众、焚烧过往车辆、冲击商场商店和政府机关,大量民房、学校、医院受损,数百名汉藏群众死伤。在新疆地区,以"东突"恐怖组织为首的"三股势力"在搞分裂破坏活动,企图建立所谓的"东突厥斯坦伊斯兰国家",实现新疆"独立"。2009 年 7 月 5 日,以热比娅为首的民族分裂分子在乌鲁木齐市猖狂地打砸抢烧,造成上千人死伤。2014 年 3 月 1 日,以阿不都热依木·库尔班为首的暴力恐怖团伙在昆明火车站制造了暴力恐怖袭击事件,导致 29 人遇难,100 多人受伤。更值得注意的是,在国际敌对势力的撮合下,"台独""藏独""东突独"势力相互勾结,制造不安定因素,破坏我国安全和社会稳定。

(五) 霸权主义严重威胁我国国家安全

21 世纪以来,中国积极倡导新安全观,坚持"与邻为善、以邻为伴",坚持"互信、互利、平等、协作"的政策,努力维护亚太地区安全稳定和世界和平。国际上一些敌视中国崛起的势力顽固坚持"冷战"思维,大肆制造"中国威胁论",在亚太地区编织防范和围堵中国的军事网络。特别是近年美国加快全球战略调整,提出了"重返亚洲""战略重心东移""亚洲再平衡"等概念,在亚太地区进一步强化军事同盟;在东北亚,强化美日韩军事同盟,建立一体化的情报保障系统,提高联合作战能力;在东南亚,通过签订军事合作协议、租赁基地、联合军事演习等措施,扩大影响力;在南亚,一方面加强与巴基斯坦的反恐合作,借助巴基斯坦围剿对美国构成威胁的恐怖势力,另一方面大力提升美印战略合作水平,加强在高技术领域的合作。美国在强化军事同盟的同时,积极插手中国周边安全事务,干涉中国内政,阻止有关国家与中国发展正常的军事关系,在军事上采取防范和围堵措施,利用各种途径监视中国的国防和军队现代化进程。这些都给中国及周边安全环境注入新的不稳定因素,造成新的挑战和威胁。

(六) 周边地区热点问题也带来一些安全威胁

目前,我国周边地区热点问题较多:一是朝核问题。朝鲜半岛核问题由来已久,能否得到妥善解决,直接关系到东北亚稳定和我国东北安全。为了和平解决朝核问题,中国政府于 2003 年 8 月积极促成有中、美、朝、韩、日、俄参加的六方会谈,至今已进行了六轮谈判,但各方分歧较大,和平解决朝核问题的前景难料。二是印巴冲突问题。1947 年,印度和巴基斯坦为争夺克什米尔反目成仇以来,两国关系时紧时缓,大规模战争打了三次,小规模冲突不断。"911"事件后,印度称巴基斯坦是克什米尔地区恐怖分子的支持者,要求美国将其列入"恐怖主义国家"名单,印巴局势一度紧张,后经国际社会调解而缓和,但双边关系短期难以根本改善。此外,近年南亚地区战略格局调整,印巴关系变数增大,一旦爆发大规模军事冲突,将对我国边境地区安全构成直接威胁。三是阿富汗战争遗留问题。2001 年,以美国为首的联军发起了阿富汗战争,推翻了塔利班政权,打击了基地组织势力。但战争结束后,遗留下一系列安全问题,不仅影响阿富汗社会稳定,也影响我国边境地区安全。

三、新形势下的国家安全

党的十九大报告把"坚持总体国家安全观"作为中国特色社会主义基本方略的重要内容,突显国家安全在治国安邦中重要地位,对有力应对国内外各种安全威胁、有效维护国家安全提出了更高要求。为此,我们要准确把握当前国家安全面临的新形势、新任务和新要求,牢牢把握战略主动权,努力开拓国家安全工作新局面，为实现中国梦提供安全保障。

(一) 周边安全环境总体缓和态势仍会持续

当前中国周边安全形势复杂多变，不稳定、不确定的因素增多，大国竞争、博弈加剧，边界领土和海洋权益争端升级，地区热点问题难以消除。这些在一定程度上加大了周边安全形势的起伏和波动，降低了周边安全环境的稳定性。但是，我们应该看到，这些变化的冲击和影响总体来讲还是局部的、有限的、可控的，并没有从全局和根本上破坏中国和平发展的有利环境，也没有逆转中华民族复兴的战略机遇。我们还应看到，随着综合国力和国际影响力的不断提升，中国主动营造周边安全环境，引导局势转变的经验和能力也要强于以往任何时期。也许在某个时点或者特殊阶段，周边一些区域的安全形势会出现波动或进一步紧张化，但是失控的风险仍然不大。除非爆发大规模战争或者突发性武装冲突，否则，在可见的预期内，中国周边安全环境总体仍然会保持较为稳定的态势。

(二) 与周边国家的关系将在磨合中继续前行

随着中国的崛起和影响力的不断提升，中国与周边国家的关系也在不断调整、变化，尽管矛盾与分歧仍然存在，但对话、协商、合作也在明显增加，局势失控的风险极小。事实上，无论中美、中日还是中印关系，一旦发生摩擦和纷争，各方都在努力控制局势，避免危机失控，破坏相互间合作的基本关系架构。求和平、谋发展、促合作仍是各方的主流诉求。可见，中国与周边国家的关系将在磨合中继续前行，还会面临较长的磨合期。就中美关系而言，探索"新型大国关系"之路并不顺畅。特朗普政府有意调整亚太政策，但美国将中国定性为"战略竞争对手"的基本判断没有改变，中国也倾向于判断美国愈发转向制衡中国崛起。因此，中美之间的全面竞争和战略博弈将继续增多，但基于广泛的共同利益，两国"斗而不破"的局面也将持续下去。就中日关系而言，两国尚未找到摆脱安全困境的有效对策。尽管日本政府多次表示要改善中日关系，但其对华战略"侧重投机、遏制中国"的底色没有改变。日本在东海和钓鱼岛的军事动作频繁，同时还与美、印、越等国强化防务合作，针对中国的意图非常明显。就中印关系而言，两国边界再次爆发冲突对谁都没有好处，双方合作利益远大于分歧。尽管印度对中国的偏见和误解短期难以化解，但两国仍会彼此重新认识，加强沟通，避免局势进一步恶化。

(三) 中国周边热点问题急需加强安全管控

近几年，中国周边一些热点问题正变得愈发棘手。在东北亚，朝核问题始终难以彻底解决。随着朝鲜核导技术愈发可能对美国本土构成现实威胁，美国对朝鲜动用武力的风险也在加大。在南亚，洞朗对峙事件使得中、印政治互信削弱，战略猜忌进一步加深，两国之间的经济合作、民意基础也受到了一定程度的冲击和影响。在东南亚，南海局势因中菲关系的改善，以及中国与东盟达成"南海行为准则"框架而有所缓解，但是，各方围绕南海问题的外交博弈、法理争端、军事角力还在持续，南海争端再次激化的可能性依然很大。此外，恐怖组织、极端势力在中国边疆地区的渗透、扩散并未停止，再次爆发暴力恐怖事件的危险依然存在。总而言之，这些问题错综复杂、积重难返，在短时间内难以彻底解决和处理。因此，各方还需要进一步加强合作、管控，避免相关问题升级、失控甚至矛盾激化。

四、新兴领域的国家安全

太空、网络、极地、深海、人工智能等高新技术迅猛发展，使得传统国家安全的"领域"和"利益"大大拓展。这些新兴领域是国家安全和发展利益的拓展区，是世界大国争夺战略主动权的博弈区，谁能占领先机、取得突破，谁就能占据战略主动权。美国率先提出了"全球公域"的概念，并把全球公共区域或空间当作其 21 世纪安全战略的重中之重，悄然把军事力量部署在这些领域。英、法、日、俄、印等国也纷纷效仿，把占据新兴领域战略高地作为赢得未来战争主动权的关键。可见，世界各大国围绕新兴领域的战略争先和军事角逐将越来越激烈。

(一) 维护国家太空安全

在陆、海、空、天、电、网多维空间中，谁控制了太空，谁就能占据制高点，就能牢牢把握感知、认知、决策优势，在国际战略竞争中处于有利地位。美国、俄罗斯等发达国家竭力发展空间技术，开展载人航天、登月和火星探测，研发太空"利器"，发射军用卫星，锻造太空"精兵"，构建军事航天力量体系。2011年，美国出台了《国家安全太空战略》，进一步明确其国家安全太空战略的目标和任务。2016年，俄罗斯批准了《2016—2025年联邦航天计划》，对其航天发展的军事目标的任务进行了全新规划。中国一贯主张和平利用太空，反对太空武器化和太空军备竞赛，积极参与国际太空合作，服务国家经济建设和社会发展，努力维护太空安全。

(二) 保障网络空间安全

信息网络技术催生了人类活动新领域——网络空间。这一空间直接关乎社会政治、经济、文化、金融等系统正常运转，是经济发展新支柱和国家安全新领域。世界各国正在这一领域展开军事角逐，发展网络空间军事力量。美军早在2002年就率先建立了首支网络部队，至2009年建成133支网络作战分队，成立网络司令部，2017年又将网络司令部升级为一级联合作战司令部。特朗普表示"新成立的网络司令部将加强美国网络作战能力"。俄军于2013年着手组建网络空间司令部，将联邦安全局、内务部和武装力量的网络安全力量作为网络战主体力量。我国是黑客攻击的主要受害国之一，网络基础设施安全面临严峻威胁，网络空间对军事安全的影响逐步上升。因此，亟需加快网络空间力量建设，提高网络空间态势感知、网络防御、支援国家网络空间斗争和参与国际合作的能力，保障国家网络与信息安全。

(三) 拓展极地战略价值

随着全球气候变暖和新技术的应用，极地储量丰富的石油(储量约1000亿～2000亿桶)、天然气和金、铜、镍、铀等矿产资源有望得以开发，新的北极远洋运输航线有望得以开辟。沉寂多年的极地再次成为国际政治舞台的焦点，极地的"圈地"运动也愈演愈烈。为了赢得竞争优势，掌握极地主动权，美、俄、加拿大等极地国家纷纷制定相应战略，一些非极地国家也积极参与。早在"911"事件后，美国就将南极列入其太平洋司令部辖区，2015年又在其发布的海权战略中正式把极地列入战略规划。俄罗斯先后颁布《2020年前北极发展战略》《2020年前俄罗斯北极地区社会经济发展战略》，为"经营"北极绘制了宏伟蓝图。

(四) 开拓深海国家战略利益新疆域

21世纪以后，深海对国家发展和能源安全的驱动与影响前所未有。深海的"海量"战略资源将是保障国家资源安全的战略基地，是人类未来发展的支柱，特别是深海油气资源、可燃冰、砂矿等，储量非常丰富。谁掌握了深海战略资源，谁就拥有了掌握世界和人类命运的基本物质基础。世界各国争相上演"蓝色圈地"运动，岛屿归属、专属经济区与大陆架划定，以及对深海资源的争夺已经成为新焦点。美国每年的《国防战略》均涉及深海战略；俄罗斯政府制定了《海洋学说》《俄罗斯联邦至2020年海洋政策》等，不仅涉及对内的海洋开发，同时还强调包括深海在内的对外海洋战略。

(五) 抢占人工智能发展新高地

人工智能又称机器学习。人工智能技术包括数据、算法、算力三大组成部分，涉及计算机科学、控制论、信息论、神经生理学、心理学、语言学等多种学科，是云计算、大数据、物联网发展的自然延伸，是深度融合发展起来的综合学科。现已从早期的机器学习阶段，过渡到当前的深度学习阶段，未来将向增强学习领域发展。传统计算机技术强调基于规则、直接控制、逻辑清晰，前因与后果之间是充分必要的，是符合人类逻辑的、可理解的。人工智能技术是基于传统计算机技术向社会各领域的自然延伸，更强调运用非直接控制算法，解决开放环境中的复杂社会问题，深刻改变军事、信息和经济领域安全态势，成为国家安全领域的颠覆性力量。世界各强国已将人工智能视为大国博弈的战略重点，采取多种措施推进研发。美国政府发布《国家人工智能研究与开发战略规划》，推动人工智能技术的发展和应用。美国国防部将机器学习、人机协同等作为支撑"第三次抵消战略"的关键技术，仅2017财年就投入研究经费20亿~30亿美元。英、法、日等发达国家也制定了相关战略。一些军事家认为，人工智能是自互联网诞生以来的重大战略前沿技术，将在军事领域得到重要应用，使未来战争发生全新变革。

思考题：
1. 简述中国地缘环境基本情况。
2. 简述中国地缘安全现状。
3. 简述新形势下的国家安全。
4. 新兴领域的国家安全包括哪些内容？

第三节　国际战略形势

国际战略形势是国际战略环境的动态表现，从本质上反映了世界各主要国家和政治集团建立在一定军事、经济实力基础上的政治关系的基本状况和总体趋势，其核心是世界范围内的战争与和平问题。国际战略环境则是一个时期内世界各主要国家(集团)在矛盾、斗争或合作、共处中的全局状况和总体趋势。国际战略格局是国际战略环境的框架结构，也是国际战略形势发展、演变的结果和核心内容。国际战略格局具有相对的稳定性，而国际战略形势则有一定的变动性。国际战略格局一经产生，就会对国际战略形势产生直接影响。随着国际战略形势的发展，国际战略格局赖以存在的环境和条件也会发生变化，进而推动现有国际战略格局的演变，当这种演变由量变达到质变时，就可能产生新的国际战略格局。因此，我们要从整体上把握国际战略形势概况，揭示国际斗争的一般规律，就必须研究国际战略格局问题。

一、国际战略格局

国际战略格局是指国际社会中具有重要影响力的国际战略力量，在一定历史时期内相互联系、相互作用而形成的相对稳定的力量对比结构及基本态势，其本质是国际战略力量的对比关系。这种力量对比是国际战略力量之间的实力对比，以及由此而派生的影响力对比。在国际战略格局中，拥有强大军事实力和政治影响力的国家和地区，在世界事务中扮演着主要角色、起着主导作用，并通常被称为"极"或"力量中心"。在一定的历史时期内，国际战略格局具有相对的稳定性，一般只有在世界主要国家发生了剧烈动荡后，世界基本矛盾随之发生变化，新生力量的产生、发展使起主导作用的"力量中心"也随之变化，出现新旧国际战略格局的交替转换，从而必然导致国际战略形势的变化。

国际战略格局概述

(一) 国际战略格局的基本类型

国际战略格局总是与一定形式的国际秩序相互关联、相互作用，不同层次之间既相互独立又相互影响。国际战略格局按其内部结构和外在形态可以分为以下四种基本类型。

1. 单极格局

单极格局是指仅有一个大国在国际战略格局中占据主导地位，形成一国独霸的局面。世界历史上曾经出现过此种情形，如资本主义早期的西班牙、荷兰和英国都曾独霸过世界，英国的霸主地位更是维持了近两个世纪。由于资产阶级革命率先在欧洲兴起，近现代意义上的国际社会也开始形成，因而资本主义发展较早的国家，比较容易确立霸主地位。这种霸权基本上仅限于欧洲地区，真正的世界霸权并未建立起来。

2. 两极格局

两极格局是指两大战略力量之间相互对立和相互斗争，在世界范围内起着决定性影响的局面。这种格局在历史上曾多次出现，如"一战"期间的同盟国和协约国；"二战"期间的法西斯轴心国和反法西斯同盟国；"二战"结束后，以美国为首的资本主义阵营和以苏联为首的社会主义阵营之间的对抗，都是历史上的两极格局。从中可以看出，"两极"主要是两大对立的国家集团，而不是两个国家之间或某个国家单独与另一个国家集团之间的对立。当然，在两极之外也有其他国家独立存在。"一战"前的两大集团之外有美国和日本，"二战"期间也有一些国家没有卷入战争，战后初期还存在诸多"中间地带"国家。

3. 多极格局

多极格局是指多种战略力量相对独立、相互联系，相互合作、相互制约，在世界范围内形成了一种相对平衡的战略关系。在多极格局中，作为格局构成要素的战略力量，既可以是单个国家，也可以是国家集团。这种格局在20世纪80年代后逐步显现出来，即美、苏、西欧、日、中和第三世界这六大力量的竞相发展。"冷战"结束后，多极化趋势呈现出更加强劲的发展势头，目前已经初步形成了多极格局的基本态势。

4. 多元交叉格局

多元交叉格局是指由两极向多极，或是由多极向两极转化过程中表现出来的一种过渡性格局。在此格局下，一方面是两大战略力量或多方战略力量之间相互对立，共同主导国际事务，另一方面又存在独立于上述力量之外的其他战略力量。这些战略力量在一定程度上既受到现有格局中主要战略力量的影响，又能够在国际事务中发挥独特作用，从而成为潜在一极。"冷战"结束后，世界向多极化发展，多元交叉格局表现得极为明显。欧美虽是盟友关系，但欧盟也快速发展，成为重要一极；美日同盟有所发展，但日本的政治独立性显著增强，在多极格局中也占领一席之地；中、俄既与其他战略力量保持联系，又坚持自身的独立地位。

(二) 国际战略格局的历史演变

国际战略格局并不是随着国家的出现而产生的，是人类社会发展到一定阶段的产物。中世纪以前，由于经济落后，交通不便，国家间的交往基本上限制于各大洲的局部地区。15世纪末16世纪初，人类开辟了海上航线后，资本主义国家大批量开拓海外殖民地，各大洲之间的交往日渐增多，但国家之间还不存在战略关系。18世纪后，美、英、法、德等国家先后完成了工业革命，资本主义经济快速发展，把各个国家和地区更加紧密地联系在一起，进一步推动全世界范围的政治、经济交往，并逐渐形成了各个国家之间相互作用、相互制约的格局态势。真正具有世界意义的国际战略格局，是在资本主义发展的基础上逐步产生、形成的。特别是到了19世纪，欧洲列强逐渐统治和影响全世界诸多地区，从而形成了以欧洲为中心的国际战略格局。这一时期，欧洲几个强国都想争夺欧洲和世界霸权，列强内部争夺也越来越剧烈，以致20世纪上半叶发生了两次世界大战。

1. 第一次世界大战与"凡尔赛—华盛顿格局"

第一次世界大战后，战胜国(协约国)与战败国(同盟国)经过长达 6 个月的艰难谈判(巴黎和会)，于 1919 年 6 月 28 日签署了《凡尔赛条约》。该条约以重新确定德国边界、瓜分德国殖民地、限制德国军备，并从德国榨取巨额赔款为基础，在欧洲形成了战后新的秩序，即"凡尔赛体系"。巴黎和会只是调整战胜国在西方的关系，而在远东和太平洋地区，它们的矛盾仍旧尖锐。日本利用"一战"的有利时机，在该地区进一步扩张势力。在"一战"中获利的美国，海军力量快速增强后，既不满意巴黎和会的结果，又担忧日本的势力扩张，急欲拆散英日同盟，加之海军军备竞赛加剧，在此背景下，1921 年 11 月美国主导召开了华盛顿会议，炮制了《四国条约》《五国海军条约》和关于中国问题的《九国公约》。美国不仅拆散了英日同盟，挫败了日本独霸中国的野心，也迫使诸国在承认其实力优势的基础上，划分了战后各国在远东和太平洋地区的势力范围。至此，战胜国又建立一个与凡尔赛体系类似的华盛顿体系。人们把它们合称为"凡尔赛—华盛顿格局"。这一格局的形成，突破了长期以欧洲为中心的局面，体现了北美与亚太地区在国际格局中的地位。1917 年俄国十月革命成功，打破了帝国主义一统天下，欧洲强国左右世界形势的局面。在此情形下，帝国主义国家为维护既得利益，采取暂时搁置矛盾的策略，以共同应对十月革命后遍及全世界的革命浪潮。国际战略格局也逐步由协约国与同盟国的对抗，转向社会主义阵营与资本主义阵营的对抗。

2. 第二次世界大战与"雅尔塔格局"

第二次世界大战后期，美、英、苏等主要反法西斯联盟国家为处理战败国问题，重新安排战后国际政治秩序，先后召开多次会议。1945 年 2 月 4—11 日，美、英、苏三国首脑召开了雅尔塔会议，就战后处置德国问题、波兰问题、远东问题、联合国问题等达成协议，签署了《雅尔塔协定》。1945 年 7 月 1 日—8 月 2 日，美、英、苏三国又召开波茨坦会议，商讨对战后德国的处置问题和解决战后欧洲问题的安排，以及争取苏联尽早对日作战，并签订了《苏英美三国波茨坦会议议定书》等。上述会议达成的协定，除协调对德、日的作战计划外，还按美、苏两国实力分别在欧洲、亚洲划分势力范围。在欧洲，东欧是苏联的势力范围，西欧则被美国所控制，德国由美、苏、英、法四国分区占领，后分裂成东、西两个德国。在远东地区，也大致划分了美、苏的势力范围，苏联承认美国对日本的控制及其在中国的利益，美国则同意苏联收回库页岛、占领千岛群岛等要求。至此，以雅尔塔会议为基础，形成了战后国际政治秩序的大致框架。第二次世界大战结束后，传统的欧洲强国退居二线，霸权地位和政治中心转到新崛起的强国。一些发达资本主义国家，在马歇尔计划和北大西洋公约组织的束缚下，逐步形成了以美国为首的资本主义阵营。1955 年 5 月，苏联和东欧的社会主义国家则在华沙签订了《友好互助合作条约》，建立武装部队的联合司令部。至此，形成了以美国为首的资本主义阵营和以苏联为首的社会主义阵营全面对抗的格局，即"雅尔塔格局"，世界进入了"冷战"时期。这一格局以美、苏两国争夺世界霸权，展开全球较量为基本内容和特征，共维持了 40 多年。

3. 苏联解体与"一超多强"态势

20 世纪 80 年代起，一些东欧国家相继发生政治动乱，原有的社会主义制度被推翻。1989 年 11 月 9 日，作为"冷战"和两大阵营对抗象征的"柏林墙"的倒塌，更加速了东欧剧变进程。东欧剧变大大改变了东西方力量的对比，也从根本上动摇了美、苏两极格局的基础。1991 年苏联解体，维持近半个世纪的"雅尔塔格局"彻底终结。美国成为世界唯一的超级大国，在政治、军事、经济等方面都具有全球性影响。"冷战"结束后，美国企图建立独自称霸世界的单极格局。然而，日本、德国、欧洲在经济上的迅速崛起，特别是中国实行改革开放后，综合国力和军事实力快速增长，国际影响力也显著提升。国际战略格局逐步呈现出"一超多强"的态势，并不断得到巩固和发展。

二、国际战略形势现状和发展趋势

苏联解体后，美国成为世界唯一的超级大国，世界呈现出"一超多强"的态势。随着经济全球化和一体化进程加速，各种国际战略力量也不断调整和整合。21世纪以后，国际战略形势呈现总体和平与局部冲突、总体稳定与局部动荡、总体发展与局部混乱的新局面，具有"斗而不破"的显著特点。一方面，和平与发展仍是时代主题，要和平、求合作、促发展仍是各国共同的愿望；另一方面，引发国际动荡的因素依然很多，世界热点地区、热点问题会不时爆发，恐怖主义、自然灾害、生态失衡、金融动荡、信息安全等非传统安全问题日渐突出。当今世界正在经历百年未有之大变局，世界多极化、经济全球化、社会信息化、文化多样化深入发展，新旧格局转换，新旧秩序更替，新情况、新问题频繁出现，不稳定性、不确定性增加。

当前国际战略
格局态势

(一) 国际战略格局深刻演变

当前，新兴市场国家和发展中国家力量持续上升，国际战略力量此消彼长、更趋均衡，和平力量的增长有效遏制世界大战的爆发，"促和平、求稳定、谋发展"已成为国际社会的共识。然而，霸权主义、强权政治和单边主义时有抬头，地区冲突和局部战争依然存在，国际安全体系和秩序仍受冲击。例如，美国政府调整国防和军事战略，单方面退出一些国际条约，推行单边主义政策，大幅增加军费投入，加快提升核、太空、网络、导弹防御等领域能力，损害全球战略稳定。北约持续东扩，强化在中东欧的军事部署，不断挤压俄罗斯安全空间。俄罗斯不得不强化核、非核战略遏制能力，努力应对威胁，维护自身的安全和利益。欧盟独立维护自身安全的倾向增强，加快推进安全和防务一体化建设。全球性和地区性安全问题增多，国际军控和裁军遭遇挫折，军备竞赛趋势显现。大规模杀伤性武器扩散的危险增加，国际防扩散机制受到实用主义和双重标准危害，面临新的挑战。伊朗核问题出现波折，叙利亚问题的解决依然困难，国际恐怖主义、极端民族主义蔓延，贸易摩擦、金融动荡、网络安全、生态失衡等非传统安全威胁日益凸显。世界各国的国家安全相互交融、相互联系，没有哪一个国家能够独立应对或独善其身。

(二) 国际军事竞争日益激烈

21世纪以来，世界各主要国家纷纷调整国防和军事战略，调整军队组织形态，发展新型作战力量，抢占军事竞争战略制高点。美国开展军事技术和体制创新，谋求绝对军事优势。俄罗斯深入推进"新面貌"军事改革。英、法、德、日、印等国也都积极调整、优化军事力量体系，积极健全完善联合作战指挥和联勤保障等机构，加强国防和军队现代化建设，全面建设世界一流军队。中国面对安全环境的深刻变化和强国强军的时代要求，全面贯彻新形势下军事战略方针，改革军委领导体制，调整组建全新兵种，重新划设战区，打造高效的联合作战指挥机构，构建中国特色现代作战体系，加强国防和军队现代化，力争建成世界一流的军队。随着人工智能、量子信息、大数据、云计算、物联网等前沿科技加速应用于军事领域，以信息技术为核心的军事高新技术日新月异，武器装备的远程精确化、智能化、隐身化、无人化趋势更加明显，战争形态加速向信息化战争演变，国际之间的军事竞争也日趋激烈。

(三) 经济全球化进程出现波折

近年，世界经济低迷不振，特别是一些西方国家经济困难重重，导致贸易保护主义抬头，民粹主义声势看涨，"逆全球化"思潮上扬。马克思主义认为，政治是经济最集中的表现。全球经济低迷，一些国家经济形势长期不见起色，不可避免地会引发社会、政治安全等方面的矛盾和问题。第二次世界大战前，西方国家陷入长时间的经济危机之中，德国、日本等国家的国内矛盾激化，为法西斯势力攫取政权进而对外侵略他国提供了机会。历史的发展是何曾相似，现在一些国家政党和政治人物正借机造势，打出一些激进的旗号，采取一些极端的政策，一些国家为转嫁内部矛盾对外示强，甚至铤而走险的可能性也是有的。最近几年，西方世界"黑天鹅"事件时常出现。各国要注意观察和防范世界经济困境与"逆全球化"思潮可能引发的国际安全风险。

(四) 亚太安全形势总体稳定

近年，亚太地区各国的命运共同体意识增强，都主张以对话方式处理国家间的分歧和争端，积极推动本地区成为全球格局中的稳定板块。上海合作组织构建不结盟、不对抗、不针对第三方的建设性伙伴关系，拓展防务安全领域合作，开创区域安全合作的新模式。中国—东盟防长非正式会晤、东盟防长扩大会发挥积极作用，通过加强军事交流合作等方式促进相互信任。南海形势趋稳向好，域内国家妥善管控风险分歧。地区国家军队反恐协调机制等合作不断深化，均衡稳定、开放包容的亚洲特色安全架构不断发展。然而，随着世界经济和战略重心的向东转移，亚太地区成为大国博弈的焦点，也给地区安全带来不确定性。

(1) 美国强化亚太军事同盟，加大军事部署和干预力度，给亚太安全增添复杂因素。特别是在韩国部署"萨德"反导系统，严重破坏地区战略平衡，损害地区国家安全利益。

(2) 日本调整安全政策，增加军事投入，谋求突破"战后体制"。

(3) 澳大利亚持续巩固与美国的军事同盟，强化亚太地区军事参与力度，试图在安全事务中发挥更大作用。

(4) 朝鲜半岛局势有所缓和，但仍存在诸多不确定因素。

(5) 南亚形势总体稳定，但印巴冲突不时发生。

(6) 一些国家之间存在领土和海洋权益争端，民族宗教矛盾突出，地区安全热点问题时起时伏。

(五) 一些热点问题或将持续升温

未来一段时间内，世界范围内传统的热点问题仍然难以解决，新的热点问题又可能爆发。热点问题的种类繁多，按其成因不同主要分为以下几大类。

(1) 领土纠纷与宗教矛盾。一些热点问题一般也是由具体的领土利益和宗教矛盾引发的，不是单纯的意识形态冲突或信仰冲突，如巴以冲突、印巴冲突都不可能在短期内就消灭。

(2) 核化生扩散问题。这是无核的国家和组织企图取得核能力，而与以美国为首的核不扩散运动产生的冲突，如伊朗核危机时常会加剧而成为世界或地区热点问题。

(3) 能源与环境问题。随着能源危机和环境保护的紧迫性越来越大，各国对水、石油、煤、天然气和稀土等资源的争夺和对环境保护上的争论，也将可能引发新的热点问题。

因此，重视和加强对热点问题的研究，是当前世界各国都必须面对的重要议题。

(六) 中国的地位和作用日益突出

中国是最大的发展中国家之一，是当前维护世界和平的重要力量，也是未来多极格局中的重要一极。维护世界和平，促进共同发展，谋求合作共赢，是各国人民的共同愿望，也是不可抗拒的时代潮流。中国将继续高举和平、发展、合作的旗帜，坚持走和平发展道路，与世界各国一道，共同致力于建设一个持久和平、共同繁荣的和谐世界，积极打造"人类命运共同体"。中国对世界的影响是多方面的，主要体现在三个方面。

(1) 在反对霸权主义与强权政治上起制约作用。中国一贯反对霸权主义，坚持和平共处五项原则，永远不称霸，永远不做超级大国。这种正义的立场必将得到全世界绝大多数国家的信任和支持，中国必将发挥重要的作用。

(2) 在经济上取得成功后，主动带动他国共同发展。中国改革开放以后，经济迅猛发展，社会面貌发生了翻天覆地变化，国家现代化建设取得了巨大成就，也倍受世界瞩目。2013 年，习近平提出共建"一带一路"倡议，受到诸多国家的欢迎。许多国家的发展战略与"一带一路"实现对接，如欧盟"容克计划"、俄罗斯"欧亚经济联盟"、沙特阿拉伯"愿景 2030"等。经过多年的发展，共建"一带一路"成果丰硕，受到越来越多国家的支持，展现出更加广阔的发展前景。

(3) 在维护第三世界国家权益的斗争中发挥重要作用。中国历来坚持国家不论大小一律平等，坚决反对恃强凌弱的行为，从不参与其他国家之间的分歧和争端，并真诚希望它们通过和平方式协商解决。中国主张建立国际政治、经济新秩序；竭力创造长期稳定、安全可靠的国际和平环境；始终恪守以主权平等、互不干涉内政为核心的国际关系准则；主张建立互利合作、共同发展的新型国际经济关系；努力营造自主选择、求同存异的国际和谐局面；主张构建"人类命运共同体"，共同应对人类生存与发展面临的挑战。这些主张反映了世界各国人民，特别是发展中国家人民的共同呼声，也受到了这些国家和人民的高度赞扬与大力支持。

三、世界主要国家的军事力量和战略动向

"二战"后，以美苏为首的"雅尔塔格局"支配着世界国际秩序近半个世纪。1991 年随着苏联解体，"雅尔塔格局"结束，新格局目前暂未形成，世界朝着多极化方向发展，呈现出"一超多强"的国际战略态势。世界主要国家立足本国特点，不断提升自身综合国力，寻求在新的世界格局中占有一席之位。

(一) 美国军事力量和战略动向

美国是当今世界唯一的超级大国，是全球超级核大国，拥有强大的军事力量、科技力量、经济实力等，短期内没有任何国家能与之抗衡。

1. 美国军事力量

美国的武装力量主要由现役部队、预备役部队和文职人员组成，年军费开支居世界第一位，军队数字化程度也是全世界最高。《2018 年美国军力评估报告》指出，美国武装力量总兵力达 284.7 万人，现役部队约 128.2 万，预备役部队 80.1 万，文职人员约 76.4 万。其中现役部队由陆军、海军、陆战队、空军和海岸警卫队五大军种组成。海岸警卫队平时由国土安全部领导，战时归国防部指挥。美国武装力量除了在国内外，还主要部署在三个地区：一是欧洲地区，主要是北约；二是中东地区，以色列、沙特阿拉伯等都是美国的传统盟友；三是亚太地区，韩国、日本是美国在亚太地区的主要战略盟友，美军在日本、韩国、关岛等地区均部署重兵。

美国拥有一支全球进攻性军事力量，拥有世界超级核武库，其战略力量有洲际弹道导弹、潜射弹道导弹、战略轰炸机等，有"俄亥俄"级核动力巡航导弹潜艇、"洛杉矶"级核动力巡航导弹潜艇、"海狼"级核动力攻击潜艇、"弗吉尼亚"核动力巡航导弹潜艇等战略武器，其核力量足以将人类毁灭十多次。美军具有很强的远程精确打击、电子战、联合作战和综合保障能力：陆军能够在各个地区机动作战，后备力量也能在短时间内快速集结投入作战；海军拥有 11 个航空母舰作战群，居世界首位，能在需要时短时间控制全球海上交通要道；空军具有强大的战略投送和打击能力，拥有最先进的 F-22 和 F-35 隐形战机、B-2 战略轰炸机、B-52 轰炸机、"全球鹰"无人机等，新研发的 X-37B 等武器装备能够实现全球到达和全球打击。美军还积极抢占新型领域，2018 年 4 月，美国参联会发布《太空作战》条令，推动太空作战能力发展，组建"太空军"，确保其在太空的绝对优势；将网络空间视为重要作战领域，组建网络部队，升级"网

络空间司令部"，加紧网络空间战备。

2. 美国战略动向：遏制对手、确保独霸局面

1991 年苏联解体后，美国的经济、军事和科技实力均处于超强地位。2018 年，美国的国内生产总值为 20 万亿美元，约占世界 24.2%，是第一技术大国、第一创新大国，在许多关键技术领域处于领先地位。同时，美国也是世界金融霸主，世界范围内价值观的输出者，掌握着世界的话语权，软硬实力都很强大(如以苹果、微软、英特尔为代表的科技企业，以麦当劳、肯德基、可口可乐为代表的饮食企业，以哈佛、耶鲁等高校为代表的教育业，都在相应行业占据主导地位)。当前，仍没有任何一个国家可以单独挑战美国的综合国力，因此，其国内试图建立"单极世界"的思潮抬头，美国政府"领导世界"的欲望膨胀。

早在 20 世纪 90 年代，美国总统老布什就提出了"世界新秩序"的构想：美国要从西方的领袖成为世界的领袖，其价值观就是新世界秩序的基石，它将在世界各地开花结果；美国要做好准备，当地区强国或地区冲突威胁到美国战略利益时，必须用武力消除威胁，维持国际秩序。克林顿执政后，继续推行"单极世界"的构想，并对外宣称"要使世界免遭过去的灾难，必须有一个领导，而且只能有一个领导"，美国"最具领导这个世界的能力"。其不顾国际舆论的普遍反对，废除《反弹道导弹条约》，部署国家导弹防御系统(NMD)和战区导弹防御系统(TMD)。

2016 年特朗普上台后，积极实行"美国优先"，提出"要让美国再度强大起来"，积极、强势推进"重建美军"计划，保持强大军事威慑力量。美国政府在政治上极力推行美式"全球民主化"。在军事上，维持庞大军费开支，努力发展尖端新武器，2019 年国防预算达 7000 多亿美元，同时积极在世界各地部署军事力量，建立军事联盟，干涉他国内政。在战略上，继续联合、控制欧洲，利用"北约东扩"挤压、削弱俄罗斯；进一步强化美日韩关系，明确将中国列为战略对手，进一步增强在亚太地区军事力量，企图遏制中国崛起。2017 年以来，美国出台多份重量级战略文件：《国防战略报告》《核态势评估报告》《国家军事战略报告》《国家网络战略》。这些战略报告认为，美国要努力确保军事优势，抢占新型领域，加快战略调整步伐，加强巩固与盟友关系，发展新型伙伴关系，同时明确地将中、俄列为美国的战略竞争对手。2018年 8 月，特朗普签署《2019 财年国防授权法案》，要求制定"全政府对华战略"，强化对中国的围堵和遏制。中国企业华为公司受到美国政府的打压正说明了这一点。

从发展角度来看，应该说，未来的世界不可能是美国一家独霸。21世纪以后，美国经济出现衰退迹象，特别是2001年的"911"事件和2008年的金融危机使美国经济遭受较大的影响。与此同时，欧盟、中国、日本、俄罗斯、印度、巴西等国家和联盟的经济稳定增长。因此，基辛格、布热津斯基、亨廷顿等著名战略家均预测，美国保持唯一超级大国的地位只能再维持15～20年。

(二) 俄罗斯军事力量和战略动向

苏联解体后，俄罗斯的国际地位严重削弱，国家综合国力明显滑坡。但作为苏联的主要继承者，俄罗斯继承了苏联 76% 的领土和 70% 的国民经济总资产，且幅员辽阔，横跨欧亚大陆，国土面积达 1700 多万平方千米，自然资源丰富、科技实力较强。同时，俄罗斯还继承了苏联的席位，成为联合国安理会五大常任理事国之一，在世界具有一定的影响力。

1. 俄罗斯军事力量

俄罗斯武装力量约 190 万人，其中现役部队约 100 万人，由陆军、海军、空天军、战略导弹部队和空降兵部队组成。俄罗斯拥有强大的战略核力量，配备潜射弹道导弹、远程轰炸机、陆基弹道导弹等，其核力量足以毁灭任何一个国家。据估计，俄罗斯现有七千枚核弹头，是全世界核弹头最多的国家之一。

俄军整体作战能力强，军事科技先进，武器装备性能好，部分军事高技术不亚于美军。俄罗斯全军编

为四个联合战略司令部，即东部军区、西部军区、南部军区和中央军区。

2. 俄罗斯战略动向：应对威胁、重振大国地位

俄罗斯是世界第一大资源大国和第二大军事强国，也是唯一可以和美国相抗衡的核大国。2000 年普京首任总统，提出"维护国家主权、奉行独立政策、不照搬西方模式、走俄式发展道路"的治国思想，并推行了一系列改革措施，大大提升了国家实力。

在经济上，俄罗斯保持一定增长，商品出口成倍增加，对接中国"一带一路"倡议，财政收入有了一定增长，经济实力有所增强。但是从 2014 年克里米亚危机之后，面对美国、欧洲的经济制裁，俄罗斯经济面临沉重打击。同时俄罗斯受到来自恐怖主义、极端主义、分离主义势力威胁，面临舆论煽动与信息攻击、谍报渗透等多种安全威胁。

在政治上，俄罗斯也主张世界多极化，并以政治大国的面貌出现在国际舞台上，积极参与国际重大问题的处理。俄罗斯认为，"单极世界"与国际社会发展趋势背道而驰，美国建立"单极世界"的企图必将失败。普京曾尖锐指责，单极"意味着一个权力中心、一个实力中心、一个做决定的中心……非法的单边行动不仅连一个问题也没有解决，还可能成为新的人类悲剧和紧张局势策源地的促成因素"。

在军事上，俄罗斯仍是制衡美国的最主要力量，其强大的常规军事力量和庞大的核武器库，更是制约"单极世界"的军事基础。俄罗斯认为美国和北约威胁仍然是俄罗斯的首要威胁：一是北约不断进行战略东扩，将军事力量部署在俄罗斯边界；二是美国步步紧逼，强力部署反导系统，增加对俄罗斯军事安全的威胁；三是 2019 年美国退出《中导条约》，加剧了军备竞赛，给俄罗斯带来很大的压力。为应对以美国为首的北约造成的压力，俄罗斯坚持对西方的强硬路线，并仰仗其国力复兴给予还击，依靠财力和科技提高防务能力，加快武器装备更新换代，重振世界大国地位。俄罗斯的强势应对和强势崛起引发西方国家担忧，进而对俄实行围堵和打压。

虽然俄罗斯综合国力受到了一定削弱，但其军事力量尚能够有效支撑其大国地位。目前俄罗斯力求在世界和地区事务中发挥其大国影响力，谋求加速推进独联体军事一体化，反对美欧染指独联体国家。为了弥补综合国力的不足，俄罗斯越来越把核武器作为恢复国家地位的支柱，研制并发射新型导弹，试图以此遏制北约东扩，维护国家利益和自身安全，以保持其大国影响力。除了核武器外，俄罗斯还将武装力量中的侦察力量、预警力量、防空力量、反导力量和太空防御力量等各种资源进行了有效整合，建立统一的国家空天防御力量。2015 年，俄军强势介入叙利亚战争，积累了许多实战经验，进一步检验了俄军战斗力，同时也为俄军改革和进一步提升战斗力提供了一定的实战参考。依据叙利亚战场作战经验，俄军持续推进结构和力量编成改革，突出快反精兵力建设，提升空降兵综合作战能力。为维护远东地区的利益，2018 年俄军举行"冷战"结束以来最大规模军事演习"东方-2018"，显示战略决心，强化军队战备能力。

（三）日本军事力量和战略动向

日本作为一个经济与军事实力强大的国家，一方面给亚太地区的和平与安全带来了诸多不确定因素，另一方面也在亚太地区成为一支牵制美国的重要力量。近年，日本积极谋求成为世界政治、军事大国，并明确表示不会接受未来美国领导下的"单极世界"主张，而力求在未来的"多极世界"占有一席之地。

1. 日本军事力量

日本是第二次世界大战战败国，军队、军事机构一度被裁撤、解散。1950 年朝鲜战争爆发，在美国的扶持下，日本开始发展军事力量，建立了日本自卫队。截至 2018 年，日本自卫队总兵力约 24.8 万余人，由陆上自卫队、海上自卫队、航空自卫队组成。在"质重于量"和"海空优先"方针指导下，其自卫队发展成为一支装备精良、训练有素、作战能力较强的武装力量。近年，日本积极抢占战略领域，提升自卫队

信息化水平，积极应对"第五战场"，加强网络攻击力量，组建"网络空间防卫队"。

2. 日本战略动向：谋求成为世界政治、军事大国

日本是仅次于美国和中国的世界第三大经济体，外汇储备稳居世界第二，一直不满足"经济巨人、政治侏儒"的现状，力求成为世界政治、军事大国。在外交上，日本不满足于美国小伙计的角色，特别是在日美关系上，日本"一边倒"的态势有所改变，有回归亚洲的战略倾向。然而，由于历史的原因，日本与中国、韩国、俄罗斯等邻国均存在领土纠纷，且短期内不可能解决。而且，中日钓鱼岛争端还有加剧趋势，这些都使得日本难以改善与邻国之间的关系。在政治上，日本努力成为所谓的"正常国家"，并把加入安理会常任理事国作为长期努力的目标。2005年，日本与德国、印度、巴西结成了"四国联盟"，申请"入常"受挫后，又展开单独行动，通过外交攻势、经济援助等方式争取相关国家支持其"入常"。在军事上，日本借助经济实力积极扩张军事力量，一直保持较高的军费开支，发展高新武器装备，参与建设战区导弹防御系统。日本工业高度发达，科技实力雄厚，尤其是在机器人、半导体元件、光纤通信等方面居世界前列。随着经济和科技实力的增强，日本逐步成为世界性经济、军事大国。2012年安倍晋三上台后，还积极寻求突破"和平宪法"，企图摆脱"二战"战后体制的束缚。

美国"重返亚太"战略为日本调整军事战略提供了机遇和动力。2015年，安倍内阁推动通过了"新安保法案"，解禁了集体自卫权，标志着日本战后"专守防卫"的安保政策发生重大转变。2018年12月，日本内阁会议正式批准了新版《防卫计划大纲》及《中期防卫力量整备计划》。新版《防卫计划大纲》提出，日本自卫队要进一步强化太空、信息等新领域的防卫能力，构建"跨域"作战体制，进一步提升联合作战能力。近年，日本又不断渲染中国和朝鲜军事威胁，加强与美国的战略协同关系，借机扩张军力，加强面向东海的军力部署，企图将中国围堵在第一岛链以内；加强与东南亚国家的联系，帮助越南、菲律宾等国升级军备，给中国在南海方向制造难题，同时加强与澳大利亚、印度等域外国家的军事交往，积极打造日美澳、日美印、日美韩等军事联盟，努力谋求成为世界政治、军事大国。

(四) 印度军事力量及战略动向

印度是南亚地区性大国，国土面积约298万平方千米，人口居世界第二位，科技力量较强，也是金砖国家之一，具有较大的发展潜力。印度在计算机技术、软件技术、信息技术、管理水平等方面在世界上具有一席之地。

1. 印度军事力量

印度武装力量由现役部队、预备役部队和文职人员组成。截至2019年，印度现役部队总兵力约130.3万人，由海军、陆军、空军三军组成。印度是有核武器国家，有一定的战略核打击力量，如射程为4000千米的"烈火-4"和射程5000～8000千米的"烈火-5"远程导弹，使得印度成为全世界第五个掌握洲际弹道导弹技术的国家。2015年，印度还试射了射程350千米"大地-2"短程导弹。近年，印军加快现代化建设，优化海、陆、空军比例。陆军启动规模宏大的编制体制改革，大幅缩减总兵力，改善作战与后勤力量比例，优先发展信息站、心理战等新型作战力量。海军大幅扩大舰艇规模，提升海军作战能力，进一步强化对海洋的有效控制。

2. 印度战略动向：增强力量，崛起成为大国

印度是拥有核武器和航空母舰的国家，一直努力谋求大国地位，在称霸南亚的同时，威慑巴基斯坦，还企图控制周边小国和印度洋；积极发展与美国、俄罗斯、日本、东盟等国家和地区的战略伙伴关系。2014年莫迪上台以来，印度积极调整外交政策，一方面大力推进印美战略合作；另一方面积极发展印俄、印中关系，维持大国平衡，同时加强与东盟、非洲的区域合作，强化周边外交，凸显战略自主性。近年来，印

度积极开展外交等斡旋，寻求其他国家支持，增强军事实力，积极谋求成为联合国安理会常任理事国。

(五) 欧盟力量在不断增长且自主意识日趋发展

欧盟是世界上规模最大、一体化程度最高的区域政治、经济集团。"冷战"结束后，欧盟进一步加速一体化进程，整体实力明显提升。1999 年 1 月 1 日欧元问世，并成为世界上唯一能与美元抗衡的货币。近些年，欧盟又多次扩张，成员国达到 27 个，人口约 5 亿，领土面积达 438 万平方千米，整体经济实力 (2018 年 GDP 达 18.77 万亿美元) 与美国大体相当。

美苏"冷战"时期，欧洲是两极对抗的主战场，一些成员国分别加入由美国主导的北大西洋公约组织和由苏联主导的华沙条约组织。"冷战"结束后，一些欧盟国家对美国产生了离心力，美国的盟主地位也受到冲击，但欧盟仍未摆脱对美国的依赖。事实上，美国通过签订北约"战略新构想"、拉拢北约参加科索沃战争等方式，在一定程度上加强了对欧盟的控制。与此同时，欧盟也在设法排除各国在政治、外交、安全防务等问题上的分歧，努力成为"多极世界"中强有力的一极，争取与美国平起平坐的地位。欧盟既在经济上表现出与美国角逐全球主导权的强烈意愿，又在防务和外交上逐步实行联合一致政策，加强自身防务建设，与美国争夺北约的领导权和军事指挥权。近年来，欧盟自主意识持续增强，其内部多边或双边防务组织不断出现，2018 年法国总统马克龙呼吁建立"欧洲军"，德国总理默克尔在法国斯特拉斯堡向欧洲议会发表讲话时，也明确地说："欧洲要建立自己的军队，我们必须为这个设想努力。"由上可见，美国与欧盟正由过去的盟主与盟友关系，逐步转变为平行的伙伴关系。2016 年 6 月 23 日英国"公投脱欧"在一定程度上削弱了欧盟的总体实力和国际影响力，但是，欧盟仍然是一支重要的国际战略力量，在处理全球或地区事务中均有很大的话语权，在南北关系中也具有较大影响力，尤其与曾经的殖民地国家保持着极为密切的政治、经济、文化联系，对维护世界和平、发展和稳定都有着不可替代的作用。

思考题：

1. 简述国际战略格局的定义和类型。
2. 简述当前国际战略形势现状。
3. 简述国际战略形势发展趋势。
4. 简述当前美国军事力量和战略动向。

第三章

军 事 思 想

【教学目标】

理解军事思想的定义、内涵、形成和发展历程，了解外国代表性军事思想，熟悉我国军事思想的主要内容、地位作用和现实意义，理解习近平强军思想的科学含义和主要内容，促进大学生树立科学的战争观和方法论。

第一节　军事思想概述

军事是一切与军队和战争有关的事情，是以准备和实施战争为中心的社会活动。思想也称观念，即理性认识。人们在社会实践中对客观事物的认识，开始是感性认识。感性认识积累多了，就会产生一个飞跃，变成理性认识，这就是思想。人类进入奴隶社会以后，战争就成了解决阶级矛盾、民族矛盾和国家间矛盾的主要方式。随着战争的不断发生，人们也开始对战争实践进行总结和理论概括，这样就逐步产生了军事思想。

一、军事思想的含义和分类

军事思想是关于战争、军队和国防等基本问题的理性认识，是人们长期从事军事实践的经验总结和理论概括。军事思想揭示战争的本质、规律以及指导战争的规律，阐明军队建设的基本理论和原则，从总体上反映战争和军事问题的研究成果。军事思想是战争和军事活动经验的理论概括，主要来源于战争与军事实践，又给战争和军事实践以理论指导，并随着战争和军事实践的发展而发展。

(一) 军事思想的内容

军事思想的研究对象是战争和军事活动，就是要揭示战争的本质和一般规律，从而帮助人们制定正确的战略方针和作战原则，指导国防和军队建设。因此，军事思想的内容包括以下两个方面。

(1) 军事哲学问题，包括战争观、军事问题的认识论和方法论等。即人们对战争的起源、战争的本质与性质和对待战争的基本态度，以及战争与政治、经济、文化、地理等因素的相互关系的看法与观点等。例如战国的吴子认为"战争起源"主要有以下起因："一曰争名"，为了名分；"二曰争利"，为了利益；"三曰积恶"，由于双方的积怨；"四曰内乱"，由于国内动乱；"五曰因饥"，由于饥荒。

(2) 军事实践的指导原则。即人们在认识战争规律的基础上，所提出的战略、战役、战术的指导原则和建军思想等。例如毛泽东提出的"战略上藐视敌人，战术上重视敌人"作战指导原则，邓小平提出的"精兵、利器、合成、高效"建军原则。

(二) 军事思想的分类

军事思想从不同的研究角度出发，有着不同的分类方法。按时代可分为古代军事思想、近代军事思想和现当代军事思想；按阶级性质可分为奴隶主阶级军事思想、封建地主阶级军事思想、资产阶级军事思想和无产阶级军事思想等；按地域和国家可分为外国军事思想和中国军事思想；按人物可分为孙子军事思想、拿破仑军事思想、克劳塞维茨军事思想、毛泽东军事思想等。应该说，任何军事思想都是对战争和军事问题的理性认识，并以一定的哲学世界观和方法论为指导，反映一定时代、阶级、国家、人物对战争和军队问题所持的基本观点。

(三) 军事思想的基本特性

军事思想是军事科学的重要组成部分，属于社会意识形态，受世界观与方法论的制约，具有鲜明的政治性。它产生于一定的社会活动和战争实践，同时受其他社会意识形态的制约和影响。某一阶级、国家或集团的政治观念，决定其军事思想的阶级性质，也制约其发展方向。

(1) 鲜明的阶级性。军事思想作为人类思想体系的重要组成部分，与经济、政治和意识形态观念联系在一起。军事思想来源于战争实践，在阶级社会中，人们为了各自阶级的利益所奉行和推崇的军事思想，必然要反映各个阶级对战争和军队问题的认识和立场。因此，不同阶级、国家或政治集团必然有着不同的军事思想。

(2) 强烈的时代性。军事思想是一个历史的范畴，是人类社会发展到一定历史阶段的产物，也是特定社会条件下的产物。不同时期的军事思想有着不同的特征，这种特征最能反映当时的物质生产水平和军事实践活动的总体水平。由于受到一定社会历史条件的限制，任何时代的军事思想都具有局限性。军事思想随着人类社会的发展而不断演变。随着时代环境的改变，军事思想的内容也会随之发生根本性的改变，从而使军事思想具有突出的时代特征。

(3) 明显的实践性。战争是一种特殊的社会现象，作为战争与军队问题集中反映的军事思想，其全部内容都必定来源于军事领域的客观存在和军事实践。军事实践不仅是军事思想的来源和基础，而且是军事思想发展的动力。军事领域是一个充满革新精神的领域，随着生产力的发展、武器装备的更新、作战方式的改变，军事思想也相应地要在理论、方针和原则方面得到丰富和发展，否则就不能适应未来战争的要求。反过来，军事思想作为军事实践活动的科学指南，对军事实践活动与客观存在有着巨大的推动作用。

(4) 显著的继承性。在战争中，人们必须使自己的主观认识与客观实际相一致才能取胜。历史形成的许多军事原则、概念和范畴，有些因其反映了军事活动的共同规律而流传下来，为后人所继续使用，并不断地得以丰富和发展。例如，孙武所提出的"知彼知己，百战不殆，知天知地，胜乃不穷"等指导思想。因此可以说，军事思想的每一次发展都离不开对以往军事思想的扬弃，也是人们对以往军事实践认识成果中正确理论的继承和发展。

二、军事思想的形成和发展

随着社会生产力的发展、战争规模的扩大，以及人类科学文化水平的不断提高，人们对战争和军事问题的认识也经历了一个由表及里、由浅入深的演变过程。

(一) 古代军事思想

中国古代军事思想是指夏朝至清朝前期(公元前 21 世纪—公元 1840 年)产生和发展的军事理论。

从公元前 21 世纪奴隶制的夏王朝起，战争就成为解决不同阶级之间、不同民族之间和不同国家之间矛盾的最高斗争形式。早在甲骨文和金文中就开始有了战争和军事问题的记载。当时的军事理论主要散见于国家的典章法令和其他文献之中。例如，《易经》的卦辞和爻辞中就有反映商、周时期谋略思想的内容；《诗经》《尚书》也记录了一些军事理论的片段、零星的谋略思想和战争概况。

春秋战国时期，随着奴隶制向封建制的过渡，社会大变革和频繁的战争促进了军事思想的快速发展。军队的组织制度初步完善，战略战术理论趋于系统，作战兵器也不断改进，诸多军事家和兵书著作不断涌现。其中最具代表性的就是春秋末期吴国孙武所著的《孙子兵法》，它标志着封建地主阶级军事思想的成熟。《孙子兵法》所体现的军事理论和哲学思想都达到了当时的最高水平，成为后世兵书论著的典范，影响广泛而深远。

秦始皇统一中国后，在漫长的封建社会前期，先后经历了秦、汉、两晋、南北朝、唐、宋、元等王朝的统治和更迭，而先秦的军事思想仍然起着重要的指导作用。同时，由于社会经济、政治、科技、文化及战争的发展，军事思想也得到进一步丰富和发展。从明朝至清朝前期，中国的封建社会逐步走向没落，不但有持续不断、各种规模的农民起义战争和统治阶层的平叛战争，而且一些外族也开始侵略中国。这一时期，不仅出现了只求守城的单纯防守作战思想，还从实践中总结出带有强烈革新内容的军事思想。大清王朝，统治阶层局限于"骑射为满洲之根本"的思想，采取了闭关锁国的政策，在军事上逐渐趋于保守落后。虽然也出现了一些总结作战和训练的兵书，但所体现的军事思想总体上较为陈旧、保守。

在古代，世界上其他国家的军事思想，特别是古希腊军事思想和古罗马军事思想也获得显著发展。史书记载了古希腊底比斯军事统帅埃帕米农达、马其顿国王亚历山大三世、迦太基军事统帅汉尼拔、古罗马军事改革家马略、奴隶起义军领袖斯巴达克等人的战争和军事实践，以及这一时期的诸多代表性军事著作。

(二) 近代军事思想

世界近代史是资本主义形成和上升、无产阶级作为独立的政治力量开始登上历史舞台的时期。近代军事思想发展的总体特征有两点：一是欧洲一些国家在文艺复兴运动和产业革命的推动下率先实行军事思想的变革，资产阶级军事思想体系得到确立；二是人类军事思想出现革命性变化，以马克思主义军事理论为代表的无产阶级军事思想诞生了。

15—16 世纪，欧洲军事思想领域出现了近代化的萌芽，主要代表著作是意大利马基雅维利的《战争艺术》等。17—18 世纪，欧美各国资本主义迅猛发展，发达的工场手工业生产出大量新式火器，资产阶级革命风暴造成的阶级关系和民族关系变化，加上早已兴起的文艺复兴运动对意识形态的催化作用，使得战争和军队建设从形式到内容都发生了深刻变革，欧美军事思想的近代化过程随之达到高潮。近代欧洲军事思想变革的成果主要体现在产生于 18 世纪末至 19 世纪前期的拿破仑战争艺术，以及克劳塞维茨所著的《战争论》和若米尼所著的《战争艺术概论》这两部军事理论名著之中。在这一时期，无产阶级军事思想作为一种全新的军事思想体系也正式确立了。19 世纪中后期，为适应当时工人运动发展的需要和迎接即将到来的无产阶级暴力革命，德国的马克思和恩格斯共同创立了马克思主义军事理论。

1840 年鸦片战争后，中国的传统兵学思想受到西方军事思想的强烈冲击。林则徐、魏源等有识之士提出"师夷长技以制夷"的主张，标志着变革传统军事思想的开端。在"洋务运动"中，清政府在"器利兵精"和"自强以练兵为要，练兵以制器为先"的思想指导下，开始兴办中国近代军事工业，引进和仿造西式枪炮、战舰，建立武学堂，学习西法编练新军。

(三) 当代军事思想

1917 年俄国十月革命的成功，标志着人类社会进入了现代史时期。帝国主义国家为了重新瓜分世界，争夺全球霸权，爆发了第一次世界大战。"一战"后，各国纷纷发展坦克、飞机、潜艇、航空母舰等机械化武器，各种全新的战争理论也应运而生，如麦金德的"大陆心脏论"、鲁登道夫的"总体战"理论、古德里安的"闪击战"理论等。在这一时期，无产阶级军事思想也蓬勃发展。列宁、斯大林等人在领导俄国十月革命和反对帝国主义的斗争中，创立了关于战争和革命、武装起义和建设工农红军、实行全民战争等学说，为马克思主义军事理论谱写了新篇章。

从第二次世界大战到 20 世纪 70 年代后期，随着核武器的发展和世界两极格局的形成，以美国和苏联为首的两大国际政治、军事集团之间进行了长期对抗。双方都曾认为，核战争将成为现代战争的主要样式，导弹核武器决定战争的命运。有人甚至提出"核战争已不是政治的继续"的观点。在此期间，随着双方核力量由比较悬殊到相对均势的发展变化，军事思想也有了相应调整。在战争指导原则方面，先是立足于打赢核战争，后又提出"冷战"思维、有限战争理论等。在国防和军队建设方面，先是优先发展核武器，后来调整为既要注重发展核武器，又不放松发展常规力量。在这一时期，无产阶级在争取国家独立和民族解放的斗争中，不断总结革命战争经验，汲取了军事思想史上的优秀成果，形成了自己的军事思想。在中国，以毛泽东为代表的共产党人，在长期领导革命战争和国防建设的过程中形成了毛泽东军事思想，集中概括了我们党领导中国革命战争的一系列丰富经验，提出了建设新型人民军队的思想和原则，创造性地发展了马列主义的军事理论，从而指引了中国革命战争从一个胜利走向另一个胜利。

20 世纪 80 年代，随着新科技革命的蓬勃兴起，大量新技术运用于军事目的，军事领域也出现了一系列新变化。苏联解体后，世界格局向多极化方向发展，推动了各国现代军事思想的发展，开始探索高技术条件下局部战争的客观规律、战争指导原则等。至此，人类社会也迎来了一场广泛而深刻的军事革命，以高技术特别是信息技术的发展为直接动力，把工业社会和机械化军事形态转变为信息社会和信息化军事形态。世界军事思想也呈现出以机械化战争理论为核心的工业时代的军事思想，逐步向以信息化战争理论为核心的信息时代的军事思想转变。自 20 世纪 70 年代后期起，中国军事思想也发生了阶段性变化，先后产生了邓小平新时期军队建设思想、江泽民国防和军队建设思想、胡锦涛国防和军队建设思想、习近平强军思想。这些思想既一脉相承又与时俱进，是当代中国国防和军队建设、和平时期军事斗争和未来反侵略战争的理论指南。

总之，任何军事思想都是一定历史发展阶段的产物。随着社会生产力的提高和科学技术的发展，也要求军事思想在继承的基础上，不断创新和发展。然而，在和平时期，军事思想的发展往往落后于社会生产力和科学技术的发展，上一场战争中赢得胜利的经验远远不能满足下一场战争的要求。因此，在和平环境中，防止和克服保守倾向，积极探索军事领域出现的新情况和新问题，使军事思想具有超前性和引导性，才能保证我们在未来战争中立于不败之地。

三、军事思想的地位和作用

军事思想作为军事科学的重要组成部分，揭示了战争的本质和基本规律，研究武装力量建设及其使用的一般原则，从总体上反映了研究军事问题的理论成果。军事思想来源于人类的军事实践，又对军事实践具有宏观的和根本的指导作用，主要体现在以下几方面。

(一) 军事思想是军事科学体系的重要组成部分

在军事科学体系中，军事思想是先导，是各门具体军事学科的理论基础和根本方法。军事思想研究战争和军事领域的一般规律，研究具体学科，如果不懂得战争和军事领域的一般规律，就不能从总体上把握战争，也就不能真正认识和把握各门具体学科所研究的各自领域的特殊规律。此外，军事思想不仅是人类军事学的基础，它还通过自身的丰富与发展推动军事科学体系的形成与完善。

(二) 军事思想为人们认识军事问题提供基本观点

人们总是基于一定的思想观念去评判战争和军事问题的是非曲直，进而确定对其采取何种态度和行动。军事思想运用马克思主义理论去看待战争，就能全面认识战争在人类社会生活中的作用，正确判断战争的性质，坚持以正义的、进步的、革命的战争去反对非正义的、反动的、反革命的战争。如果用否定一切战争暴力的和平主义或强存弱汰的社会达尔文主义观点看待战争，就不可能有正确的态度和行动。

(三) 军事思想为人类的军事实践提供理论指导

人们从事军事实践活动，离不开军事思想的指导。有了科学的军事思想作为指导，军事实践就能保持正确的方向，并能达到预期的目的。反之，军事实践的方向难免会发生全局性的偏差，达不到预期的目的。军事思想之所以能对军事实践起指导作用，在于它是军事实践的能动反映，是军事实践的经验总结和理论概括，并揭示了军事领域的一般规律。军事思想对军事领域的规律反映得越深刻、越准确，对军事实践活动的指导作用也就越有效。军事实践与其他实践活动一样，是人们有目的、有意识地改造世界的物质活动，而指导实践的军事思想是否正确，决定着军事实践的成败。没有正确的军事思想做指导，即使具备取得战争胜利的有利条件，也不能够把战争胜利的可能性变为现实。

(四) 军事思想为其他领域提供重要借鉴

孙子曰："兵者，国之大事，死生之地，存亡之道，不可不察也。"军事思想的地位、作用和影响已远远超出军事的范围，扩展到政治、经济、外交、文化和科技等重要领域，是有关部门制定政策和策略的重要理论依据之一，甚至也成为一个人成长进步的重要思想武器。学习和研究军事思想，特别是学习研究马克思主义军事理论，不仅可以学到观察、分析和解决问题的马克思主义的立场、观点和方法，学到马克思主义哲学的一系列基本的原理原则，而且可以学到如何把马克思主义的基本原理与现实中国的实际问题相结合，正确地运用这些原理来解决各种现实问题，提高观察分析和解决实际问题的能力，提高思维能力，增强人们在工作中的原则性、系统性、预见性、创造性和科学性。

思考题：

1. 简述军事思想的定义和内容。
2. 简述军事思想的基本特性。
3. 简述军事思想的发展历程。
4. 如何理解军事思想的地位和作用？

第二节 中国古代军事思想

中国古代军事思想是指我国从先秦至 1840 年之前各阶级、政治集团及其军事家、军事理论研究者关于战争、军队等一系列军事问题的系统理性认识，包含中国古代的奴隶社会和封建社会两个历史阶段的军事思想(理论)体系，在我国浩瀚文化遗产中统称古代兵法，其载体主要是兵书。

一、中国古代军事思想的形成和发展

我国古代军事思想形成早、发展快，内容博大精深。一般认为，其产生和发展大致经历了一个"屋顶"式的发展轨迹：初步形成于夏、商、西周时期，成熟于春秋和战国时期，在秦汉至宋元得到进一步丰富和发展，而明朝至前清则是革新与守旧并存。

(一) 夏商西周的初步形成时期

夏、商、周(公元前 21 世纪—前 8 世纪)是中国的奴隶社会时期。在奴隶制经济下，社会财富被极少数奴隶主占有，广大奴隶既无经济地位，又无政治地位。为了反抗剥削和压迫，奴隶阶级发起一系列起义斗争。奴隶主阶级为了镇压奴隶们的反抗，就以"违天命者""敬天保民""吊民伐罪"为幌子，采用占卜等手段，假借神的旨意和严刑厚赏来驱使士卒作战。另外，宗族之间的利益冲突也是诱发战争的重要因素，以血缘、地缘为纽带的不同姓氏、宗族之间的战争极为频繁。在作战方式上，主要是集团列阵的正面冲杀；商代以后，才逐渐以车兵为主。在军队指挥上，要求行动统一、严厉管理。这些思想指导着夏、商、周的军事斗争，诸如鸣条之战、牧野之战等。这些理论散见于国家的典章法令和其他文献之中，如《易经》的卦辞中就有反映商周之际军事谋略思想的内容；西周时期，还出现专门的兵书《军志》《军政》，也标志着中国古代军事思想的初步形成。

(二) 春秋战国的基本成熟时期

随着经济的发展，中国文化出现了极大的繁荣，儒道墨法等诸子百家在文化上展开了"百家争鸣"，也探讨了战争问题。儒家主张仁义为本、足食足兵和重视组织训练；道家主张慈故能勇、进道若退、柔弱胜刚强；墨家提倡休养生息，武器与军事工程并重；法家讲耕战，重实力、权术和刑赏。这些都促进了军事思想的发展。到春秋后期，奴隶制王朝逐渐衰败，诸侯国间的争霸战争多发，与南方番族之间的战争也是烽火不息。进入战国后，战争更是频繁，群雄割据，诸侯国间还展开规模宏大的兼并战争。这一时期，频繁的战争极大地推动了中国古代军事思想发展，出现许多兵书论著。其中最著名的就是春秋末期孙武的《孙子兵法》，其军事理论和哲学思想均达到了极高水准，成为后世兵书的典范。此外，战国还出现了《吴子》《尉缭子》《司马法》《孙膑兵法》等兵书，在继承《孙子兵法》军事思想的基础上又有较大发展和创新。

春秋晚期出现的冶铁术，对武器装备的革新产生了巨大影响。当时的矛、戟、剑等兵器逐渐变成铁制，还出现了弩机、铁胄和铁甲。武器的革新对于军队编制、作战方式也产生了影响。春秋时期承袭商、周，主要是战车部队，到了战国，步兵和骑兵逐渐成为主要兵种，战车部队退居次要地位。商鞅说："行间之治连以五，辨之以章，束之以令。"把五个人编成一伍，用徽章来区别，用命令来约束，说的就是如何把征来的农民编练成步兵。公元前 307 年，赵武灵王最早组建骑兵，实行"胡服骑射"。步兵、骑兵的发展壮大，标志着我国古代军队在组成上向多兵种发展。兵种的变化对作战方式也产生决定性影响，以步兵和骑兵为主的野战和包围战逐渐取代了原来的车阵作战，如齐魏马陵之战、秦赵阏与之战、长平之战等。另外，由于步兵、骑兵的灵活机动，进攻手段更多样化，加之各国兵员增多，补充兵力容易，战争也更加持久。同时，防御手段也增加了，秦、赵、燕三国为抵御北部游牧民族的侵扰，在边境地区将原有的河堤加以扩建，或利用险要地形修筑了大规模的长城。

(三) 秦汉至宋元的丰富和发展时期

秦始皇统一中国后，建立了第一个封建制帝国，为维护中央集权，朝廷对军队实行统一管辖，建立了中央常备军(禁卫军、边防军)和地方军两个组织，率先采用了征兵制。在兵器方面，普遍采用铁制兵器，刀、剑、弓、箭装备于军队。在用兵思想上，受外交政策"合纵连横"的影响，苏秦提出"合纵"六国以抗秦的战略思想，并组建成合纵联盟；张仪则主张以"横"破"纵"，促使各国亲善秦国。"合纵连横"的思想既影响了当时的用兵方略，又证实了战争与政治的关系。值得一提的还有秦王朝的万里长城，不仅给后人留下一大历史奇观，也反映了当时汉族典型的军事防御思想。

到了汉朝，内忧外患频繁不绝，先后有楚汉相争、七国之乱、绿林、赤眉起义和黄巾起义；北方的匈奴又一直骚扰北部边疆，汉匈战争频频发生。其中垓下之战、昆阳大捷、官渡之战、赤壁之战都运用了高度灵活的战略战术。频繁的战争也促进军事思想的发展，大量兵书应运而生，其中《三略》就是一部专门从战略上论兵的兵书，系统阐述治国整军、带兵打仗的谋略，也表明了军事谋略思想已成体系。在兵种上，汉武帝增设了楼船军(即水军)。至三国角逐时期，水军开始显示出重要作用，成为统一中国必不可少的兵种。东汉之后，经历了西晋的短暂统一、东晋的"五胡乱华""十六国纷争"和南北朝对抗时期。这一时期，尽管战争频发，但军事思想未有突破，基本上沿袭前朝的用兵思想和兵制。

隋朝于公元589年统一中国，十多年后，被唐所取代。隋唐两代极力推崇"尚武精神"，并不断对外征战，以求扩大疆域，著名的有西域战争、白江口海战、唐灭高句丽之战等。在兵制上，值得一提的是唐朝的府兵制。它是一种兵农一体的征兵制，也是一种屯田式的全民皆兵制度，平时从事农耕，农闲时间演兵习武，服役期限为40年。之后，由于贵族、官僚、地主大规模兼并土地，使得一方面地方政府缺乏用来征兵的土地，另一方面导致作为府兵的农民不堪重负，纷纷逃亡，兵源枯竭，加之异族的频繁入侵，府兵制渐趋瓦解，被募兵制所代替。募兵制的发展导致了一批"拥兵自重"的藩镇产生。藩镇割据削弱了中央王朝的权力，特别是军权被分割，最终导致唐王朝被节度使朱温建立的后唐所取代。唐朝在军事上的一个突出贡献是发明了火药，遗憾的是没把火药用作武器。

唐朝以后，中国又经历了"五代十国"的乱局，之后周大将赵匡胤借"陈桥兵变"黄袍加身，建立了宋朝。当了皇帝的赵匡胤慑于武将拥兵，以"杯酒释兵权"剥夺了部分功臣宿将的兵权，一些文官也借机分派到各州、县去节制军队。文官掌握了朝廷内外的军政大权，不仅滋长了"尚文风气"，而且降低了军队战斗力，导致边防极度虚弱，时常被契丹、金、西夏侵扰，至康王赵构时期，不得不迁都杭州，依靠长江天堑以偏安江南。在兵制上，该时期主要采用募兵制。王安石改革曾主张实行保甲制(属征兵制)，但改革触犯了大贵族、大官僚利益，被迫搁浅，征兵制也未被推广。在兵器上，却出现了突火箭、突火枪、鞭箭、火炮等热兵器。武器的创新和频繁的战争也都促进作战思想和战略战术的发展。北宋前期，朝廷就提倡文武官员研究"军旅之政，讨伐之事"，并编纂了中国第一部兵书汇编《武经总要》，总结古今兵法和本朝方略。宋神宗元丰年间，又将《孙子》《吴子》《司马法》《六韬》《尉缭子》《三略》《李卫公问对》汇编为《武经七书》，作为武学的必修课程。当时，许洞的《虎钤经》和何去非的《何博士备论》对皇帝绝对控制军队指挥权提出了非议。陈规的《守城录》记录了军队开始使用火器和改进城防工事进行防御作战的方法，主张"守中有攻"。上述兵书论著进一步丰富和发展了中国古代军事思想。

元朝是少数民族蒙古族政权。为了维护统治，蒙古族统治者在致力于发展经济的同时，严格推行种族歧视政策。经济发展为军事发展提供基础，也为蒙古族统治者的"东征西伐"提供强大后盾。但种族歧视激化了社会矛盾，导致农民起义不断，元朝走向覆亡，被朱元璋建立的明朝所取代。元朝在兵制上推行"兵农一体"的征兵制；在战法上，成吉思汗创造了纵队战法，作战时首先使用弓箭，第一行射完之后第二行再射……逐次进行连续射击，一旦发现敌人阵脚出现混乱，立即派出重骑兵团实施突击，锲入敌兵阵营和包围歼灭(先头部队向中央收缩，从两翼实施迂回包抄)。

(四) 明朝至前清的革新与守旧并存时期

明朝至清朝前期是中国古代军事思想在革新与守旧并有的矛盾中继续前进的时期。经元末战乱，至明初，天下初定，社会经济凋敝，朝廷采取了一系列强有力措施(力摧豪强、实行屯田等)发展经济，同时鉴于当时农民起义战争和民族战争不断，统治者采取"高筑墙"的措施。这一措施却助长了整个明朝只求守城保寨、单纯防守作战的思想，"重修长城"正是这一思想的反映。然而，由于各类战争频繁，明朝在实践中又总结出带有强烈革新内容的军事思想，戚继光的《纪效新书》和《练兵实纪》就是这种革新思想的代表作。何良臣的《阵纪》对军队的组训和战法的论述也具有革新内容。孙承宗的《车营扣答合编》反映了大量火器装备部队后，编制和战法的改革。茅元仪编纂的军事百科全书性的著作《武备志》，提出军事改革的依据，以求振兴明朝的武备。清朝前期，统治者局限于"骑射为满洲国之根本"的思想，采取闭关锁国政策，在军事上逐渐趋于保守落后。虽然出现一些总结实战经验或论述防备、训练的兵书，但总体上，军事思想趋于陈旧与保守。

二、中国古代军事思想的主要内容

中国古代军事思想是古代千百次王朝战争和大规模农民起义战争的经验总结，是前人留下的宝贵军事遗产，也是中华民族灿烂文化遗产的重要组成部分，其内容极为丰富，涉及战争观、谋略、战法、阵法、军队组织、训练和纪律，以及将帅修养和作战指挥等诸多方面。

(一) 探讨战争观基本问题

1. 关于战争的性质和作用

春秋末期的孙武指出："兵者，国之大事，死生之地，存亡之道，不可不察也。"认为战争是国家的大事，关系到人民的生死，关系到国家的存亡，必须认真研究和对待。《尉缭子》指出："故兵者，所以诛暴乱，禁不义也。"认为战争的作用是镇压暴乱，制止不义行为。《司马法》提出以战止战的口号，"是故杀人安人，杀之可也；攻其国，爱其民，攻之可也；以战止战，虽战可也"。就是说杀掉坏人，大众得到安宁，则可以杀人；进攻其国，爱护其民，则可以进攻；用战争制止战争，则可以开战。还有的兵书把兴师区分为"义兵"与"不义之兵"，"得道"与"失道"之兵，这在一定意义上已经触及战争的性质。

2. 关于战争与政治的关系

战国的《尉缭子》提出："兵者，以武为植，以文为种；武为表，文为里。"即在战争问题上，军事是手段，政治是根本；军事是现象，政治是本质。《司马法》指出："正不获意则权，权出于战。"说明在解决国内外矛盾时，若用政治达不到目的，就必须使用战争，已经有战争是政治的继续的意思。以 1991 年的海湾战争为例，美国不惜血本进攻伊拉克是出于其政治目的。首先，美国是为了炫耀武力，向世界表明其政治影响力；其次，控制该地区的原油，确保本国经济稳定发展；再次，也是最主要的，伊拉克的地区霸权主义抬头，严重威胁了美国在该地区的领导地位；最后，美国控制中东的战略企图也很明显，就是遏制中国和俄罗斯辐射欧洲。另外，政治对战争的胜负又有重大影响。《淮南子》说："兵之胜败，本在于政。"即战争胜败的根本取决于政治；"为存政者，虽小必存；为亡政者，虽大必亡。"即政治开明的国家，虽小也能存在；政治腐败的国家，再大也会灭亡。孟子所说的"得道多助，失道寡助"，强调的就是政治对战争的作用。《孙子兵法》指出："善用兵者，修道而保法，故能为胜败之政。"认为明智的战争指导者，修明政治、健全法制，就能获得战争的胜利。可见，政治对战争的决定性作用及其对战争胜负的直接作用，在古代军事思想中已有足够体现。

3. 关于战争与经济的关系

经济是战争的基础，战争要以巨大的物资消耗为代价。《孙子兵法》指出："凡用兵之法，驰车千驷，革车千乘，带甲十万，千里馈粮；则内外之费，宾客之用，胶漆之材，车甲之奉，日费千金，然后十万之师举矣。"就是说，只有在广泛而充足的物资准备情况下才能出兵。又指出："善用兵者，役不再籍，粮不三载，取用于国，因粮于敌，故军食可足也。"讲的是就地取材于敌国，以谋得战争资源。战国的管仲对此也有比较深刻的论述："地之守在城，城之守在兵，兵之守在人，人之守在粟。"管仲还明确提出："一期之师，十年之蓄殚；一战之费，累代之功尽。"可见，战争的消耗极大。正因为战争对经济如此依赖，所以，孙武等人明确提出"非利不动，非得不用，非危不战"的慎战思想和"因粮与敌，务食于敌"的补给原则。《孙子兵法》还提出速决战的战争指导原则，这在消耗巨大的现代战争中仍然值得借鉴。

(二) 阐述作战的指导思想

1. 先发制人思想

古代许多军事家都强调先发制人，认为战场上两军对阵，剑拔弩张，谁能取得先机，便掌握主动权。《左传》说："宁我薄人，无人薄我。……先人有夺人之心，薄之也。"《尉缭子》说："故兵贵先，胜于此，败于彼矣。"主张用兵贵在先发制人，靠此才能打胜仗。如何先发制人呢？其精神核心就是以快制敌。第二次世界大战中，法西斯德国在初期的欧洲战场上，依仗其强大、快速的机械化部队和空军部队，采取的就是先发制人策略。这一指导思想在现代战争中尤为适用，现代化的军事设备和武器装备于军队，使得军队的快速机动作战能力空前提高，战争的破坏性空前增大，因此战争的主动权极为重要，谁掌握先机，谁就占有绝对优势。在海湾战争中，美国采取的就是先发制人策略。

2. 后发制人思想

后发制人思想深受道家"进道若退，柔弱胜刚强"思想的影响。《孙子兵法》提出："先为不可胜，以待敌之可胜""立于不败之地，而不失敌之败也"，主张"避其锐气，击其惰归"，实际上强调的就是后发制人思想。古代战争史上，成功运用后发制人思想的典型战例数春秋时期的晋楚城濮之战。

3. 速战速决思想

"兵贵神速"乃兵家至理名言，是我国古代军事思想的精彩之处。历代军事家都十分强调速胜。孙武认为"兵之情主速""久则钝兵挫锐""故兵贵胜，不贵久"，主张速战速决，反对持久拖延。《登坛必究》说："兵贵拙速，不尚巧迟。速则乘机，迟则生变。"用兵贵于求实而快，不主张寻巧而迟，快能抓住战机，迟则贻误战机。古代兵家认为，"速"就能使"智者不能为之谋，勇者不及为之怒矣"。俄国著名的军事统帅苏沃洛夫将军队的迅速机动和闪电般的攻击看成是真正的战争灵魂。公元 621 年，唐军平定肖铣之战是成功运用速战速决思想的经典战例。唐高祖李渊派赵郡王李孝恭在大将李靖协助下，攻打割据江陵称帝的肖铣。李孝恭、李靖率军自夔州顺江东下，当时江水泛涨，肖铣认为唐军必不会进击，便休兵不设防，唐军主将也要求水落以后再进军。李靖则认为，兵贵神速，应乘水涨敌懈，打敌措手不及，李孝恭接受了这个建议，遂亲率战船 2000 余艘迅即出发，一举夺取了荆门。肖铣部将文士弘率精兵急来救援，李孝恭兵败，文士弘纵兵抢掠，李靖乘敌混战之机，突袭敌军，一举击溃文士弘部，夺取了江陵，肖铣投降。

4. 歼灭战思想

歼灭战就是歼灭敌人大部或全部的作战，即每战均要解除敌人的武装，剥夺敌人的抵抗力，俘虏和死伤敌人全部或大部人员，摧毁或缴获敌人全部或大部武器装备和器材。古代军事家很重视打歼灭战。《国语·周语》提出了"夫战，尽敌为上"的观点，认为作战最好能干净、彻底地全歼敌人。《孙子兵法》提出了"全胜"与"破胜"的两种结局，无论是迫敌全军全旅降服，还是击破敌全军、全旅，均强调达成歼灭。战国后期秦国的作战方针"毋独攻其地，而攻其人"，强调不仅要攻占敌人的土地，而且重要的是要歼灭敌人的军队。其理由是孙子所说的"胜敌而益强"，意即歼灭敌人能补充壮大自己的力量，越战越强。长平之战歼灭赵国 40 万大军贯彻的就是这一指导思想。打歼灭战也是我军的基本方针，是实现战争目的、贯彻积极防御战略方针的重要手段。毛泽东指出："全歼，在敌则士气沮丧，人心不振；在我则士气高涨，人心振奋。"孟良崮战役全歼敌整编 74 师(上至师长张灵甫，下至马车夫)，贯彻的就是歼灭战思想，极大地鼓舞了我军士气，挫伤了蒋军的斗志。

综上所述，古代军事家阐述的作战指导思想就是在作战主动权上"争先"，在作战把握上强调"持重"，在作战进程中强调"速决"，在作战结果上强调"歼敌"。

(三) 提出作战原则和方法

1. 集中兵力

《白豪子兵》指出："兵之贵合也。合则势张，合则力强，合则心坚，合则气旺。"认为作战最主要的是集中兵力，集中兵力就能大张声势，就能形成强大的力量，就能使士气旺盛，军心坚定。《孙子兵法》强调："凡用兵之法，十则围之，五则攻之，倍则战之，……小敌之坚，大敌之擒也。"说明集中兵力可以战胜比自己力量弱小的敌人。《删定武库益智录》中说："兵散则势弱，聚则势强，兵家之常情也。"认为兵力分散，力量就弱，兵力集中，力量就强，这是历代兵家公认的常识。红军五次反围剿，只有第五次失败了，究其原因，前四次贯彻的是毛泽东"集中优势兵力，各个歼灭敌人"的军事指导思想，第五次反围剿王明采取的是军事平均分配主义，四处设防，其结果使红军几乎遭到毁灭性的打击。

2. 出其不意

《孙子兵法》云："攻其无备，出其不意。此兵家之胜，不可先传也。"认为在敌人意想不到的情况下采取行动，这是军事家取胜的奥秘，是不可事先规定的。古代军事家认为，出其不意可使敌人"莫识其来，莫知其御，是谓率然之用"。即让敌人不知攻击来自何方，不知如何进行抵御，这是把握了突然性的运用。出敌不意的主要方法：一是秘密计划；二是神速行动；三是隐真示假；四是巧妙多变。李愬雪夜入蔡州是运用出其不意战略的典范。唐朝中期，藩镇割据，蔡州节度使吴元济拥兵自重，唐宪宗派唐州节度使李愬去平剿吴元济。李愬到任后，放风麻痹吴元济，散布说，我是个懦弱无能的人，朝廷派我来只是为了安顿地方秩序，至于攻打吴元济与我无干。吴元济观察了李愬的动静，见他毫无进攻之意，也就不把李愬放在心上，其实李愬一直在思考如何攻取蔡州。他趁机擒获了吴元济手下大将李佑，并以礼相待，感动了李佑。李佑告诉李愬，吴元济的主力部队部署在洄曲一带，驻守蔡州的只是些老弱残兵，蔡州城极为空虚，如果出奇制胜，可以直捣蔡州，活捉吴元济。李愬在一个风雪交加的夜晚，率领精兵抄小路，直抵蔡州城下，趁守城士兵呼呼大睡之时，爬上城墙，杀了守兵，打开城门，大部队涌进了蔡州城，活捉了吴元济。

3. 奇正互变

奇，指特殊、变化、反常之意；正，指一般、固定、正常之意。奇正互变就是平常所讲的"原则性与灵活性相结合"，用在军事上，指的是灵活的用兵策略与正常的用兵方法相结合。最初将奇正作为作战原则的是孙武。他认为："凡战者，以正合，以奇胜。故善出奇者，无穷如天地，不竭如江河""战势不过奇正，奇正之变，不可胜穷也"。此后，奇正范畴成为古代军事思想的重要命题。唐朝李靖对奇正理论做了进一步的阐述和发挥，他认为，"行兵之要，不外奇正"，即用兵作战的主要问题不外乎奇正相互配合。后唐李存勖灭后梁采取的就是奇正相互配合的作战原则。公元 923 年，后梁之主朱友贞率主力部队进攻后唐。

大军分数路进逼，后唐局势危急，后唐之主李存勖率兵抵御。李存勖组织部分兵力作为"正兵"当敌，组织正面防御，层层阻击后梁部队的进攻。由于后梁主力已调至前方进攻后唐，首都大梁空虚。李存勖就以主力部队为奇兵，出其不意地进攻大梁，大梁守城将士安居后方，麻痹松懈，突遭后唐大军的奇袭，军队一片混乱，无法组织有效防御，大梁守将投降。进攻后唐的前方主力部队得知首都被破后，无心恋战，纷纷倒戈逃散，后梁国灭亡。另外，"围魏救赵""暗度陈仓"等运用的都是奇正互变的作战原则。

4. 避实击虚

虚实是军事思想的一对范畴。《孙子兵法》中《虚实篇》的核心内容就是"避实击虚，因敌制胜"。《李卫公问对》开篇就说："观诸兵书，无出孙武及孙武十三篇，无出虚实二字。"把实和虚拔到很高的高度。虚实是由军队的素质、兵力的数量、物质保障、作战准备、战场态势等各方面因素决定的。避实击虚，贵在能够认识和辨明敌人的虚实之情，善于采取各种有效的措施，透过敌人的伪装欺骗，探明其实情，同时，把握虚实转换的规律，发挥主观指导的作用，变敌实为虚，我虚为实。孙膑在围魏救赵时采用的就是避实击虚的作战思想。

5. 兵贵其和

兵贵其和指的不仅是军队内部要团结一致，而且在战场上要协同作战，密切配合。《司马法》中讲："凡胜，三军一人，胜。"强调的是军队内部要团结一致，才能取得胜利。《左传》说："师克在和不在众"，认为军队打胜仗在于协调一致，而不在于数量之多。《吴子》说："兵贵其和，和则一心，兵虽百万，指呼如一。"《武备辑要》讲："将权不一则败，同役而不同心者亦败。"淝水之战，前秦之所以失败，除了主帅用兵的失误之外，最主要的是军队内部不团结。当时的前秦虽有90万大军，但其成分复杂，由氐族、羌族、汉族士兵组成，羌族、汉族士兵都希望前秦失败，他们就可以免受民族剥削和压迫。军队内部不团结，导致前秦士兵军心不稳，战斗力不强，所以被只有三四万军队的东晋击败。解放战争中，刘邓大军、华东野战军、太岳兵团三支大军协调配合，一举击溃了中原的国民党军队。

(四) 确立治军的主要方略

1. 将帅修养

古代军事家十分重视将帅的地位和作用，把选将的标准作为治军的主要着眼点。孙武认为："知兵之将，民之司命，国家安危之主也。"并说："夫将者，国之辅也，辅周则国必强，辅隙则国必弱。"说明将帅对国家的存亡、民族的兴衰、人民的祸福具有十分重要的作用。作为一个将帅，对国家应"进不求名，退不避罪，唯人是保，而利合于主"，对士卒要"视卒如婴儿，视卒如爱子"，具备"将军之事，静以幽，正以治"的品格。将帅的地位如此重要，所以古代选将标准十分严格，综合起来，古代选将标准为"智信仁勇严""约备理果戒"。智，多谋善断；信，赏罚有信；仁，爱护士卒；勇，勇敢坚定；严，明法审令；约，军令简明易懂，不搞繁文缛节；备，居安思危，常备不懈；理，调度有方，指挥若定；果，果敢，果断；戒，胜不骄，持身严谨。吴起几乎是百战百胜的将军，这源于他为将修养和带兵有方。吴起为将带兵时，为增强内部团结，搞好将士之间的关系，他在注重政治教育和纪律养成的同时，自己也身体力行，处处严格要求自己，关心爱护士兵。他与士兵吃一样的饭菜，穿一样的衣服，睡觉不另设床铺，行军不乘坐车马，见到士兵背粮太重，就分一些自己背上。有一次，一个士兵长了毒疮，吴起用嘴将毒疮吸了出来。士兵的母亲听到此事后，反倒痛哭流涕起来。许多人迷惑不解，这位母亲解释说：从前孩子的父亲长了毒疮，就是吴将军给吸脓治好的，不久他就牺牲在战场上了。现在吴将军又给自己的儿子吸脓，不知哪一天儿子又会像他父亲那样拼死在战场上。吴起关心士兵，与士兵同甘共苦，深得军心，密切了将士之间的关系，激发了士兵们的战斗意志和牺牲精神，这成为他所率部队能征善战的重要原因。

2. 以治为胜

严明军纪是古代军事思想治军的重要原则。魏武侯曾问吴起："兵何以胜？"吴起回答，"以治为胜"，并补充道，"若法令不明，赏罚不信，金之不止，鼓之不进，虽有百万，何益于用"。历代兵家都十分注重明法审令和严明军纪，如诸葛亮挥泪斩马谡、司马穰苴斩庄贾，历来为军纪严明的典范。春秋时期，齐景公任命田穰苴为将，攻打晋燕联军，又派宠臣庄贾为监军。穰苴与庄贾约定，第二天中午在营门集合。第二天，穰苴早早到了军中，命令装好作为计时器的标杆和滴漏盘，约定时间一到，穰苴就到军营宣布命令，整顿军队。可是庄贾迟迟不到，穰苴几次派人催促，直到黄昏时分，庄贾才带着醉容到达营门。穰苴问他为什么不按时到军营来，庄贾无所谓，只说亲戚朋友来设宴为他践行，他总得应酬吧，所以来得迟了。穰苴非常气愤，斥责他身为国家大臣，不以国家大事为重，却只贪恋自己的小家，庄贾以为这是区区小事，又仗着自己是齐王的宠臣亲信，对穰苴的话不以为然。穰苴当着全军将士，叫来军法官，问："无故误了时间按照军法当如何处理？"军法官答道："该斩。"穰苴命令拿下庄贾，庄贾吓得浑身发抖，他的随从连忙飞马进宫，向齐景公求救，在景公派的使者赶到之前，庄贾已被斩首。这时景公的使者来到军中，命令穰苴放了庄贾，其态度甚为骄狂，穰苴叫来军法官，问道："乱在军营跑马，按军法应当如何处理？"军法官答道："该斩。"来使吓得面如土色。穰苴不慌不忙地说道："君王派来的使者，可以不杀。"于是命令杀了他的随从和所乘车的左马，砍断马车左边的木柱。然后让使者回去报告。穰苴军纪严明，军队战斗力旺盛，果然打了不少胜仗。

3. 教戒为先

古代兵家都把练兵看成是提高军队战斗力的重要因素，吴起在《治军篇》中说："夫人常死其所不能，败其所不便。故用兵之法，教戒为先。"认为在实践中人们往往牺牲于本领不高，失败于技术不熟，所以在用兵原则中，教育训练是首要的。《司马法》认为："士不先教，不可用也。"荀子提出："不教诲，不调一，则入不可以守，出不可以战。教诲之，调一之，则兵劲城固，敌国不敢缨也。"强调不教育军队，不统一步调，就退不能守，进不能战；教育军队，统一步调，就能有坚强的军队和巩固的国防，敌国便不敢轻易进犯。岳家军、戚家军之所以威名远扬，与他们的军纪严明、严格训练是分不开的。

三、代表性著作《孙子兵法》

《孙子兵法》又称《孙武兵法》《吴孙子兵法》《孙子》等，是中国现存最早的兵书，也是世界上最早的军事著作，早于西方克劳塞维茨《战争论》约 2300 年，被誉为"兵学圣典"。《孙子兵法》是中国古代军事文化遗产中的璀璨瑰宝，是优秀传统文化的重要组成部分，其内容博大精深，思想精邃富赡，逻辑缜密严谨，是古代军事思想精华的集中体现，在我国古代军事学术和战争实践中都起过极其重要的指导作用。

(一)《孙子兵法》的作者简介

孙武(约公元前 545 年—前 470 年)，字长卿，汉族，我国春秋末期齐国乐安(今山东惠民)人，吴国将领、著名军事家、政治家。孙武出生在一个精通军事的贵族家庭，受环境影响，从小勤奋好学，青年时就显露出卓越的军事才能。由于齐国发生内乱，孙武流亡到了吴国，潜心钻研兵法。公元前 512 年，经重臣伍子胥推荐，孙武携兵法十三篇进呈吴王，受到吴王阖闾赏识，并被委任为将军。孙武在吴国 30 年戎马生涯中，领兵打仗、战无不胜，曾率领吴军大破强楚，占领了楚都郢城，北威齐晋，南服越人，显名诸侯。孙武的著作《孙子兵法》为后世兵法家所推崇，被誉为"兵学圣典"，置于《武经七书》之首，被译为英文、法文、德文、日文等，成为国际上最著名的兵学典范之书，后人因此尊称他为孙子、孙武子、百世兵家之师、东方兵学鼻祖等。

(二)《孙子兵法》的内容简介

《孙子兵法》又称《吴孙子兵法》或《孙子》，是世界公认的现存最古老的军事著作，也是中国古代最著名的兵书。全书共 13 篇，可分为三个部分：第一部分包括《计》《作战》《谋攻》《形》《势》和《虚实》篇，着重论述军事学的基础理论和战略问题，强调战略速决和伐谋取胜，也包含对战争总体、实力计算和威慑力量的深刻认识；第二部分包括《军争》《九变》《行军》《地形》和《九地》篇，侧重论述运动战术、地形与军队配置，以及攻防战术和胜败关系，如奇正、虚实、勇怯、专分、强弱、治乱、进退、动静和死生等辩证关系；第三部分包括《火攻》和《用间》篇，论述了战争中的两个特殊问题。《孙子兵法》的军事观点主要体现在以下六个方面。

1. 重战、慎战、备战的思想

《计》篇："兵者，国之大事，死生之地，存亡之道，不可不察也。"孙子把战争与国家命运、人民生死紧密联系起来，不仅指出战争在国家事务中的地位和作用，也指出战争的政治目的在于保障国家的生存和发展，这就把战争提到了国家大事的重要位置。《作战》篇："带甲十万"要"日费千金"，"久暴师则国用不足"，"兵久而国利者未之有也"，又阐述了军事与经济的关系，以及战争后果的严重性。《火攻》篇告诫人们："非利不动，非得不用，非危不战。主不可以怒而兴师，将不可以愠而致战；合于利而动，不合于利而止；怒可以复喜，愠可以复悦，亡国不可以复存，死者不可以复生。故明君慎之，良将警之，此安国全军之道也。"可见，以利为动是孙子重战、慎战思想的核心，是他对待战争问题的基本观点和主要思想。

2. "胜兵先胜"的战争指导思想

《形》篇："胜兵先胜而后求战，败兵先战而后求胜。"这里的"先胜"是指在战争之前就使自己具备取得战争胜利的条件。孙武高度重视敌我双方的优劣强弱，指出在战争指导上，关键要知彼知己，才能百战不殆，同时，开战前要进行"庙算"。"庙算"是一个战略概念，就是在国家遇及战事，都要告于祖庙，设于明堂，是一种分析形势与制定战略的方式。《计》篇："夫未战而庙算胜者，得算多也；未战而庙算不胜者，得算少也。"意思是说，能否进行战前的战略分析，直接关系到战争的胜负。

3. "五事七计"的战争预测思想

以"五事七计"为中心内容的战略预测思想和运筹理论，全面地揭示了军事斗争的内在规律，也是孙武用兵规律的高度概括。所谓"五事"，即"道、天、地、将、法"（《计》篇），分别指政治、天时、地利、将帅素质、军事体制五个方面。而"七计"是由"五事"演绎而来，指要从政治清明、将帅素养、天时地利、法纪严明、武器优良、士卒训练、赏罚公正七个方面对比双方的作战力量，可以提前预测战争结局。

4. "不战而屈人之兵"的"全胜"战略思想

"不战而屈人之兵"是《孙子兵法》整个思想体系的中心内容和主导思想。《谋攻》篇："百战百胜，非善之善者也；不战而屈人之兵，善之善者也。"孙子提出的"不战而屈人之兵"的"全胜"思想，就是用不流血的斗争方法，迫使敌方屈从于我方的意志，以不损己方兵力、财力，不破坏对方的兵力、物力，并将被屈者的兵力、财力转化为己方力量的方式，达到"自保而全胜"的目的，这才是用兵取胜的上上之策。

5. "致人而不致于人"的作战指导思想

关于如何才能指导作战的胜利，孙子在《虚实》篇中提出"致人而不致于人"的著名论断，阐明了调动敌人而不被敌人调动，夺取克敌制胜主动权的作战指导思想。孙子的这一思想贯穿于全部十三篇之中，体现在战前准备、战略指导和作战指挥等各个方面。例如，《势》篇："故善战人之势，如转圆石于千仞之山者，势也。"即要根据利益大小来确定有效的战法，要凭借有利于己方的条件，灵活应变，掌握作战的主动权。《虚实》篇："水因地而制流，兵因敌而制胜。故兵无常势，水无常形，能因敌变化而取胜者，谓之神。"即要根据不同敌人的不同特点及其不同变化，灵活机动地用兵，临机制变，"应形于无穷"，切忌墨守成规和囿于经验。

6. "令文齐武"的治理军队思想

《行军》篇："故令之以文，齐之以武，是谓必取。"在治军问题上，孙武提倡"令文齐武"和"士卒孰练"，主张要明法审令，恩威兼施，刑赏并用，爱护士卒，善待俘虏；重视对将帅队伍的建设，主张将帅拥有战场机断指挥权；重视对士卒的训练和管理，主张统一号令，令行禁止。这些都为后世封建社会的军队建设奠定了坚实的理论基础。

(三)《孙子兵法》的地位和影响

《孙子兵法》被誉为古今中外现存古书中最有价值、最具影响力的古代第一兵书，在中国乃至世界军事史、军事学术史和哲学思想史上都占有极为重要的地位，并在政治、经济、军事、文化、哲学等领域被广泛运用。中国历代兵家名将都极为重视对其研究和应用：战国时，军事家常用《孙子兵法》指导自己的军事行动；三国时，著名军事家曹操说："吾观兵书战策多矣，孙武所著深矣"；宋代将《孙子兵法》列为《武经七书》之首；明代的茅元仪赞道，"前孙子者，孙子不遗；后孙子者，不遗孙子"；在漫长的冷兵器时代，它一直是军事家必读兵书。到近现代，孙中山认为，十三篇兵书就是中国的军事哲学；毛泽东称孙武是"中国古代大军事学家"，并在其著作中系统引用《孙子兵法》的内容说明问题；刘伯承元帅任军事学院院长时，亲自讲授《孙子兵法》。

《孙子兵法》先后被译成几十种语言，在全世界广泛流传。在日本，孙武被推崇为"百世兵家之师"，称《孙子兵法》为"世界古代第一兵书"，并说"孔夫子者，儒圣也，孙夫子者，兵圣也"。在欧洲，法国拿破仑在戎马倥偬的作战间隙，手不释卷地披阅《孙子兵法》。德皇威廉二世发动"一战"失败后，在没落的侨居中，不禁兴叹："早二十年读《孙子兵法》，就不至于遭受亡国之痛苦了。"在美国，将《孙子兵法》提出的"知彼知己，百战不殆""攻其不备，出其不意"等列入《美军作战纲要》用于指导美军训练。著名的西点军校也一直把《孙子兵法》作为必读教科书。

思考题：
1. 简述中国古代军事思想的形成和发展历程。
2. 中国古代军事思想包括哪些内容？
3. 《孙子兵法》的主要观点有哪些？

第三节　外国军事思想

外国军事思想是指除中国之外的世界其他国家及其思想家、政治家和军事家关于战争、军队和国防等问题的理性认识。外国军事思想来源于数千年来外国的军事实践，又给他们的军事实践以理论指导，并随着战争和军事实践的发展而发展。

一、外国军事思想的内容和特点

人类社会自从有了战争，就逐步产生了军事思想。外国军事思想的产生和发展也经历了悠久漫长的历史过程，按照其产生时代划分为古代军事思想、近代军事思想和现代军事思想等。

(一) 外国古代军事思想

外国古代军事思想的产生、发展主要集中在西方的地中海沿海国家。与中国古代军事思想相比，外国古代军事思想的起步稍晚一些，认识也不够全面、深刻，其成果主要散见于一些历史和文学著作中，缺乏系统论述。

1. 西方奴隶社会时期军事思想

从公元前 8 世纪至公元 5 世纪是西方的奴隶社会时期。在这一时期，古希腊、古罗马等奴隶制国家为了扩张领土、建立霸权、掠夺财物和奴隶，频繁发动战争。战争中涌现出亚历山大、汉尼拔、恺撒大帝和屋大维等诸多的将领和统帅，也产生了较为丰富的军事思想。在古希腊，出现了希罗多德《希腊波斯战争史》、修昔底德《伯罗奔尼撒战争史》、色诺芬《远征记》等著作；在古罗马，出现了恺撒《高卢战记》、阿里安《亚历山大远征记》、弗龙蒂努斯《谋略》、韦格蒂乌斯《论军事》等著作。这些主要是有关战争的历史著作，而真正的军事著作则较少。

这一时期，西方的人们开始探讨战争的起因、性质和目的；战争的胜败取决于政治、军事、经济和精神等条件；开战前必须对双方的人力、物力、财力和军力进行对比分析；注重激励军队的士气，以优势力量树立必胜信心；主张出敌不意、攻敌不备，主张进攻为主、防御为辅，即便处于防御阶段，也应适时进攻敌后薄弱之处，力求变防御为进攻；主张建立一支忠于自己的军队，以金钱、土地、房子和女人等来保证军队的忠诚，以精神鼓励、严格纪律来保持军队的战斗力。

2. 西方封建社会时期军事思想

从公元 476 年西罗马帝国灭亡至 1640 年英国资产阶级革命是欧洲的中世纪。由于封建割据的庄园经济、宗教思想和经院哲学的禁锢，极大地限制了军事思想的发展。直到封建社会后期，随着中国火药、火器的传入和意大利文艺复兴运动的影响，外国古代军事思想才开始缓慢发展。这一时期的代表人物有查理大帝、古斯塔夫二世等，代表作有古罗马毛莱斯丛的《战略学》、意大利马基雅维利的《战争艺术》、普鲁士弗里德里希二世的《战争原理》等。

这一时期的战争被披上宗教外衣，掩盖了统治集团间争夺利益的本质，宣扬战争是人类天性中的一部分，是原始罪恶之果，也是教会权力的支柱；在战争中丧失生命的人，可以进入天国，赦免一切罪恶(这是对战争认识的倒退)；认为军队是国家的重要工具，要重视军队的建设；也认识到雇佣兵制的弊端，主张实行义务兵制；认识到海权的重要性，控制了海洋，就可以获得广阔的海外领土等。

(二) 外国近代军事思想

从 1640 年英国资产阶级革命至 1917 年俄国十月革命为世界近代史。在这一时期，西方的工业革命和殖民扩张战争，不仅推动了科技进步和武器更新，也促进了军事思想的发展。外国近代军事思想主要包括资产阶级军事思想和无产阶级军事思想两大体系。

1. 资产阶级军事思想

从 17 世纪中叶至 19 世纪中叶，西方走向资本主义，并逐步向帝国主义发展。意大利文艺复兴运动打破了封建礼教与宗教神学的禁锢，解放了人们的思想，呈现百家争鸣的景象；封建与反封建的战争、资本主义与反资本主义的战争、殖民地与反殖民地的战争，以及帝国主义国家之间的战争频繁爆发；加上工业文明和科技进步，以火药为主的热兵器广泛运用，也促进了军事思想的迅猛发展。这期间代表著作有普鲁士克劳塞维茨的《战争论》(西方兵学圣典)、瑞士若米尼的《战争艺术概论》、美国马汉的《海权论》、俄国苏沃洛夫的《制胜的科学》等。

这一时期,人们反对战争认识问题的不可知论,提出军事科学的概念,军事科学包括战略与战术两个方面;主张探讨战争的本质、规律,研究军队、装备、地理、政治和士气等因素在战争中的作用;重视研究战史,认为战争是政治的工具,是迫使敌人服从己方意志的暴力行为,具有必然性和偶然性;认识到民众武装在战争中具有重要作用,但也不是万能的,使用是有条件的;要建立一支能反映资产阶级利益的军队,重视和平时期的军队建设和战争准备,以随时应对战争;认识到新发明对军队武器装备和组织编制的影响,必然也会引起战术的变化;认为海权是推动国家乃至历史发展的重要因素,控制了海洋就控制了整个世界;树立歼灭战思想,认为军事行动的目的就是消灭敌人的军队,而不是占领敌人的领土和要塞;认为作战应打击敌人重心、保持预备队等。

2. 无产阶级军事思想

无产阶级军事思想的主要代表人物是马克思、恩格斯和列宁、斯大林。马克思、恩格斯所处的时代是资本主义高度发展并走向反动的时期,无产阶级开始登上了历史舞台。列宁、斯大林则生活在帝国主义与无产阶级革命的时代。他们坚持唯物主义,以唯物辩证法研究军事,吸收资产阶级军事思想的精华,因而对战争的一系列重大问题都有了深刻认识:认为战争和军事都是历史范畴,随着私有制和阶级的产生而产生、消灭而消亡;战争是政治通过另一种手段的继续,因而要拥护正义战争,反对非正义战争;在帝国主义时期,帝国主义成了战争根源;无产阶级必须用暴力才能推翻资产阶级,建立起自己的统治;要以城市工人武装起义为中心,先占领城市,再夺取国家政权;无产阶级夺取和巩固政权要有自己的新型军队;无产阶级代表人民利益,有能力、有条件武装广大人民起来开展人民战争;认识到科技进步必然引发战略战术的变革;战争的奥秘在于集中兵力;主张积极防御、主动进攻,慎重决战,灵活机动;强调统一指挥,诸兵种协同作战;强调要重视预备队的作用等。

无产阶级军事思想是代表和反映最进步的、最有生命力的无产阶级利益的科学,是人类历史上最优秀的军事成果。它打破了奴隶主阶级、封建地主阶级、资产阶级军事思想的狭隘性,使军事科学发生了革命性的变化。这一伟大成果,过去是指导无产阶级夺取巩固政权、战胜国内外敌人侵略和颠覆的思想武器。今天,虽然社会生产力水平大大提高,科学技术也有了巨大发展,战场上的武器装备也已不再是100多年前的水平,然而,无产阶级军事思想并没有因为形势的发展变化而过时,其基本原理仍然是我们认识战争、指导战争的理论指南。在现代战争中,尽管客观情况发生了许多新变化,但是,他们的许多基本思想仍然是我们研究战争和打赢战争的强大思想武器。

(三) 外国现代军事思想

1917年俄国十月革命胜利后,科学技术迅猛发展,飞机、舰艇、坦克、雷达、航空母舰、精确制导武器等新式武器装备层出不穷,热兵器的能量运用从火药到炸药,再到原子能释放,作战效能大幅提升,破坏力成倍增加。第二次世界大战及世界范围内掀起的民族独立和解放的战争实践,都极大促进军事思想的发展,也产生了一系列全新的作战理论。

1. 空中战争理论

意大利的杜黑、美国的米切尔、英国的特伦查德被认为是空中战争理论(又称空军制胜论)的先驱。杜黑在其著作《制空权》中提出,由于飞机的广泛应用,将出现空中战争;空中战争的胜负决定战争结局,为此要建立与陆军、海军并列的独立空军。空军的首要任务是夺取制空权,制空权则是赢得战争的必要条件;空军的核心是轰炸机部队,要对敌方纵深的政治、军事、经济目标实施战略轰炸,迫使其屈服。

2. 机械化战争理论

英国的富勒、法国的戴高乐、德国的古德里安等人是机械化战争理论(又称坦克制胜论)的积极倡导者。

他们认为，装甲坦克是陆军的主体，也是战争胜负的决定性力量；大量集中使用坦克和航空兵，实施突然且有力的突击，可以迅速突破对方的防线，深入敌方纵深，摧毁一个战备不足的国家；主张改革军队，建立少而精的机械化部队。

3. 总体战理论

德国的鲁登道夫在其著作《总体战》中提出：现代战争是总体战，既针对军队，也针对平民；战争具有全民性，因而要充分发挥民族团结的重要作用；主张实行国民经济军事化，建立起一支平时就准备好的军队；战争的突然性意义重大，要力求闪击对方等。

4. 核武器制胜理论

1960 年年初，美国和苏联等核大国首先提出核武器决定战争胜负的理论，代表人物有美国的杜勒斯、艾森豪威尔，英国的蒙哥马利，苏联的赫鲁晓夫和索科洛夫斯基等。核武器制胜理论认为：①未来的世界大战必然是火箭核战争；②未来战争的主要武器是核武器及其投射工具；③强调在战争中使用核武器实施战略进攻和突然袭击，速战速决；④核武器决定国防和军队建设的方向等。

二、外军军事思想的代表性著作

外国军事思想最早萌芽于古埃及、巴比伦、亚述等国，至古希腊、古罗马时期才初步形成，经过数千年的缓慢发展，至近代工业革命以后，才取得了长足的发展进步。其内容丰富，涉及战争和军队建设的方方面面，特别是近代以来的军事著作众多，这里简单介绍几本有代表性的著作。

(一) 西方军事思想经典之作《战争论》

卡尔·冯·克劳塞维茨(1780—1831)，德国著名军事理论家和军事历史学家，普鲁士军队少将。他曾参加过欧洲反法联盟对拿破仑的战争，后任柏林军官学校校长，先后研究了 1566—1815 年所发生的 130 多个战例，总结了法国革命和拿破仑战争的经验教训。在此基础上，他写成了一部体系庞大、内容丰富的军事巨著《战争论》。全书共 8 篇 124 章，其主要内容如下。

(1) 战争是政治的继续。每一次战争都有其自己的特色，千变万化，各不相同。但战争的暴烈性、盖然性和偶然性却是其根本属性。从战争与政治的关系来看，政治是战争的母体，战争是政治的工具。军事观点必须服从于政治观点。

(2) 战争的目的就是消灭敌人，而消灭敌人必然是通过武力决战，通过战斗才能达到。消灭敌人包括物质力量和精神力量两个方面。

(3) 战略包括精神、物质、地理、数学、统计五大要素。《战争论》对五大要素进行定义与分析，"这些要素在军事行动中大多数是错综复杂并紧密结合在一起的"。其中精神要素占据首位，影响战争的各个方面，贯穿于战争始终。

(4) 战略战术的基本原则。数量上的优势在战略战术上都是最普遍的制胜因素。战略上最重要而又最简单的准则是集中优势兵力，用于某一战略目的的现有兵力应同时使用，越是把一切兵力集中用于一次行动和一个时刻就越好。

(5) 战争中的攻防。进攻和防御是战争中的两种基本作战形式，两者是相互联系、相互转化的。整体为防御，局部可能为进攻。进攻中含有防御因素，防御中也含有进攻因素。进攻可转变为防御，防御也可以转变为进攻。

(6) 要积极向战史学习。克劳塞维茨认为，战争理论是成长于战争经验土壤里的果实。战史是最好的、最权威、最能说服人的教师。战争理论和原则的提出，应当在研究战史的基础上进行。战争理论也要随着时代和军队的变化而变化，要适应特定国家的需要，具有时代的特点。

克劳塞维茨的《战争论》被誉为西方近代军事理论的经典之作、奠基之作，对近代西方军事思想的形成和发展起了重要作用。克劳塞维茨本人也因此被视为西方近代军事理论的鼻祖。他在《战争论》中深刻阐述了战争的本质、战争与政治的关系、战争的任务和特性、军队的建设、战略与战术的区分、进攻与防御的基本原则等问题，从而使资产阶级军事思想的理论化、系统化达到历史最高水平，形成了一个比较完善的理论体系。

(二) 近代海权理论奠基之作《海权论》

阿尔弗雷德·塞耶·马汉(1840—1914)，美国军事理论家。马汉在1890—1905年相继完成了被后人称为马汉"海权论"三部曲的《海权对历史的影响(1660—1783年)》《海权对法国革命和法帝国的影响(1793—1812年)》和《海权与1812年战争的关系》。《海权论》于1890年在美国正式出版后即引起关注，美国、日本、德国与苏联等国都先后将其作为制定国家发展战略的方向指导。《海权论》被誉为近代制海权理论的奠基之作，其中心思想如下。

(1) 欲发展海权必须以强大的海军控制海洋，以掌握制海权。马汉引证英国在拿破仑时代的战争中获得海上霸权的事实，来证明欲发展海权必须以强大的海军控制海洋，以掌握制海权。拿破仑也曾几次企图渡过海峡征英，皆告失败：1798年征埃时，其海军在尼罗河口海战时遭英国纳尔逊将军所率领的舰队重创，地中海制海权尽失，本国与埃及远征军的交通线被切断而告失败。1801年，拿破仑号召俄国、丹麦、瑞典等国"武装中立"，一致反对在波罗的海行使交战国权利。英国发起哥本哈根海战，击败丹麦海军舰队，自由进出波罗的海和芬兰湾，打破拿破仑推行的武装中立政策。1805年，在特拉法加海战中，英国舰队击败法西联合舰队，建立英国海军的无敌霸权。

(2) 海权的发展属外线作战，以攻击为主要任务，陆权则以防御为主。

(3) 有具有优势的海军，优良的海外基地、海港才能与敌人抗衡，发挥海权的力量：①马汉认为海军的目的在于会战，而最终的目的则是为取得制海权以控制海洋，因此舰队所需要的不是速度，而是强大的攻击力。拥有强大的海军，才能控制海洋。②拥有广大又富饶的海外殖民地及优良海港，有利于舰队补给、维修，对延伸海军战斗能力有很大助益。马氏认为海权必须能确保自己的交通线安全，并能同时切断敌人的交通线。交通线越长，则海权所能赐予的利益也越大。交通线的建立则依赖线上的各个海外基地(殖民地)与海港。英国18世纪在地中海南岸拥有众多海外基地，因此方能封锁法国海岸，拥有地中海制海权；法国拿破仑远征埃及，其目的即欲切断英国经地中海到印度之交通线。

(4) 丹麦的日德兰半岛与西兰岛控制北海与波罗的海的航道咽喉，直布罗陀海峡紧扼大西洋与地中海的交通，苏伊士运河为地中海与印度洋的海运衢道，若能掌握这些战略要地，就可发挥以海制陆的优势。

《海权对历史的影响(1660—1783年)》是关于夺取制海权的著作，它和《圣经》等书一起被称为"影响世界历史的十六本书"。其有关"争夺海上主导权对于主宰国家乃至世界命运都会起到决定性作用"的观点盛行世界百余年而长久不衰，对美国、英国、葡萄牙、西班牙、荷兰、日本等国的海军建设和海洋战略均产生过重大影响。

(三) 现代军事思想惊世之作《军事战略》

苏联英雄、苏军元帅、军事家索科洛夫斯基(1897—1968)主持编著的《军事战略》，系统地论述了苏联的军事战略观点，特别是现代条件下核战争的准备与实施等问题，对于苏联军队建设和军事学术的发展有重要影响。该书共8章，主要观点包括以下内容。

(1) 提出苏联战略学与资产阶级战略学的本质区别，以及战略与政治、经济、精神因素等的相互关系；

论述苏联内战时期、和平建设时期和苏德战争时期战略学的发展变化。

(2) 论述帝国主义国家的战略及对未来战争的准备。书中指出，帝国主义正在准备用核武器进行全面破坏和大规模毁灭人民的战争，必须以战略武器实施毁灭的核突击，才能制止侵略。

(3) 提出未来战争的打法。即在战略方针上，主张战略进攻，反对战略防御；在作战指导思想上，主张闪击制胜，速战速决；在作战方法上，依靠火箭核突击。

(4) 论述现代战争的性质、产生的条件和原因，现代武器对战争性质的影响及未来世界大战的特点。核武器的出现从根本上改变了以往战争的性质。新的世界大战将是国家联盟之间的战争，就其政治和社会本质来说，将是两个对立的世界社会体系之间的决定性的武装冲突。未来世界大战的主要特点是一场火箭核战争，火箭核武器决定战争的胜负。

(5) 论述军队建设和国家对反侵略战争的准备。火箭核武器决定军队建设的方向，在建军原则上，要把发展核武器放在首位。国家反侵略战争的准备，包括军队的准备、经济的准备、居民的准备和民防等。

1962 年 5 月该书首次面世，如同引爆了一枚核弹，立即震惊了世界，成为各国军界和政界的关注焦点和热门话题。该书之所以为世人瞩目：一是其内容讲的是如何用核武器打第三次世界大战，这是关系全人类命运的大事；二是苏联对核技术的保密措施很严格，军界要员却突然公开谈论苏军将如何打核战争的观点，自然引起他国兴趣；三是其作者是 15 位苏军将领，主编更是颇具盛名的元帅索科洛夫斯基，可见它反映了官方观点。这是苏联 30 多年来首本全面论述军事战略的著作，被列为广大军官的自学丛书之一。六年内出版了三版，苏联的许多单位(军事学院、军事科学协会)、报纸、杂志及广大读者均对此书内容开展了讨论。

该书出版后，美国、法国、日本等国普遍关注。1963 年，美国出版了两种译本：《军事战略：苏联的理论和概念》和《苏联军事战略》，1968 年，美国斯坦福研究所又翻译出版了《军事战略》的第 3 版，其后又再版了两次。这足见美国官方和公众对该书的极大关注。该书强调在核战争中第一次打击是有利的，也承认了无限的核战争，这令美国战略家很吃惊。美国官方认为，该书对美国军事力量的评价是相当正确的。中国也高度关注《军事战略》一书。1963 年，中国翻译出版了它的第一个版本，之后又出版两个译本。1980 年 4 月，《解放军报》曾发表题为《核时代的苏联军事战略》评论，指出当时美、苏两国都没有放弃使用核武器，核战争的威胁并未消除。

思考题：
1. 简述外国军事思想的主要内容。
2. 《战争论》的主要内容是什么？
3. 《海权论》的中心思想是什么？

第四节　毛泽东军事思想

毛泽东是伟大的无产阶级革命家、军事家和战略家，也是我们党、国家和军队的主要缔造者和领导者。在长期的革命斗争中，他科学总结了中国革命战争和国防建设的宝贵经验，汲取了古今中外军事理论的精华，凝聚了全党全军的集体智慧，创立了毛泽东军事思想。

一、毛泽东军事思想概述

毛泽东军事思想是毛泽东关于中国革命战争、人民军队和国防建设以及军事领域一般规律问题的科学理论体系。它是毛泽东思想的重要组成部分，是马克思列宁主义普遍原理与中国革命战争和国防建设实际相结合的产物，是中国革命战争和国防建设历史经验的升华，是中国共产党领导中国人民及其军队长期军事实践经验的科学总结和集体智慧的结晶，同时也多方面汲取了古今中外军事思想的精华，是中国共产党领导中国革命战争、军队建设、国防建设和反侵略战争的指导思想。

1. 毛泽东军事思想是马克思列宁主义普遍原理与中国革命战争实际相结合的产物

20世纪上半叶，中国处于半殖民地半封建的社会，加上长期的战乱，人民群众生活在水深火热之中。以毛泽东为代表的中国共产党人，把马克思列宁主义的普遍原理与中国的革命战争实际相结合，找到了一条工农武装割据、农村包围城市的崭新革命道路，经过一系列艰苦的革命斗争，最终取得了胜利，建立了人民民主专政政权，从而也形成了具有中国特色的军事理论，即毛泽东军事思想。

2. 毛泽东军事思想是中国共产党领导中国人民及其军队长期军事实践经验的科学总结

中国共产党在领导全国各族人民，为完成民主革命而斗争的过程中，先后经历了国共合作的北伐战争，独立领导了土地革命战争、抗日战争和全国解放战争，推翻了帝国主义、封建主义和官僚资本主义三座大山在中国的反动统治，建立了中华人民共和国。这场革命战争，其时间之长，规模之大，情况之复杂，道路之曲折，内容之丰富，形式之多样，歼敌数量之多，在中国历史上都是空前的，在世界历史上也是罕见的，这是一场代表人民利益的、得到人民群众广泛参加和支持的人民战争。中华人民共和国成立后，又进行了将近三年的抗美援朝战争以及数场边境和海疆的自卫反击作战，并从各方面进行了以现代化为中心的国防建设，积累了丰富的实践经验。毛泽东军事思想就是这些实践经验在理论上的科学概括和总结。

3. 毛泽东军事思想是以毛泽东为代表的中国共产党人集体智慧的结晶

中国革命战争在相当长的时间内是在彼此分割、互不相连的若干地区进行，因而造就了一大批独当一面的政治领袖和军事统帅，他们对毛泽东军事思想的形成和发展作出了重要的贡献。遵义会议后，党中央才逐步形成以毛泽东为核心的领导集体。毛泽东提出的许多路线、方针、政策和其他重大决策，也都经过了党中央的集体讨论，凝聚着老一辈无产阶级革命家的集体智慧。全党、全军和全国人民在革命战争中迸发出来的聪明才智，由毛泽东加以概括总结，成为无产阶级的革命理论。正如毛泽东所言："这不是我一个人的思想，是千万先烈用鲜血写出来的，是党和人民的集体智慧。"

4. 毛泽东军事思想多方面汲取了古今中外军事思想的精华

毛泽东一生博览群书，有着非常深厚的中华文化根基。当他投身革命斗争时，将读书所得应用于军事指挥中。简单翻阅《毛泽东选集》，我们就能发现毛泽东时常引述《孙子兵法》或引用四大名著的人物典故，来讲解中国的现实问题。毛泽东在《中国革命战争的战略问题》一文中就多处引用《孙子兵法》的论述来总结中国革命战争经验，如《始计篇》的"攻其不备，出其不意"；《谋攻篇》的"知彼知己，百战不殆"；《军争篇》的"避其锐气，击其惰归"等。此外，毛泽东还吸收了西方克劳塞维茨《战争论》中关于"战争无非是政治通过另一种手段的继续"的科学论断等。

5. 毛泽东军事思想是毛泽东思想的重要组成部分

在中华人民共和国成立之前，我们党的历史实际上是一部武装斗争史，夺取军事斗争的胜利是最突出的问题。这要求以毛泽东为代表的中国共产党人，必须以主要的精力去关注战争，研究军事。应该说，毛泽东的军事实践活动是其一生中最光辉、最成功的部分，因而在他的全部理论研究中，军事理论的创造和论著占有重要的地位。

二、毛泽东军事思想的主要内容

毛泽东军事思想是人民军队的建军之魂、立军之本、制胜之道，也是我国国防和军队建设的根本指导思想。它是一个完整的科学体系，内容极为丰富，主要包括以下五个方面。

(一) 战争观和方法论

战争观是人们对战争问题的根本看法和态度，包括战争的起源、根源，战争的本质、性质和目的，以及人们对待战争的态度等。方法论是如何认识和掌握战争规律，并应用这些规律去指导战争的根本方法。毛泽东在指导中国革命战争的实践中，运用马列主义的辩证唯物论和历史唯物论观察与分析战争的基本问题，创造性地运用军事领域的辩证规律，系统阐述了无产阶级的战争观和方法论。

毛泽东军事思想之
战争观

1. 无产阶级的战争观

(1) 关于战争的本质和目的。在马克思、恩格斯对战争起源和根源问题研究的基础上，毛泽东作出了精辟的概括："战争是从有私有财产和有阶级以来就开始的，用以解决阶级和阶级、民族和民族、国家和国家、政治集团和政治集团之间，在一定发展阶段上的矛盾的一种最高斗争形式。"

(2) 关于战争与政治的关系。毛泽东认同克劳塞维茨"战争是政治的继续"的观点，从这点上说，战争就是政治，战争本身就是政治性质的行动，自古以来没有不带政治性的战争。然而，战争又不是一般意义上的政治，而是流血的政治。政治发展到一定的阶段，再也不能前进了，于是爆发战争，用以扫除政治道路上的障碍。此外，毛泽东还阐明了"政治是不流血的战争，战争是流血的政治"。

(3) 关于战争与经济的关系。在井冈山时期，毛泽东就指出，要把"有足够给养的经济力量"作为选择和建立根据地的基本条件之一。只有开展经济战线方面的工作，发展红色区域的经济，才能使革命战争得到相当的物质基础，才能顺利地开展军事上的进攻，给敌人的"围剿"以有力的打击；才能使我们有力量去扩大红军，……也才能使我们的广大群众都得到生活上的相当的满足，而更加高兴地去当红军，去做各项革命工作。所以说，战争不仅是军事、政治的竞赛，还是经济的竞赛。

(4) 关于战争性质和对待战争的态度。毛泽东先将"历史上的战争"科学地划分为两类，即正义的与非正义的。毛泽东认为，在阶级社会中，革命和革命战争是不可避免的，舍此不能完成社会发展的飞跃。作为无产阶级革命者，要反对一切阻碍社会进步的非正义战争，拥护一切推动社会发展的正义战争，支持和参加正义战争是为了最终消灭战争，不要枪杆子必须拿起枪杆子。

2. 研究和指导战争的方法论

(1) 要认识和把握战争规律。战争规律是在战争发生、发展的过程中，交战双方在政治、经济、军事、自然地理诸方面因素的本质联系及发展趋势，是不以人们的主观意志为转移的客观实际。优秀的军事家会竭力研究和遵循战争规律，却不会违背它。毛泽东特别善于在纷繁复杂的现实情况中寻找战争规律，《毛泽东选集》第一篇《中国社会各阶级的分析》就立足于中国的实际情况，分析中国革命不可逾越的障碍和可以争取的力量，这也是在中国实行人民战争的理论基础。而《中国的红色政权为什么能够存在》《论持久战》等著作都是以研究和认识战争规律为逻辑起点展开讨论的，造就了文章的科学性和其历史作用。

(2) 要着眼于特点，着眼于发展。《孙子兵法》曰："凡战者，以正合，以奇胜。"战争规律分为一般规律和特殊规律。一般规律普遍存在于一切战争之中，如战争的军事目的是保存自己、消灭敌人；特殊规律则是具体战争中的特殊情况。毛泽东指出："战争情况的不同，决定着不同的战争指导规律。""我们研究在不同历史阶段、不同性质、不同地域和民族的战争的指导规律，应该着眼其特点和着眼其发展，反对战争问题上的机械论。"

(3) 要关照全局，把握关节。全局是事物的整体和发展的全过程，局部是组成事物整体的各个部分和发展全过程的各个阶段。全局统帅局部，局部从属全局，构成全局与局部之间的正确关系。人们通常说，要从大局出发，就是指要关照全局、服从全局。对全局关照得好，能推动全局的发展；对全局关照得不好，就会阻碍和破坏全局的发展。战争总体上有全局，各个阶段、各个战役本身也有全局，称为战争某阶段或某战役的全局。有时局部的失利，并不会对全局有严重影响，而有时局部的失利，却会给全局带来重大影响，甚至导致全局的失利。好比下棋，有时下一着错棋，尚可挽回，但有时一着不慎，全盘皆输。这个对胜负起关键作用的一着，就是关节，就是对全局有重大影响的关键性环节。所以说，关照全局是战争指导的首要准则，把握关节是推动全面发展的重要方法。

(4) 主观指导必须符合客观实际。毛泽东把合乎战争客观规律的战争指导方法比作"战争大海中的游泳术"，称之为"战争指导规律"。战争的客观规律是随着社会政治、经济、军事、自然、地理诸条件，以及作战中的敌情、我情、民情和国际环境等情况的变化而变化。因此，战争指导规律也是不断发展变化的。毛泽东指出："一切战争指导规律，依照历史的发展而发展，一成不变的东西是没有的。"正确解决主观符合客观的问题，是战胜敌人的关键，是人的因素在战争指导者身上的主要体现。要解决指导上的主客观一致，需着重解决好三个问题：第一，熟识敌我双方的客观情况；第二，善于学习，勇于实践；第三，在客观物质的基础上，充分发挥主观能动性。

(二) 人民军队思想

中国共产党人把创建人民军队作为武装斗争的首要问题，作为实现革命理想的最主要手段，强调"没有一个人民的军队，便没有人民的一切"。在长期斗争中，以毛泽东同志为核心的党中央结合实际总结提出了一整套建军的理论和原则，率先把一支以农民为主要成分的军队建设成为新型的人民军队。

1. 人民军队的性质

毛泽东从"军队是国家政权的主要成分""是阶级压迫的工具"的原理出发，提出了"枪杆子里面出政权"和"党指挥枪"的思想，指明了人民军队是中国共产党领导下的执行无产阶级革命政治任务的武装集团。坚持中国共产党对军队的绝对领导，是确保人民军队的"无产阶级属性"的根本原则，也是永葆人民军队性质的基本方针。

2. 人民军队的宗旨

人民军队是为无产阶级利益服务的工具，由此决定了这支军队的无产阶级性和人民性的统一。毛泽东曾在《论联合政府》一文中作了精辟的概括：人民军队"不是为着少数人的或狭隘集团的私利，而是为着广大人民群众的利益，为着全民族的利益而结合、而战斗的。紧紧地和中国人民站在一起，全心全意地为中国人民服务，就是这个军队的唯一宗旨。"全心全意为人民服务的唯一宗旨是人民军队建军原则的核心，也是人民军队区别于以往旧军队的根本标志。不管是战争年代，还是和平时期，人民军队始终遵循这一宗旨，因而也赢得了广大人民群众的拥护和爱戴。

3. 人民军队建设的其他原则

在长期的革命斗争中，毛泽东还结合中国实际情况，制定了一系列有关军队建设的其他原则：实行"三大民主"，规定"三大任务"，制定政治工作三大原则，确立"三大纪律八项注意"等。

"三大民主"即人民军队实行政治、经济、军事三大民主制度。政治民主是指士兵群众或下级有权批评和监督干部，进行政治监督；经济民主是指士兵参与经济生活的管理，公开账目，防止官长多吃多占和其他经济腐败行为；军事民主在战时体现为通过火线开大小诸葛亮会，广泛发动士兵群众参与战斗方案、方法的研究，在平时则主要体现在官兵互教等方面。

"三大任务"即人民军队担负着战斗队、工作队、生产队的三项基本任务。毛泽东指出，人民解放军永远是一个战斗队，就是在全国胜利以后，在国内没有消灭阶级，世界上存在着帝国主义制度的历史时期，我们的军队还是一个战斗队。而政治工作是人民军队的生命线，是保持无产阶级性质、提高战斗力的重要保证。生产队的职能是因为战争年代处于敌人包围和封锁、物质极端困难的条件下，为减轻人民负担和改善军队生活而规定的。

政治工作三大原则即官兵一致、军民一致、瓦解敌军和宽待俘虏。官兵一致体现在人民军队上下级之间只是军事任务分工不同，而政治上是平等的阶级兄弟；军民一致的关键是人民军队应爱护人民，把自己视为人民的仆役；瓦解敌军、宽待俘虏是人民军队由弱到强的战略性原则，也是促使敌人营垒从内部瓦解的有效武器。

"三大纪律八项注意"是军队正规化的重要保证。军队纪律是军人的行为规范，也是军队战斗力的重要保证。其中"三大纪律"是指一切行动听指挥、不拿群众一针一线、一切缴获要归公；"八项注意"包括说话和气、买卖公平、借东西要还、损坏东西要赔、不打人骂人、不损害庄稼、不调戏妇女、不虐待俘虏。这既是军队实行民主制度的保证，也是人民军队区别于旧式军队的体现。

(三) 人民战争思想

人民战争是被压迫阶级和被压迫民族为谋求自身的解放，发动和依靠广大人民群众所进行的战争。这个定义表明，人民战争具有两个基本属性：正义性和群众性。正义性指战争的政治目的符合被压迫阶级和被压迫民族的根本利益，是推动历史前进和社会进步的。群众性是指参与战争活动的人员较为广泛，只要进行战争，各方都积极投入大量的人力、物力和财力。

毛泽东人民战争的
理论基础

1. 人民战争思想的理论基础

(1) 战争的正义性是实行人民战争的政治基础。正义的战争符合人民群众的根本利益，能够得到人民群众的拥护，才能够赢得人心，进而赢得人力。因此说，革命的战争是群众的战争。

(2) 人是战争胜负的决定因素。在人与武器的辩证关系上，毛泽东指出："武器是战争的重要因素，但不是决定因素，决定因素是人不是物。力量对比不但是军力和经济力的对比，而且是人力和人心的对比。军力和经济力是要人去掌握的。"所以说，充分发挥人的主观能动性是我军以劣胜优、以弱胜强的理论依据。

(3) 人民群众是战争胜利的决定力量。毛泽东强调指出："人民，只有人民，才是创造世界历史的动力。""战争伟力之最深厚根源，存在于民众之中。"

(4) 马克思主义政党的正确领导是实行人民战争的必要条件。人民战争的领导者既要具备人民服务的立场，又要掌握科学的群众指导方法。而马克思主义政党掌握正确的革命理论，又紧紧与人民群众站在一起，最能胜任这一角色。

2. 人民战争思想的主要内容

毛泽东人民战争思想主要包括以下内容。

(1) 坚持中国共产党对人民战争的统一领导。用马列主义的正确理论和党的纲领、路线、方针来引导人民战争，帮助人民批判和克服各种错误思想，树立敢打必胜和艰苦奋斗的信念，发挥党对军队和地方组织各级工作机构的纽带作用，保证人民战争指导思想的坚决贯彻和有效实施。

(2) 充分动员、组织和武装广大人民群众。要把战争的政治目的和具体政策告诉全体军民；把各行各业的人都组织在相应的职业团体之中，或直接或间接地从事战争活动；把凡能拿起武器进行战斗的公民都编组在对敌斗争的武装力量之中，形成一个时时处处都能打击敌人的人民战争的汪洋大海。

(3) 实行"三结合"的武装力量体制和"三结合一配合"的组织斗争形式。在三结合的体制中，充分重视人民军队的骨干力量作用；广泛、深入地动员和组织群众；结成最广泛的革命统一战线，最大限度地孤立和打击最重要的敌人。

(4) 建立巩固的革命根据地。这是我们由小到大、由弱到强，革命成果得到保存，我党我军实现从量变到质变飞跃的根本。

(5) 创造了一整套适应人民战争的战略战术。发挥灵活、机动的求实性，因时(地)制宜、因敌制胜的作战特点，使指挥风格不拘一格、不墨守成规，呈现出了"兵无常势"的局面。

(四) 战略战术思想

人民战争的战略战术体现了毛泽东人民战争思想的战略指导原则和作战方法，是毛泽东高超的战争指导艺术的总结，它揭示了中国革命战争的指导规律，是毛泽东军事思想中十分精彩的部分。

积极防御战略
指导思想

1. 战略上藐视敌人，战术上重视敌人

毛泽东指出："从战略上看，必须如实地把帝国主义和一切反动派都看成纸老虎，从这点上，建立我们的战略思想。另一方面，它们又是活的铁的真的老虎，它们会吃人的。从这点上，建立我们的策略思想和战术思想。"毛泽东关于帝国主义和一切反动派既是"纸老虎"，又是"真老虎"的论断，奠定了人民战争战略战术的基本原则。在战略上，敌人是纸老虎，我们要藐视它，树立起敢打必胜的信心。在战术上，敌人又是真老虎，是会吃人的，我们必须重视它，更要讲究斗争策略和斗争艺术。

2. 保存自己，消灭敌人

保存自己、消灭敌人，是战争的目的，也是兵家公认的原则。毛泽东指出："保存自己、消灭敌人这个战争的目的，就是战争的本质，就是一切战争行动的根据。"这里的消灭敌人是指解除敌人的武装力量，即剥夺敌人的抵抗力，而并非必须消灭敌人的肉体。保存自己与消灭敌人，既紧密联系又相互制约，片面强调任何一个方面都是错误的，必须坚持两者的辩证统一。在战争中，消灭敌人是第一位，是主要的，保存自己是第二位的。因为只有大量消灭敌人，才能有效地保存自己。然而，这种主次关系也不是固定不变的，在特定条件下也会相互转化。应该说，保存自己的目的，在于消灭敌人；而消灭敌人，又是保存自己的最有效的手段。

3. 承认积极防御，反对消极防御的战略

毛泽东说："积极防御，又叫攻势防御，又叫决战防御。消极防御，又叫专守防御，又叫单纯防御。消极防御实际上是假防御，只有积极防御才是真防御，才是为了反攻和进攻的防御。"这一论述深刻揭示了积极防御的实质和消极防御的要害，指明了积极防御的目的和必然进程。积极防御的战略思想是把积极防御的一般原理、原则，作为战略指导思想，用于指导战争全过程的一种战略理论。它要求在敌强我弱和敌优我劣的情况下，首先经过战略防御，采取各种不同形式的作战，不断削弱和消耗敌人，逐步改变力量对比，摆脱战略上的被动局面，争取战争的主动权。然后适时地转入战略反攻或进攻，在有利情况下实施决战，进而实现战争的目标。

4. 运动战、阵地战和游击战的相互配合与适时转化

运动战是正规兵团在长战线和大战区，从事战役战斗的外线速决进攻作战形式。阵地战是军队依托阵

地进行防御或对据守阵地之敌实施进攻的作战形式。游击战是民兵、游击队或由正规部队组成的游击部队，灵活机动、分散流动地袭击敌人的作战方式。根据战争态势，在一定时期内以某种作战形式为主，其他作战形式相配合，同时，要根据战势发展变化，适时转变作战形式，这是毛泽东的作战指导思想。比如，土地革命战争前期是游击战，红军经过三年的发展壮大后，游击战也转变为带游击性的运动战；抗日战争时期，第一阶段以运动战为主、游击战为辅，第二阶段依据日寇集中扫荡解放区的战况将游击战上升到战略位置，配以运动战和阵地战，第三阶段随着我军力量壮大再次以运动战作为反攻的主要作战形式；解放战争时期，我军转变为国内正规战争，后期提升阵地战的战略位置；抗美援朝战争前期，以运动战为主，后期则以阵地战为主等。

5. 集中优势兵力，各个歼灭敌人

在敌强我弱的情况下，要使我军由战略上的劣势变为战役战斗上的优势，并成为最终的强者，最根本的方法就是集中优势兵力、各个歼灭敌人。我们必须认识到"强胜弱败"是战争的基本规律，而"以弱胜强"依靠的就是局部的"以强胜弱"，即集中优势兵力和量变引起质变，以实现各个歼灭敌人的良好战果。其中，集中优势兵力的主要任务是及时、正确判断战局的形势，避免军事上的平均主义；各个歼灭敌人则要求在对敌作战中，要先拣弱的打，先弱后强，先小到大，逐个予以歼灭。

除上述内容外，毛泽东战略战术思想还包括：在战略上实行内线持久的防御战，在战役战斗上实行外线的进攻战；做好战争准备，不打无准备、无把握之仗；慎重初战，执行有利决战，避免不利决战；以歼灭战为主，辅之以消耗战；一切从敌我双方的实际情况出发，你打你的，我打我的，有什么枪打什么仗，对什么敌人打什么仗，在什么地点打什么地点的仗；作战指导上要正确处理主动性、灵活性和计划性三者间的统一；灵活机动地使用兵力和变换战术等。

(五) 国防建设思想

在革命战争年代和毛泽东军事思想的形成过程中，还有一些国防建设的论述。中华人民共和国成立后，毛泽东同志从实际出发，适应新形势新任务需要，总结国防建设和军事斗争的实践经验，创立了国防建设理论。

1. 建设现代化、正规化的国防军

中华人民共和国成立后，毛泽东提出，我们不但要有一个强大的陆军，还要有一个强大的空军和一个强大的海军。在他的亲自主持下，我军颁布了一系列条令、条例，开办了各类军事院校和科研机构，加强了部队的日常训练，还颁布了中华人民共和国第一部《兵役法》。这些使我军由步兵为主的单一陆军转变为诸军兵种合成的军队。毛泽东还要求，要努力实现武器装备的现代化和部队建设的正规化，就是要求实行指挥、编制、制度、纪律、训练等方面的统一，要求实现诸兵种密切的协同动作。

2. 发展"两弹一星"的国防科技战略

毛泽东指出，我们"不但要有更多的飞机大炮，而且还要有原子弹。在今天这个世界上，我们要不受人家欺负，就不能没有这个东西"。在这一战略思想的指导下，我国建立起了独立自主、自力更生的国防科工业体系，实行了常规武器与尖端武器相结合，优先发展尖端战略武器的方针，生产出了一系列坦克、火炮、飞机、舰艇等常规武器装备，还研制出了导弹、原子弹(氢弹)和卫星等尖端武器装备。

3. 积极防御战略思想有了新的发展

中华人民共和国成立后，毛泽东根据国家安全利益的需要，结合国际形势和我国安全形势，确立了国防战略、国防建设的目标和方针。1956年，毛泽东批准了中央军委提出的"阵地战结合运动战为未来反侵略战争的主要作战形式"的积极防御战略方针。之后，他又反复强调这一思想，并相继提出"大办民兵师"

"全民皆兵"和"深挖洞、广积粮、不称霸"的战略思想,进一步丰富和发展了积极防御的战略思想。

5. 建立反对侵略、维护世界和平的国际统一战线

世界和平的取得,主要依靠各国人民的斗争。我们要积极采用灵活的策略,努力团结世界绝大多数的国家和人民,结成广泛的统一战线,共同反对侵略势力,维护世界和平与稳定。

三、毛泽东军事思想的地位和作用

毛泽东军事思想是马克思主义理论宝库中一颗璀璨的明珠,在中国军事思想发展史上具有划时代的意义,在世界军事思想发展史上独树一帜,有重要的历史地位和作用。

(一) 毛泽东军事思想把中国军事思想发展到一个全新高度

中国有着悠久而灿烂的历史文化,是世界古代军事思想发展的滥觞,其中经典典籍卷帙浩繁,但由于阶级立场不同和历史局限性,精华中难免存有糟粕,有着自身难以逾越的理论局限。而毛泽东军事思想运用辩证唯物主义和历史唯物主义的原理,系统总结了中国长期革命斗争的实践经验,又批判地汲取了古今中外军事思想的精华,形成了中国历史上最科学、最先进、最完整的军事理论。它的问世是中国军事思想史上的一次大变革,标志着中国无产阶级军事理论的确立,也把中国军事思想推上一个新的高峰。

(二) 毛泽东军事思想是中国革命战争和国防现代化建设的理论指南

中国人民先后取得了国内革命战争、抗日战争和解放战争的伟大胜利,充分肯定了毛泽东军事思想的历史地位。中华人民共和国成立后,毛泽东军事思想又指引中国人民取得了国防建设、抗美援朝战争和边境自卫反击战争的胜利。实践充分证明,毛泽东军事思想是正确的军事指导理论,特别是其军事辩证法思想,为人们科学地认识军事领域的各种运动规律,正确地指导军事斗争和国防建设,提供了最基本的立场、观点和方法,具有普遍的真理性。因此说,毛泽东军事思想是中国革命战争和国防现代化建设的理论指南。

(三) 毛泽东军事思想丰富和发展了马克思主义军事理论

以毛泽东为主要代表的老一辈无产阶级革命家,在长期领导中国革命斗争中,创造性地把马列主义普遍原理与中国具体实际相结合,成功指导中国革命战争、国防建设和反侵略战争取得胜利,也丰富和发展了马克思主义军事理论宝库。这主要体现在:它系统地阐述了无产阶级的战争观和方法论,开辟了农村包围城市、武装夺取政权的崭新革命道路,开创了把以农民为主要成分的军队建设成为无产阶级革命军队的先例,丰富和发展了马克思主义的人民战争学说,系统制定了一整套适合中国革命战争的战略战术等。

(四) 毛泽东军事思想在世界上具有广泛而深远的影响

中国革命战争取得胜利后,毛泽东军事思想在世界上产生了广泛而深远的影响。20世纪六七十年代,毛泽东军事思想在第三世界国家广泛传播,成为被压迫民族和人民争取民族独立和解放的强大思想武器。同时,一些意识形态与毛泽东对立的西方人士,也认同毛泽东军事思想,前美国国务卿基辛格在其著作中评价:"毛泽东基于大家熟悉的列宁主义学说,即战争是斗争的最高形式,研究出一套军事理论。这套军事理论表现出高度的分析能力、罕有的洞察力。"美国战略家柯斯林把毛泽东视为"具有革新思想的战略家之一"。1972年2月,美国总统尼克松访华会见毛泽东时,这样评价:"主席的著作推动了一个民族,改变了整个世界。"毛泽东军事思想作为人类优秀文化的灿烂结晶,其理论和实用价值举世公认,在世界军事领域享有重要的影响和地位。

思考题：

1. 简述毛泽东军事思想的科学含义。
2. 简述毛泽东军事思想的主要内容。
3. 结合战例阐述毛泽东领导的人民战争的战略战术。

第五节　新时期国防和军队建设思想

党的十一届三中全会开启了中国改革开放和社会主义现代化建设的历史新时期，也开启了中国国防和军队现代化建设的历史新时期。这里的"新时期"是一个重要的时间概念，是我党、我军进入社会主义现代化建设新阶段的重要标志，也体现了新的历史条件和新的时代主题。1978 年 12 月—1989 年 10 月，以邓小平同志为核心的党中央在指导新时期军队建设的实践中，走出了一条具有中国特色的精兵之路，形成了邓小平新时期军队建设思想。1989 年 11 月—2004 年 9 月，江泽民主持军委工作，在坚持中国特色精兵之路的同时，着眼新的历史条件，走出了一条具有中国特色的军事变革之路，形成了江泽民国防和军队建设思想。2004 年 9 月—2012 年 11 月，以胡锦涛为总书记的党中央着眼新的国际形势，立足国情军情，走出了一条科学发展的国防和军队建设之路，形成了胡锦涛国防和军队建设思想。

一、邓小平新时期军队建设思想

邓小平是中国人民解放军的创建者和主要领导人、无产阶级革命家、政治家、军事家。他在中国进入改革开放和现代化建设的新时期，开辟了一条富有时代精神和中国特色的社会主义新道路，同时也总结和提出了一整套有关军队和国防建设的理论、方针和原则，形成了当代中国特色的军事理论——邓小平新时期军队建设思想。这一思想内容丰富，含义深刻，概括起来主要包括以下内容。

邓小平新时期
军事思想

(一) 战争与和平理论

第二次世界大战给人类造成了巨大的损失和灾难。"二战"后，世界各国致力于发展本国国力和维护世界和平，对于国际争端采取了极为克制的态度。这既是世界人民呼唤和平的心声，也是各国发展经济的现实需求。邓小平深刻洞察这一时代潮流的变化，对战争与和平问题作出新的判断。

(1) 和平与发展是当代世界的主题。20 世纪 80 年代后，由于世界政治、军事、经济等方面的发展变化，社会主义阵营与资本主义阵营的斗争方式已从"武力扼杀"为主转变成以"和平演变"为主，即东西问题。另外，由于世界殖民体系的瓦解，帝国主义和殖民地、半殖民地之间的矛盾已经转换为发达国家与发展中国家之间的矛盾，即南北问题。许多国家调整和改变发展战略，以经济、科技为重点的综合国力竞争成为国际竞争的中心。为此，邓小平结合国际形势变化提出了"和平与发展是当代世界主题"的科学论断。

(2) 战争危险依然存在，但世界大战可以避免。20 世纪 80 年代后，第三世界的崛起，中国国际地位的提升，欧洲、日本等国自主性、独立性增强，美苏两国都难以再次承受大战的消耗，加上国内人民反战呼声高涨，世界大战的制约因素大大增强。1987 年，邓小平指出："如果世界和平的力量发展起来，第三世界国家发展起来，可以避免世界大战。"这一论断包括以下观点：①世界战争的危险依然存在；②努力促使和平力量的增长超过战争力量的增长，世界战争是可以避免的；③世界大战打不起来，并不意味着矛盾的消失，局部战争和地区冲突成为当代战争的主要形式。世界各主要国家争夺的重心，已经转向包括经济、科技等在内的综合国力竞赛。

(3) 霸权主义是现代战争的主要根源。毛泽东指出，当代世界战争的根源主要来源于霸权主义的争夺。邓小平继承了毛泽东关于"霸权主义是战争根源"的论点，并进行了发展：①任何社会制度的国家，即便是社会主义国家，只要推行霸权主义，都可能成为战争的根源；②霸权主义既有世界性的又有地区性的，两者的侵略扩张本质相同，只是范围大小不同；③苏联解体导致了两极瓦解，并不意味着霸权主义的消失。美国"一超独霸、强权政治"正是世界霸权主义的新表现。

(4) 提出用和平方式解决国际争端的新思路。马克思主义坚持"暴力革命"学说。毛泽东提出"不要枪杆子，必须拿起枪杆子""用战争消灭战争"的理论。20世纪70年代后期，当和平与发展成为时代主题后，使用暴力方式解决国际争端，既受到诸多制约，且效果不理想。因此，邓小平根据国际斗争形势变化，提出用和平(政治)方式解决国际争端的新思路，提出了"共同开发""平等对话""一国两制"等新构想和新办法。

(二) 国防建设理论

在新的历史时期，以邓小平同志为核心的党中央通观全局、审时度势，作出了国防和军队建设指导思想实行战略性转变的重大决策，提出要正确处理国防建设与经济建设的关系，努力发展国防科技工业，建设现代化国防等一系列方针和政策，从而形成了有中国特色的国防建设理论。

(1) 实行国防和军队建设指导思想的战略性转变。基于对和平与发展是当今世界两大主题的科学判断，党的十一届三中全会确立了"以经济建设为中心"的基本路线。邓小平强调指出："现在需要的是全党、政、军、民一心一意地服从国家建设这个大局，照顾这个大局。这个问题，我们军队有自己的责任，不能妨碍这个大局，要紧密配合这个大局，而且要在这个大局下面行动。"这里的国家建设主要是经济建设。既然党的基本路线确立了以经济建设为中心，那么，国防和军队建设必须服从服务于党的这一基本路线，指导思想也要由原来的"早打、大打、打核战争"的临战状态转变到相对和平时期的建设轨道上来。

(2) 国防建设要服从服务于国家建设大局。国家经济力量是国防建设的基础，国防现代化对国家经济和科技水平的依赖极大。可以说，在我国经济和科技水平没有一个较大发展和提高的情况下，国防现代化是不可能实现的。所以唯一正确的选择就是要服从国家建设大局，随着国家的发展，逐步实现国防现代化。同时，邓小平也要求："我们一定要在国民经济发展的基础上，不断改善武器装备，加快国防现代化进程。"

(3) 要建设有中国特色的现代化国防。针对我国要建设"什么样国防"的问题。邓小平指出，"中国的对外政策是独立自主，是真正的不结盟。中国同任何国家没有结盟的关系……中国对外政策的目标是争取世界和平。在争取和平的前提下，我们一心一意搞现代化建设，发展自己的国家，建设具有中国特色的社会主义。"

(三) 军队建设理论

在新的历史时期，以邓小平同志为核心的党中央坚持解放思想、实事求是，一切从实际出发，科学分析国情、军情和国际形势，系统论述了军队建设的指导思想、奋斗目标和具体措施，形成了新时期我军建设的纲领和行动指南。

(1) 建设一支强大的现代化正规化的革命军队。邓小平高度重视军队的地位和作用，明确指出"我军是人民民主专政的坚强柱石，肩负着保卫社会主义祖国、保卫四化建设的光荣使命。因此，必须把我军建设成为一支强大的现代化、正规化的革命军队。"革命化决定着军队现代化的性质和方向，现代化是我军建设的中心任务，正规化是现代化的必然要求。这"三化"相互联系、相互促进，共同构成了人民军队建设的总目标。

(2) 以改革为动力,走有中国特色的精兵之路。进入新时期,邓小平着眼于我国的国情、军情,为了把我军建设成为一支强大的现代化、正规化的革命军队,提出了精减军队数量、加强质量建设、加强教育训练、提高战斗力等一系列改革措施,走出一条有中国特色的精兵之路。

(3) 要适应新情况,把后勤工作管好。邓小平指出,现代战争对后勤的依赖性越来越大,强有力的后勤保障将是实现战争目的的重要保证。他还从现代战争的客观要求出发,强调要大力加强军队后勤建设,提高后勤保障能力;要加强后勤科研,重视培养后勤人才,改进管理方式,健全管理制度;要坚持艰苦奋斗、勤俭建军的原则,精打细算、开源节流,少花钱、多办事,不断提高经济效益。

(四) 军事战略理论

在新的历史时期,以邓小平同志为核心的党中央根据对战争与和平问题的新认识,立足国情和军情,正确把握国际形势变化,适时调整、改革国防和军队建设的战略方针和原则。

(1) 实行积极防御的军事战略方针。邓小平曾言:"我们未来的反侵略战争,究竟采取什么样的方针呢?我赞成就是'积极防御'四个字。"一是要在积极防御战略方针的指导下,以国家利益为最高准则制定军事战略;二是要在战略上实行后发制人的原则,以遏止战争、维护和平为首要目标;三是要坚持防御中有进攻,立足于打赢高技术条件下的局部战争。积极防御就是防御中有进攻,即"人若犯我,我必犯人"。

(2) 要坚持现代条件下的人民战争。随着科技进步和高新武器装备运用,现代战争也呈现出许多新特点,但是,人民战争并未过时,仍然是我们克敌制胜的法宝。邓小平指出:"只要我们坚持人民战争,敌人就是现在来,我们以现有武器也可以打,最后也可以打胜,我们有这么多人口,军民团结一致,敌人要消灭我们的人民是不可能的。"因此,他号召全军继承毛泽东军事思想,研究现代条件下的人民战争。

(3) 要立足打赢现代条件下的局部战争。当前和今后一段时期,世界大战和大规模战争一般打不起来,但局部战争还时有发生。因此,我们要把军队建设和军事斗争准备的基点放在打赢现代条件下的局部战争上,只要坚持积极防御的战略方针,实行人民战争的战略战术,就能打赢现代条件下的局部战争。

邓小平新时期军队建设思想是邓小平理论的重要组成部分,主要回答了在和平与发展成为时代主题,国家实行改革开放的历史条件下,如何开创中国特色精兵之路,建设一支强大的现代化正规化革命军队的问题,是对毛泽东军事思想的继承和发展。邓小平新时期军队建设思想具有鲜明的时代性、深刻的实践性和科学的指导性,为我们正确认识和解决新时期军队建设与军事斗争问题提供了科学的立场、观点、方法。

二、江泽民国防和军队建设思想

20 世纪 80 年代末 90 年代初,国际形势风云变化,东欧剧变、苏联解体,两极格局瓦解;海湾战争的爆发,强烈冲击以往的战争观念,更促进了世界新军事革命;我国坚持改革开放,市场经济蓬勃发展,也带来西方腐朽思想的渗透和市场经济的负面影响。这些既给我国的国防和军队建设带来了新机遇和新挑战,也提出了一系列崭新课题。面对新情况、新变化,以江泽民同志为核心的党中央在继承和发展毛泽东军事思想、邓小平新时期军队建设思想的基础上,坚持与时俱进,研究新情况,制定新战略,解决新问题,逐步形成了江泽民国防和军队建设思想,其内容主要包括三个方面。

江泽民国防和军队建设思想

(一) 军事战略思想

(1) 和平与发展仍是时代主题,但影响和平的不确定因素增加。"冷战"结束后,各种战略力量重新分化整合,世界格局处于深刻变动中。江泽民冷静分析国际形势,作出了科学判断:"总体和平、局部战乱,总体缓和、局部紧张……总体稳定、局部动荡,将是今后一个时期国际局势发展的基本态势。"他肯定了和平与发展仍然是时代的主题，但影响世界和平与安全的不确定因素在增加。新的世界大战也许一时打不起来，但局部战争和地区冲突的威胁增加。

(2) 实行积极防御战略方针，立足于打赢高技术条件下的局部战争。江泽民指出，积极防御的战略方针是我们的传家宝，既要进行系统学习、完整准确地理解，又要坚定不移地贯彻执行，还要结合形势变化不断丰富发展。1993年1月，以江泽民同志为核心的党中央根据国际、国内形势变化，提出要把军事斗争准备的基点放在打赢高技术条件下的局部战争上，要求由应对一般条件下的局部战争向打赢高技术条件下的局部战争转变。这是我军为适应现代战争所进行的一次重大战略调整，也是对积极防御战略方针的丰富发展。

(3) 发展人民战争的战略战术，探索高技术条件下人民战争的制胜之道。江泽民指出，未来反侵略战争不仅要依靠高精尖的武器装备，更要依靠人的政治素质，依靠"人民战争"这个克敌制胜的法宝。在高技术条件下，人民战争既要坚持，更要发展。其关键就是发展人民战争的战略战术，探索现代条件下人民战争的制胜之道。为此，他明确要求军队在继承的基础上，不断发展传统的作战理论，研究适合人民群众参与的全新战法，如破坏敌方计算机网络的"黑客"战、灵活多样的海上游击战等。

(4) 迎接世界军事变革的挑战，推进中国特色的军事变革。20世纪90年代，发达国家与发展中国家的军事技术出现了一轮"时代差"，西方发达国家拥有了"信息化"对发展中国家"机械化、半机械化"的军事优势。世界范围内正掀起一场新军事变革，如果我们落伍了，势必进一步拉大我们和发达国家之间的差距。正如江泽民所言："今后20年，是我们国家发展的重要战略机遇期，也是国防和军队现代化建设的重要战略机遇期，如果我们错过了这20年，就很有可能错过整整一个时代。"为此，我们必须抓住机遇，积极推进中国特色的军事变革，实现我军由机械化、半机械化向信息化的转变。

(二) 军队建设思想

(1) 始终不渝地坚持"党领导军队"，确保人民军队的本质。1929年12月召开的古田会议确立了"党对军队绝对领导"的原则，使我军由小变大、由弱到强，成为一支强大的人民军队。在新的历史时期，面临着许多新情况和新考验，我们更要坚持"党对军队的绝对领导"，确保党在思想上、政治上、组织上牢牢掌握军队。1998年5月，江泽民在军委常务会议上明确指出："坚持党对军队的绝对领导这一根本政治原则，是我军的军魂，任何时候都不能动摇。"

(2) 按照"五句话"的要求，围绕"打得赢、不变质"加强军队建设。在1990年12月的全军军事工作会议上，江泽民就军队建设提出"政治合格、军事过硬、作风优良、纪律严明、保障有力"的总要求。这"五句话"总要求涵盖了军队建设的方方面面，将军队建设纳入革命化、现代化、正规化的轨道，使之成为部队一项经常性工作。苏联解体后，世界由两极向多极化发展，中国由计划经济向市场经济转变，且全方位对外开放，这使得军队建设既面临难得的机遇，又面对严峻的挑战。因此，江泽民提出，新时期我军建设要着力解决好"打得赢、不变质"两个历史性课题："打得赢"就是要求我军能够打赢未来高技术战争，"不变质"就是要求我军永葆人民军队的性质、本色和作风。

(3) 实行科技强军战略，走中国特色的精兵之路。江泽民指出："西方资本主义国家称强世界几百年，一个重要原因就是它们首先掌握和运用了先进的科学技术，在经济上、军事上对其他国家形成了压倒性的优势。现在，如果我们不紧紧跟上科技进步的时代潮流，不下大力气努力提高我国的科学技术水平。一旦发生什么事情，就会陷入被动挨打的境地。"因此，我们必须实施科技强军战略，走中国特色的精兵之路，实现我军建设由数量规模型向质量效能型、由人力密集型向科技密集型转变，着力提高军队的战斗力。

(4) 以信息化带动机械化，实现军队建设跨越式发展。信息化是推动当代科技革命、社会变革的重要因素，也是新军事变革的本质和核心。现代战争形态正由机械化向信息化转变，我们要积极推进中国特色的军事变革，实现我军由机械化、半机械化向信息化转变，全面提高作战能力。江泽民强调，我军建设要坚持以信息化带动机械化，以机械化促进信息化，实现跨越式发展，力争到21世纪中叶全面完成信息化建设的战略任务。

(5) 培养和造就大批高素质军事人才，加快军队现代化建设。江泽民指出，人才是政事之本，也是建军治军之本。我军要在世界军事变革中获得优势，赢得未来高技术战争，需要做的事情很多，但至关重要的是培养和造就大批高素质军事人才。培养和造就一大批具有高度政治觉悟、掌握现代军事技术、懂得战争指挥艺术的优秀人才，是我军实现现代化、赢得未来战争的根本大计。

(6) 坚持依法治军、从严治军，加强军队正规化建设。1997年3月14日，江泽民签署颁布的《国防法》第18条规定，中华人民共和国的武装力量必须遵守宪法和法律，坚持依法治军。依法治军就是要求把军队建设的各个方面、各个环节都纳入法制化的轨道，做到有法可依、依法办事。从严治军，是我军的优良传统，也是军队建设的一条重要规律。条令条例则是建军、治军规律的科学总结，只有按照法律法规和条令条例从严治军，才能维护"威武之师、文明之师"的良好形象，才能保证军队有纪律、有团结、有战斗力。

(三) 国防建设思想

(1) 要坚持国防建设与经济建设协调发展的方针。江泽民指出，军队现代化建设和国家经济建设的关系，是我们社会主义现代化建设过程中必须正确认识和处理的一个重大课题。我们必须坚持以经济建设为中心，集中力量发展社会生产力。军队现代化建设要以国家经济建设为依托，服从服务于经济建设大局。经济发展了，才能为军队建设提供雄厚的物质基础，而发展经济又离不开强有力的安全保障。国防建设是国家现代化建设的重要组成部分，经济建设和国防建设要协调发展。

(2) 要立足于自主创新，加快国防科技和武器装备发展。江泽民指出："扩大对外开放，加强国际间科技交流与合作，积极引进国外先进技术，博采众长，为我所用，是加快技术升级和国防建设的有效途径，这项基本政策要长期坚持下去。同时，我们也必须清醒地认识到，世界上有些先进的技术是买不来的，我们不能花钱买一个现代化，特别是在军工方面，更不可能买一个现代化。"因此，我们能够自主研发的，就以自己开发为主。有些要引进的技术，也应着重借鉴其新原理、新方法和先进的开发管理经验，以提高自主创新能力，使我国跻身于国防科技和武器装备发展的先进行列。

(3) 完善国防动员体制，加强民兵和预备役部队建设。党的十五大提出："要完善国防动员体制，加强民兵和预备役部队建设。"这为国防后备力量的建设指明了方向和目标。根据国家安全形势需要，江泽民指出，要适应现代条件下人民战争的要求，重视和加强国防后备力量建设，军委各总部和国家机关有关部门，要结合国家体制改革，进一步完善国防动员体制，重点解决未来战争中的快速动员问题。1998年年底，他再次强调，要按照"平战结合、军民结合、寓兵于民"的方针，进一步完善国防动员体制，提高国防动员能力。

(4) 加强国防教育工作，增强全民国防观念。早在党的十四大上，江泽民就提出，要抓好全民国防教育工作。2001年4月28日，九届全国人大常委会通过了《国防教育法》，设立了全国国防教育日(即每年9月份的第3个星期六)。国家建立完善了大、中学生的军训制度，各级教育行政部门和各级学校定期组织开展军事夏令营、国防周(月)教育活动等，有效促进国防教育的发展，切实增强全民的国防观念。

江泽民国防和军队建设思想是"三个代表"重要思想的组成部分，主要回答了在世界新军事变革蓬勃进行、我国社会主义市场经济深入发展的历史条件下，如何积极推动中国特色军事变革，保证人民军队打得赢、不变质的问题。在江泽民国防和军队建设思想指引下，我军经受住了政治斗争、军事斗争和同严重自然灾害斗争的严峻考验，向全面建设一支强大的人民军队迈出了新的步伐。

三、胡锦涛国防和军队建设思想

胡锦涛国防和军队建设思想，是以胡锦涛为总书记的党中央，根据新世纪新阶段的国际战略格局、国家安全形势和经济全球化趋势，而制定的中国国防和军队建设的纲领、路线、方针、政策的集中体现。它正确回答和解决了军队建设和军事斗争准备带全局性、根本性、关键性的一系列重大问题，是我们党的军事指导理论创新发展的新成果，也是中国特色社会主义理论体系的新成果，其内容包括三个方面。

胡锦涛国防和军队
建设思想

(一) 新世纪新阶段的军事战略思想

以胡锦涛为总书记的党中央，从新世纪新阶段党和国家事业发展全局出发，提出坚持以人为本、全面协调可持续发展的科学发展观，并将之贯彻于新世纪新阶段的军事战略之中。

(1) 用科学发展观统领国防和军队建设。科学发展观是中国经济社会发展的指导方针，也是加强国防和军队建设的重要指导方针。在国防和军队建设中，贯彻落实科学发展观，必须坚持以毛泽东军事思想、邓小平新时期军队建设思想、江泽民国防和军队建设思想为指导，准确把握科学发展观的深刻内涵和基本要求，紧密结合国防和军队建设的实际，切实把科学发展观贯穿国防和军队建设的全过程，落实到国防和军队建设的各个领域，实现国防和军队建设又好又快地发展。用科学发展观统领国防和军队建设，要求国防和军队建设必须以提高信息条件下的威慑和实战能力为根本出发点，按照"五句话"的要求，全面加强革命化、现代化、正规化建设，全面实现国防和军队建设协调可持续发展。

(2) 加快推进中国特色的新军事变革。军事科学技术的发展改变武器装备和作战样式，也在世界范围内引起了一次新军事革命。努力推进中国特色军事变革，是适应世界新军事革命发展趋势的需要，是打赢高技术战争的需要。党的十八大报告指出："紧跟世界新军事革命加速发展的潮流，积极稳妥地进行国防和军队改革，推动中国特色军事变革深入发展。"中国特色军事变革问题再次进入党的政治报告，成为全党的共同意志。全党、全军都要以科学发展观为指导，以现代化特别是以信息化建设为中心，妥善处理军事领域与经济社会的各种关系，有计划、分步骤地推进军事变革，切实增强我军应对各种安全威胁的能力。

(二) 新世纪新阶段的军队建设思想

(1) 有效履行新世纪新阶段的历史使命。我军是中国共产党创建和领导的人民军队，是执行党的政治任务的武装集团。在新世纪新阶段党团结、带领全国各族人民全面建设小康社会、实现中华民族伟大复兴的历史进程中，人民军队肩负着为党巩固执政地位提供重要力量保证，为维护国家发展的重要战略机遇期提供坚强安全保障，为维护国家利益提供有力战略支撑，为维护世界和平与促进共同发展发挥重要作用的历史使命。切实履行好这一历史使命，既是党的重托又是人民的期望。当前，人民军队的全部工作都要围绕有效履行这一历史使命来展开，各项建设都要围绕提高履行历史使命的能力来进行。

(2) 按照"三化"相统一的原则加强军队建设。军队建设的总目标是革命化、现代化和正规化。革命化是军队建设的政治方向，现代化是军队建设的中心任务，正规化是军队建设的重要基础。这三者相互联系、相互促进，构成一个有机的统一整体。新时期新阶段的军队建设，要遵循邓小平提出的"三化"总目标，落实江泽民提出的"五句话"总要求，紧紧围绕履行好新世纪新阶段我军的历史使命，紧紧围绕解决好"打得赢、不变质"两个历史性课题，坚持把"革命化"放在第一位，大力推进国防和军队现代化建设。

(3) 依靠科技进步加快转变战斗力生成模式。在未来信息化战争中，信息能力将在战斗力生成模式中起着主导作用，信息化武器装备将成为战斗力的关键物质因素，基于信息系统的体系作战能力将成为战斗力的基本形态，人的科技素质在战斗力中也具有特别重要的意义。为打赢未来的信息化战争，我军的建设必须继续坚持科技强军战略，推进军队建设由数量规模型向质量效能型、由人力密集型向科技密集型的转变，把军队战斗力生成模式切实转到依靠科技进步特别是以信息技术为主的高新技术进步上来，不断提高官兵的科学文化素质，充分发挥科技进步与科技创新对战斗力提升的巨大推动作用。

(4) 全面加强和平时期的军事训练。军事训练是军队和平时期最基本的实践活动，是战斗力生成的主要途径，是推进部队全面建设、实现科学发展的重要着力点。当前，在我军武器装备技术水平总体还不高的情况下，更要依靠高质量的军事训练，以弥补装备技术上的差距和不足。因此，我们一定要把军事训练切实摆到战略地位，在全军兴起大抓军事训练的热潮，积极推进机械化军事训练向信息化军事训练转变，加大训练投入、提高训练标准、改善训练条件、改进训练内容、创新训练方法，努力探索和掌握对付高技术对手的有效办法。

(5) 坚持依法治军，提高军队管理水平。新时期新阶段，我们要把"依法治军、从严治军"作为全局性、基础性、长期性的工作紧抓不放，加大依法治军、从严治军的力度，才能保证军队的安定和稳定。"依法治军"也是军队正规化建设的基本要求。军队正规化建设，就是要把成功的治军经验及时以条例、条令的形式确定下来，然后再依据这些条例、条令和规章制度规范军队的各项工作，使之走上法制化的轨道。同时，军队各级领导也要努力学习管理知识，及时更新管理观念，切实提高管理能力，积极探索具有我军特色的管理模式，切实改进传统的管理方式，向科学管理要效益，向科学管理要战斗力。

(三) 新世纪新阶段的国防建设思想

(1) 统筹经济建设与国防建设，实现富国与强兵的统一。国防和军队建设在中国特色社会主义事业总体布局中占有重要地位，更直接关系到中国社会主义现代化建设的兴衰成败。胡锦涛指出："要统筹经济建设与国防建设的关系，在全面建设小康社会进程中实现富国与强兵的统一。"这是以胡锦涛为总书记的党中央对国防和军队建设总体发展战略的阐述，也是对经济建设与国防建设协调发展这一国家发展中的重大关系的科学判断，对维护国家安全与经济社会发展都有着重要的意义。要实现国防建设与经济建设的协调发展，就要求我们把推进国防和军队现代化建设作为推进社会主义现代化建设的一项战略任务，抓紧抓好。在经济发展的基础上，努力建设一支与中国国际地位相称、与国家安全和发展利益相适应的军事力量，进一步形成经济建设和国防建设相互促进、协调发展的良好局面，实现富国和强军的统一。

(2) 坚持"军民结合、寓军于民"，走有中国特色的军民融合道路。"军民结合、寓军于民"是中国国防建设一贯坚持的方针。胡锦涛指出，要努力推进军事理论、军事技术、军事组织、军事管理创新，走出一条有中国特色的军民融合式发展路子。首先，军队要强化"军民结合、寓军于民"的意识。能利用民用资源的就不自己铺摊子，能纳入国家经济、科技发展体系的就不另起炉灶，能依托社会保障资源办的事都要实行社会化保障。其次，要把国防科学技术研究纳入国家科学技术的发展规划，加大依托国民教育培养军事人才的力度，充分利用经济社会发展成果推进国防和军队现代化建设。再次，要增强全民国防意识，培养知识型国防后备力量，完善国防动员体系。最后，各级党委和政府积极开展军民共建，巩固军政团结，军队也要继续为经济社会发展而积极作出贡献。

胡锦涛国防和军队建设思想是科学发展观的重要组成部分，主要回答了在世界大发展大变革大调整、我国全面建设小康社会的历史条件下，如何推进国防和军队建设科学发展、全面履行新世纪新阶段历史使命的问题。在胡锦涛国防和军队建设思想的指导下，中国特色军事变革取得了重大成就，军队"三化"建设协调推进，军事斗争准备不断深化，履行新世纪新阶段历史使命的能力不断提高。

思考题：

1. 简述邓小平新时期军队建设思想的主要内容。
2. 简述江泽民国防和军队建设思想的主要内容。
3. 简述胡锦涛国防和军队建设思想的主要内容。

第六节　习近平强军思想

党的十八大以来，以习近平同志为核心的党中央着眼于坚持和发展中国特色社会主义、实现中华民族伟大复兴的历史使命，立足于国家安全和发展战略全局，围绕强军兴军作出了一系列重要论述，提出了一系列重大战略思想、重大理论观点、重大决策部署，回答了"新时代"建设一支什么样的强大人民军队、怎样建设强大人民军队的重大时代课题，形成了习近平强军思想，是马克思军事理论中国化的最新成果。

一、习近平强军思想的产生背景

习近平纵观国际国内大势，强调我国发展处于重要战略机遇期，仍然可以大有作为，但要对内涵和条件已经发生了变化的重要战略机遇期进行准确认识。正确把握国家安全形势走向，是科学筹划国防和军队建设、正确指导军事斗争准备的基本前提。当前我国面临对外维护国家主权、安全、发展利益，对内维护政治安全和社会稳定的双重压力，可以预见和难以预见的各种风险因素明显增多。在实现中国梦、强军梦目标的过程中，加快推进国防和军队现代化，必须清醒认识国际战略形势和国家安全环境。

习近平改革强军战略思想(一)　　习近平改革强军战略思想(二)

(一) 当今世界正在发生前所未有之大变局

习近平高瞻远瞩，以其广阔的马克思主义视野作出判断：国际政治格局、地缘政治、国际竞争等均发生了重大变化，世界形势正在发生前所未有之大变格。我国安全和发展面临更严峻、更复杂的国际环境。由于一些西方国家不愿意看到社会主义中国在东方的发展与强大，想尽各种办法进行阻挠、遏制和围堵，造成我国周边的领土主权、海洋争端、民族宗教、暴力恐怖主义等问题日益突出甚至激化，使得家门口生乱生战的可能性大大增加，维护国家主权和领土安全的任务十分艰巨。在国际形势处于前所未有的大变局之下，军事领域也在发生深刻而广泛的变化。以武器装备智能化、编制体制精干化、指挥控制自动化、作战空间多维化、作战样式体系化、作战行动无人化等为特征的新军事革命迅猛发展。面对这场世界军事新革命，习近平十分重视，并强调这是一场全方位、深层次、关系到国家战略主动权的大事件，对国家的军事实力和综合国力都有着重大且深远的影响。

(二) 我国现代化建设正进入矛盾凸显期和发展关键期

当前我国正处于由大向强发展的关键阶段，习近平指出中国从未像现在这样接近世界舞台中央，从未像现在这样接近中华民族伟大复兴的目标实现。但是越靠近世界中心，越靠近伟大复兴的目标，面临的阻力和挑战也会越多。长期积累的深层次问题和矛盾日益凸显，如经济发展中的不平衡、不全面、不可持续问题，国际反华势力的阻遏，三股势力的威胁等，都会影响甚至打乱中国和平发展的进程，使得维护国家安全稳定、实现国家统一的任务更加艰巨。因此，中国比以往任何时候都更需要强大的军队和巩固的国防保驾护航，为实现中国梦提供安全支撑和保障。习近平还强调，中国梦是强国梦，对于军队来说就是强军梦。必须把强军兴军的任务放在实现中华民族伟大复兴的大局下来认识和推进，服从和服务于国家和民族的最高利益。

(三) 我国国防和军队现代化程度与其所承担任务不相适应

自改革开放以来，随着经济的发展和综合国力的增强，我国国防和军队建设也不断取得重大成就，迈上新台阶。但与世界先进水平相比，与国家伟大复兴所要求的维护安全统一的任务相比，我国国防和军队的现代化建设水平还有相当差距。特别是军队长期处于相对和平状态，数十年没有经过大战洗礼，尤其是没有受到高科技条件下实战的检验和锤炼，军队各级指战员打赢信息化战争的能力有待考验。如此一来，我军在保持军队战斗力的条件下解决"不敢打、不能打、不会打"的问题上，在提高信息化条件下的实战能力和水平的问题上，在保持军队应有的政治立场和觉悟、优良传统和作风的问题上，在加快强军兴军步伐等问题上，都需要解决和回答时代提出的新课题。

(四) 近代国防历史的悲剧留给当代中国人的启示

清王朝虽然曾长期位于经济总量世界第一，国民生产总值占到全球三分之一，但由于闭关自守、技术落后、军备废弛，鸦片战争中被英军击败，整个国家逐渐滑入了半殖民地、半封建社会的苦难深渊。习近平曾两次将甲午战争称为"剜心之痛"。他指出："一切向前走，都不能忘记走过的路；走得再远、走到再光辉的未来，也不能忘记走过的过去。"历史经验表明，国富并不代表国强，国家富有，而由于军事实力羸弱或疏于军备导致国家衰败覆灭的例子屡见不鲜。国家的真正富强必须以强大的军事力量做后盾。以史为鉴，习近平常把近代以来国家悲剧、中华民族苦难与当时的中国国防与军队的落后、衰败相联系，并强调，要吸取历史上"闭关锁国、故步自封"的经验教训，绝不能让历史的悲剧重演。

二、习近平强军思想的科学内涵

习近平强军思想是习近平新时代中国特色社会主义思想的"军事篇"，是习近平新时代中国特色社会主义思想的重要组成部分。它深刻回答了新时代中国军队的使命任务、目标方向、战略布局、重要路径、根本指向、原则制度等一系列根本问题，涵盖新时代国防和军队建设各个方面，是一个逻辑严密、系统完整、相互联系的科学理论体系。

(一) 担负起新时代的使命任务

进入新时代，党的历史任务是巩固党的领导和社会主义制度；国家的根本利益是捍卫国家主权、统一和领土完整，维护国家日益拓展的海外利益，促进世界和平与发展。军队使命任务是与党的历史任务、国家根本利益紧密相连的，它体现了人民军队的性质和宗旨，规定了军队的奋斗目标、发展方向和建设的指导原则。因此，习近平总结中国近代以来民族复兴进程屡被打断和世界历史数百年来演变的格局，指出强国必强军，军强才能国安。这是新时代我们党赋予人民军队的神圣职责，是国家走进世界舞台中心、攻坚打擂的有力支撑，也是军队在新时代存在的全部政治和军事价值。

(二) 实现党在新时代的强军目标

强军目标是习近平强军思想的核心内容，既明确了国防和军队建设的聚焦点和着力点，又揭示了强军梦的本质属性，其具体内涵是：建设一支"听党指挥、能打胜仗、作风优良"的人民军队。其中，听党指挥是灵魂，决定了军队建设的政治属性；能打胜仗是核心，反映了军队的根本职能；作风优良是保证，关系着军队的性质、宗旨和本色。三者紧密相连，相辅相成。国防和军队建设要与国家现代化进程保持一致，力争到 2035 年基本实现现代化，到 21 世纪中叶把人民军队建设成为世界一流军队。强军目标的提出，彰显出了巨大的感召力和凝聚力，引领全军铸魂、强基、砺剑，成为军队建设的主旋律、最强音。

(三) 坚持党对人民军队的绝对领导

坚持党对人民军队的绝对领导是对"听党指挥"的具体要求，是人民军队保持无产阶级属性，坚持中国特色社会主义本质特征，发挥党和国家政治优势的根本要求。其中，坚持党对军队的绝对领导，关键是要达到"绝对"这两个字的要求。所谓"绝对"，就是要坚持党领导的唯一性、彻底性和无条件性。坚持党对军队绝对领导的根本制度和实现形式，体现在"军委主席负责制"在我军领导制度体系中处于最高层次，居于统领地位。必须坚决维护权威、维护核心，坚决维护和贯彻军委主席负责制，强化"四个意识"，严肃政治纪律和政治规矩，坚决抵制"军队非党化、非政治化"和"军队国家化"等错误政治观点的影响，深入抓好军魂教育，提高政治自觉和实际能力。

(四) 全面提升新时代备战打仗能力

全面提升新时代备战打仗能力，是对"能打胜仗"的具体要求。打仗消灭敌人是人民军队的根本任务，新时代如何能打仗、打胜仗？

(1) 在对战争的认识和看法上，要营造有利态势、管控危机、遏制战争、打赢战争。坚持积极防御战略思想，与时俱进创新军事战略指导。大兴作战问题研究之风，把现代战争制胜机理搞清楚，提高军事斗争准备的针对性和实效性。

(2) 要积极进行适应现代战争形态的军队组织和形式建设。推动组织形态变革，努力建成忠诚于党、善谋打仗、指挥高效、敢打必胜的联合作战指挥机构；努力构建平战一体、常态运行、专司主营、精干高效的战略战役指挥体系；努力建设"保障打赢现代化战争的后勤、服务部队现代化建设的后勤和向信息化转型的后勤"。

(3) 要坚持把军事训练摆在战略位置，推进军事训练实战化。发扬我军大无畏英雄气概和英勇顽强的战斗作风，保持旺盛革命热情和高昂战斗意志，保持箭在弦上、引而待发的高度戒备态势。

(4) 要把发展高新技术武器装备摆在重要位置，坚持以作战需求为牵引，坚持自主创新的战略基点，着力突破核心关键技术，大力发展信息化武器装备，坚定不移把信息化建设作为发展方向，加快机械化和信息化建设复合发展。

(五) 永葆人民军队的性质、宗旨、本色

永葆人民军队性质、宗旨、本色是对"作风优良"的具体要求。党和军队有着光荣的传统和优良作风，要把这种红色基因一代代传下去，培养有灵魂、有本事、有血性、有品德的新时代革命军人。具体表现在以下方面。

(1) 严纠"四风"，坚决克制形式主义、官僚主义、享乐主义和奢靡之风。

(2) 严立规章，推动作风建设常态化、长效化，注重从制度机制上解决问题，增强建章立制工作的针对性和可操作性。

(3) 严整军纪，坚持依法治军、从严治军，坚持以纪律建设为核心，着力增强法规制度执行力。

(4) 严惩腐败，绝不让腐败分子在军队有藏身之地，强化对权力运行的制约和监督。

(5) 严于律己，改变作风，必须自上而下、以上率下，领导干部特别是高级干部要勇于向自身开刀、自我清洗、"刮骨疗伤"。

(6) 严治顽症，在抓常、抓细、抓长上下功夫，发扬"宜将剩勇追穷寇"的精神。

(六) 明确强军事业的战略布局和战略指导

党的十八大以来,党中央和中央军委统筹军队革命化、现代化、正规化建设,明确提出"四个全面"战略布局,牢固确立"五个更加注重"战略指导,全面推进国防和军队现代化建设。关于军队建设战略布局,强调政治建军是立军之本,任何时候任何情况下都不能有丝毫松解;改革是决定军队未来的关键一招,必须大刀阔斧地实施改革强军战略;科学技术是核心战斗力,必须下大气力推进科技兴军、赢得军事竞争主动权;依法治军是保障措施,军队越是现代化就越要法治化,坚持厉行法治、从严治军。关于军队建设发展战略指导,更加注重聚焦实战这一发展导向,解决好部队建设与实战贴得不紧的问题;更加注重创新驱动这一发展动力,解决好我军建设发展主要靠投资要素驱动、创新能力不足的问题;更加注重体系建设这一发展方法,解决体系设计不足、体系作战能力总体偏弱的问题;更加注重集约、高效这一发展模式,解决好决策部署凭经验、资源分配、使用粗放、督导调控机制不健全和管理效率不高等问题;更加注重军民融合这一发展途径,解决好自成体系、自我封闭、自我保障等问题。

(七) 坚定不移深化国防和军队改革

党的十八届三中全会,对深化国防和军队改革作出了全面部署。确立的目标是,到 2020 年构建打赢信息化战争、有效履行使命的中国特色现代军事力量体系,完善中国特色社会主义军事制度。改革的重点是,解决好制约国防和军队建设的体制性障碍、结构性矛盾和政策性问题,推进军队组织形态现代化。改革的基本原则是,坚持用强军目标引导、推进改革,牢牢把握坚持改革正确方向这个根本;牢牢把握能打仗、打胜仗这个聚焦点,把改革主攻方向放在战争准备的重点和难点问题上;牢牢把握军队组织形态现代化这个指向,没有组织形态现代化就没有国防和军队现代化;牢牢把握积极稳妥这个总要求,战略上勇于进取,战术上稳扎稳打积小胜为大胜。改革的战略举措是,着眼于贯彻新时代政治建军的要求,形成"军委管总、战区主战、军种主建"的总格局;着眼于"依法治军、从严治军"这个关键,构建严密的权力运行制约和监督体系;着眼于打造精锐作战力量,优化结构规模和编制体制,推动我军由数量规模型向质量效能型转变;着眼于抢占未来军事竞争战略制高点,充分发挥创新驱动发展作用,培育战斗力新的增长点;着眼于贯彻军民融合发展战略,推进跨军地重大改革任务,实现经济建设和国防建设融合发展。此次军队改革的广度、深度、力度极为罕见,打破了原来的总部制、大军区制、大陆军制,改革了陆战型、国土防御型的力量结构和兵力部署,实现了我军组织架构和力量体系革命性重塑。

(八) 建设创新型人民军队

建设创新型人民军队,必须明确创新是引领发展的第一动力,坚持向科技创新要战斗力,坚持统筹推进军事理论、技术、组织、管理、文化等各方面的创新。创新能力是一支军队的核心竞争力,也是生成和提高战斗力的加速器。必须把创新驱动发展的引擎全速发动起来,善于运用新理念、新思路、新方法推进军队各项建设。加快理论创新步伐,科学的理论就是战斗力,一支强大的军队必须有科学的理论作指导。树立科技是核心战斗力的思想,努力把我军建设模式和战斗力生成模式转变到创新驱动的轨道上来。牢牢扭住国防科技自主创新这个战略基点,加快前沿性、颠覆性技术创新,不断提升科技创新对军队建设和战斗力生成的贡献率。大力开展军民协同创新融合,构建创新人才队伍,大力弘扬创新文化,推进军事管理改革。

(九) 提升国防和军队建设法治化水平

我国要建成一支现代化人民军队,必须改革治军方式,提高法治化水平,完善中国特色军事法治体系。军队越是现代化,越是信息化,就越要强调法治信仰,越要法治化、正规化。构建具有中国特色的军事法治体系,形成完备、严密、高效的军事法规制度体系、军事法治实施体系、军事法治监督体系、军事法治保障体系。其中，依法治军的关键在于依法治官、依法治权，强化法治信仰和法治思维，尤其要抓好领导干部这个"关键少数"。领导干部要带头遵法、学法、守法、用法，引导官兵把法治内化为政治信念和道德修养，外化为行为准则和自觉行动。实现从单纯依靠行政命令的做法到依法行政，从单纯依靠习惯和经验到依靠法规和制度开展工作，从突击式、运动式抓工作到按条令条例办事的三大根本转变，形成党委依法决策、机关依法指导、部队依法行动、官兵依法履职的良好局面。

（十）推动军民融合发展

军民融合发展，是兴国之举，是强军之策。将军民融合发展上升为国家战略，是我们党长期探索经济建设和国防建设协调发展规律的重大成果，是从国家发展和安全全局出发作出的重大决策，是应对复杂安全威胁、获得国家战略优势的重大举措。推动军民融合发展不是权宜之计，而是全局性、方向性、指导性、长期性的国家战略。它兼顾了发展与安全、富国与强军之间的各项要求，着眼经济实力和国防实力同步增长，强化统一领导、顶层设计、改革创新和重大项目落实，同步推进体制和机制改革、体系和要素融合、制度和标准建设，完善军民融合组织政策制度体系、工作运行体系、管理体系，逐步实现国家各领域战略布局一体融合、战略力量一体运用、战略资源一体整合，努力开创经济建设和国防建设平衡发展、协调发展、兼容发展新格局。

三、确立习近平强军思想的重大意义

党的十九大明确指出，牢固确立习近平强军思想在国防和军队建设中的指导地位。它根植于强国复兴新时代，引领强军兴军新征程，在马克思主义军事理论中国化进程中，在党的军事指导理论创新发展中，在我们党的治国理政实践中，具有重大政治意义、理论意义和实践意义。

（一）习近平强军思想为马克思主义军事理论发展作出了原创性贡献

以鲜活的马克思主义军事理论指导军事实践，是我们党数十年来建军、治军的一条基本经验。面对国内外形势的深刻变化，面对强国、强军的时代要求，习近平强军思想作出一系列新的重大判断、新的理论概括、新的战略安排，指出世界正发生前所未有之大变局、我国正处于由大向强发展的关键阶段、我军正经历着一场革命性变革，强调国防和军队建设进入了新时代；阐明新时代军队的使命任务和强军的奋斗目标、建设布局、战略指导、必由之路、强大动力、治军方式、发展路径等重大问题，把我们党对军事力量建设和运用规律的认识提高到新水平。习近平强军思想把全面推进国防和军队现代化纳入强国复兴大战略、大布局，擘画了未来几十年我军建设发展的蓝图，为我们走好新的长征路确立了行动纲领。这些理论上的重大突破、创新和发展，在新的历史时代坚持和发展了毛泽东军事思想、邓小平新时期军队建设思想、江泽民国防和军队建设思想、胡锦涛国防和军队建设思想，为丰富和发展马克思主义军事理论作出了原创性贡献，也开拓了当代中国马克思主义军事理论和军事实践发展的新高度。

（二）习近平强军思想为新时代的中国军队建设指明了正确方向

习近平强军思想，作为习近平新时代中国特色社会主义思想的"军事篇"，从新时代坚持和发展中国特色社会主义基本方略的高度，突出强调坚持党对人民军队的绝对领导，要求我军坚决维护和贯彻军委主席负责制，坚决维护党中央权威和集中统一领导，揭示了人民军队从胜利走向胜利的根本力量所在；始终坚持以党的政治建设为统领全面加强军队党的建设，确立了新时代政治建军的大方略，为我们提升政治站位、增强政治能力提供了根本遵循；集中体现了党的意志主张，反映了党和人民对我军的时代要求，指明了军队建设坚定正确的政治方向。新时代的人民军队，要以党的旗帜为旗帜、以党的方向为方向、以党的意志为意志，必须坚持用习近平强军思想统一思想、统一步调，坚定维护习近平同志在党中央和全党的核心地位，更加自觉地对党忠诚、听党指挥。

(三) 习近平强军思想为全面建成世界一流军队提供了科学指南

在过去很长的一段时间内，人民军队内部曾经存在一系列矛盾和问题，这种状态任其发展下去，军队不但战斗力下降，甚至还有变质变色的危险。正是以习近平同志为核心的党中央，以巨大的政治勇气和强烈的责任担当，带领全军重振政治纲纪，坚定不移地推进政治整训，有效解决了弱化党对军队绝对领导的突出问题；重塑组织形态，大刀阔斧地推进改革，有效解决了制约我军发展的领导体制和编制体制问题；重整斗争格局，坚定捍卫国家核心利益，有效解决了军事力量运用方面的突出问题；重构建设布局，创新发展理念和方式，有效解决了我军建设聚焦实战不够、质量效益不高的突出问题；重树作风形象，强力推进正风肃纪反腐，有效解决了不正之风和腐败现象滋生蔓延的突出问题。党的十八大以来，强军事业取得历史性成就、发生历史性变革，根本在于党中央的坚强领导和习近平强军思想的正确指导。全面贯彻习近平强军思想，人民军队才能跟上全面建设社会主义现代化强国进程，在世界新军事革命浪潮中勇立潮头、赢得战略主动，最终建成世界一流军队。

(四) 习近平强军思想为培养新时代"四有"军人提供精神滋养

习近平强军思想坚持人民军队性质、宗旨、本色，发扬我党我军光荣传统和优良作风，为官兵传承红色基因、担当强军重任提供了思想政治营养；坚守中国共产党人的初心和使命，充满道路自信、理论自信、制度自信、文化自信，为新时代革命军人立起了坚不可摧的精神支柱；强调敢于斗争、敢于胜利，指出我军历来是打精气神的，一不怕苦、二不怕死的战斗精神永远都不能丢，为砥砺军人血性胆魄明确了努力方向；贯通"中国梦""强军梦""我的梦"之间的必然联系，蕴含着观察世界、思考人生的科学方法，为书写军旅出彩人生提供了价值引领。习近平强军思想蕴含着巨大真理力量和人格力量，与官兵有着天然的亲和力，是武装人、培养人、提高人的最好"教科书"。拥抱新时代，践行新思想，实现新作为，必须有一代新人来担当。用习近平强军思想铸魂育人，官兵心中有了魂、脚下就有了根，培养"四有"新时代革命军人、锻造"四铁"过硬部队就有了根本保证。

思考题：
1. 简述习近平强军思想产生的背景。
2. 如何理解习近平强军思想的科学内涵？
3. 确立习近平强军思想有什么重要意义？

第四章

现 代 战 争

【教学目标】

了解战争的内涵、特点、发展历程；理解新军事革命的内涵和发展演变，掌握机械化战争、信息化战争的形态、特征、代表性战例和发展趋势，使学生树立打赢信息化战争的信心。

第一节　战争概述

战争是人类社会发展到了一定历史阶段出现的一种特殊的社会历史现象。在人类社会漫长的发展过程中，战争随着私有制和阶级的产生而产生。从原始末期产生至今，人类战争已经存在了几千年，多达 15 000 多次，血雨腥风、刀光剑影，对人类社会生活的各个方面产生了广泛而深刻的影响。

一、战争的概念和内涵

《孙子兵法》曰："兵者，国之大事，死生之地，存亡之道，不可不察也。"克劳塞维茨在《战争论》中指出："战争无非是扩大了的搏斗。""战争是迫使敌人服从我们意志的一种暴力行为。"那么，战争是什么？《中国人民解放军军语》(2011 版)中指出关于战争的概念："战争是指国家或政治集团之间为了一定的政治、经济目的，使用武装力量进行的大规模激烈交战的军事斗争，是国家、政治集团、阶级、民族、宗教之间矛盾的最高形式。" 我们可以从以下几个方面理解战争的内涵。

(1) 战争是人类社会特有的活动。早在人类社会产生以前，动物之间就存在生死搏斗，但那只是生存竞争、优胜劣汰的自然法则的表现。它没有严密的组织性和明确的目的性，也不会制造和使用武器，更不具有社会性，因而，不能称之为战争。只有在人类社会产生之后，出现了不同的社会组织，才使战争的产生成为可能。

(2) 战争和武装冲突有区别。武装冲突是敌对双方武装力量之间发生的小规模、低强度的交战。就国家之间关系而言，武装冲突尚未构成战争状态。但在一定条件下，武装冲突可能发展成为战争。武装冲突在主体、规模、性质等方面和战争也有着显著差别。战争主体是阶级、民族、国家或政治团体等群体，而不是单独的个体；战争是暴力的最高斗争形式，而不是一般斗争形式；战争具有暴力性、对抗性、集团性等属性。

(3) 战争具有暴力对抗性。战争是民族、国家或政治集团之间的武装斗争。它作为一种特殊的社会活动，其基本要素、组成方面、各个阶段都充满着暴力的对抗性，以暴力为基础、以对抗为特征。没有暴力就无所谓战争，没有对抗也根本谈不上战争。

(4) 战争是力量的较量。战争离不开物质力量的支撑，雄厚的经济实力是赢得战争的重要条件，国富兵强是一条基本的客观规律。同时，战争的结局又直接关系到一个国家、一个民族的兴衰。因此，战争依赖于人类的社会生产活动，又影响着人类社会的方方面面。

(5) 战争也是科技的竞赛。人类为了自身的安全，往往将最新科技成果首先应用于军事领域，转化为各种新式武器装备。而新式武器装备的使用又直接推动战场作战方式的发展变化。从冷兵器战争、热兵器战争、机械化战争乃至信息化战争，每一步发展变化无不体现科技的魅力。一部战争史，在某种意义上也是一部军事科技发展史。

(6) 战争也最能体现人类智谋。战争具有的对抗性、偶然性、冒险性和创造性，一般是"强胜弱败""多胜少败"，但也有许多"以弱胜强""以少胜多"的经典战例，发生过许多威武雄壮、有声有色的战役战斗，成就了许多将领和军事家，创造出许多高明的韬略、计谋和战法。

二、战争的起源、本质和性质

自从有了战争以来，人们就开始认识和研究战争，探索其起源、本质、性质和内在规律等。在远古时期，由于人类"智力"水平较低，认为战争是神的意志。近代以来，随着生产力的不断提升，人们将战争的产生归于"人性"中占有、征服、统治的本性欲望。现代以来，出现了各种关于战争起源和本质的争论：种族主义战争论认为，战争源于种族差别和矛盾；新马尔萨斯主义战争论(人口战争论)认为，战争归结于人口增长；自然主义战争论认为，要以自然现象或自然规律解释战争的起源、本质和历史作用；地缘政治学战争论认为，军事冲突的根源不是阶级对抗，而是地理因素和种族优劣；马克思主义认为，战争起源于人类社会内部的生产力和生产关系之间的矛盾，战争是人类社会发展到一定阶段的产物。

(一) 战争起源于私有制和阶级社会

早期的人类社会，生产力低下，没有剩余产品，生产资料公有，没有私有财产。在部落氏族中，人们平等相处，没有剥削和压迫，也没有阶级和阶级斗争，不具备产生战争的条件。原始社会后期，随着生产力发展，出现了剩余产品和社会分工，进而产生了生产资料私有制，也逐渐形成了对立阶级，战争也开始萌芽。统治阶级为了最大限度地剥削被统治阶级的劳动成果，为了维护其统治地位和巩固私有制，建立起一整套国家机器和职业军队，并不断对内、对外挑起压迫性和掠夺性的战争，也引起被压迫阶级和民族的武装反抗；同时，统治阶级内部也存在争权夺利，相互掠夺厮杀。这些暴力斗争经过上千年的发展演变，成为阶级社会里解决社会矛盾和冲突的最后手段——战争。马克思主义认为，既然战争是社会经济发展到一定阶段的产物，是人类社会产生私有制和阶级之后才出现的，那么，它也必然随着私有制和阶级的消灭而永远退出历史舞台。也就是说，当人类进步到一定阶段，消灭了私有制，消灭了阶级，消灭了国家，战争就消亡了。

(二) 战争的本质是政治通过特殊手段的继续

战争与政治的关系，是反映战争本质的一个重要问题。孙武在其《孙子兵法》中提出，制约战争胜负的五个要素是"道、天、地、将、法"。其中"道"就是指政治。近代资产阶级军事理论家克劳塞维茨在其《战争论》中提出："战争无非是政治通过另一种手段的继续。""战争不仅是一种政治行为，而且是一种真正的政治工具，是政治交往的继续，是政治交往通过另种手段的实现。"马克思主义肯定了克劳塞维茨关于"战争是政治通过另一种手段的继续"的论点，并明确了在阶级社会中，政治就是阶级之间的斗争，而不是克劳塞维茨所认为的超越阶级的政治，从而才真正科学地阐述了战争与政治的关系，揭示了战争的本质。毛泽东吸收了克劳塞维茨和马克思的思想，在其著作《论持久战》中指出："政治是不流血的战争，战争是流血的政治。"这充分揭示了战争的本质，承认了政治产生于战争，战争根源于政治的根本属性，肯定了战争作为实现政治目的的特殊手段和工具，是政治发展中的特殊阶段。

(三) 战争的性质取决于其政治目的

战争的性质是根据战争的政治目的而确定的。毛泽东认为："历史上的战争分为两类，一类是正义的，一类是非正义的。一切进步的战争都是正义的，一切阻碍进步的战争都是非正义的。""一切反革命战争都是非正义的，一切革命战争都是正义的。"可见，区分战争正义与非正义的标准，主要看其政治目的和对社会历史发展所起的作用。正义战争是指符合广大人民利益，对社会发展起促进作用的进步的战争，如抵御外敌入侵的反侵略战争、争取民族独立的解放战争、被压迫者的革命战争等。非正义战争是指违背广大人民利益，对社会发展起阻碍和退步作用的战争，如侵略战争、反革命战争、争夺殖民地的战争等。正义战争和非正义战争在一定条件下也可以相互转化，转化的条件主要是其政治目的的改变。政治目的发生变化了，战争的政治性质也随之改变，正义战争可以转化为非正义战争，非正义战争也可以转化为正义战争。因此，我们要客观地站在一定的历史条件下，看待战争发动者的政治目的。如果战争的目的是被压迫人民的解放和被压迫民族的独立，或者反抗侵略和掠夺，使人民获得解放、社会得到和平，有利于人类社会发展和进步，就是正义战争；反之，就是非正义战争。

三、战争形态的演变

在有文字记载的五千多年的历史长河中，人类先后经历了大大小小的战争达 15 000 多次。纵观人类战争史、战争形态和作战样式，它们总是随着时代和社会生产力的发展而不断变化。就战争形态和使用的主要兵器来看，人类已经经历了自然兵器战争、冷兵器战争、热兵器战争、机械化战争、核威胁战争、高技术战争，现在正向信息化战争形态迈进。

(一) 自然兵器战争

自然兵器战争主要是原始部落之间进行的早期战争。原始社会时期，社会生产力低下，人们过着集体居住、平均分配的原始共产主义生活，有时为了争夺野果、猎物和活动地域，偶尔也发生冲突。后来，人口增多，由氏族形成胞族、部落，生产逐渐发展。在社会交往过程中，因利益相同而形成部落联盟，也往往因利益冲突、抢婚或血族复仇而发生战争。由于当时兵器与生产工具没有严格的区分，战争中主要使用石质的自然兵器，即所谓"以石为兵""以玉为兵"。经过战争和其他交往活动，各部落逐渐融合，生产进一步发展，出现了农业和畜牧业的社会大分工，手工业也从农业中分离出来，社会的剩余产品和私有财产的成分不断增加，战争俘虏不再被杀掉而成为有用的劳动力。自然兵器战争有中国古代传说的黄帝部落联盟与蚩尤部落联盟的战争，黄帝部落联盟与炎帝部落联盟的战争，尧、舜、禹和三苗部落的战争，古希腊荷马史诗描述的英雄时代的战争等。这些自然兵器战争也加速了原始社会的瓦解，以及阶级、私有制和国家的形成。

(二) 冷兵器战争

冷兵器时代是一个时间概念，指的是从军队和战争产生时起，直到黑火药发明并被广泛应用于战场的这一历史阶段，时间跨度大约为公元前 21 世纪至公元 18 世纪，大致跨越了人类的奴隶社会和封建社会两大社会形态。进入奴隶社会后，社会生产力有了较大提高，出现了私有制和阶级，也产生了国家和军队，也时常爆发战争。在奴隶社会，经济以农业生产为主，土地被奴隶主占有，大批奴隶被迫在田野里耕作和从事各种劳动，相互之间产生了尖锐的对立情绪。而奴隶主之间为争夺奴隶、财富和兼并土地也时常诉诸武力，奴隶制国家经过残酷的战争得以逐渐巩固，如商朝的武丁征鬼方等部落的战争，周公镇压殷人夷族部落的战争，商灭夏、周灭商的战争，西周的"国人暴动"，春秋末期的柳下跖起义，以及古罗马时期斯巴达克斯领导的大规模奴隶起义(公元前 73—前 71 年)战争等。这一时期，军队使用的主要是铜制的冷兵器，在平原、丘陵地进行车战，作战方法是摆兵布阵，进攻以破阵来实现，防御靠守阵(包括城池)来完成，从而使战争具有一定的规模，并呈现出相应的形态。

随着火药的发明和应用，战场上也曾出现一些火铳、火枪、突火枪、震天雷、一窝蜂(火箭)等热兵器，但一直未占据主导地位。相反，由于冶炼技术的发展，刀、矛、枪、戈、剑和弓弩等冷兵器的性能不断改进，依然在战场上广泛使用。这一时期，社会矛盾主要是封建地主阶级与农民阶级的矛盾、地主阶级内部矛盾，以及国家与国家、民族与民族之间的矛盾。这些矛盾的激化也引发了一系列战争，如秦末的陈胜、吴广，汉朝的赤眉、黄巾，隋唐的李密、黄巢，宋朝的方腊、杨幺，元末的朱元璋，明末的李自成、张献忠，清朝的洪秀全等人领导的农民起义战争；汉取代秦、唐取代隋、清取代明的战争；春秋战国、秦灭六国、三国割据、五代十国等时期封建割据与统一的战争；秦、汉与匈奴，唐与突厥，宋与辽、金、蒙之间的民族战争等。而在同时期的欧洲，除农民战争、封建主内部战争和民族之间战争外，还爆发了以宗教名义为阶级利益服务的战争。例如 11—13 世纪持续了近两百年的"十字军东征"，实际上是罗马教皇和西欧一些封建主国家发起的侵略战争。分析这一时期的战争可以发现，军队的体制已基本形成，陆军中出现了步兵、骑兵、车兵等不同兵种，还建立专门的水军；作战形式和战法也趋多样化，实行骑战、步战和城池攻防战，快速机动、远程奔袭、迂回包围等战法也有了很大发展。

(三) 热兵器战争

热兵器时代是战争形态的一个革命性时代。处在资本主义上升时期的欧洲、北美逐步以集中的资本主义工业生产代替分散、落后的农业经济，以雇佣剥削制代替封建剥削制，使社会生产力得到了飞速发展。大量的农民摆脱了封建桎梏，也为资产阶级军队提供了充足兵员。特别是蒸汽机的发明和工业的出现，大量的火枪、火炮、火箭炮装备军队，并在战争中起到主导作用。这一时期，资产阶级对内推翻封建统治、对外实行殖民扩张，发动了一系列战争，如英国的资产阶级革命战争，美国的独立战争，法国的大革命战争，1756—1763 年英、普与法、奥、俄等国的"七年战争"，1840—1900 年英、法、俄、德、日、美、意、奥等国侵略中国的战争，1853—1856 年的克里米亚战争，1898 年的美西战争等。这一时期，中国虽然出现了资本主义的萌芽，但没有真正进入资本主义社会，生产力依然落后，热兵器的应用也不充分，战争仍处于一种过渡阶段，主要是一些抗击殖民者入侵、镇压农民起义、维护封建统治与割据的战争。从世界范围来看，这一时期已普遍实行征兵制和预备兵役制，采用了正规的军、师、旅、团、营、连的编制，制定了统一的操典、教范和条令，建立起庞大的陆军、海军，陆军中有步兵、骑兵、炮兵、工兵、辎重兵以及各级司令部等，多兵种协同作战。陆战场、海战场的配合作战，不仅使战争形态发生了重要变化，而且战争的规模及对社会的影响也增大。

(四) 机械化战争

19 世纪末 20 世纪初，随着社会生产力和科学技术的迅猛发展，出现了新型的(远程)火炮、飞机、坦克、舰艇等机械化含量较高的武器装备，推动了军队结构的更新，也引发了战争形态的变革。从社会发展的角度来看，这一时期，主要资本主义国家先后进入了帝国主义阶段。垄断的资产阶级对本国无产阶级和广大劳动人民的剥削加深，帝国主义列强对殖民地人民的掠夺和压迫也加剧，国际垄断资本集团之间的竞争激化。帝国主义国家经济、政治发展的不平衡和重新瓜分世界的斗争，使得资本主义世界矛盾重重，阶级、民族和国家矛盾尖锐复杂，进而引发了一系列世界性战争，如 1904—1905 年的日俄战争、1914—1918 年的第一次世界大战、1939—1945 年的第二次世界大战等。这一时期也是全世界无产阶级革命战争和民族解放战争的频发时期，如 1917 年的俄国十月革命战争、亚非拉一些国家和地区的人民争取民族独立的战争，以及中国的抗日战争和解放战争等。随着武器装备的发展和军队编制体制的完善，各国参战的不仅有陆军、海军，而且有空军；战争不仅在地面、海上进行，而且发展到空中和水下，并呈现出陆、海、空立体作战特征。战争的规模、作战的空间，以及战争的破坏性和残酷性都空前增大。

(五) 核威胁战争

20 世纪 40 年代后，一些国家先后研制成以原子武器为代表的核武器，声称将作为未来主要的战争手段，从而使全世界处于核威慑之下。特别是以美、苏为代表的两个核大国，长期左右着世界局势的发展变化。由于双方都担心直接使用核武器可能造成灾难性后果，因而，在这一时期全世界爆发了近 200 次局部战争，大多数是以核打击为威慑，而使用新型常规武器作战，如朝鲜战争、越南战争、中印边境战争、中东战争等。其中，既有霸权主义者之间为争夺势力范围、地区或全球主导权而发生的战争，又有称霸与反霸、扩张与反扩张之间的战争。由于武器装备基本实现现代化，军队的编成方式、组织指挥能力也较大改善，使得战争具有更强的立体性和纵深性，诸军兵种合同作战与联合作战日益突出。然而，受政治、外交、经济等因素的影响，以及战区地理环境条件的限制，这一时期战争的突出特点是有限性，不仅作战的地区相对固定，而且作战的时间、规模、手段乃至作战目的都受到了一定局限。战役力量编组、使用较为灵活，运用小部队的非正规作战等具有重要作用。战争的结局也或多或少打上了政治解决的烙印。

(五) 高技术战争

20 世纪 80 年代以后，国际战略格局经历了几次大的调整后，东西方都进入一个新的发展时期。在第三次工业革命浪潮和以计算机技术为核心的高新技术影响下，武器装备趋向智能化，军队的精确打击和远距离打击能力显著提高，也使得作战样式发生了巨大变化。在这一时期，尽管和平与发展已成为时代主题，但霸权主义和强权政治并不甘示弱，第三世界国家的反霸权斗争更加艰巨复杂，多极化道路一波三折，世界范围内屡屡出现形态各异的高技术局部战争，如 1982 年的英阿马岛战争、1983 年美国入侵格林纳达战争、1989 年美国入侵巴拿马战争、1991 年的海湾战争、1992—1995 年的波黑战争、1999 年的科索沃战争等。这些战争体现出高技术局部战争的许多新特点，如战场空间进一步拓展，呈现出海、地、空、天、电多维一体和不规则流动状态；作战力量结构更加复杂，技术性军(兵)种的地位突出，整体协调保持系统平衡更加重要，更注重实施联合作战；作战样式多，作战方式和手段运用更加灵活，电子、火力、机动形成一体；空中打击成为战争的重要表现形式，且注重运用多种技术手段达成战役、战略目的；作战指挥机构趋向联合型、扁平化，指挥方式全局性增强、灵活性大，指挥手段日趋自动化、智能化。

人类社会在前进，战争也在发展。随着以信息技术为核心的科学技术的发展，人类已开展以建设信息化部队为基础的信息化战争研究。这是一种全新的战争形态，并已成为 21 世纪最主要的战争形式，交战双方将在一个以信息对抗为主的、无确定边界的多领域战场上展开全面综合较量。

思考题：

1. 简述战争的概念和内涵。
2. 简述战争的起源、本质和性质。
3. 人类的战争形态如何演变？

第二节 机械化战争

机械化是工业时代社会生产力和军队战斗力水平的主要标志。18 世纪后，随着近代科技革命带来的工业革命的兴起，蒸汽机和内燃机的发明，人类从长时间的农业时代跨入工业时代，同时，为军队的机械化创造了物质和技术基础，引发了以机械化为核心的军事革命。

一、机械化战争的定义和特点

在第一次世界大战中，坦克的使用显示出很强的突击力。1918 年 5 月，英国坦克军参谋长富勒率先提出，坦克出现以后，陆军机械化是必然的发展趋势，战争将是一种纯粹的机械化活动，战争胜负"百分之九十九在于武器"，战场上坦克数量多的一方胜利的机会也大。之后，德国的古德里安、法国的戴高乐等人，也从不同角度提倡机械化战争。

(一) 机械化战争的概念

机械化战争是指主要使用坦克、飞机、火炮等机械化武器装备，应用相应作战方法所进行的战争，是工业时代的基本战争形态。其中，机械化装备是以机械技术和动力为主要特征的装备。机械化部队主要是依托建制内装甲战斗车辆实施机动和作战的部队，是以机械化步兵或坦克兵为主体的诸兵种合成部队。

(二) 机械化战争的特点

由于大规模使用机械化武器装备作战，机械化战争与传统冷兵器战争相比，具有以下不同特点。

(1) 军队的机动速度、火力和突破能力大幅增强。由于飞机、坦克、装甲车和舰艇等机械化装备的运用，军队的机动速度、防护能力、火力和突破能力等均大幅提升，依靠战壕进行坚守防御的一方优势不复存在，极大地改变了战场的作战样式。

(2) 战场范围扩大，情况变化急剧。由于机械化装备的大量运用，军队的火力、突击力、机动力和整体作战能力空前提升，这也使作战行动由陆地、海洋向空中拓展，前方与后方的界限模糊，战场情况瞬息万变，力量对比转化迅速，攻防转换频繁。

(3) 联合作战、立体作战、纵深作战成为主要样式。在机械化战争中，以陆军为主，诸军种、兵种协同配合的合同作战，逐渐发展成为诸军种联合作战。作战行动在多层次、全方位同时展开，陆空联合对战役部署、全纵深火力突击、大纵深迂回穿插和奔袭作战增多。

(4) 战争的破坏力大大增强，战场物资消耗巨大。机械化战争对弹药、油料和其他物资的需求极大，武器装备损坏率高，人员伤亡增加，战争破坏严重。因而，更需要强大的经济、充足的人力物资、顺畅的交通运输和良好的后勤保障。

(5) 战场技术维修任务加重，对参战人员的素质要求不断提升。由于坦克、飞机、自行火炮等机械化装备科技含量高，使用过程中损耗大，要求正确使用和及时维修才能保持部队的持续作战能力。

二、机械化战争的产生和发展

机械化战争是在内燃机出现以后，科学技术和经济迅速发展的基础上逐渐产生的。特别是坦克在第一次世界大战中显示出强大突击力后，英国的富勒、德国的古德里安、法国的戴高乐等人总结了使用坦克的经验，提出了机械化战争论。之后，这一理论被德国法西斯头子希特勒及其统帅部所接受，并应用于第二次世界大战闪击波兰、法国和进攻苏联等作战行动，也使机械化战争论得到进一步的发展和完善。

(一) 机械化战争的产生

第一次世界大战期间，为打破敌对双方在阵地战中长期相持不下的僵局，英军在索姆河战役中第一次使用坦克(参战18辆)配合步兵进攻，并占领了德军阵地的若干重要支撑点。1917年康布雷战役中，英军首次大规模使用坦克(共有476辆)，在步兵、航空兵和炮兵的协同下，正面向德军发起进攻，突破长达12千米的防线，占领了康布雷。这次战役是诸兵种协同作战的成功尝试，也是大规模使用坦克的第一个范例。之后，英国坦克军参谋长富勒总结了在战争中使用坦克的经验，并在其拟制的《1919年计划》中，率先提出了建立和使用机械化部队的新观点。坦克在战场上取得成效后，英国又研制了装甲输送车，组建了机械化部队。欧洲其他国家也先后组建机械化步兵团、师和军。机械化武器装备的大量使用，不仅对军队的作战行动产生影响，也对军事学术的发展起到促进作用。此后，富勒又在《大战中的坦克》(1920)、《机械化战争论》(1928)等著作中进一步阐述、创立了机械化战争理论。奥地利的艾曼斯贝格尔在1934年出版了《坦克战》，德国的古德里安在1937年出版了《注意坦克》等著作，都从不同角度阐述了坦克和机械化部队在未来战争中的重大作用，以及机械化部队的组建和使用原则等问题，也进一步发展了机械化战争理论。

(二) 机械化战争的形成

第二次世界大战是人类历史上规模最大的全球性战争。在这场战争中，大量的坦克、装甲车、自行火炮及其他机械化武器装备部队，使得装甲兵成为陆军的主要突击力量；步兵也大量发展为机械 (摩托)化部队。海军装备了大批的舰艇、潜艇和航空母舰，成为能在水面、水下、空中进行立体作战的合成军种。空军发展也极为迅速，许多国家组建了空军联队、师、军和集团军。世界各主要军事强国将现代化的陆、海、空军及其具有高度机动力、突击力的机械化作战平台大量运用于战争，徒步步兵、骑兵和其他兵种逐渐退出战争舞台，作战方式逐步由线式作战向纵深作战发展。在作战理论方面，出现了杜黑的"空军制胜论"、富勒的"机械化战争论"、鲁道夫的"总体战"等著名的机械化战争理论，特别是德国的"闪击战"理论，提出了以装甲部队在飞机和空降兵的协同下远程奔袭，实施高速进攻的新的作战观念，成为第二次世界大战中德军作战的理论基础。与之相对应的苏联"大纵深战役"理论，首次提出实施方面军、集团军战役的观点，强调以杀伤兵器同时压制敌方整个防御纵深，在选定方向上突破，而后使用机械化部队迅速扩张战果，将战术胜利发展为战役胜利，达成预定目的。这些理论都在战争中得到充分运用和检验，并取得了显著的实战效果。

(三) 机械化战争的发展

1945 年 8 月，美国先后在日本广岛和长崎投下了两颗原子弹，宣告核时代的到来。原子弹、导弹的出现，使得机械化战争发展到了一个全新阶段。这一时期，美军建立了战略空军司令部，苏联组建了战略火箭军，英、法等国也建立了有限的战略核部队。在常规力量建设上，美、苏等国的陆军装备了威力强大的战役、战术导弹和高性能火炮；空军装备了可携带导弹甚至核弹的新型作战飞机、战略轰炸机；海军的导弹舰艇、导弹核潜艇和海军航空兵成为主要突击力量。在常规战争理论方面，重点突出机械化部队在现代局部战争中运用的研究。20 世纪 70 年代中后期，产生了核威慑条件下的常规战争理论。20 世纪 80 年代，美军的"空地一体作战"理论、苏军的"大纵深战役"理论进一步发展为"大纵深立体战役" 理论。20 世纪 80 年代中后期，以信息技术为核心的高技术飞速发展并在军事领域广泛应用，引发了新的军事技术革命，使得武器装备有了质的飞跃，也推动了军队编制体制、作战方法和军事理论的变革。以 1991 年海湾战争为标志，由精确制导武器、情报支援系统和电子战系统为主构成的信息作战系统，以及其他高技术在军事领域的广泛运用，大大改变了机械化战争的面貌，也使得机械化战争理论受到巨大冲击和挑战。

三、机械化战争的代表性战例

第二次世界大战(1937年7月7日—1945年9月2日)是以德、日、意三个法西斯轴心国和匈牙利、罗马尼亚、保加利亚等仆从国为一方,以英、美、苏、中等同盟国和全世界反法西斯力量为另一方,进行的第二次全球性战争。战争范围从欧洲到亚洲,从大西洋到太平洋,先后有61个国家和地区、20亿人口被卷入战争,作战区域达2200万平方千米,军民伤亡9000余万人,财物损失超5万多亿美元。这场人类历史上规模最大的战争历时8年多,大致可分为三个阶段。

(一) 轴心国战略进攻和同盟国战略防御

1937年7月7日—1939年9月1日,日、德、意等轴心国先后在亚、欧、非等战场展开战略进攻。

(1) 中国战场。"七七事变"后日军迅速占领北平、天津,并以30多万兵力大举进攻华北。"八·一三事变"后,日军又投入28万兵力进犯上海,企图三个月灭亡中国。1937年12月13日,日军占领首都南京,制造了震惊世界的南京大屠杀,杀害中国同胞30万。面对日本的全面侵略,国共合作,共赴国难,全民族共同抗战。在正面抗击日军的同时,也开辟了华北、华中和华南敌后战场,形成正面、敌后两个战场夹击日军的态势。中国军民在淞沪、徐州、武汉等大会战以及敌后游击战中,给日军以沉重打击,粉碎其"速战速决"、一举灭亡中国的战略企图,还取得了平型关、台儿庄大捷。至1939年9月欧洲爆发大战,中国战场牵制日军总兵力达32个师、16个独立混成旅和3个骑兵旅,鼓舞和支援了世界各国人民的反法西斯斗争。1938年武汉失守后,抗日战争进入战略相持阶段。日本采取"政治诱降为主、军事打击为辅"的方针,集中兵力打击八路军、新四军等敌后抗日武装,敌后战场也逐步成为主战场。1940年8—12月,八路军发起百团大战,毙伤俘日伪军4万多人,沉重打击了华北日军。日军则对抗日根据地执行"三光(杀光、抢光、烧光)"政策,进行残酷的"扫荡""蚕食""清乡"。1941—1942年,敌后抗日根据地面积缩小1/6,人口由1亿减至5000万人,人民军队由50万减至40万。但敌后军民积极开展人民战争,加强根据地建设,克服严重困难,巩固了抗日阵地。在正面战场,中国军队在南昌、常德、浙赣等会战中,顶住了日军的有限攻势。中国人民的团结抗战,牵制了日本陆军主力,使其难以北进苏联、南进印度和中东,从而有力支援了苏联的对德作战,有效配合了英、美先欧后亚战略的实施。

(2) 欧洲战场。德国进攻波兰,战火迅速燃遍大半个欧洲和非洲。1939年9月1日,德国率先对波兰发动闪电战,迅速突破波军防线。英、法对德宣战后,两国军队并没有从西面攻击德军,致使波兰孤军奋战。16日,德军完成对波军主力的合围。17日,波兰政府流亡国外。同日,苏军进攻波兰东部,25日进抵桑河、西布格河一线,华沙、莫德林等地军民抗击德军直至弹尽粮绝。28日,华沙沦陷。波兰战败后,西线顿时沉寂。法军据守马奇诺防线,英法联军沿比利时边界布防,德国忙于调整部署和扩充兵力。这种宣而不战的局面,史称假战争或奇怪战争。

(3) 德国侵占北欧。1940年4月9日,德国为打破英、法海军封锁,抢先入侵丹麦,迫使丹麦投降;同时也入侵挪威。14日,英法联军在挪威登陆,但为时已晚,只能退守北部纳尔维克地区。5月,德军闪击西欧后,英法联军于6月上旬撤离挪威,挪威国王和政府流亡英国,挪威全境沦陷。

(4) 德国闪击西欧。1940年5月10日,德国空军3000多架飞机闪击荷兰、比利时、卢森堡和法国的机场,其空降兵抢占荷、比的战略要地,地面部队也快速突破荷、比的防线。同日,丘吉尔接替张伯伦出任英国首相,组建联合政府。14日,德军前线兵团向色当、阿布维尔和加莱方向实施突击,同时以部分兵力在马奇诺防线正面牵制英法联军。15日,荷兰军队投降。23日,德军进抵距敦刻尔克20千米的运河区。28日,比利时投降。6月4日,被围在敦刻尔克的英法联军撤往英国。5日,德军向法国腹地进攻,突破防线后从西南、东南方向迂回巴黎,进抵马奇诺防线后方。10日,意大利对英、法宣战,进兵法国南部。

14 日，德军占领巴黎。22—24 日，以贝当为首的法国政府同德、意签订停战协定。德军占领法国北部和西部工业区，意军占领法国南部小块地区。未被侵占地区建立以维希为首都的贝当傀儡政府。

(5) 德国空袭英国。1940 年 7 月 16 日，希特勒下令对英国本土实施登陆作战(代号"海狮计划")。为夺取渡海作战的制空权，德军从 7 月至次年 5 月对不列颠实施空中进攻，但遭英国军民英勇还击，未达预期目的。

(6) 德意入侵巴尔干。1940 年 10 月，德国以派遣军事使团为名，出兵占领罗马尼亚战略要地和油田。28 日，意军从阿尔巴尼亚入侵希腊，遭顽强抵抗而撤退。1941 年 1—3 月，墨索里尼为挽回面子，命令意军又发起两次进攻，均被击退。1941 年 3 月 2 日，德军进占保加利亚。25 日，迫使南斯拉夫签署加入轴心国的议定书。27 日，南斯拉夫发生政变。新政府拒绝加入轴心国，转而与苏联签订友好互不侵犯条约。4 月，德、意对南斯拉夫和希腊发起进攻。17 日，南军投降。20 日，希军投降。27 日，德军进占雅典，希腊国王和政府流亡伦敦。6 月 1 日，德军占领克里特岛。

(7) 大西洋争夺战。德国为迫使英国屈服，决定使用海军主力，采用小编队袭击战术，实行无限制潜艇战，破坏英国的生命线——大西洋交通线。截至 1941 年 12 月，德意海军击沉盟国和中立国舰船 1100 余艘、760 余万吨。美国参战后，德国将无限制潜艇战范围扩大至北美—巴西海域。盟国投入大量反潜兵力，加强海上和空中反潜，并建立联合护航制度。德国缩小潜艇活动范围，在盟国护航兵力薄弱的中大西洋，采取大艇群(20 艘)袭击的狼群战术。

(8) 苏德战场。1941 年 6 月 22 日，德国向苏联发动进攻，苏德战争爆发。德国及其仆从国军队编成北方、中央、南方 3 个集团军群，向苏联发动战略突袭，战争规模进一步扩大。7 月上旬，德国北方集团军群从两个方向进攻，企图夺取列宁格勒；中央集团军群企图围歼斯摩棱斯克苏军；南方集团军群企图围歼第聂伯河右岸苏军，夺取顿涅茨克及其东面。苏军在初战失利后，转入战略防御和退却。7 月中旬至 9 月，双方主力在列宁格勒、斯摩棱斯克和基辅地区激战。德北方集团军群从南、北两面进攻列宁格勒。苏联军民开始长达 900 天的列宁格勒保卫战。德国中央集团军群开始合围斯摩棱斯克及其以西苏军。9 月 10 日，德国南方集团军群向基辅发起进攻，9 月 19 日攻占该城。此时，德军北方集团军群被困列宁格勒，其他集团军群占领斯摩棱斯克和基辅后调整部署，集中兵力直取莫斯科。苏军集中主力在莫斯科以西建立三道防线。9 月 30 日—10 月 2 日，德军先后在布良斯克和维亚济马方向发起进攻，突破第一道防线。10 月 18 日，突破莫扎伊斯克防线。苏联主要政府机构和驻苏外交使团撤离莫斯科，斯大林坚持坐镇莫斯科指挥作战。1942 年 1 月 8 日，苏军全线发动反攻，至 4 月 20 日向西推进 100～350 千米，粉碎了希特勒的闪击计划。德军又改向南翼重点进攻，1942 年 4 月 5 日，希特勒下令集中主力向斯大林格勒方向突击，夺取高加索油田，切断苏军战略补给线。5 月，德军占领塞瓦斯托波尔和哈尔科夫。苏军接连失利，南翼形势急剧恶化。6 月 2 日，德军在库尔斯克—罗斯托夫一线发起进攻。7 月中旬，进入顿河大河湾。9 月 13 日，德军攻入斯大林格勒市区，但未能占领整个城市。苏军的顽强抵抗，为斯大林格勒会战转入反攻创造了条件。

(9) 非洲战场。1940 年 7 月初，驻东非意军从埃塞俄比亚向驻东非英军发动攻击，企图控制红海南部出海口。至 8 月底，意军占领苏丹、肯尼亚部分地区和英属索马里，后因游击队抵抗和补给困难，被迫停止进攻。英军抓住时机调集兵力，于 1941 年 1 月中旬发起反攻。5 月 20 日，意军残部投降。1940 年 9 月 13 日，驻北非意军从利比亚东部向驻埃及英军发起进攻，企图夺占苏伊士运河。英军寡不敌众，迅速东撤。意军追击，进抵西迪拜拉尼后，因补给困难停止前进。12 月 9 日，英军发起反攻，至 1941 年 2 月 6 日歼灭北非意军大部。德国为救援北非意军，派隆美尔率部驰援。3 月 31 日，德意军重新发动进攻。4 月中旬，再次占领昔兰尼加，包围图卜鲁格英军，后因得不到补给而停止进攻。11 月 18 日，英军为解救图卜鲁格守军，向意军发起进攻。12 月 7 日，英军同图卜鲁格守军会合，1942 年 1 月收复昔兰尼加地区。1 月 21 日，德意军再次转入进攻。2 月 7 日，进至艾因盖扎莱、比尔哈基姆一线。6 月 30 日，进逼阿莱曼。8 月

4 日，丘吉尔亲赴开罗改组英军中央司令部。蒙哥马利接任英国第 8 集团军司令，并在 9 月击退德军的进攻。

(10) 太平洋战场。1941 年 12 月 7 日，日军偷袭珍珠港，挑起了太平洋战争，战火席卷东南亚，威胁到大洋洲。1940 年，法国的败降和英国退守本土，为日本提供了南进良机。7 月，日本近卫内阁制定《基本国策纲要》，决定推行"南进"战略，夺取英、法、美、荷在亚洲的殖民地，切断西方援华交通线，以迫使中国屈服。日本和美、英的矛盾随之激化。1941 年 4—12 月，日、美多次谈判而无进展。10 月 18 日，东条英机内阁上台。11 月 5 日，日本御前会议决定，对美、英、荷等国开战。12 月 7 日凌晨，日本海军偷袭珍珠港，给美国太平洋舰队以沉重打击。8 日，美、英对日宣战。随后，中、荷、澳等国对日宣战。11 日，德、意对美宣战，战争发展到全球规模。

(11) 日军入侵东南亚。日军在偷袭珍珠港的同时，也向东南亚和西太平洋发起进攻，轰炸英军机场和菲律宾美军基地。1941 年 12 月 9 日，从印度支那南部进入泰国，占领曼谷。10 日，在马来海战中击沉英国远东舰队 2 艘战列舰，并在菲律宾吕宋岛登陆。至 1942 年 2 月，日军先后攻占马尼拉、吉隆坡和新加坡，迫使驻新加坡英军投降。4 月，撤守巴丹半岛的美军投降。5 月上旬，美军余部投降。同时，日军还攻占了美海军关岛、威克岛基地和英海军香港基地。1942 年 1 月中旬，日军进攻荷属印度(今印尼)，并开始进入印度洋。1942 年年初，日军对所罗门群岛的图拉古岛和新几内亚岛的莫尔兹比港发起进攻，企图切断美澳海上交通线。5 月 7 日，美海军在新几内亚以东珊瑚岛海域击沉日本轻型航母 1 艘。1942 年 4 月 18 日，美军舰载机首次轰炸日本东京、横须贺等城市。日本为保障本土和南进翼侧安全，决定攻占中途岛，诱歼美太平洋舰队。美军识破日军企图，并作了充分准备。6 月 4—7 日，双方航母编队展开激战。日军损失航空母舰 4 艘，重巡洋舰 1 艘，战机 332 架，阵亡 3500 人，从此丧失了太平洋战场的主动权。

(二) 双方战略相持和战略转折

1937 年 7 月至 1942 年夏秋，德、日、意先后在不同战场上展开全面进攻，在遭到同盟国和全世界反法西斯力量抵抗后，攻势逐渐减弱，终于在中国战场的武汉会战、苏德战场的斯大林格勒会战、非洲战场的阿莱曼战役和太平洋战场的中途岛海战中丧失战略主动权。

1. 国际反法西斯同盟的建立

1940 年年底，丘吉尔因英国无力购买美国军火而向美国总统罗斯福紧急求援。1941 年 3 月 11 日，美国会通过法案，以租借等方式向相关国家提供武器和军用物资。1941 年 1—3 月，英、美参谋部代表在华盛顿会谈，达成"先欧后亚"战略协议，双方结成了反对轴心国的军事同盟。

1941 年 6 月，苏德战争爆发后，英、美声明支援苏联。许多国家的共产党和进步组织也纷纷声援苏联，呼吁建立反法西斯统一战线。7 月 12 日，苏、英签订《在对德战争中一致行动》。美国也派代表与苏联商谈对苏军事援助问题。苏联先后与捷克斯洛伐克、波兰、比利时等国流亡政府建立外交关系；与捷、波签订一致行动协定。英、苏承认"自由法国"。美、英发表关于对德战争目的和战后和平宗旨的《大西洋宪章》。9 月，同盟国在伦敦讨论《大西洋宪章》。苏、美、英三国代表在莫斯科讨论共同对德作战和援苏问题，签订议定书。太平洋战争爆发后，美、英首脑举行华盛顿会议，再次确认"先欧后亚"战略。其间，美国与英、苏磋商，提出《联合国家宣言》草案。1942 年 1 月 1 日，26 个国家签署《联合国家宣言》，以美、英、苏、中为核心的国际反法西斯同盟成立。

2. 第二次世界大战的战略转折

1942 年 11 月前后，盟军在两个战场先后进行的斯大林格勒反攻战、阿莱曼战役和瓜达尔卡纳尔岛争夺战，标志着各主要战场相持阶段的结束和战略转折的到来。

(1) 苏德战场。1942 年 11 月 19 日，苏军在斯大林格勒开始反攻。1943 年 1 月 10 日，对德军形成包围圈。2 月 2 日，被围德军投降。这是苏德战争的转折点，也是"二战"的历史性转折。之后，苏军又向北高加索、顿巴斯、列宁格勒等方向发起总攻，收复罗斯托夫、哈尔科等地，打破了德军对列宁格勒的封锁。斯大林格勒会战后，苏军向西推进 800 多千米，在库尔斯克附近形成突出部。德军为夺回战略主动权，从南、北两面向心突击，企图围歼苏军。苏军判明其企图，及时调整防御部署。7 月 12 日，苏、德两军在普罗霍罗夫卡地区进行了规模空前的坦克大战。苏军取得胜利，收复奥廖尔、别尔哥罗德和哈尔科夫。9 月，苏军再以多个方面军兵力展开进攻，至 11 月底，推进到第聂伯河一线。

(2) 非洲、地中海战场。1942 年 10 月 23 日，英军发起了阿莱曼战役，消灭德、意军大量有生力量。隆美尔率残部西逃。阿莱曼战役扭转了非洲、地中海战场的局势，英美盟军开始掌握战略主动权。1942 年 11 月，美英盟军在卡萨布兰卡奥兰和阿尔及尔登陆，随后向东推进，直逼德、意军队后方。德、意紧急调兵配合隆美尔防守突尼斯。1943 年 2 月，隆美尔率部在突尼斯西部卡塞林地区对美军发起突击，取得北非的最后一场胜仗。4 月，英、美两军在突尼斯会师后发起总攻，占领突尼斯城，迫使德、意军投降。突尼斯战役的胜利也为盟军进攻南欧创造条件。

(3) 意大利投降、轴心国开始瓦解。1943 年 7 月，盟军发动西西里岛登陆战役。意大利军队战败，人民反战情绪高涨。7 月 25 日，意大利国王豁免墨索里尼，巴多利奥出任政府首脑。9 月 3 日，盟军发起意大利南部战役，大败意军，但未乘胜在其中、北部登陆，致使德军抢占罗马和意大利北部。9 月 29 日，巴多利奥签署意大利投降书。10 月 13 日，意大利退出轴心国，并对德宣战。

(4) 太平洋战场的战略转折。1942 年 8 月 7 日—1943 年 2 月 9 日，美、日两军为争夺瓜达尔卡纳尔岛(以下简称瓜岛)，在海上、陆地、空中展开了空前争夺，历时半年多，损耗了大量的飞机、战舰和人员。美军最终完全占领瓜岛，夺得所罗门群岛和南太平洋的制海权。瓜岛战役是日本从战略优势走向劣势的转折点，也是盟军在太平洋战场由战略防御转向反攻的开始。

(5) 中国战场的转折。1943 年夏秋起，华北敌后军民进一步贯彻"敌进我进"的作战方针，派出大批武工队，深入敌占区，开展地雷战、地道战和民兵联防等游击活动，粉碎日伪军的"扫荡"。华中、华南敌后军民以"围点打援"战术，开展反"扫荡"、反"清乡"和反"蚕食"，巩固和发展抗日根据地。在世界反法西斯战争出现转折的同时，中国战场也出现新的转折。

3. 国际反法西斯同盟的巩固

随着战争形势发生转折，同盟国就制定军事战略和战后世界安排等重大问题进行磋商。1943 年 1 月 14—23 日，美、英首脑举行卡萨布兰卡会议，商讨战争形势和联盟战略问题会议，制定 1943 年战略方针，并宣布法西斯国家无条件投降的原则。5 月 12—25 日，两国首脑再次在华盛顿举行会议，决定当年 7 月盟军在西西里岛登陆，1944 年 5 月在西欧开辟第二战场。1943 年 8 月 17—24 日，两国首脑举行魁北克会议，批准进攻意大利本土计划，制定开辟西欧第二战场的"霸王"计划，并商讨了对日作战问题。1943 年 10 月 19—30 日，美、英、苏三国外长在莫斯科为即将召开的同盟国首脑会议做准备，并通过四项宣言。中国政府代表签署了《关于普遍安全的宣言》。1943 年 11 月 22—26 日，中、美、英三国首脑举行开罗会议，协调对日作战行动，通过关于战后处理日本问题的《开罗宣言》。1943 年 11 月 28 日—12 月 1 日，美、英、苏三国首脑举行德黑兰会议，签署《德黑兰宣言》和《德黑兰总协定》，决定美、英军队于 1944 年在西欧开辟第一战场。此次会议是国际反法西斯同盟巩固和发展的重要标志，也为之后同盟国在欧洲取得胜利奠定了基础。

(三) 同盟国战略进攻和轴心国战败投降

1944 年，在欧洲战场，苏军率先在东线发动强大攻势；美、英等国盟军随后在西欧登陆，形成东西夹击德国的态势。在亚太战场，盟军通过岛屿登陆和海空作战对日军展开战略进攻。欧亚各国的抵抗运动和游击战争配合盟军进攻，也加快了民族解放的步伐。

(1) 苏德战场。苏军发动全面进攻，收复国土并进入中欧和东南欧追歼德军；中欧和东南欧各国人民掀起抵抗运动和解放战争的高潮。1944 年 7 月中旬起，苏军在俄罗斯战役、利沃夫—桑多梅日战役和基什尼奥夫战役中越出国界追歼德军，解放波兰东部、东南部地区和罗马尼亚大部。此后，苏军即在以上东、南两个方向，向德国本土推进，先后发动贝尔格莱德战役、布达佩斯战役、维斯瓦河—奥得河战役、东普鲁士战役等，消灭德军各重兵集团。在各国民族解放力量配合下，解放波兰、保加利亚、南斯拉夫、匈牙利、捷克斯洛伐克大部以及奥地利部分地区，并进抵德国本土。1945 年 4 月，苏军从东面和南面、美英盟军从西面围攻柏林。1945 年 5 月 8 日，德国无条件投降。

(2) 中欧、东南欧战场。1944 年夏季起，受苏军胜利挺进德国的鼓舞，中欧、东南欧各国掀起解放斗争新高潮。8 月 23 日，罗马尼亚人民在罗马尼亚共产党领导下举行武装起义，次日，即对德宣战。苏、罗两国军队并肩作战，解放罗马尼亚全境。9 月，保加利亚人民在工人党和祖国阵线领导下举行武装起义，成立新政府，解放保加利亚全境。10 月，南斯拉夫人民解放军粉碎了德军第七次"围剿"，并在苏、保两国军队支援下解放贝尔格莱德。1944 年下半年，阿尔巴尼亚民族解放军开始进攻，并解放了首都地拉那。8 月 3 日，希腊人民解放军发起进攻，于 10 月 12 日解放首都雅典。1944 年 7 月下旬，波兰第一集团军与波兰工人党武装合编，与苏军并肩作战，于 1944 年 3 月解放波兰全境。1944 年 8 月 29 日，捷克斯洛伐克爆发起义；1945 年 5 月 5 日，布拉格爆发起义；1945 年 5 月 9—11 日，苏军开进布拉格，解放捷克斯洛伐克全境。中欧、东南欧人民的英勇斗争加快了本国的解放进程，同时也配合了盟军最后战胜德国。

(2) 西欧、北欧战场。盟军在诺曼底登陆，开辟了第二战场，并支援各国人民解放了西欧、北欧和意大利北部。1944 年 6 月 6 日，盟军发起诺曼底登陆战役，夺取 5 个登陆地段。12 日，各登陆地段形成统一的登陆场，为之后展开攻势奠定了基础。该战役后，美、英、加军队发起大规模进攻，至 8 月下旬完成占领法国西北部。同时，美、法军队发动法国南部登陆战役，沿索恩河北下，与向东南进攻的美军会合。8—9 月，盟军从塞纳河地区向东追击德军，但未能突破齐格菲防线，被迫在阿纳姆以西转入防御。1944 年 12 月 16 日，德军在阿登地区发起反攻，打得盟军措手不及。盟军部分兵力在巴斯托涅被围，后经调整部署实现反突击，解巴斯托涅之围，并迫使德军停止对安特卫普的进攻。罗斯福和丘吉尔担心希特勒发动新的反攻，向苏联求援。1945 年 1 月，苏军提前实施维斯瓦河—奥得河战役，牵制德军大量兵力。希特勒的阿登反攻计划遂告破产。2 至 3 月，盟军突破齐格菲防线，强渡莱茵河。4 月中旬，围歼德军第 8 集团军。1944 年夏，在盟军开辟第二战场的鼓舞下，西欧各国人民纷纷起义，打击德国占领军。法国内地军民配合盟军在诺曼底登陆，并依靠自身力量解放大片地区。8 月 19—25 日，巴黎起义，戴高乐率法军进入巴黎接受德军投降。9 月 3 日，比利时安特卫普起义，配合盟军解放该市。17 日，荷兰铁路工人罢工，配合盟军进攻，迟滞德军撤退。12 月，苏军进入挪威北部。

(4) 太平洋、东南亚战场。1944 年 10 月，美军发动战略进攻，兵分两路向菲律宾进军。1945 年 1 月，美军在吕宋岛登陆，3 月底占领马尼拉，至年中控制整个菲律宾。与此同时，美军还攻占了硫黄岛、冲绳岛，取得进攻日本本土的前进基地。早在 1942 年春，日军入侵缅甸，中国就应盟军要求，派遣远征军入缅支援英军作战。1943 年 10 月—1945 年 3 月，中国远征军和驻印军在盟军的协同下，在缅甸北部和云南省西部对日军缅甸方面军发起进攻，打通了中国西南国际交通线——滇缅公路，极大地配合了太平洋战场大反攻。

(5) 中国战场。1944 年春，中国共产党领导的抗日武装为牵制和消灭日军、援助正面战场的国民党军队，在华北、华中和华南敌后战场展开大规模局部反攻，以根据地为依托，向日军守备薄弱的城镇据点和交通线连续发动攻势作战，消灭大量日军，扩大解放区；同时，以部分兵力远离根据地实施外线作战，进攻日军新占领的湘粤和苏浙皖边界，创建新的根据地。至 1945 年 8 月初，攻克城市 70 余座，恢复国土 32 万平方千米。中国战场的持续反攻，也有力地支援了美军在太平洋战场的战略进攻。

第二次世界大战是一场典型的大规模机械化战争，交战双方大量使用坦克、装甲车、飞机、火炮、舰艇等机械化武器装备，首次使用雷达、火箭炮、导弹、原子弹等新式武器和技术，引起了作战样式和方法的重大变革，出现了闪击战、大纵深作战、登陆与抗登陆作战、潜艇战与反潜战、航母编队作战、空降与反空降作战、战略轰炸与防空作战等新的作战样式和方法。在第二次世界大战中，各参战国取得了丰富的战争经验，对军事思想和战略理论产生深远影响，也为各国的国防和军队建设提供借鉴。期间发展起来的军事技术，更为改造旧工业和发展新工业提供了条件，进而推动了社会生产力的巨大进步。

思考题：
1. 机械化战争有哪些特点？
2. 简述机械化战争的产生和形成。
3. 简述第二次世界大战的过程。

第三节　新军事革命

当前，在以信息技术为核心的高技术推动下，军事领域正发生着一场新的军事变革。这场军事变革的实质，是一场以信息化为主要特征的军事信息化革命。其产生的主要动因与高技术的发展密切相关。随着高技术的迅猛发展，当前这场新军事革命已进入一个新的质变阶段，并发展成为一场遍及全球、涉及所有军事领域的深刻革命，将对世界军事形势、国际战略格局乃至战争形态的演变产生深刻影响。

一、新军事革命的内涵

"军事革命"一词是由英文 revolution in military affairs(RMA)翻译而来的。早在 1979 年，苏军总参谋长奥加尔科夫元帅基于当时军事技术出现的跨时代进步——信息技术应用于军事领域，率先提出"新军事技术革命"的概念。之后，美国国防部资深专家马歇尔认为，这次军事变革不仅仅是军事技术革命，还引发作战样式和军队组织等的变化，并于 1993 年 8 月提出"新军事革命"的概念。在我国，RMA 被翻译为"军事革命"，1997 年出版的《中国人民解放军军语》还专门增加了"军事革命"条目。

党的十八大提出："紧跟世界新军事革命加速发展的潮流，积极稳妥进行国防和军队改革，推动中国特色军事变革深入发展。"党的十九大又提出："适应世界新军事革命发展趋势和国家安全需求，提高建设质量和效益，确保到 2020 年基本实现机械化，信息化建设取得重大进展，战略能力有大的提升。同国家现代化进程相一致，全面推进军事理论现代化、军队组织形态现代化、军事人员现代化、武器装备现代化，力争到 2035 年基本实现国防和军队现代化，到本世纪中叶把人民军队全面建成世界一流军队。"

在这里，新军事革命特指在工业社会走向信息社会的时代，以信息技术为核心并得以广泛应用，从而引起军事领域武器装备、军事理论和组织体制等一系列的根本变革，导致彻底改变战争形态和军队建设模式的一场革命。其内容包括军事技术、军事理论、军事组织和军事管理四个方面的重大创新，共同构成了新军事革命的四大要素或基本问题，即新军事革命的理论架构或主要内容。其中，创新的军事技术是军事革命的物质技术基础和前提条件；创新的军事理论是军事革命的主导要素和灵魂；创新的军事组织是军事革命的组织保证，也是将创新的军事技术与创新的军事理论结合起来并付诸行动的纽带或桥梁；而军事管理的变革则贯穿上述三个方面的变革之中，是军事革命的重要手段。简单而言，新军事革命是指世界军事由工业时代的机械化军事形态向信息时代的信息化军事形态的全面转型，可以从三个方面把握其含义。

(一) 新军事革命是整个社会变革的重要组成，强调要从社会整体变化来认识新军事革命

人类社会是军事的母体，军事是社会的重要领域。一定的军事形态是一定的社会技术形态在军事领域的反映。任何作战方式都可以在相应人类社会生产方式中找到自己的影子。例如美国著名未来学家阿尔文·托夫勒认为："新文明兴起并向旧文明挑战，整个社会发生转变，促使武力力量从技术和文化到编制、战略、战术、训练、条令、后勤等各个方面都发生变化，这就出现了军事变革。"前中国工程院院长朱光亚看问题更是入骨三分、一语中的，他说："产生这场新军事变革的社会根源是一种新型的经济正在美国、欧洲、亚太一些国家和地区兴起，它建立在信息技术的基础上，正在使军事各个领域发生迅速、急速的变化。"在人类历史上，技术社会形态完成过两次变化，分别是由游牧社会向农业社会过渡和由农业社会向工业社会转变，随之也出现了两次全面军事变革，即冷兵器军事变革和热兵器(机械化)军事变革。现在，技术社会形态正在发生第三次大变革，世界正处于由工业社会向信息社会的过渡时期，因此也必然出现第三次世界性的全面军事革命。新军事革命是由信息社会孕育出来的，是信息社会的产物。

(二) 新军事革命是科学技术发展和应用的必然结果，必须从现代科学技术的发展来认识新军事革命

从总体来看，人类历史上每一次军事革命都是由关键技术的突破引发的。作为知识经济时代的特征和标志，当今世界，信息技术无处不在、无时不有，达到了空前普及的程度。信息已经成为现代社会最重要的战略资源之一。有学者认为："把技术发展适当地用于装备、训练、编制和学说中时，提供了一个决定性的优势，这就是军事革命。"美国战略和国际问题研究中心的分析报告指出："一场真正的军事革命是把先进的技术与正确的学说、编制结合在一起，使武器发挥最大效果。"以信息技术为核心的高新技术在军事技术领域的广泛运用，直接带动了精确制导技术、遥感和探测技术、卫星通信和卫星预警技术、全球定位导航技术、隐身技术、激光技术、夜视技术、电子对抗技术等一系列军事高技术的出现和迅猛发展。以此为基础，精确制导武器、高能激光武器、粒子束武器、隐身武器、自动化指挥控制系统、红外传感装置、全球联合定位攻击系统等一大批高新技术武器装备大量涌现，彻底改变了现代战争的面貌。毋庸置疑，现代科学技术是新军事革命的物质基础，新军事革命是现代科学技术在军事领域广泛应用的结果。

(三) 新军事革命是军事领域的整体变革，必须从军事发展的全局来认识新军事革命

军事革命是采用新技术同创新的作战理论和组织体制改变相结合，是从根本上改变军事行动特点和进行方式的过程。新军事革命包括三个基本要素：先进的技术和武器系统、创新的军事理论和变革的体制编制。每个要素都是军事革命的必要条件，但不是充分条件。它们各自并不能独立地导致军事革命的真正实现，只有同时出现并有机地结合在一起时，军事革命才能真正地发生。其中，先进的技术和武器系统是军事革命的前提条件和物质基础，是军事革命的硬件。没有这些硬件，军事革命就无从谈起。创新的军事理论是军事革命的灵魂，是军事革命的"软件"。它不但决定先进的技术和武器系统等"硬件"如何运行，发挥其具体功能，而且决定其如何相互作用，以发挥最大的效能。变革的体制编制是先进的武器系统、创新的军事理论的具体体现，是把军事革命的"硬件"和"软件"有效地结合在一起，并发挥出最佳功能的关键。总之，新军事革命不是一个孤立的事件，而是一个整体的过程。只有当先进的技术和武器系统与创新的军事理论以及变革的体制编制正确、及时地结合在一起时，新的军事革命才会出现。

二、新军事变革的发展演变

当前正在进行的新军事革命是一个不断发展的长期过程，根据世界各主要军事大国的进展情况，大致可以将其发展演变过程划分为四个阶段。

(一) 孕育阶段，即从越战后期"灵巧炸弹"出现到20世纪70年代末

20世纪70年代初，美军深陷越战泥潭，为截断越军交通运输线"胡志明小道"，曾采用"地毯式"轰炸清化大桥，先后出动600多架次飞机，投下5000多吨炸弹，损失18架飞机，却始终未能摧毁目标。1972年5月，美军首次采用"宝石路"激光制导炸弹，一次攻击即达目的。此后，美国等发达国家越来越重视研制这类精确制导武器。同期，信息技术迅猛发展，并广泛应用于军事领域，美苏等军事强国率先实现了指挥自动化。精确制导与指挥自动化技术的发展，也为新军事革命的孕育和产生提供了物质技术基础。

(二) 奠基阶段，即从"奥加尔科夫预言"提出到20世纪80年代末

1979年，奥加尔科夫敏锐看到军事领域发生的一系列新变化，预言先进技术的出现必将引发一场"新的军事技术革命"，特别以电子计算机为核心的信息技术发展，精确制导武器大量涌现，必将改变原有的作战样式，推动军事发生新的变革。之后，美国也组建专门团队，研究和评估奥加尔科夫提出的新军事技术革命问题。马歇尔等人系统研究了美国推行新军事革命的必要性和可能性。未来学家托夫勒发表了《第三次浪潮》，提出知识是形成毁灭力的主要力量，一盎司硅产生的效益或许比一吨铀还要大。在此影响下，美军研究提出"空地一体战"理论，研制"爱国者"导弹、"阿帕奇"直升机、联合监视与目标攻击系统等信息化武器系统，并积极改革编制体制。世界范围的新军事革命也初现端倪。

(三) 发展阶段，即从海湾战争到21世纪初

1991年海湾战争，以美国为首的多国部队在战场上使用集指挥、控制、通信、情报与计算机于一体的系统(即 C^4I 系统)，投下大量"战斧"巡航导弹等精确制导武器，作战样式和战争形态均发生显著变化。因而，海湾战争被人们称为第一场高技术战争，是硅片对钢铁的战争，具有划时代的意义。之后，新军事革命不仅在美国迅速发展，而且很快波及其他国家。研究新军事革命，应对军事领域新挑战，成为新的时代潮流。科索沃战争、阿富汗战争时，又出现了集探测、情报、跟踪、火控、指挥、攻击、毁伤评估为一体的"系统综合集成"等概念，各军事强国纷纷加快研究步伐，再次掀起军事革命的新一轮高潮。

(四) 质变阶段，即从2003年伊拉克战争至今

新军事革命经过几十年的孕育、奠基和发展，到伊拉克战争时取得了突破性的进展。在这场战争中，美军实现了近乎"数字化实时通信"。战争结束后，作为新军事革命领头羊的美国成立了专门的组织领导机构，制定了一系列"蓝本"文件，有组织、有计划、有步骤地全面推进新军事革命，力图以此来维持自身的军事优势。英、法、德、日、俄等也纷纷将新军事革命纳入军事科学研究和国防发展规划，并以此来推动军队的革新和战斗力的提升。英国计划用20年时间全面改革军事，法国大力改革军队和强调发展国防科技，德国制定新的《联邦国防军未来建设计划》，日本也强调对自卫队进行根本性改革。可见，以信息化为标志的新军事革命，其规模之大、内容之广、影响之深，都是以往历次军事革命所不及的。

三、新军事革命的基本内容

新军事革命是要把工业时代的机械化军事形态转变为信息时代的信息化军事形态，是军事领域一场持续时间长、涉及范围广、变革内容多的深度革新。概括起来就是"三新两变"，即通过研究新作战理论，发展新武器装备，建立新体制编制，从根本上改变战争形态和作战样式。其内容包括八个方面。

(一) 军队人员知识化

在信息化战争中，知识将是军队战斗力的核心要素，大量的信息化武器装备也需要高素质的官兵才能

驾驭和使用。早在海湾战争的战场上，美军就使用了 3000 多台计算机与美国本土进行联网，传递各种作战情报和信息。其高级指挥官大部分具有硕士、博士学位，中下级军官中大学以上学历的高达 98%，操纵"爱国者"导弹系统的军人有 1/3 是技术专家。而伊拉克军队的知识水平低，官兵素质差，有相当一部分还是文盲。美伊双方官兵知识水平上的差距，就已决定了战争结局。

(二) 武器装备智能化

智能化是指武器系统在信息化的基础上，具有自动侦测和识别目标、掌握最佳攻击时机、精确突击目标的功能。随着军用信息技术和计算机技术的迅猛发展，武器装备的信息化、智能化程度越来越高，智能化弹药、智能化作战平台和智能化机器人等越来越多地装备军队。例如，美制"黄蜂"反坦克导弹，在超低远距离发射后，能自动爬高，自动搜索、发现和识别坦克，自动攻击目标的要害部位；军用智能机器人能够代替士兵执行排雷、布雷、清障等特殊任务。近些年，美国国防部还投入数千亿美元，建成覆盖全球的 C^4KISR 系统，进一步提高指挥决策的智能化水平。

(三) 部队编组一体化

为了使军队能够综合运用各种作战力量和作战手段，提高应付不同强度战争以及非战争军事行动的能力，其编组也逐步向模块化、一体化方向发展。这种编组的内部结合更紧，编组方式更活，作战能力更强。美军组建成由装甲兵、炮兵、机步兵、导弹兵、攻击与运输直升机分队组成的一体化地面部队，由多机种组成的空军远征部队，编有"飞行坦克"的"陆空机械化部队"，以及由陆军旅特遣队、空军战斗机中队、海军舰艇部队和陆战队远征分队编成的陆海空"联合特遣部队"。俄军也组建成集各军种作战能力于一体的"多用途机动部队"，由地面、空中和太空兵力组成的"航空航天部队"，以及由各军种非战略核力量组成的"非核战略威慑部队"。

(四) 军事训练模拟化

运用虚拟现实技术，利用计算机模拟系统，在实验室里可以演示未来战场的火力战、大规模战斗乃至战区作战，使部队不用实际上战场就能够理解现代战争的概念、战法和进程。利用虚拟现实技术也可以减少大规模实兵演习和实物操作，节省大量经费。例如，美陆军、海军、陆战队、空军依托数十个作战试验室，分别实施"陆军试验战役计划""舰队作战试验计划""海龙试验计划"和"远征部队试验计划"等。在这种"预实践"环境中，可以使新武器、新战法、新理论、新编制得到近乎实战的检验，也使得军事变革降低风险、避免失误。

(五) 战场要素数字化

运用数字化技术将各种作战部队和各类武器装备联为一体，形成一个完全网络化的战场环境。其中，数字化武器装备是数字化战场的客观基础，数字化部队是数字化战场的主体。目前，美军已完成数字化军队和战场数字化建设，英、法、德等国也组建了数字化部队，开发战场管理和指挥控制系统。数字化战场的透明程度高，信息传输快，兵力密度小，生存能力强。各级指挥员和士兵均能通过终端显示器看到战场的"同一幅画面"，实时了解战场情况。正如美国前国防部长佩里所言，数字化战场解决了士兵们几个世纪以来一直要求解决却未能解决的问题，就是在下一座山的后面有什么。

(六) 目标打击精确化

从情报侦察、目标定位、指挥控制到效果评估，都能做到非常精确，全方位、全天候、全频谱的高技术侦察能够为指挥员全面、实时地掌握战场情况提供技术支持。先进的全球定位导航系统可以自动显示目标的三维坐标、运动速度和准确时间，提供高精度定位信息。在 C^4KISR 系统的支持下，精确制导武器可以做到指哪打哪，发现即摧毁。早在海湾战争中，美军就曾发射两枚"斯拉姆"导弹，以"两弹穿一孔"的方式摧毁了伊拉克一座钢筋混凝土加固的水电站。1999 年科索沃战争、2001 年阿富汗战争和 2003 年伊拉克战争，更是大批量使用精确制导武器，实现了战场远距离精确打击。

(七) 作战空间全维化

由于军队远程机动、侦察监视、精确打击能力的不断提升，作战空间也向陆、海、空、天、电、网多维领域扩展，呈现出全球探测、全球到达、全维作战的发展态势。特别是航天兵器的出现，外层空间不仅是对地球战场实施作战保障的场所，而且将成为敌对双方实施天战的重要领域。21 世纪以来，美国研制出多款太空战武器、太空战平台，创建太空战学校，掌握着太空优势。俄罗斯组建了航天兵部队(即"天军")，并具备了一定的整体作战能力，这也为其建设信息化军队、打赢信息化战争提供了有力支持。

(八) 后勤保障集约化

美军第一个数字化师师长曾这样描述："以往的后勤概念是确保在作战部队周围有充足的备件，可以及时从货架上取到所需物资并迅速展开和完成补给维修保障工作。现在的数字化部队作战则是另一种景况。各种保障车辆和物资器材可能位于 100 英里以外，需要通过数字化信息系统来报告和传送信息，并做到准时保障。"近些年，美军又提出建设"聚集式后勤"的新思路，各军种也相继提出了本军种的后勤理论，如陆军的"即时后勤"、空军的"灵敏后勤"、海军的"灵巧后勤"和海军陆战队的"精确后勤"，其实质都是将信息、后勤和运输技术融为一体，从根本上改变以往落后的保障方式，实现精确、高效的集约化保障。

四、新军事革命的发展趋势

世界新军事革命经过四十多年发展，已取得阶段性成就。未来几年，军事技术和武器装备还可能出现革命性突破，网空、太空、无人等新型作战力量快速发展，作战力量体系将发生结构性变革，信息化作战理论聚焦新型作战领域不断创新发展，世界新军事革命还将呈现出以下发展趋势。

(一) 新军事革命将向更高层次迈进

随着新军事革命的宏观性、整体性、未知性、前瞻性空前增强，对战略规划的需求越来越迫切。为此，当前世界各主要国家纷纷顺应时代要求，把新军事革命纳入国家整体规划，加大投入力度，促进国防建设与经济建设协调发展。比如，2018 年美国政府投入军费超过 7000 亿美元，其中 40%直接用于新军事革命。美军各军种也都制定了加速推进军队转型的战略规划：陆军在建设数字化部队基础上，计划到 2030 年建成高度信息化"目标部队"；海军计划到 2025 年实现"由海到陆"；空军计划到 2030 年实现航天、航空一体化，建成新型"航天航空部队"等。俄罗斯政府也制定了"联邦军事学说"，努力推进新军事革命，并在国家财政大力支持下，军队完成四次大规模调整改革。其他国家也普遍重视发挥经济、国防、智力等资源的综合效益，缩短新装备从研制生产、交付使用到形成战斗力的周期，不断提高国防和军队建设的投入产出比。可见，进一步推动军队全面转型，已经成为世界各国新军事革命的重要趋势。

(二) 新军事革命将向更广范围拓展

自 1991 年海湾战争以来，世界新军事革命已经持续了近 30 年。各军事强国为了检验军事革新成果，将大批信息化武器、信息化作战平台、数字化部队、新型作战理论等纷纷应用于战争实践，特别是 2001 年阿富汗战争、2003 年伊拉克战争、2011 年利比亚战争等，让这些国家普遍认识到加快新军事革命的紧迫感和必要性。世界各国纷纷顺应时代潮流，推进新军事革命向武器装备、编制体制、作战理论等诸多领域全方位拓展，夺得军事领域的制高点和战略主动权。以作战理论为例，美军在其《2020 年联合构想》中强调发挥信息和技术优势，借助新的概念、新的编制和新的武器系统，实现优势机动、精确打击、全维防护和聚焦后勤等新的作战思想，为未来美军建设提供了理论指导。非接触作战理论、网络中心战理论、数字化部队建设理论等一系列全新战略理论陆续出现，与原有的制权理论等不断融合、创新。这些新的战略理论既是新军事革命催生的产物，又为世界新军事革命的深入发展注入新的生机和活力。

(三) 新军事革命将向更新领域渗透

新军事革命主要是由先进的军事科学技术不断对军事各领域的影响而产生的。当前，以信息技术为核心的科学技术对军事领域的影响主要体现在以下三个层次。

(1) 改进了现有的武器装备系统，大大提升它们的作战效能，使之在战场上发挥更大的作用。

(2) 先进的军事技术也创造出了新的暴力工具，如智能武器、无人驾驶武器、机器人部队等。

(3) 军用信息技术还间接推动新概念武器的发展，如激光武器、定向能武器、非杀伤武器等。

其中，后两种影响催生了各类新武器，更具有革命性意义。而在现阶段，军用信息技术对现有武器装备系统的建设性作用较为明显，否定性作用则较为隐晦。这两方面的冲突与融合，将在未来一定时期内推动世界新军事革命不断向前发展。

(四) 新军事革命将向更快节奏转变

科学研究表明，信息革命的"第一规律"，即芯片、通信和网络的功能呈指数增长的规律，是现阶段推进世界新军事革命的最主要动因。随着科学技术的突飞猛进，科技成果的数量急剧增加，人类为了自身的安全需要，许多重大科技成果一出现，即被应用于军事领域，且应用和更新的周期越来越短。据统计，在 20 世纪中叶，人类科技和知识总量每 50 年翻一番；到 2020 年，人类科技和知识总量只需 73 天就翻一番。如今，在以信息技术为核心的科学技术迅猛发展的强大推动下，世界新军事革命也必将呈现出加速发展的态势。

思考题：

1. 什么是新军事革命？
2. 新军事革命有哪些特征？
3. 简述新军事革命的发展演变过程。
4. 简述新军事革命的基本内容。

第四节 信息化战争

军事技术的迅猛发展，推动了武器装备的发展和作战方式的演变，也促进了军事理论的创新和编制体制的变革，由此引发新的军事革命。信息化战争最终将取代机械化战争，成为信息时代战争的主要形态。信息化战争没有改变战争的本质，不以大规模物理性破坏为手段，而要求掌握战场信息优势，进而实现"不战而屈人之兵"。

一、信息化战争概述

纵观人类战争史，每一个新的战争形态都会经历一个从产生、发展到成熟的过程。信息化战争也同样会经历这一过程。人们对信息化战争的认识和理解，也必然是一个由浅入深、逐步深化的过程。

(一) 信息化战争的概念和内涵

在 1995 年国防科工委首届科技学术交流大会上，著名科学家钱学森指出："现阶段和即将到来的战争形式为核威慑下的信息化战争。"他率先提出的"信息化战争"的概念，不仅顺应全军研究世界新军事革命的潮流，而且具有巨大的启迪和规范作用，使人们认识到下一个战争的形态将是信息化战争。

关于"信息化战争"的定义，人们尚未达成统一认识。美国国防大学校长塞尔姜认为，信息化战争是以夺取决定性军事优势为目的，以实施信息管理和使用为中心而进行的武装斗争。我国未来学家沈伟光认为，信息化战争广义上是指对垒的军事集团抢占信息空间和夺取信息资源的战争，狭义上则是指战争中的交战双方在信息领域的对抗。目前比较一致的看法是：信息化战争是信息时代的主要战争形态，是信息化军队在陆、海、空、天、信息、认知、心理等多维空间，运用信息资源、信息系统和信息化武器装备进行的战争。

从以上表述中可以看出，信息化战争的基本内涵如下。

(1) 信息化战争是信息时代的产物，是该时代生产水平与生产方式在战争领域的客观反映。

(2) 信息化军队是主要作战力量，战争双方至少有一方是信息化军队参战。

(3) 信息、信息化和智能化武器装备平台是主要作战工具，且诸作战单元实现了网络化、一体化。

(4) 在多维战场空间进行战争，其中信息空间、认知空间和心理空间占据较大比例。

(5) 信息成为能量与物质的调节器，在战争中起主导作用，控制着各种武器、作战平台和作战行动。

(6) 战争仍然具有暴力性质，但附带破坏将降至最低限度。

(二) 信息化战争的产生与发展

自战争产生以来，人类已经历了自然兵器战争、冷兵器战争、热兵器战争、机械化战争、核威胁战争、高技术战争，现在正向信息化战争形态迈进。而信息化战争正是人类社会的政治、经济、科技和军事实践发展到又一新阶段的产物。信息化战争从机械化战争中脱胎出来，成为一种全新的战争形态，也必然要经历一个孕育、形成和发展的过程。

1. 初始孕育阶段

信息化战争初始孕育时期始于 20 世纪 70 年代初，止于 1991 年的海湾战争。在此之前，虽然信息技术在一些战争中发挥着重要作用，电话、电报、无线电和侦察器材得到了大量运用，但并没有从根本上改变机械化战争的基本形态。20 世纪 70 年代以后，西方发达国家开始爆发军事技术革命，以计算机为核心的信息技术广泛应用于军事领域，在战争中的地位也产生质的飞跃，信息化战争形态相应孕育而生。

此后，越南战争、第四次中东战争、马岛战争、贝卡谷地空战、美军空袭利比亚行动和海湾战争，更为信息化战争的孕育提供了肥沃的土壤。越南战争后期，"灵巧炸弹"首次出现在战场；第四次中东战争中，各类导弹的大量使用，侦察卫星、高空侦察机的作战应用，体现了电子战的重要作用和精确打击的巨大威力，信息化战争初现端倪；英阿马岛战争中，精确制导武器的使用改变了海上作战的样式，电子战也从作战保障手段上升为重要的作战手段；贝卡谷地空战中，以色列利用电子优势取得了完胜，成为这一阶段的一大亮点；美军空袭利比亚行动，虽然规模很小，但影响却极大，可以说是一场信息化武器唱主角的作战行动；1991 年海湾战争中，美军 F-117 隐形战机、"战斧"巡航导弹和 C^4I 系统的应用，在一定程度上改变了传统机械化战争的战场作战样式，呈现出许多信息化战争特征，信息化战争形态开始出现。

2. 初步形成阶段

从 1991 年海湾战争到 2003 年伊拉克战争这段时间，是机械化战争向信息化战争形态迅速转换、信息化战争逐步形成阶段。在海湾战争中所表现出的作战思想、作战方法、作战样式、指挥手段、作战力量组织结构、作战进程与结局等方面的重大变化，不仅令人耳目一新，更对第二次世界大战以来形成的传统作战观念产生了剧烈冲击，从而引发了一场以机械化战争向信息化战争转变为主要特征的军事革命。世界各军事强国无不调整军事战略，积极开展研究，探索信息条件下的作战方法。

此后，在科索沃战争、阿富汗战争中，信息化作战得到快速发展，并在伊拉克战争中首展全貌。可以说，伊拉克战争是一场划时代的战争，呈现出许多以往战争从未有过的全新特点：以 C⁴KISR 系统为核心构建了陆、海、空、天、电磁等多维一体的数字化战场，大量使用精确制导武器等高技术兵器，信息作战贯穿全程并成为决定战争胜负的重要因素，远距离精确打击成为主要作战样式，战争附带损伤破坏性大幅下降，后勤保障更加复杂化等。至此，工业时代的机械化战争形态基本上演变成了信息时代的信息化战争形态。

3. 快速发展阶段

在伊拉克战争中所显示出的战场信息、信息系统、信息化武器装备的巨大威力，极大地刺激世界各强国竞相发展信息化武器装备、创新信息作战理论，进一步推动信息化战争的快速发展。

美国为确保其唯一超级军事大国的地位，必将继续投入大量人力、物力和财力，改进、研制和发展先进的武器装备，建成了覆盖全球的 C⁴KISR 系统，加快部署战区导弹防御系统(TMD)、国家导弹防御系统(NMD)，全面实现军队与武器装备的数字化，快速提高美军的信息作战能力。俄罗斯和欧洲国家也紧跟美国的步伐，加快发展信息化武器装备。其他国家为维护本国安全与利益，也不得不大幅增加国防资金投入，加速军队和国防的信息化建设。

(三) 信息化战争的构成要素

传统战争的构成要素是人和武器。信息化战争主要围绕争夺制信息权展开，信息进攻与信息防御的攻防对抗则成为敌我双方较量的焦点，信息化武装力量、信息化武器装备和信息化指挥系统成为信息化战争力量构成的基本要素。

1. 信息化武装力量

信息化武装力量，即人，是构成信息化战争力量的决定要素。信息化军队是信息化战争武装力量的主体和骨干，在战争中起主导作用。

(1) 信息化军队在计算机技术支撑下，通过战场通信网络，使部队从单兵到各级指挥员，能够适时获取、传输和处理各种战场信息，保证作战行动协调有序、精确高效地进行。

(2) 信息化军队广泛采用传感技术、定位和识别技术，具有先进的信息探测与获取能力，将侦察情报系统与数字通信系统、指挥控制系统相结合，各级指挥员能够清楚地掌握交战双方的兵力部署和作战企图，促进战场高度透明化，也能为集中优势力量打击敌重心和薄弱部位提供支持。

(3) 信息化军队采用先进的数字通信系统和完善的指挥控制系统，建立了可靠的战场指挥信息网络，能把战斗主力、战斗支援与保障力量联成一体。

(4) 信息化军队的战场通信网络可实时传递"图、文、声、像"协同动作，以最快的速度形成战斗力。

(5) 信息化军队利用战场通信系统和后勤技术指挥控制系统，可以提高后勤技术保障的灵活性和时效性，使繁重、复杂的作战保障变得简单、便捷。

2. 信息化武器装备

信息化武器装备是构成信息化战争力量的重要因素，主要包括信息化弹药、信息化作战平台、军用智能机器人、单兵数字化装备等。

(1) 信息化弹药，即精确制导武器，能够自己获取和利用目标位置或图像信息，修正自己的弹道，以准确命中目标。目前，精确制导弹药的命中精度，近程的已达 0.1~1 米，中程的小于 10 米，远程的为 10~50 米。如美制"铜斑蛇"近程制导炮弹，命中精度为 0.3~1 米，只要发射 1~2 发就能击毁一辆坦克。在海湾战争中，美军 F-117A 隐形轰炸机用激光制导炸弹，攻击伊拉克空军总部和巴格达市电信大楼，达到了直接命中的最佳效果。在伊拉克战争中，英美联军发射了大量的精确制导武器，攻击并摧毁了伊军的指挥中心、防空系统、战略要地等目标。

(2) 信息化作战平台，是指装有大量电子信息设备，以信息和信息技术为核心的坦克、火炮、飞机、舰艇等武器载体。信息化作战平台不仅装备多种信息传感设备，可用于探测敌方目标，为实施精确打击提供信息，还具备足够的计算机系统及联网能力，为各种作战行动及时、有效地提供辅助信息。信息化作战平台除了能充分利用己方和敌方信息外，还具备对抗敌方利用己方信息的能力，如侦察、干扰、欺骗及隐身的功能。因此，这些作战平台一般要与 C^4KISR 系统进行联网，成为一个个重要节点，为该系统发挥打击威力提供物质保障。

(3) 军用智能机器人，是一种用于军事领域的具有某种仿人功能的自动化机械装置。军用机器人用途十分广泛，既可驾驶坦克、操作火炮、直接遂行战斗任务，又可执行侦察、观测和监视任务；既可携带地雷、炸药攻击重要军事目标，又可运送弹药和物资，保障部队作战；既可完成排雷、布雷等危险任务，又可清除障碍、维修装备、护理伤员。军用智能机器人按其用途可分为战场突击机器人、战场侦察机器人、战场三防机器人、扫雷机器人等。例如，美军开发的"罗伯特"机器人可以随同装甲部队行动，当接近敌方雷场时，便发射火箭，将直列装药射向敌人的布雷区，引爆附近地雷，每次引爆可清理出一条长 90 米、宽 8 米的战场通道。

(4) 单兵数字化装备，是士兵在信息化战场上用来攻击、防护、观察、通信、定位高度集成化、"人机一体化"的多功能装备，由一体化头盔、单兵通信装置、单兵武器和防护军服等系统组成。一体化头盔内装有红外夜视仪、平板显示器和微电子系统，士兵戴上后，可以实时接收指挥所传递的信息，同时也能把侦察到的情报传送到指挥所。单兵通信装置包括对讲机和具有全球定位功能的超微型计算机，用于无线电联络、方向定位和战斗识别。单兵武器包括激光枪、电子电磁武器、高灵敏度反单兵雷达等，它们装有红外探测器、高效瞄准具，集观察、瞄准、射击于一体，能完成昼夜监视、跟踪、精确射击等任务。防护军服包括护身甲、背负装备、制式服装和微型空调器，不仅可以使士兵防核、生物、化学沾染和弹片侵袭，还可抵御酷暑和严寒，如在伊拉克、阿富汗战场运用的美制"陆地勇士"系统。

3. 信息化指挥控制系统

信息化指挥控制系统是指在军队指挥体系中，采用以计算机为核心的信息技术设备与指挥员相结合，对部队和武器实施指挥与控制的"人—机"系统。信息化指挥控制系统是构成信息化战争力量的关键要素，也是军队信息化的主要标志之一。信息化指挥控制系统具备良好的战场指挥控制功能，有助于数字化部队更迅速、更精确地处理各种信息，简化指挥程序，提高指挥效率，灵活、及时、准确地实施作战指挥控制。伊拉克战争实践也表明，只有建立并有效使用信息化指挥控制系统，才能最大限度地发挥作战部队和武器装备的综合效能。正因为如此，信息化指挥控制系统已受到各国政府和军队的高度重视，英军正在研制平台综合指挥控制系统、联合战术信息分发系统、作战数据自动化指挥系统等；俄罗斯、日本、印度等国也投入大量资金开发、完善 C^4KISR 系统，以适应信息化战争的需要。

(四) 信息化战争的作战样式

不同的战争形态有不同的作战样式。信息化战争也有其特定的作战样式，主要有精确战、网络战、空间战、电子战、情报战和心理战等。

1. 精确战

精确战是精确打击战的简称，是指依靠信息的支持，运用精确制导武器，对敌人实施精确打击的一种作战样式。精确战的出现，是日益成熟的信息技术应用于武器系统的必然结果，是武器信息化和战场透明化综合作用的产物，更是信息时代的必然要求。精确战可在多维空间和不同时间以多种方式对战场目标实施全方位立体打击，进而达成作战目的。信息化战争的目标毁伤机制可归纳为两大类型：一是有形的硬杀伤或物理毁伤，二是无形的软杀伤或非物理毁伤。精确战就是以有形的硬杀伤或物理毁伤为手段实施的作战样式，如美军在伊拉克战争开始实施的"斩首行动"以及在其后实施的第二次"斩首"袭击。

2. 网络战

网络战是信息化战争的核心作战样式之一，并在信息化战争中处于特殊的地位，发挥着重要的作用。网络战是以计算机和计算机网络为主要目标，以先进技术和信息为基本手段，在整个计算机网络空间内实施的各种信息攻防行动的总称。实施成功的网络战，可以使军队的作战能力倍增。1991年海湾战争中美军首次开展网络攻击战，战前美国派特工将伊拉克从法国购买的用于防空系统的打印机换装上了带有计算机病毒的同类芯片，空袭发起前，美军用遥控手段激活了病毒，致使伊防空指挥中心主计算机系统程序错乱，防空系统的失灵为美军实施空袭创造了有利条件。另外，网络战也是国家和社会集团间信息冲突的主要内容，并涉及政治、经济、文化、外交等诸多领域。网络战是一种与信息、信息系统紧密关联的斗争，包括保持己方信息及信息系统安全，并寻求否定敌方信息，瓦解、破坏、欺骗敌方信息系统安全的对策，涉及舆论、宣传、文化颠覆、经济制裁、外交斗争等多种行动。

3. 空间战

空间战又称天战或太空战，是指运用或针对空间军事力量实施的攻防作战行动。随着科技的快速发展，空间战已经成为信息化战争的又一个重要样式，主要包括两项内容。

(1) 争夺制天权的斗争，即在保护己方天基系统和保证己方在空间行动自由的同时，干扰、破坏、摧毁敌方天基系统和限制敌方在空间的行动自由的作战行动。

(2) 运用空间军事力量达成整个战争目的的行动，交战双方运用空间军事力量为整个战争系统提供侦察、监视、导航、通信、指挥、控制等方面的支援，以及运用天基武器系统对地面、海上、空中目标实施攻击。例如在第四次中东战争中，以色列根据美国"大鸟"侦察卫星提供的战场情报，偷渡苏伊士运河，一举扭转战局；在科索沃战争中，北约动用50多颗卫星支援作战行动，南军5架米格29战机升空不到5分钟就全部被击落。

4. 电子战

电子战是指利用电磁能和定向能以控制电磁频谱，为削弱和破坏敌方电子设备的使用效能，同时保护己方电子设备正常发挥效能而采取的措施和行动。电子战主要包括电子侦察、电子进攻和电子防御三个部分。电子战不仅是信息化战争的一种基本作战样式，而且在战争中具有特别重要的作用，是实现信息化战争战略目标最有力的保证手段。1982年6月，以色列空袭叙利亚的战略要地——贝卡谷地，就是一个经典战例。这一战例充分说明实施成功的电子战，并取得战场控制权，对于赢得空袭作战的胜利是至关重要的。

5. 情报战

情报战之所以能成为信息化战争的一种独立作战样式，并成为一个不可缺少的组成部分，关键在于现代科学技术特别是信息技术的迅速发展和广泛应用，为情报作战创造了条件，提供了手段，如各种雷达、光学探测装置(可见光遥感装置、红外遥感装置、多光谱遥感装置、激光探测装置、微光夜视和红外热成像器材)、电子侦察设备、声学探测设备、地面传感器等。与传统的情报战相比，信息化战争中情报战的对抗更加激烈，形式更加多样。

6. 心理战

心理战是指敌对双方运用心理学原理，通过宣传和其他活动，从精神上瓦解敌方国家及其军队的作战样式，通常分为政治心理战、经济心理战、外交心理战和文化心理战等。心理战常用的手段包括宣传、恐吓、威慑、欺骗、诱惑、诡诈、怀柔及收买等。其中，宣传是心理战的基本手段，往往通过无线、有线广播及电视、互联网络，散发宣传品，邮寄心理战书信，实施战场喊话，宣传本国的社会制度和政治主张；有时发动谣言攻势，进行挑拨离间，策划暴动骚乱，从事破坏暗杀，来动摇和瓦解对方的军心、民心，削弱其战斗意志。例如中国古代的"四面楚歌"，就是运用心理因素作战的成功例子。

二、信息化战争的主要特征

信息化战争的
主要特征

随着信息技术在军事上的广泛运用，信息化战争正在逐步取代机械化战争。信息化战争是信息起主导作用的战争，是使用信息、信息化武器装备进行的战争，具有与以往任何战争形态不同的显著特征。

(一) 信息资源主导化

信息对战争的影响，关键在于能否准确、及时地获得战场信息并用于决策和控制。在机械化战争中，起主导作用的是物质和能量，打的主要是"钢铁仗"和"火力仗"。在信息化战争中，信息资源将急剧升值，并取代以往冲突中对地理位置的争夺，成了双方争夺的核心和基础。拥有信息资源，握有信息优势，是取得战争胜利的先决条件。

1. 信息连接着多维战场空间

信息化战争主要表现为敌对双方多维作战力量组成的作战体系之间的较量，信息是沟通陆、海、空、天、电及网络战场，实现多维作战力量一体化的主要载体。在信息化战争中，信息、物质和能量共同构成了作战力量的基础，其中信息是核心资源，并在作战力量构成中起着"融合剂"与"倍增器"的作用。具有信息优势的一方，能够把各参战部队、单兵及武器装备平台有机地联结成一个整体，从而构成一体化的作战力量，对敌方实施高效的打击和控制。而不具备信息优势的一方，将难以知道"我在哪里？敌人在哪里？我在做什么？敌人在做什么？"因此，信息化战争的一切作战行动都将主要围绕争夺战场的制信息权而展开。

2. 信息作战贯穿战争全部过程

在信息化战争中，敌对双方间的信息攻击和信息防护，实质上是争夺制信息权的信息作战。信息作战成为夺取战争胜利的关键环节，其主要任务是破坏、瘫痪敌方的信息系统，干扰、影响敌方对信息的获取、处理、传递和利用，并保护己方信息和信息系统的安全。从这个意义上说，信息化战争中的一体化作战行动主要表现为信息作战。从近几场信息条件下的局部战争来看，信息作战贯穿于战争的全部过程。实施信息作战是夺取和保持制空权、制海权和制电磁权的前提条件，不仅可以驱散己方的"战争迷雾"，加重敌方的"战争迷雾"，也可以提高己方的指挥效率，充分把握作战时机，还可以提高己方武器的命中概率，提升作战效益。因此，信息作战较量的结果将直接决定战场主动权，乃至战争的胜负。处于优势的一方，如果失去了制信息权，可能成为"瞎子""聋子"和"靶子"，陷入被动和挨打的困境；处于劣势的一方，如果赢得了制信息权，也可能掌握战场主动权。

(二) 武器装备信息化

武器装备信息化就是要利用信息技术和计算机技术，使预警探测、情报侦察、通信联络、指挥控制、精确制导、火力打击、战场管理等领域的信息收集、处理、传输、显示相互联网，并实现自动化和实时化。这样不仅提高了武器装备的作战效能，加速实现武器装备与装备系统的现代化，也促进相应的装备理论创新、编制体制改革、技术人才培养，保证装备发展、设施建设、制度完善等。在现阶段，世界各国的武器装备信息化主要沿着以下两个方向发展。

(1) 对机械化武器装备进行信息化改造。武器装备信息化并不是对原有机械化武器装备的简单否定、抛弃，而是对机械化武器装备升级、改造和提升。形象地说，就是把计算机技术和信息技术以模块形式嵌入机械化武器装备之中，使机械化武器装备具备类似于人的眼睛、耳朵、神经和大脑的功能，从而使其综合作战效能倍增，满足信息条件下的作战需要。在伊拉克战争中，美军使用的 M109A6 式 155 毫米自行榴弹炮和 M270 多管火箭炮系统都是在原有的火炮基础上加装火控系统和电子设备，从而使反应能力、杀伤能力、生存能力和可靠性等都发生革命性改进。当前，改造机械化武器装备也是我军实现向信息化转型的重要选择。

(2) 研制新型信息化武器装备。武器装备信息化使得电子信息系统在武器装备和作战平台中的比重逐步增大，相应的作战保障装备的地位和作用也将日益重要。武器装备体系中除了传统的硬杀伤型武器外，也将出现软杀伤型武器。例如在海湾战争中使用的，以计算机病毒武器为代表的网络攻击型信息武器和以电子战武器为代表的电子攻击型信息武器等。信息化作战平台装有大量的电子信息传感设备，与 C⁴KISR 系统联网后，将集侦察、干扰、欺骗和打击功能于一体，既可实施战场探测，为精确打击和各种行动提供目标信息，还可实施信息攻防作战，是信息化战争的重要物质基础。战争实践也表明，信息战武器已成为现代战争中夺取信息优势的主战装备，以及夺取战场制高点——信息优势的重要法宝。目前，世界各国不惜投入大量人力和财力，秘密研制各种信息战武器，如计算机病毒武器、信息对抗侦察装备、高功率微波武器、电磁脉冲武器、光电干扰与激光制盲武器等。此外，一些军事强国还计划研制微米/纳米机器人和芯片细菌武器等，能像吞噬垃圾和石油废料的微生物一样，嗜食硅集成电路，对敌信息战系统给予毁灭性攻击。

(三) 作战空间多维化

随着科学技术和武器装备的发展，作战空间也呈现出日益拓展的趋向。在人类战争史上，由于飞机的问世和航空技术的发展，作战空间发生了第一次革命性变化，由陆海平面战场发展为陆海空三维的立体战场。在机械化战争中，双方交战的舞台主要是陆地、海洋和空中等物理空间；在信息化战争中，虽然对抗活动仍然离不开物理空间，但决定战争胜负的因素主要取决于信息空间。近几场局部战争也表明，信息化战争的作战空间明显拓展，呈现出陆、海、空、天、电、认知等多维一体化趋势，其多维性和复杂性已打破了传统的作战空间概念。

(1) 物理空间超大无限。第一次世界大战中，决定战争胜负的马恩河战役、亚眠战役，战场范围仅有数百至数千平方千米。第二次世界大战中，决定战争胜负的维斯瓦河奥得河战役、柏林战役、诺曼底战役，战场范围也不过数万或数十万平方千米。到海湾战争时，战场空间急剧扩展，东起波斯湾、西至地中海、南到红海、北达土耳其，总面积达到 1400 万平方千米。阿富汗战争的作战规模远不及海湾战争和科索沃战争，但其作战空间范围要远比海湾战争和科索沃战争大得多。美军在空中部署各种侦察、预警飞机，全方位、全时段监视对方的所有行动，在外层空间利用卫星侦测网全面监视、搜寻塔利班和拉登的动向。随着军事技术的发展，未来信息化战争的作战空间将在目前陆、海、空、天的基础上进一步拓展。

(2) 信息空间多维广阔。信息空间是一个全新的概念，包括电磁空间、网络空间和心理空间，渗透于陆、海、空、天各个领域。由于信息和信息流"无疆无界",使得信息作战的领域大大突破了传统的战场界限,是一个超大无形、领域广阔的作战空间。其中,电磁战场被称作继陆、海、空、天之后的"第五维战场",是信息化战争的重要作战空间。网络空间是人类进入信息社会的必然产物。目前,计算机与网络技术的广泛应用已将全世界170多个国家和地区的计算机联为一体,建成了信息高速公路网,时空的概念因此急剧缩小。网络空间的出现,使地理上的距离概念和国家之间的地理分界线在信息对抗中失去意义,凡是与网络空间相联系的目标都可能遭到攻击。心理是控制和决定人的行为的重要因素,心理空间的对抗备受各国军队的重视。美军不仅编有心理战部队,而且正在研制噪声仿真器、电子啸叫器等心理战专用武器。美军在近期几场局部战争中都成功地采取军事打击与攻心并举的方针实施了心理战。战争的实践证明,心理空间作为信息作战空间的一个重要组成部分已体现得非常明显。

(四) 作战力量一体化

武器系统的信息化和智能化带来了作战力量的一体化,这也是信息化战争区别于机械化战争的重要标志。作战力量一体化是指分布在信息化战场所有空间相互独立的作战单元,通过数字化通信网络联结为一体,形成具有新的或更高层次的整体性质或状态的作战系统。作战力量一体化是一体化作战的"拳"和"脚",其内涵如下。

(1) 武器装备系统一体化。各类武器装备系统经过信息化改造,相互之间能够直接进行信息传输,实现信息共享,从而提高整个武器装备系统的反应速度和作战效能。美军和伊军之间在第一次海湾战争中的坦克大战,美军取得了187:0的骄人战绩,就主要得益于美军坦克实现了数字化,展示了武器装备系统一体化的巨大成效。

(2) 作战单元一体化。一体化作战体系中的作战单元在信息结构上高度融合,通过信息网络紧密相连,能够实现互联、互通、互操作。在物理结构上却表现出松散的特征,某个点位遭受破坏不会瘫痪整体。在组织结构上有较大的灵活性和自由度,可以随机调整力量组合形式。在伊拉克战争中,美军把参战的空军、海军航空兵、陆军航空兵临时组合起来,统一划归空中作战司令部指挥,依赖的就是信息处理的高度一体化和物理结构上的"可拼装化""可剪裁化"。

(3) 作战要素一体化。只有情报侦察、指挥控制、信息对抗、火力打击、综合保障等作战要素实现了一体化,"发现即摧毁"才能从可能变成现实,软杀伤与硬摧毁才能由分离转为聚能,精确保障才能由理论走向实践。可以认为,一体化的信息网络是纽带,一体化的武器装备系统是平台,一体化的作战单元是基础,一体化的作战要素是一体化作战能力最终形成的关键所在。

(五) 交战行动非接触化

非接触作战是指敌对双方在不直接接触的情况下,使用信息系统和远程作战武器实施防区外打击的作战行动样式。从近期几场局部战争来看,非接触作战已走上战争舞台,成为信息化战争的主要行动样式。非接触作战样式的出现,是一体化的远距离侦察信息系统和远程作战武器发展的必然结果。海湾战争后,美军总结作战经验,明确提出了"脱离接触,间接打击"的作战原则,以及非接触战法、脱离接触战法等作战方法。非接触作战强调为避免有生力量的迅速消耗,依靠己方武器装备远射程、高精度的优势,在敌人发挥火力之前,采用集火远战、精确打击、交替掩护等手段,大大削弱或歼灭敌人有生力量,快速改变战场兵力对比,达成作战目的。非接触作战在近几场局部战争中得到频繁运用,作战效果十分迅速、明显。

(1) 打击效果上实现了精确毁伤。依据攻防双方武器系统的战术技术性能进行战法设计,强调打击效果精确毁伤,是非接触作战的明显特点。利用高新技术优势,运用科学合理的方法,最大限度地发挥装备的火力打击和消耗敌人,这是美军实施非接触作战的一贯做法。在海湾战争与波黑战争中,美军主要以海上作战平台(航空母舰、战列舰、驱逐舰、潜艇等)为主发射"战斧"巡航导弹，进行非接触作战；在科索沃战争、阿富汗战争、伊拉克战争中，美军以空中平台(B-52、B-1B、B-2 型远程轰炸机)和海上平台相结合，在防区外发射中远程空空导弹、空地导弹和巡航导弹，对预定目标进行精确打击，取得了良好效果。

(2) 火力运用上突出了打击重心。非接触作战强调，空中打击行动必须紧紧围绕打击敌人的"重心"展开，即着力打击敌方的重兵集团、指挥控制中心、大规模杀伤性武器系统、重要的工业基础和交通线等。通过打击行动，迫使敌人在"脱离接触"的范围内被动挨打，丧失抵抗意志和持续作战能力。实施重心打击，特别强调要使用精兵利器，以迅速获得火力猛、毁伤大、震慑强的突击效果。美军在近期局部战争、空袭行动中实施的非接触作战，十分重视重心目标的选择，并强调打击顺序，摧毁敌方重心乃至重要的工业基地等目标。1998 年"沙漠之狐"空袭行动中，北约部队 4 天时间出动飞机 650 架次，发射 300 多枚巡航导弹，攻击伊拉克的 100 个重要目标。2003 年伊拉克战争则以"斩首""震慑""倒萨"为基本作战企图，来选择打击伊拉克总统府、秘密会议点、新闻中心、共和国卫队等目标，避免了血腥的巷战。

(3) 打击强度上做到了集中猛烈。非接触作战强调，应采取突然猛烈的攻击行动，最大限度地降低敌人的抵抗意志和抵抗能力，并力求减少己方损失。从美军作战条令来看，非接触作战要更注重采取主动攻击行动，强调利用有利战机实施防区外精确打击。例如，以机载或舰载导弹对地面的敌纵深目标进行攻击，不仅易于达成突然性，而且可以取得很好的毁伤和震慑效果。作战实践表明，对敌实施集中猛烈的攻击行动，将使敌难以组织起全面、有效的抵御，能够减少相同军兵种间的直接对抗，在给敌以重大杀伤的同时，最大限度地减少己方损失。例如，海湾战争空中打击 38 天，共投弹 21.08 万枚，约 7.7 万吨，日均投弹 5547 枚、2026 吨。阿富汗战争空中打击 61 天，共投弹 2.2 万枚，日均投弹 360 枚，而且首次在 20 分钟内投放了 100 枚"联合直接攻击弹药"(JDAM)，对地面目标实施打击。

(六) 作战节奏快速化

时间是战争的一项基本要素。随着计算机技术、电子通信技术、卫星技术和信息化武器装备的发展，信息化战争的作战节奏和作战速度将比机械化战争大大提高，持续时间明显缩短，呈现出迅速、短暂的特征。以往的战争持续时间通常为数年或数月。人类进入信息时代以后，爆发的几场局部战争持续时间急剧缩短，如 1991 年海湾战争仅持续 42 天，1998 年"沙漠之狐"仅持续 52 小时，1999 年科索沃战争持续 78 天，2003 年伊拉克战争从爆发到萨达姆政权倒台仅持续 21 天。在信息化条件下，战争持续时间急速缩短的原因主要有以下三个方面。

(1) 战场信息流动加快，作战周期缩短。在信息时代，数字信息技术广泛运用于战场侦察监测设备和信息、快速传输网络，实现了信息的实时获取、实时传输、实时处理，使信息流动速度空前加快，空间因素贬值，时间急剧增值，作战行动得以快速进行。美国未来学家奈斯比特认为，信息社会的一个显著特点是"通过信息渠道的信息流动加快了，使发信者和收信者更加接近"。在网络化的战场上，尽管基本作战程序和信息的流程没有发生根本变化，同样要经过发现目标、进行决策、下达指令、部队行动等环节，但是整个过程几乎接近实时同步进行。

(2) 战争的突然性增大，时效明显提高。从近年几场局部战争来看，进攻一方往往采取了多种欺骗与伪装措施，运用电子技术、隐形技术和信息化武器装备，在战争的初始阶段对敌方实施突然袭击，迫使敌方来不及作出有效反应，可大大提高对时间的利用率。同时，各种信息武器具有快速的作战能力，使作战行动的速度加快，时效性明显提高。例如美军的空对空导弹，从发现到攻击目标只要 3~4 秒。现在新的防空武器发现目标几秒钟以后就可以实施目标拦击。由此可见，随着武器装备时效性的提高，战争的突然性增大了。

(3) 广用精确制导武器，毁伤效能剧增。据战争资料介绍，"二战"期间，炸毁一个目标平均要投下 9000

枚航空炸弹；越南战争期间，炸毁同样的目标则要投下 200～300 枚；海湾战争时，炸毁同样目标只需要 1～ 2 枚精确制导炸弹。现在，1 枚精确制导炸弹的作战效能相当于过去数千枚普通炸弹，一架 F-16 战斗机的作战威力相当于过去 30 架 B-17 轰炸机。海湾战争时，多国部队投下的精确制导弹药虽不到总弹药量的 8%，却摧毁了 80% 以上的目标。可见，信息化武器装备的毁伤效能迅速增长，加上精确打击直接指向敌人的战略重心，快速兼具致命效果，从而使战争持续时间大为缩短。

三、信息化战争的发展趋势

信息化战争是一种全新的战争形态，与传统机械化战争相比，具有巨大的优势，因而也必将取代机械化战争在未来战场占据主导地位。从信息化战争的特点和美军的发展模式来看，未来信息化战争还将呈现以下发展趋势。

(一) 战争观念和作战思维发生转变

战争形态由机械化战争向信息化战争的转型，除了军队组成、指挥手段、作战样式等发生改变外，人类的战争观念和战争思维也将发生转变，这主要表现在两个方面。

(1) 信息化战争引起了战争时空观、战争能量观、战争效益观、战争控制观、战争胜负观、战争力量观和作战手段观等显著改变。人们只有确立与之相适应的战争观念，才能以战争观念的更新带动战争思维的转变。

(2) 信息化战争引发思维方式转变。人类在由机械化战争向信息化战争转变的过程中，也应确立与之相适应的信息思维观念、知识思维观念、开放思维观念和创新思维观念，尤其是人－机结合的战争思维观念，既不可能离开计算机智能系统进行战争思维和决策，同时又不能完全依赖机器智能系统。在信息化战争中，人类必须学会如何与技术手段相结合，提高战争的思维质量与决策艺术，从而构建不同于机械化时代的信息化战争思维方式。

(二) 战争的制胜机理发生改变

信息技术发展引发了信息化军事革命，不仅改变了战争形态、军队结构和作战样式，也必将改变战争的制胜机理。就军事方面而言，传统战争的制胜机理主要有两大规律：强胜弱败和火力与机动力制胜。而信息化战争除此之外，还将体现以下四条制胜规律。

(1) 信息制胜的规律。在信息化战争中，信息优势已经取代了传统的火力、机动力，成为衡量双方战力强弱的首要标志，成为信息作战的前提和制胜基础。信息优势能提升整体作战能力，进而对作战过程和结局产生决定性影响，即形成了信息优势－决策优势－对抗优势－全面优势，拥有信息优势的一方就能赢得战争。

(2) 虚拟主导现实的规律。当前人类军事活动领域已从原有的陆、海、空等实体空间，拓展到了电磁、网络和心理的虚拟世界，战场形态和作战方式也发生了显著变化。一个国家的国家安全不再只局限于陆海空这些现实领土，在很大程度上还要取决于是否有能力夺取"虚拟空间"，是否有能力管好"虚拟国土"。因而，"制虚拟国土权"是新的制高点，未来谁控制了更多的"虚拟国土"，就会拥有更多的主动权。

(3) 人与机器融合的规律。信息化战争是人机一体的战争，人的智能与武器的性能融为一体，赋予武器以智慧和灵性。在信息化战争中，如果"人脑"和"电脑"不能有效连接与沟通，不能实现有效的人－机融合，那么指挥人员就无法进行战争思维，更不能实施指挥控制并战胜敌人。

(4) 体系对抗的规律。在信息时代，信息系统是支撑信息化战争和现代作战体系最重要的物质技术基础。体系对抗的目标就是要破坏这一物质技术基础，从根本上瓦解敌人的整体作战能力，从而打赢信息化战争。

(三) 战争的表现形式得到拓展

在信息化战争中，战争的主体、层次和暴力性等都发生了改变，从而使传统的战争概念受到冲击，战争的表现形式也得到进一步拓展。

(1) 战争的主体更加多元化。由于通信与信息技术的发展，国家安全面临更多的挑战，有能力实施网络攻击的主体既可能是军队，也可能是社会团体，还可能是恐怖组织、贩毒集团和宗教极端分子等。一旦爆发战争，受攻击的一方将很难判明谁是真正的对手，也难以迅速做出有效的反击。

(2) 战争层次更加模糊。在信息化战争中，战略、战役和战术层次将逐渐模糊。一方面，由于大量信息化、智能化装备和系统的集中运用，武器装备的作战效能明显提升，因而小规模的作战行动和高效益的信息攻击就可能达到一定的战略目的。另一方面，作战行动将不再是战术－战役－战略的层层突破，而是战争一开始，就对敌方政治、军事和经济的战略目标进行集中打击。比如战略信息战，就是通过攻击敌方经济和政治信息系统，以实现打击敌方民众和决策者心理的目的，更具有全纵深和全方位的性质。

(3) 战争的暴力性降低。当前人类的社会生活和经济活动等已高度计算机化、信息化和网络化，也更多地依赖各种信息系统。在未来战争中，只要通过黑客入侵、网络攻击或利用新闻媒介实施大规模心理战等"软"打击的方式，破坏敌方的计算机网络，瘫痪敌方指挥系统，制造社会动乱、瘫痪敌国经济等，就可能把战争意志强加给对方，以不流血的方式获取最大的政治和经济利益。这种非暴力"软"打击将取代传统战争的暴力行动，战争的暴力性也大幅降低。

(四) 战争的威力大幅度提升

核武器的出现，使热兵器杀伤威力和作战效能都发展到了极限。人类对武器作战效能的追求，反而限制了核武器在现代战争中运用。但是，人类并没有因此放弃对武器作战效能的追求，主要表现在以下两个方面。

(1) 研究新的军事技术，提升常规武器的作战效能。比如，新研制的智能化弹药具备自动寻的和发射后不用管功能，可实施远距离、非接触打击，命中精度达到米级以下；新研制的智能机器人和智能指挥系统投入战场，可大幅提升作战行动和指挥控制活动的准确性和时效性。

(2) 研制新概念武器应用未来战争，具有亚核战争效果。随着科学技术发展，大量新概念武器不断研制和应用于战场。例如次声波武器、电磁脉冲武器、激光武器和气象武器等，具有完全不同的杀伤和破坏机理，不以大规模杀伤有生力量为目标，而是通过让敌方人员和武器装备丧失作战功能，或者改变敌国的自然生态环境等，以迫使敌方投降或接受战争条件，因而也具有了亚核战争的效果。

(五) 军队将向小型化、一体化和智能化方向发展

随着军事技术、武器装备和作战理论的发展，军队组织结构和编制体制也将发生变化。人类由工业时代进入信息时代，由于信息技术的发展和新军事变革的推进，军队的总体规模和编制体制也将发生明显变化。

(1) 军队的规模将进一步小型化。在信息时代，先进的信息化系统和远距离的投送能力，使得信息化军队的作战能力将成指数级增长，一定小规模的智能化、一体化的军队参战，就可实现战争目的。因而，各主要军事强国将逐步缩减军队规模，并组建一些技术密集、小巧精干的新型兵种或作战单元。

(2) 军队的编成将高度一体化。在工业时代，军队主要按照作战空间与作战职能进行编组，形成陆、海、空三军并存的体制。进入信息时代，军队编成将根据系统集成的思想，建立"超联合"的一体化作战部队，使之能够充分发挥整体威力，真正实施一体化作战。

(3) 指挥与作战手段将高度智能化。随着科学技术的发展，以计算机及其网络为核心的 C⁴KISR 系统将真正实现侦察监视、情报收集、通信联络和指挥控制的无缝隙链接，能保证指挥员实时感知战场情况，协调、控制部队和武器装备的作战和打击行动，能够在陆、海、空、天、电、网等多维空间进行智能化作战。

四、信息化战争对国防建设的要求

信息化战争的到来，不但加剧了全球战略力量对比的不平衡性，而且对世界各国的国防建设提出了全新要求。中国应当正视信息化战争带来的挑战，着眼于特点，遵循其规律，制定正确的国防建设指导原则，力求在未来信息化战争中处于优势地位。

(一) 信息化战争要求树立信息化国防观念

从近几场战争来看，它们均呈现出"单边倒"的态势，究其原因，除了政治、经济、科技、外交等方面因素外，作战双方武器装备的时代差是首要原因，其次是挨打的那些国家的国防观念守旧、战争理论滞后。这也给了我们一个深刻启示：打赢信息化战争，只有战争的正义性和全体民众的抵抗精神是不够的，还应树立信息时代全新的国防观念。

(1) 要树立信息条件下人民战争观念。人民战争是革命战争时期我军克敌制胜的法宝。进入信息时代，我们仍然以人民战争思想为指导，研究信息化战争的特点和规律，探索信息条件下人民战争的制胜之道，发展人民战争战略战术，用人民战争思想指导信息化战争，用信息手段进行人民战争。

(2) 要树立维护国家信息安全的观念。信息条件下敌对双方的较量，不仅体现在战时的战场上，而且体现在平时的社会生活和经济建设各领域。这就要求我们在加强国防建设的过程中，注重加强信息安全建设，努力保护好国家的信息安全。

(二) 信息化战争要求创新军事理论体系

创新军事理论就是要运用信息时代的理念、知识、方法，研究和解决一系列军事问题。信息贯穿于军事理论创新的全部过程，规范着军事理论创新的所有内容，决定着军事理论创新的前进方向。创新军事理论的实质就是要把工业时代的军事理论发展成信息时代的军事理论，实现以研究机械化战争理论为主向以研究信息化战争理论为主的转变，从而发挥军事理论对建设信息化军队、打赢信息化战争的先导作用。为此，我们要努力研究和构建具有中国特色的军事理论体系，如信息条件下的战争与战略理论、军队建设理论、作战指导理论、后勤保障理论等，才能为打赢未来信息化战争提供理论指导。

(三) 信息化战争要求国防和军队实现跨越式发展

信息化战争要求建设信息化军队、发展信息化武器装备。当前，人民军队仍处于半机械化阶段，若是按部就班地先完成机械化，再进行信息化，将永远赶不上发达国家军队建设的步伐。因此，推进国防和军队建设必须树立以信息化为主导思想，走跨越式发展的道路。国防和军队的信息化建设是一个复杂的系统工程，目前，我军应着重做好以下三点。

(1) 加大人力、物力、财力投入，发展信息化武器装备。
(2) 完善国防信息基础设施建设，走出一条投入少、周期短、效益好的发展路子。
(3) 加快数字化战场建设，努力建成覆盖全部作战空间、诸军兵种共享的信息系统。

(四) 信息化战争要求增强国家综合国力

拿破仑指出："让战争进行下去的根本：第一是钱，第二是钱，第三还是钱。"他一语道出了经济在战争中的作用。战争是以巨大的物质消耗为基本代价的。经济是战争的物质基础，经济的强弱直接或很大程度上决定战争的胜败。进入信息时代的今天，打赢一场战争，仍然离不开包括政治、经济、军事、科技和文化在内的综合国力作为物质基础。因此，我们要继续实施改革开放政策，坚持以经济建设为中心，力争国家经济发展再上一个新台阶。在增强国家经济实力的同时，坚持"平战结合、军民融合"，储备战略物资，为未来打赢战争奠定坚实的物质基础。

思考题：

1. 简述信息化战争的概念。
2. 信息化战争有哪些构成要素？
3. 信息化战争有哪些作战样式？
4. 简述信息化战争的主要特征。
5. 简述信息化战争的发展趋势。
6. 信息化战争对国防建设提出哪些要求？

第五章

信息化装备

【教学目标】

了解信息化装备的概念、分类、对现代作战的影响及发展趋势，熟悉世界主要国家信息化装备的发展情况，激发大学生学习高科技知识的积极性，为国防科研奠定坚实的人才基础。

第一节　信息化装备概述

武器装备是国防和军队现代化的重要标志，是做好军事斗争准备的物质基础，是国家安全和民族复兴的有力支撑，是国际战略博弈的重要砝码。特别是进入 21 世纪以来，世界各军事强国纷纷加快军队信息化建设进程，大力发展和使用先进的信息化装备。为全面建成世界一流军队，我国也同样重视研制和发展信息化装备。

一、信息化装备的概念

20 世纪 30—40 年代，雷达、导弹、电子计算机等相继问世，信息化装备萌生而出。50—70 年代，半导体、自动控制、微电子、激光等技术的发展，也加快了武器装备发展和信息化的进程。80 年代中期，以信息技术为核心的新技术革命，促使高技术武器装备大量涌现和广泛使用，也标志着信息化装备时代的到来。

2011 年版《中国人民解放军军语》指出，信息化装备是指采用现代信息技术，具有单一或多种信息功能的装备，如精确制导武器、综合电子信息系统及加装数据链和相关信息系统的飞机、舰船等。信息化装备是在机械化装备基础之上发展而来的。所谓机械化装备，就是以机械技术和动力为主要特征的装备，主要侧重于拓展、增强战斗人员的体能和力量。而信息化装备则是以信息功能为主要特征，把人类的部分信息功能转化、延伸到了信息化装备之中。传统的武器装备主要依靠人来操作和使用，人与武器相结合形成了有效战斗力。而信息化装备强调在操作层面上的人机结合和在功能实现上的人机融合，信息主导成为信息化装备发挥作战效能的重要基础。现代武器装备正是借助信息和信息技术才突破原有的发展极限，获得更加强大的火力、机动力和作战效能。

二、信息化装备的分类

信息化装备以信息技术为主导，具有信息获取、传输、处理、控制与对抗等功能，按照其功能不同可以划分为以下五类。

(一) 信息化作战平台

信息化作战平台是指安装有大量电子信息设备如电子计算机、一体化传感器、高性能弹药、自动导航定位设备等，集成了光电技术、新材料技术、新能源技术等众多高新技术，可与 C^4KISR 系统联网，具有高智能化水平和综合作战能力的武器载体。信息化作战平台主要包括：坦克、装甲车、自行火炮等陆上平台，水面舰艇和潜艇等海上平台，喷气机和直升机及卫星等空中或空间平台，无人机、智能机器人等无人作战平台。20 世纪 70 年代后，美、英、法、苏(俄)等军事强国就开始将信息技术广泛应用于新武器装备，因而出现了种类繁多的信息化作战平台如美军的 M 系列坦克、M2 步兵战车、宙斯盾驱逐舰、RAH-66 "科曼奇" 武装直升机、F22 "猛禽" 战斗机，俄罗斯的 T90 主战坦克、"现代" 级导弹巡洋舰、米格-1.44 战斗机等。这些作战平台安装了大量电子信息设备和通信器材，可与 C^4KISR 系统联网，具备很强的侦察、识别、定位、打击和突防等综合作战能力。

(二) 信息化弹药

信息化弹药是指能依靠自身动力装置推进，通过获取和利用目标所提供的位置信息，由制导系统控制飞行路线和弹道，且命中精度很高的弹药，主要包括各种导弹、制导炸弹、制导炮弹、制导子母弹、制导地雷等。与普通弹药相比，信息化弹药具有飞行距离远、命中精度高、作战效费比高的优点，因而具有极高的战斗效能。信息化弹药的出现，是军事技术发展史上的一次重大革命，它使弹药从原来的不可控发展到部分可控甚至完全可控。在发达国家，信息化弹药的发展已经历了三代，现在正向灵巧型、智能型发展。灵巧型弹药是一种可在敌火力网外发射，并能自动识别、自主攻击目标的弹药。智能型弹药是能利用声波、无线电波、可见光、红外线、紫外线和激光等一切可以利用的直接或间接的目标信息，自主选择最合适的方式攻击目标的精确制导弹药。

(三) 综合电子信息系统

综合电子信息系统能将指挥、控制、通信、计算机、情报、监视、侦察等系统的功能融会贯通，把整个战场上不同军种、不同兵种的武器系统、作战平台、后勤保障装备连成一体，使战区内成千上万个火力单元与作战部队紧密配合，协调行动。综合电子信息系统是所有信息化武器和整个军队的 "神经中枢"，是战斗力的 "倍增器"。它和精确打击武器一起构成的 "探测—打击" 系统，是未来信息化战争的核心，可以在战场中真正实现 "发现即摧毁" 目标。

(四) 单兵数字化装备

单兵数字化装备又称 "单兵一体化防护系统"，是士兵在信息化战场上使用的个人装备，是一种将攻击、防护、观察通信、定位等多功能高度集成的 "人机一体化" 装备。从结构和功能来看，美、俄、英、法等国研制的单兵数字化装备大同小异，主要由一体化头盔分系统、计算机分系统(又称单兵 C^4I 分系统)、单兵武器分系统、先进军服分系统、微气候空调分系统共五个部分组成。目前，各军事强国还在制定和实施一系列 "数字化单兵作战平台" 发展新规划。未来，随着信息化军队和数字化战场建设的逐步完善，"数字化士兵" 将不再只是执行作战命令的最小单位和简单的 "地面人"，而是有指挥、协调、保障功能的作战单元。从技术来看，人与战场脱离，地面无人作战的时代或许已经到来。

(五) 信息战装备

信息战装备是以电子对抗和计算机网络战为主要手段，以夺取和保持战场制信息权为目的，以敌方信息装备为主要攻击目标的武器装备，主要由电子战装备和网络战装备组成。其中，电子战装备是用以夺取和保持战场电磁频谱控制权和使用权的武器装备。它能削弱和破坏敌方电子设备和系统的使用效能，同时保护己方电子设备和系统的使用效能，如电子侦察装备、电子干扰装备等。网络战装备是用以夺取和保持战场网络空间控制权和使用权的武器装备。它能通过计算机网络向敌方发起攻击，如计算机病毒武器。在战争中，计算机病毒武器可通过多种手段和途径"投掷"到敌方的军用通信网络、C^4KISR 系统或重要武器装备的计算机系统中，使其无法正常工作甚至瘫痪。有专家甚至预言，计算机病毒武器将成为未来信息化战争胜负的重要砝码，是继核武器、航空母舰等划时代武器装备之后的又一个重要威慑力量。

三、信息化装备对现代作战的影响

信息化装备在现代作战中大量应用，改变了传统的作战样式，也推动战争形态从机械化向信息化的转变。战场上，既有刀光剑影的战斗场面，又有无声无息的网络攻防；既在陆、海、天等有形战场上进行作战，又在电磁、网络和信息空间等无形战场上全面较量。战争的胜败不再局限于多少人员的伤亡和城池的得失，而是看谁先摧毁对方的指挥系统和瘫痪对方的作战体系，进而快速消灭对方的抵抗意志和作战能力。

(一) 推动武器装备向一体化发展

信息化装备利用其自身的信息功能，把各类武器装备融合成为一个整体，即武器装备体系。C^4KISR 系统是构建信息化武器装备体系的核心，还包括信息化作战平台、信息化弹药、信息作战装备和支援保障装备等。武器装备体系运用成为现代作战的重要基础，人、信息化装备、作战要素和作战环境实现一体化、实时化链接。

(二) 改变了现代战场的作战样式

信息化武器装备体系支撑着现代战场上的体系对抗，把不同的有形战场和无形空间融合成为一个整体，通过信息流来主导物质流和能量流一体化联合作战成为现代战争的基本作战样式。掌握信息优势，实现精确打击，强化联合作战，成为现代作战制胜的重要基础。发现目标即摧毁目标，目标一经发现即可能遭到攻击和摧毁。

(三) 促进信息化战争形态的发展演变

信息化战争是指依托网络化信息系统使用信息化武器装备及相应作战方法，在陆、海、空、天和网络、电磁等空间及认知领域进行的以体系对抗为主要形式的战争。信息化战争是信息时代战争的基本形态。与工业时代的机械化战争相比，信息化战争的战场空间更加广阔，战争进程相对缩短，暴力与非暴力手段同时运用，以控制能力明显增强的精确战代替了旷日持久的大规模消耗战。

四、信息化装备的发展趋势

信息化装备是人类武器装备发展史上的一个重要转折点和发展阶段。武器装备信息化的核心是增强其控制能力和智能化水平，使之具有一定的信息功能和智能控制能力。大数据、人工智能、物流网、云计算、移动互联网等新一代信息技术的快速发展，必将进一步推动信息化装备的快速发展和升级换代，主要体现在以下四个方面。

（一）装备的体系化程度越来越高

信息化装备的主要特征之一就是体系化。为完成特定的作战任务，把功能上相互联系、互为补充的各类武器、装备和系统，按照作战原则和军事规律综合集成一个有机整体。武器装备体系通常由主战武器装备、电子信息装备和综合保障系统等组成，三者相辅相成、不可或缺。在未来战场，各类信息化武器装备的关联度越来越大，主战武器装备与支援保障装备、软杀伤武器、硬摧毁武器的功能互补，结构优化，推动武器装备体系的构成越来越庞大、复杂，功能也越来越齐全、先进。

（二）装备的一体化程度越来越高

一体化是指在武器装备体系化的基础上，通过 C⁴KISR 系统实现链接网络化和功能一体化，陆、海、空、天、电、网等各个战场的武器装备都向信息化、远程化、精确化、隐身化、多功能化等方向发展，武器装备的信息能力、火力、机动力和防护力实现一体融合和全面提升，电磁空间、网络空间、信息空间和认知空间的控制与反控制的斗争也将越来越激烈。

（三）装备的智能化程度越来越高

智能化是指利用电子计算机技术、通信技术和人工智能技术等使武器装备和武器系统具有类似人脑的部分功能，变成拥有"眼睛""耳朵""神经""大脑"的智能化武器、装备和系统。它们能利用自身的侦测、识别、传输和信息处理等装置自主地对战场目标进行搜索、分析、识别和筛选，还能自主地分析敌方目标的威胁程度，自主选择最佳时机、最佳地点、最佳手段和最佳方式实施攻击。

（四）装备的无人化程度越来越高

随着军事科学技术的快速发展，各种作战平台的信息化能力和水平日益提升，以往需要由人在现场操纵转为由计算机控制，武器装备在前台，官兵在后台，实现平台无人操纵。无人飞机、无人车辆、无人船艇、智能机器人等各类无人化作战平台终将走上战场，甚至在杂乱、危险等战场环境中全部或部分地取代有人平台。

思考题：

1. 什么是信息化装备？
2. 信息化装备主要包括哪几类？
3. 信息化装备对现代作战有哪些影响？

第二节　信息化作战平台

作战平台又称武器平台，是指武器系统中具有运载、投送功能并作为武器依托的载体部分。一般按作战空间不同，可将作战平台分为陆战平台、海战平台、空战平台等。信息化作战平台是指采用信息技术、配备各类信息设备的武器平台。简单理解，信息化作战平台主要由硬件设备和软件系统两部分组成。其中，硬件设备就是传统的机械化平台，如坦克、装甲车、飞机、舰艇等；软件系统则是指各类武器平台上的信息系统及其功能软件，如通信系统、指挥控制系统、火控系统和信息作战装备等。20 世纪下半叶，信息技术的发展和应用使原有的机械化武器平台加装各类信息设备成为可能，可以显著提高作战能力，由此也引发了武器装备的信息化革命。

一、信息化陆战平台

信息化陆战平台又称信息化陆上作战平台，是指采用信息技术研制或改造的，可供武器装备执行陆上作战任务的载体和器具的总称。它可以为搭载的各种武器装备系统提供陆上(含低空)的机动和防护，确保其发挥作战效能且完成作战任务。信息化陆战平台由传统的陆战平台发展而来，并已成为现代陆军武器装备信息化的主要标志，其数量和质量决定现代陆军的陆上作战能力。目前，典型的信息化陆战平台主要包括具备信息化性能的装甲车辆、步兵战车、两栖突击车、自行火炮、火箭炮、直升机、陆军战术导弹系统、地空导弹武器系统，以及无人地面车辆和外骨骼系统等。

(一) 装甲车辆

装甲车辆是具有装甲防护和快速机动能力的战斗车辆和保障车辆的统称，是现代化陆军的重要装备。其中，装甲战斗车辆是最主要的装甲车辆，包括坦克、步兵战车、装甲侦察车、装甲指挥车、装甲通信车、装甲输送车等。而坦克是地面作战的主要机动突击平台，号称"陆地猛虎"，具有较好的直射火力、越野能力和装甲防护力。现役的第三代坦克特点如下：在机动力上，大多采用高功率发动机，具备更大的行驶速度和爬坡能力；装备 120 毫米或 125 毫米火炮，能发射穿甲弹、破甲弹、多用途弹甚至反坦克导弹，具有较强打击能力；配备先进的火控系统，在白天或夜里均可在较远距离上准确攻击敌方目标；采用复合装甲和外挂反应式装甲，配备自动灭火抑爆装置、三防装置、烟幕发生器和激光、雷达告警器等，提升了战场生存能力。现代坦克在传统的火力、机动力、防护力的基础上，还配备先进的无线电台等通信导航设备，增加了信息能力，实现了综合作战能力的全面优化和协调发展。目前，世界上著名的主战坦克主要有德国"豹"-2A6(见图5-1)、美国 M1A2、日本 90 式、俄罗斯 T-90 和 T-14 "阿玛塔"、法国"勒克莱尔"、英国"挑战者"-2、以色列"梅卡瓦"-3、中国 99 式坦克等。

(二) 自行火炮

火炮可以在任何地形、全天候、昼夜条件下提供猛烈而持久的火力，因此在传统的地面战争中被称为"战争之神"，数百年来一直备受青睐。火炮按其运动方式分为步兵携行火炮、自行火炮、牵引火炮、骡马挽曳火炮和骡马驮载火炮。其中，自行火炮是一种安装在各种车辆底盘上，不需外力牵引就能自行运动的火炮。随着军用技术的发展，自行火炮的作战性能提升，作为地面进攻和防御火力的基本手段，仍将在未来信息化战争中发挥着重要作用。目前，世界上典型的自行火炮主要有美国"帕拉丁"M109A6 型 155 毫米自行火炮、俄罗斯 219 型 152 毫米自行火炮、法国"凯撒"155 毫米轮式自行火炮等。近年，我国也研制了 05A 式 155 毫米自行火炮(见图5-2)、出口型的 PLZ45 型 155 毫米自行火炮及 SH15 型 155 毫米轮式自行火炮等。

图5-1 德国"豹"-2A6坦克

图5-2 中国05A式155毫米自行火炮

(三) 直升机

直升机是指依靠发动机带动旋翼产生升力和推进力的一种航空器。为适应现代陆战需要，人们给直升机安装上了机载武器系统，就形成了武装直升机。武装直升机可以用于攻击地面、水面和水下目标，也可以为运输直升机护航，还可以与敌方直升机进行空战。它具有机动灵活、反应迅速、适于低空、能在运动和悬停状态开火等特点。现代武装直升机一般是指用来攻击地面目标的直升机，多装备于陆军航空兵，是陆军航空兵实施火力打击与支援的主要航空器。目前，世界上典型的直升机主要有美国的S-70UH60"黑鹰"、AH-64"阿帕奇"(见图 5-3)，法国的 SA-365"海豚"，俄罗斯的米-28、卡-52，意大利的 A-129"猫鼬"，中国的武直-10、武直-19 等。

图5-3　美国AH-64"阿帕奇"直升机

(四) 外骨骼系统

外骨骼系统是一种人员穿戴的机电一体化设备，一般由控制系统、动力系统、感知系统、仿生机械系统和能源系统等组成，主要可以增强穿戴人员的力量、速度、耐力等。由于人体最重要的承力支撑结构是骨骼和肌肉，但它们所能承载的重量和力量都较为有限，一旦超限就会造成机体功能受损。因此，单兵的负重能力和行动能力有时是一对矛盾。大部分外骨骼系统是"行走机构+控制系统+电源装置"的组合体，可以在体力增强上发挥辅助作用，既能提高士兵的负重能力，又能促使其保持充沛体力。特别是在一些特殊地形如高原、山地、丛林、沙漠等作战时，可以极大提升士兵作战能力。美国国防部积极推进"增强人体机能外骨骼"项目，旨在研制能帮助士兵携带更多武器弹药、更好防护装具和更多补给品的外骨骼系统。在其资助下，加州大学伯克利分校开发出下肢外骨骼系统 BLEX，雷声公司开发出全身式外骨骼系统 XOS。其中，BLEX 由用于负重的背包式外架、两条机械腿及相关的液压驱动装置组成，自重 45 千克，负重 35 千克，而穿戴者感觉只有 2 千克。法国研制的"大力神"可穿式外骨骼系统，能够增强士兵在战场上的负重能力和持续作战能力，主要由机械腿装置、计算机、电子装置和背部支撑架组成，可帮助穿戴者携载 100 千克重物、以 4 千米/小时的速度行进 20 千米。我国兵器 202 所研发的单兵外骨骼系统，背负有效载荷 35 千克，额定搬运负荷 50 千克，采用电力能源，在平地以 4.5 千米/小时，续航 20 千米；也可执行单兵搬运、单兵负重机动、单兵高原/山地负重侦察和巡逻等任务。外骨骼系统可以降低单兵体力损耗，同时大幅提升负载能力，支撑单兵更持久地战斗，还可以协助单兵携带火力更猛的重型武器，进而推动单兵战斗方式的变革。

(五) 陆战平台的发展趋势

未来陆战平台发展趋势主要体现在以下方面：在机动能力上，动力传动技术注重创新发展，新材料推动平台轻量化技术进步；在打击能力上，常规发射技术与新技术研发并行，可调战斗部技术发展活跃；在生存能力上，平台主动防护技术是发展重点，材料技术助力生存能力提升，反微/小型无人机技术蓬勃发展；在信息能力上，网络与电子战攻防技术并举，雷达与通信技术兼顾精度与可靠性，信息融合技术提高指控系统灵活性；在自主能力上，积极开展仿生机器人技术研究，加快发展无人系统编队技术、无人车辆发展注重机动能力和救援能力；在人效增强上，士兵系统更强调轻量化和网络化，单兵装备的发展重点是智能化。

二、信息化海战平台

信息化海战平台也称信息化海上作战平台，是采用信息技术研制或改造的，可供武器装备执行海上作战任务的载体和器具的总称，其技术复杂、知识密集，集中反映一个国家的工业水平和科技最新成就。信息化海战平台可遂行海上战斗、封锁、护航、登陆以及对陆攻击等海上作战行动，是现代海军最主要、最基本的装备。根据作战使命不同，其一般分为战斗舰艇和勤务舰船两大类。其中，战斗舰艇包括水面战斗舰艇和潜艇。水面战斗舰艇的标准排水量在 500 吨以上的，通常称为舰；在 500 吨以下的，通常称为艇。舰船的航行速度通常以"节(kn)"表示，1kn 等于 1n mile/h，即 1.852km/h。各国现役信息化海战平台主要有航空母舰、驱逐舰、护卫舰、两栖战舰艇等水面战斗舰艇，潜艇等水下作战平台，以及无人潜航器等新型平台。

(一) 航空母舰

航空母舰简称航母，是以舰载机为主要武器并作为其海上活动基地的大型水面战斗舰艇，主要用于攻击敌舰船、海岸设施和陆上目标，夺取作战海区的制空权和制海权，支援登陆、抗登陆作战。航母是海军水面作战力量的核心，一般按其动力分为常规动力航母和核动力航母；按排水量分为大型航母(6 万吨以上)、中型航母(3 万～6 万吨)和小型航母(3 万吨以下)。其舰载航空兵联队配备战斗机、攻击机、预警机、电子战飞机、反潜飞机等。目前，世界各国在役的航母主要有美国核动力大型航母 11 艘(尼米兹级 10 艘、福特级 1 艘)，法国"戴高乐"号核动力中型航母，俄罗斯"库兹涅佐夫"号常规动力中型航母，中国"辽宁"号、"山东"号中型航母，印度"超日王"号中型航母，英国"伊丽莎白女王"号中型航母，西班牙、意大利、巴西、泰国等国各有 1 艘小型航母。其中，最先进的是美国福特级航母，造价高达 130 亿美元，采用了综合电力推进、电磁弹射技术和先进的 C^4KISR 系统，是未来美军海、空网络战的一个中心节点。福特级航母不仅集合了航母及其编队全系列的新技术和武器装备，而且能与空、天、陆军的指挥通信网络和武器装备实现有机"链接"，进而打造更强大的战略预警体系和作战网络体系。它还广泛采用计算机显示器和掌上电脑等替代人员操作，从而使各种雷达设施、通信系统、指挥控制系统和武器装备之间的信息传输更快捷、作战程序更简便、打击威力更强劲。美国福特级航母"福特"号如图 5-4 所示。

图5-4 美国"福特"号核动力航母

(二) 驱逐舰

驱逐舰是装备有舰炮、导弹、鱼雷、深水炸弹和直升机等武器系统,具有多种作战能力,能在中远海机动作战的中大型水面战斗舰艇,可按其作战功能不同分为防空型、反潜型和多用途型。驱逐舰通常满载排水量 4000~10000 吨(甚至更大),主要用于攻击敌水面舰船和潜艇,担负己方舰艇编队的防空和反潜,以及护航、侦察、巡逻、警戒、封锁、搜索和救援,支援登陆和抗登陆作战等任务。目前,世界上较先进的驱逐舰主要有美国的阿利·伯克级和朱姆沃尔特级驱逐舰、英国的 45 型驱逐舰、俄罗斯的现代级和勇敢级驱逐舰、日本的金刚级和爱宕级"宙斯盾"驱逐舰(是阿利·伯克级的翻版)、欧洲部分国家引进美国"宙斯盾"系统而建造地平线级驱逐舰、印度的德里级驱逐舰,以及中国的 052C 型、052D 型(见图 5-5)、055 型驱逐舰等。

图5-5　中国052D型驱逐舰

(三) 护卫舰

护卫舰是以舰炮、导弹、深水炸弹及反潜鱼雷为主要武器的轻型水面战斗舰艇,其主要任务是为舰艇编队担负反潜、护航、巡逻、警戒、侦察及登陆支援作战任务,以及提供无人舰载机的起飞和降落。护卫舰通常满载排水量 600~5000 吨,武器配置与驱逐舰基本相同、数量略少,方便在近中海机动作战。护卫舰可分为防空型、对海型、反潜型和多用途护卫舰等。目前,世界上先进的护卫舰主要有美国的濒海战斗舰和佩里级护卫舰,俄罗斯的 22350 型、20380 型和 11356M 型护卫舰,法国的拉斐特级隐身护卫舰,意大利的西北风级护卫舰,西班牙的 F100 型护卫舰,中国的 054A 型护卫舰和 056 型轻型护卫舰。

(四) 两栖战舰艇

两栖战舰艇是专门用于登陆作战的舰艇的统称。其主要任务是输送登陆兵、登陆工具、战斗车辆、武器装备和物资,指挥登陆作战,也可为两栖作战提供火力支援。两栖战舰包括两栖攻击舰、两栖作战指挥舰、登陆舰、运输舰等。登陆舰船的船型一般较为特殊,有其专门功能,配备一些专用登陆装备。目前,世界上典型的两栖战舰艇有美国的 LHA-6 两栖攻击舰、法国的"西北风"级两栖攻击舰、中国的 071 型两栖登陆舰等。其中,美国的 LHA-6 两栖攻击舰满载排水量约 4.5 万吨,可容纳 1204 名船员和 1871 名士兵,作战能力极强。

(五) 潜艇

潜艇是用于水下活动和作战的战斗舰艇,是现代海军的重要装备,具有自给能力强、突袭威力大、航程远、能长时间在水下隐蔽活动等特点。一般，按动力可分为常规动力潜艇和核动力潜艇；按作战任务可分为战略导弹潜艇和攻击型潜艇。其中，战略导弹潜艇通常是指战略弹道导弹核潜艇，即采用核动力推进装置，装备潜地弹道导弹，主要用于对敌方陆上军事、政治、经济中心等战略目标实施核突击。目前，联合国五个安理会常任理事国均有战略弹道导弹核潜艇，是其国家战略力量和核打击力量的重要组成部分。美国的俄亥俄级核潜艇(共 14 艘)能搭载 24 枚三叉戟-2 型多弹头潜地弹道导弹，俄罗斯的北风之神级核潜艇可搭载 16 枚"布拉瓦"潜地弹道导弹。英国的前卫级核潜艇(共 4 艘)可搭载 16 枚三叉戟-2 型多弹头潜地弹道导弹，法国的凯旋级核潜艇(共 4 艘)可搭载 16 枚 M45 型潜地弹道导弹，中国已服役了两代战略弹道导弹核潜艇。攻击型潜艇主要使用潜射导弹和鱼雷等攻击敌潜艇或水面舰船，有的也可使用巡航导弹攻击敌地面目标，一般也分为核动力和常规动力攻击型潜艇，如美国的洛杉矶级、海狼级、弗吉尼亚级攻击型核潜艇，俄罗斯的奥斯卡级、阿库拉级攻击型核潜艇和基洛级常规动力攻击型潜艇，英国的特拉法尔加级攻击型核潜艇，法国的宝石级攻击型核潜艇，德国 209 级和 212 级常规潜艇，日本的苍龙级常规潜艇。中国海军也装备了核动力和常规动力攻击型潜艇。

(六) 海战平台的发展趋势

随着高新技术的迅猛发展和应用，在未来相当长时间内，海战武器装备将突出表现为：网络化程度和联合作战能力空前提高；对地精确打击和常规威慑能力持续增强；自动化、智能化和无人化水平进一步提升；隐形化和高防护能力更加突出。同时，未来海战武器装备还将努力提升近海水域的反潜、反水雷能力，以及抗饱和攻击与弹道导弹防御能力。目前，美军已在其主要舰艇上装备了远程猎雷系统，具备建制内反水雷能力。美军的战区导弹防御系统也使"宙斯盾"巡洋舰具备了拦截助推段弹道导弹能力与抗饱和攻击的能力。

三、信息化空战平台

信息化空战平台也称信息化空中作战平台，是采用信息技术研制或改造的，可供武器装备执行空中作战任务的载体和器具的总称。在信息化空中作战平台中，军用飞机是最主要的类型。军用飞机是直接参加战斗、保障战斗飞行和军事训练的飞机的总称，是现代空军主要的装备。军用飞机具有机动性能好、突防能力强等优势，能出其不意地发起攻击，有效支援地面和海上作战行动，因此从诞生以来一直备受重视。军用飞机大量用于作战，使战争由平面发展到立体空间，对战略战术和军队组成产生了重大影响。各国现役的信息化空战平台主要包括战斗机、强击机、轰炸机、歼击轰炸机等作战飞机，预警机、侦察机、电子战飞机等特种飞机，以及运输机、直升机、无人机等其他机种。

(一) 战斗机

战斗机又称歼击机，主要用于歼击空中敌机和飞航式空袭兵器，具有速度快、火力强、机动性好，适合空战的特点，也常用于对地、对海的攻击任务。第二次世界大战结束以来，喷气式战斗机的发展经历了四代。现役第三代战斗机及其改进型号主要有美国的 F-15、F-16 和 FA-18 系列，俄罗斯的苏-27、苏-30、苏-33 和苏-35 等，欧洲的 EF-2000 台风，法国的阵风系列和幻影-2000，日本的 F-2，瑞典的 JAS-39，中国的歼-10、歼-11、歼-15、歼-16 等。最先进的第四代隐身战斗机主要包括美国的 F-22A、F-35A、F-35B 和 F-35C，俄罗斯的苏-57，中国的歼-20。其中，美军 F-22A "猛禽"(见图 5-6)是全世界第一个首飞和服役的第四代战斗机，由洛克希德·马丁公司负责设计大部分机身、武器系统和最终组装，波音公司提供机翼、后机身航空电子综合系统和培训系统。F-22A 在航空电子设备、机动性能、武器配置等方面优于其他先进战斗机，且具备超音速巡航和先进隐身能力。其雷达反射截面积仅 0.01 平方米，与一只小鸟无异，让战场上的脉冲多普勒雷达探测距离大大降低。F-22A 的隐身性能、敏捷性、精确度和态势感知能力相结合，装备先进的空空和空地导弹等，具备强大的综合作战能力，也将推动未来空中作战样式发生变革。

(二) 轰炸机

轰炸机是能携带航空炸弹、空地导弹或鱼雷等弹药，专门用于对地面、海上(水下)目标实施轰炸的作战飞机，具有突击力强、航程远等特点，是空军航空兵用于空中突击、轰炸的主要机种。轰炸机一般按其载弹量分为重型(10 吨以上)、中型(5～10 吨)和轻型(3～5 吨)；按其航程分为远程(8000 千米以上)、中程(3000～8000 千米)和近程(3000 千米以下)；按其作战使命分为战略轰炸机和战术轰炸机。其中，战略轰炸机主要用于轰炸敌后方的重要目标，目前仅美国和俄罗斯装备使用。美军现有 B-52H、B-1B 和 B-2A 战略轰炸机，可挂载 AGM-86 核或常规远程空射巡航导弹、核炸弹或常规炸弹、中近程空地导弹、制导炸弹等攻击兵器。俄军现有图-95MS、图-22M3 和图-160 战略轰炸机(见图 5-7)，可挂载 X5 核巡航导弹、X-101 远程空地导弹以及核炸弹、常规炸弹等攻击兵器。

图5-6 美国F-22A"猛禽"隐身战斗机 　　　　　图5-7 俄罗斯图-160战略轰炸机

(三) 预警机

预警机是空中预警飞机或空中预警与指挥飞机的简称，主要用于搜索、监视空中或海上目标，并可指挥、引导己方飞机遂行作战任务。预警机是一种重要的空中指挥平台，装备有预警雷达、敌我识别、通信导航、数据处理、指挥控制、电子侦察、电子干扰等设备，有的还装有光电探测设备，在现代战争中具有重要作用。在海湾战争中，多国部队共出动 30 多架预警机，执行侦察、战场监视和空中指挥任务，为夺取制空权和瘫痪伊军指挥通信系统发挥重大作用。在科索沃战争中，南联盟多架米格-29 战斗机刚刚起飞就被北约空军击落，其关键就是有预警机的高效指挥。目前，只有美国、俄罗斯、以色列、瑞典、中国等少数国家能够独立研制预警机，英国研制预警直升机。美国现有空军型 E-3A 预警机、海军舰载型 E-2D 预警机，俄罗斯现有 A-50 预警机，中国现有空警-2000(见图 5-8)、空警-200 和空警-500 等预警机，日本现有 E-2C、E-767 预警机。印度从以色列购买了大型预警机。

(四) 侦察机

侦察机是专门用于从空中侦察、获取敌方情报的军用飞机。侦察机上装备有航空照相机、雷达、摄像机、红外和电子侦察设备等，有的还装有实时情报处理与传输装置。一些侦察机还装备攻击兵器、电子干扰系统等，可用于自卫和攻击，以提高生存能力。侦察机可进行目视侦察、成像侦察和电子侦察。其中，成像侦察是侦察机实施侦察的主要方式，包括可见光照相、红外照相、雷达成像、微波成像、电视成像等。侦察机按其遂行任务范围分为战略侦察机和战术侦察机。战略侦察机是为战略决策而搜集敌方重要情报的专用飞机，它飞行高度高、航程远，可从高空深入敌方领空对军事目标、核设施、导弹基地等重要目标实施战略侦察。战术侦察机是对战场和战区目标实施侦察的飞机，常用战斗机加装侦察设备构成，能对敌纵深 300～500 千米范围内的兵力布置、火力配置、地形地貌以及对敌攻击效果等进行侦察，获取战役战术情报，以协助指挥员了解敌情、制订作战计划。闻名于世的侦察机有美国的 U-2 高空高速侦察机、SR-71 "黑鸟"战略侦察机(见图 5-9)，俄罗斯的米格-25R 侦察机等。

图5-8　中国空警-2000预警机

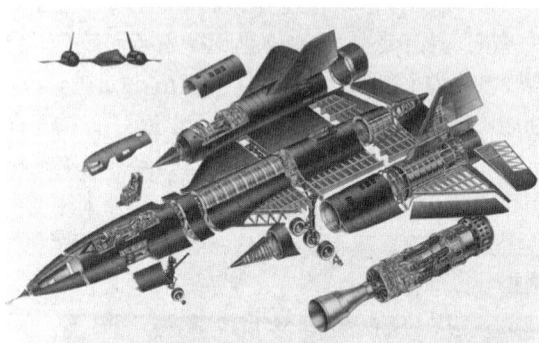

图5-9　美国 SR-71 "黑鸟"战略侦察机透视图

(五) 空战平台的发展趋势

随着军用信息技术的发展，未来空战平台也将不断增加信息含量，提高战术、技术性能，逐步形成以改进现有武器装备为主、研制新型装备为骨干进行合理搭配的格局。主战装备、电子信息装备和支援保障装备协调发展，形成装备体系；依托先进科学技术，研制新一代隐身化、高机动、多功能、智能化、无人化和综合化的作战平台。无人飞机因其具有风险小、运用方式灵活、不危及驾驶员生命、续航时间长等优点，在军事领域已得到广泛应用。特别是近些年，电子信息技术、发动机技术、新材料技术和人工智能技术等的快速发展，无人机正从传统的以侦察为主的单用途无人机，向集合情报侦察、通信控制、精确打击于一体的多用途无人机发展，成为未来空战平台发展的重要方向。

思考题：
1. 什么是信息化作战平台？
2. 信息化陆战平台主要有哪些？
3. 信息化海战平台主要有哪些？
4. 举例论述预警机在现代空战中的作用。

第三节　综合电子信息系统

随着电子信息技术的发展和在军事领域的广泛运用，如何将各个军用信息系统关联起来进行集成并综合运用成为一个重要课题。继美军的 C⁴KISR 系统和俄罗斯一体化指挥系统 NACY 之后，中国也推出了自己的综合电子信息系统。中国的电子信息系统的建设着眼于在未来信息化战争中，为满足诸军兵种联合作战任务，利用综合集成方法和技术将多种电子信息系统整合为一个有机的大型军事信息系统。

一、综合电子信息系统概述

综合电子系统是由单兵种信息系统发展而来的，经历了半个多世纪的演变，其功能越来越强大，作用越来越突出，与一般的电子信息系统相比，更强调全局观念整体观念，更强调从装备体系建设角度综合各种局部力量，能为获得体系对抗的全局最佳效果提供技术支撑。

(一) 综合电子信息系统的概念

综合电子信息系统是指在信息时代的军事斗争环境下，为满足诸军兵种联合作战任务，利用综合集成方法和技术将多种电子信息系统整合为一个有机的大型军事信息系统。在信息化战争中，作战双方的对抗已经超出传统意义上单纯的兵力对抗、火力对抗，也不是简单的信息力量的对抗，而是以信息力量为核心的整个作战系统的全面对抗。综合电子信息系统能对各种武装力量进行统筹、对各种电子信息系统手段进行集成，以全面提高军队的信息作战能力、信息处理能力、武器装备体系集成能力，建立整体最优的大系统，显著提升整体作战效能。

(二) 综合电子信息系统的作用

综合电子信息系统在现代战争中起着作战部队大脑、兵力倍增器、黏合剂和信息武器的作用。

(1) 综合电子信息系统中的指挥控制系统进行威胁分析、态势评估和作战决策，并指挥部队进行作战，发挥作战部队的大脑作用。

(2) 综合电子信息系统为所有参战部队提供及时、准确和完整的信息，提高指挥员和战斗员主动性和积极性，在正确的决策下，使作战部队的作战能力成倍增加。

(3) 综合电子信息系统以作战信息、作战命令和作战行动把所有参战人员、武器装备和保障装备等黏合在一起，形成整体作战力量。

(4) 综合电子信息系统中的信息战系统、电子战系统、超强功率雷达高能激光武器和微波炸弹等将是未来作战中软杀伤和硬摧毁的强大武器装备，发挥作战武器的作用。

(三) 综合电子信息系统的功能

综合电子信息系统主要由指挥控制系统、预警探测系统、导航定位系统等构成，涉及诸军兵种各类电子信息分系统，具有指挥控制、情报侦察、预警探测、通信导航、电子对抗等多个方面的功能。其中，指挥控制功能是通过为指挥员完成计划、指挥、协调和控制部队及作战使命配备的人员设备、装备及过程予以实现的；情报侦察功能主要是指用多种侦察手段对敌方的各种情报进行搜集、处理、分析、存储和分发；预警探测功能主要是指用多种探测手段对敌方各种目标信息进行实时探测、处理、存储和分发；通信导航功能可以提供信息传送的方法和手段，也可以为信息设备提供导航和定位；电子对抗功能则是指利用电磁能和定向能控制电磁频谱或利用电磁频谱攻击敌方的任何军事行动，包括电子攻击、电子防护、电子支援等，也是信息战功能的组成部分。

二、指挥控制系统

未来信息化战争与传统战争相比，战役时间大大减少，作战空间极端放大，战争要素急剧增加，战争的烈度和强度也大大增强。而传统的指挥方式和设备无法在战况瞬息万变的条件下，在最短的时间内获取和处理大量的信息。因此，必须采用先进的指挥控制系统，对军队实施更高效的组织、指挥与控制。

(一) 指挥控制系统概述

指挥控制系统是由指挥自动化系统发展而来的，是指在军队指挥体系中，综合运用以计算机为主的技术设备，把指挥、控制、通信和情报有机地结合在一起，自动完成信息收集、传递、处理和显示，以及对部队和武器实施有效的指挥和控制的系统。与指挥自动化系统相比，指挥控制系统概念的内涵更加丰富，涵盖了指挥、控制、通信、计算机、情报、监视和侦察等要素。指挥控制系统是信息化装备体系的核心装备，像人的大脑一样，对信息化装备整体效能的发挥起着至关重要的作用。

20世纪50年代起，世界上一些发达国家相继开展军队指挥自动化的研究工作，先后建立了一大批指挥控制系统，极大地提高了指挥效能。随着武器装备自动化、军兵种数量增加、作战距离和范围的扩大，以及军队机动能力大幅提升，"控制"和"指挥"的概念一起被引入军事领域，即指挥与控制(command and control)或叫作C^2。其中，最具代表性的是美国研制的"赛其"半自动化防空指挥控制系统和苏联研制的"天空"I号半自动化防空指挥控制系统。20世纪60年代，通信手段在C^2系统中的作用日益完善，影响不断扩大，美苏等国又把通信(communication)融入C^2系统，从而形成C^3系统。在C^3系统中，指挥和控制是目的，而通信是必不可少的手段，三者在现代战争中融为一个整体。20世纪70年代，美国首次把情报(intelligence)作为指挥自动化不可缺少的因素，出现了C^3I系统，并在较长时期内成为指挥自动化系统的代名词。20世纪80年代，由于计算机(computer)的信息处理、辅助决策等功能，在这一系统中的作用日益重要，就形成了C^4I系统。20世纪90年代中期，美国根据海湾战争的经验，进一步认识到掌握战场态势的重要性，提出"战场感知"的概念，C^4I技术体系的内涵又进一步扩大，融入了监视(surveillance)与侦察(reconnaissance)，变成了C^4ISR系统。21世纪以后，随着军队信息化程度提升，C^4ISR与武器平台、弹药等作战系统不断"融合"，具备一定的杀伤(kill)能力，并逐步发展成C^4KISR系统。

(二) 指挥控制系统的分类

各国对指挥控制系统的分类从不同的角度有不同的分类方法，美军把指挥控制系统按功能分为七大类：自动化作战指挥、武器控制、情报检索、军事科研、人员训练、后勤管理和战斗保障等系统。俄罗斯军队把指挥控制系统按用途分为四类：军队自动化作战指挥系统(包括武器控制自动化)、军队战斗保障自动化系统、行政管理自动化系统和科研训练自动化系统。我军目前有两种分类方法：第一种是按照系统层次来分，分为战略指挥控制系统、战役指挥控制系统、战术指挥控制系统；第二种是按照军兵种种类来分，分为陆军指挥控制系统、海军指挥控制系统、空军指挥控制系统、火箭军指挥控制系统等。

(三) 指挥控制系统的结构

从功能来看，指挥控制系统需要具备信息获取、信息处理、信息传输和综合控制这四项基本功能。因此，与之相对应的指挥控制系统包括以下四个分系统：信息获取系统、信息处理系统、信息传输系统和综合控制系统。信息获取系统是指遍布陆、海、空、天的各种侦察和监视平台与其搭载的雷达、夜视、光电和声呐等各种类型传感器，以及这些平台和传感器组成的有机整体。信息处理系统是借助输入输出设备、计算机系统对获取的各种情报信息进行整理综合、有效管理和及时更新的系统。信息传输系统是保证信息通过各种信道、交换设备、通信终端实现迅速、准确、保密和不间断传输的信息传输和交换网络。综合控制系统是运用上述三个分系统以确保对各作战单元进行精确控制，确保指挥员意图实现的指挥控制体系，包括精确计算、作战模拟、决策支持和实时控制。在指挥控制系统中，综合控制是主体，信息处理是核心，信息获取是前提，信息传输是保障，四个系统有机融合，缺一不可。

(四) 指挥控制系统在战争中的作用

在信息化条件下，指挥控制系统的发展推动着作战方式的变革，在现代战争中发挥着越来越重要的作用，对现代战争的影响也越来越深刻。

(1) 指挥控制系统极大提升军队的战斗力。战斗力可以用以下公式计算：(战斗人员+武器系统)×(指挥谋略+指挥控制系统)。要最大限度地提高军队的战斗力，除了指挥员要有精深的谋略和高超的指挥艺术外，还依赖功能强大的指挥控制系统。只有借助高效能的指挥控制系统，指挥员才能在全面了解战场态势的基础上作出正确的决策，并迅速、准确地加以贯彻执行，实现对部队和武器系统的有效指挥控制。海湾战争爆发时，伊拉克的防空力量并不弱。据有关资料介绍，其空军有4万多人，作战飞机560余架，2个防空导弹旅，地空导弹发射装置约730部，防空导弹约3700枚，各种高炮4000多门，防空武器比较齐全，有些还相当先进。但多国部队在发起大规模空袭前，首先实施高强度的综合电子战，瘫痪了伊军C⁴I系统，使其作战指挥系统成了"瞎子""聋子"和"哑巴"。结果，伊拉克军队根本不能组织起有效的防空作战，多国部队以很小的代价赢得了胜利。伊军的教训说明，指挥控制系统对军队战斗力起到倍增或倍减的作用。

(2) 指挥控制系统促进各作战单元的有机融合。指挥控制系统可以将诸军兵种的各个系统有机地融为一体，充分发挥整体威力。美军认为，在现代战争条件下，没有现代化的指挥控制系统，就等于没有军队，海湾战争、科索沃战争、阿富汗战争及伊拉克战争都充分表明了这一点。南联盟的指挥控制系统是不完整的，因此只能组织有限的防护，难以与以美国为首的北约军队进行抗衡；伊拉克虽然建立了较为先进的指挥控制系统，但却无法确保在战时正常工作，或系统运行不稳定、不可靠，或缺少防护手段易遭摧毁，从而不能发挥应有的效能。相反，美军则高度重视并投巨资建设指挥控制系统，在战争中收到了奇效。

(3) 指挥控制系统实现对军队的高效指挥和控制。指挥控制技术的发展和应用可以大幅度提高联合作战指挥员的指挥效能。指挥员可在远离战场的指挥所里通过显示设备，实时、形象、直观地掌握战场态势和有关情况，指挥作战行动。同时，各级参战部队也能更好地适应战场环境的变化，形成对敌绝对优势。例如美国空袭利比亚、出兵海地等军事行动，规模虽然不大，但事关全局。在处理这种战略性战斗行动时，既要求前线指挥员直接对战略决策层负责，也要求战略决策层拥有实时掌握战术情况的能力，这一切都离不开指挥控制系统。

(4) 指挥控制系统催生了全新的作战样式。指挥控制系统是信息化战争中作战双方取得信息优势的必备条件。在信息化战争中，为了夺取制信息权，作战双方通过压制、削弱、破坏和摧毁敌方指挥控制系统，同时采取各种技术和手段保护己方指挥控制系统免遭这种攻击。这种战争双方为争夺制信息权在指挥控制领域的对抗就是一种全新的作战样式——指挥控制战。指挥控制战与传统作战样式的兵力火力对抗有很多差异，其手段也多种多样，包括网络战、病毒战、点穴战、瘫痪战、斩首战、干扰欺骗、反辐射攻击、实体摧毁等。

三、预警探测系统

预警探测系统获取情报是整个综合电子信息系统运作的发端和起点，预警探测系统获取的情报是否及时、可靠也是信息化战争胜负的关键。因此，综合电子信息系统建立是以预警探测系统的建立为前提的。

(一) 预警探测系统概况

预警探测系统是综合电子信息系统的重要组成部分，也是指挥信息系统的重要组成部分。预警探测通过对目标的实时探测，将探测所获取的信息实时用于指挥和控制。预警探测系统所涉及的技术领域非常广阔，包括雷达、红外、光学、声学、磁学、力学等。搭载预警探测系统的平台也是全领域、全方位的，包括航天、航空、水面和水下、地面各种车载或便携探测器等。

(二) 预警探测系统的分类

预警探测系统按不同的标准有不同的分类方法。如果按预警探测系统的层级，则可分为战略预警系统和战区内战役战术预警系统两大类。战略预警系统的主要对象是防御战略弹道导弹、战略巡航导弹和战略轰炸机，战区内战役战术预警系统的对象是探测大气层内的空中、水面和水下、陆上纵深和隐蔽等战役战术目标。按预警探测系统的作用可划分为战略、战役和战术预警探测系统。按预警探测系统目标的种类可划分为防空、反导、反太空、反舰反潜和陆战等预警探测系统。按预警探测系统的信息系统功能可分为传感器系统、信息处理系统和通信系统等。按预警探测系统搭载传感器的平台又可分为陆基、海基、空基和天基。

(三) 预警探测系统的作用

预警探测系统好比是综合信息系统的"眼睛"和"耳朵",其功能是获取情报和信息,是整个信息系统开展工作的起点,不仅可以在战争期间直接负责战场情报支援和保障,同时在和平时期也担负着战略预警和情报搜集的任务。

(1) 预警探测系统所获得的信息是指挥员判断、决策、下决心的重要依据。《孙子兵法》曰:"知己知彼,百战不殆。"决策人在评估战争对国家构成的威胁时,必须依赖一定的技术手段获取充分的信息并对信息进行融合和辨别,在此基础上才能作出科学的决断。因此,预警探测系统的信息是决策的重要依据,直接影响决策的正确与否。

(2) 预警探测系统是综合电子信息系统最重要的实时信息源,直接影响探测、判断、决策、行动和整个军事行动的全过程。比如,美国国家战略预警系统可以在 1 分钟内判明敌方发射的弹道导弹性质,在 3 分钟内报告发射点和弹着点坐标以及飞行轨迹,因此,对战役战术导弹可以提供 5～6 分钟的预警时间,对战略导弹可以提供 20～30 分钟的预警时间,对战略轰炸机可以提供 3～60 分钟的预警时间。

四、导航定位系统

导航定位系统是综合电子信息系统的重要支持系统之一,其导航、定位、授时等功能不仅有助于指挥员正确感知战场信息、实现高效指挥,而且有助于提升制导武器的命中精度,进而提高武器杀伤效能、提升军队战斗力。导航技术的出现更催生出一系列全新作战样式和作战理论,推动了新军事革命的进程。

(一) 导航定位系统概述

导航是引导飞机、舰船、车辆或人员(统称运载体)准确地沿事先规定的路线准时到达目的地的过程,为实现导航而发展起来的技术称为导航技术。定位是确定物体或某个点在规定的坐标系中的位置,定位需借助导航系统来完成。导航系统能为驾驶人员或自动驾驶设备提供实时位置,驾驶人员或自动驾驶设备根据实时位置和时间,便可知道是否偏离航向、未航距离和所需时间,从而引导目标准确到达目的地。随着导航技术的发展,导航系统已经能够为全球任一地方甚至外层空间提供高精度的导航信息,也使其应用得到极大扩展,不仅能为运载体的航行提供导航服务,还可用作实现快捷、准确定位的工具,广泛用于国家经济建设、军事活动等各个领域。导航系统种类很多,其中装在运载体上能单独产生导航信息的系统称作自主式导航系统,如惯性导航系统、多普勒导航系统等。由于其导航台多设在陆地上,又常称为陆基导航系统。20 世纪后期,由于航天技术、精密时间技术、电子信息技术和微电子技术的发展,出现了卫星导航系统,其实质是把导航台设在人造地球卫星上,因此称为星基或空间基导航系统。目前,美国、俄罗斯、中国都开发了卫星导航定位系统。

(二) 全球卫星导航系统

全球卫星导航系统是能在地球表面或近地空间的任何地点为用户提供全天候的三维坐标、速度和时间信息的空基无线电导航定位系统。目前,全世界主要有 GPS、BDS、GLONASS 和 GALILEO 四个卫星导航系统。GPS 系统由美国国防部于 1973 年率先研发,主要为陆、海、空领域提供实时、全天候和全球性的导航服务,以及收集情报、监测核爆和应急通信等。GPS 系统由空间系统、地面控制系统和用户系统三大部分组成。空间系统包括 21 颗工作卫星和 3 颗备份卫星，分布在 20 200 千米高的 6 个轨道平面上，运行周期为 12 小时，这一组网方式可以确保地球上任何地方、任一时刻都能同时接收 4 颗以上卫星的信号；地面控制系统负责卫星的测轨和运行控制；用户系统是各种用途的 GPS 接收机，数量可以是无限多，可通过接收卫星信号来获取位置信息。美国为军用和民用分别安排了 P 码和 C/A 码，P 码定位精度约 1 米，C/A 码理论定位精度约 10 米。至 1994 年全球组网完成，GPS 已经成为世界上最实用、应用最广的全球定位、导航、指挥和调度系统。尽管 GPS 信号向全世界免费开放，但是出于安全性和可靠性考虑，我国开发了北斗卫星导航系统(BDS)。该系统由空间段(5 颗静止轨道卫星和 30 颗非静止轨道卫星)、地面段和用户段三部分组成，可在全球范围内全天候、全天时为各类用户提供高精度、高可靠的定位、导航、授时服务，并具有短报文通信能力。目前，BDS 系统已初步具备全球导航、定位和授时能力，定位精度 10 米，测速精度 0.2 米/秒，授时精度 10 纳秒。BDS 系统主要服务于国家经济建设，为气象、通信、海洋、交通运输、森林防火、灾害预报等行业提供高效的导航定位服务，同时兼具一定的军用价值。

(三) 导航定位系统在战争中的作用

导航定位系统在战争中的作用主要表现在以下方面。

(1) 体现在保障方面。全球卫星导航系统能够提供全覆盖和高精度，因而更能克服气象与能见度的影响，使航行更为安全。美军在 1999 年以后的历次高技术局部战争中，无论是部队调动、后勤支持或长途空中奔袭，还是陆军在地形特征不明显的沙漠中机动，都主要依靠 GPS 卫星导航系统。

(2) 导航定位系统可以极大地提高武器的命中精度。美军的联合定向攻击弹药(JDAM)、"战斧"巡航导弹、联合空地防区外发射导弹(JASSM)、联合防区外发射导弹(JOSW)、小直径炸弹(SDB)、重型空爆弹、常规空航导弹(CALCM)及防区外对地攻击导弹(SLAM)等，由于有 GPS 和其他辅助制导技术的结合，在命中精度、杀伤力、作战效能等方面都有重大提升。

(3) 导航定位系统是综合电子信息系统的基础技术系统。从综合电子信息系统的角度来看，现代战争已从平台中心战向网络中心战演变，导航定位系统所提供的实时高精确度的位置、速度、航向姿态和时间信息是实现网络中心战的基础。导航定位系统为各单位提供的位置本身便是一种情报信息，也是指挥单位作决策和各作战单位执行命令的依据；导航定位系统所提供的位置、航向姿态信息是监视与侦察系统产生情报信息的基础之一；导航定位系统所提供的时间信息在形成目标航迹、实现高效的计算机网络通信和扩频通信中发挥着重要作用；导航定位系统的覆盖范围所能提供的信息种类及精度是决定 C^4KISR 能力的重要因素。

五、综合电子信息系统的发展趋势

军事综合电子信息系统的发展是一个动态、渐进、分阶段完善的过程。从国内外电子信息系统发展轨迹分析，研制建设综合一体化的军事电子信息系统已经成为目前世界主要军事强国推进新军事变革和军队信息化建设的核心与主导方向。综合电子信息系统发展趋势的具体表现形式主要体现在主导思想、装备和系统的开发、系统集成三个方面。

在主导思想方面，以综合电子信息系统的发展带动军队转型、提升军事能力为主要方向；在装备和系统的开发方面，综合电子信息系统发展的主要特点是强调技术跨越发展、强化体系结构设计、加强保障手段建设、实现分层协调发展，在不断完善已有功能系统的基础上，综合电子信息系统正呈现主战武器信息化、信息装备武器化的特点；在系统集成方面，综合电子信息系统发展的主要特点是重视综合集成软环境建设，重视实施能力转化战略。

目前，综合电子信息系统正逐步演进为信息作战武器、信息功能系统、信息基础设施三个层次。其中，信息作战武器主要包括各军兵种的信息化主战武器、信息战武器、数据链系统；信息功能系统主要包括各级各类指挥控制、情报侦察、预警探测、通信导航、电子对抗、综合保障等功能系统；信息基础设施是支持各军兵种的各种信息功能系统和信息作战武器系统综合集成的平台和技术设施，主要包括支持信息系统综合集成的网络平台信息安全技术设施、系统共性技术设施，基础软件与基础数据等。

思考题：
1. 综合电子信息系统在现代战争中发挥哪些作用？
2. 指挥控制系统对现代战争有哪些影响？
3. 预警探测系统有哪些作用？

第四节　信息化杀伤武器

信息化战争的一个重要特征就是武器装备的信息化，也就是利用信息技术和计算机技术，使预警探测、情报侦察、通信联络、指挥控制、火力打击、战场管理等领域的信息收集、处理、传输、显示等实现自动化和实时化的互联。信息化的武器装备不仅提高了武器装备的作战效能，加速实现了武器装备与装备系统的现代化，也促进了相应的装备理论创新、编制体制改革、技术人才培养等。

一、信息化杀伤武器的定义

信息化杀伤武器是指以信息技术为基础，火力与电磁能量相结合而形成的信息主导型杀伤武器。信息化杀伤武器具备信息探测、传输、处理、控制、制导、对抗等一项或多项功能，使武器系统的性能和作战效能得到显著增强。例如信息化弹药中的精确制导武器，命中精度提高，杀伤威力增大。因此，凡是以信息技术为主导，以信息系统为依托，使信息技术和信息系统与硬摧毁武器、软杀伤武器相结合或融为一体，从而使武器性能产生质的飞跃，此类武器都可以称作信息化杀伤武器。

二、信息化杀伤武器的分类

信息化杀伤武器包括进攻性信息化武器和防御性信息化武器两大类。进攻性信息化武器又包括软杀伤和硬摧毁两种，其中软杀伤武器主要有通信干扰系统、雷达干扰系统、光电干扰系统、电力干扰弹和计算机病毒武器等；硬摧毁武器主要有反辐射导弹、反辐射无人机、电磁脉冲弹、强激光卫星武器等。防御性信息化武器包括电子侦察装备，雷达告警、激光告警等装置，红外诱饵弹、雷达假目标等各种电子防御装备，杀毒软件和网络防火墙等各种网络防御软件。下面主要介绍软杀伤信息化武器和硬摧毁信息化武器。

(一) 软杀伤信息化武器

软杀伤是指对敌方目标的物质实体不产生直接的杀伤、摧毁和破坏作用，仅对其功能特别是信息内容和信息能力起干扰、削弱和破坏作用的杀伤方式。软杀伤的对象是各种信息基础设施、信息化装备和信息作战装备，目的是破坏敌方的信源、信宿、信道，阻断敌方的通信和指挥系统，使对方的精确制导武器失效。软杀伤的手段包括雷达干扰、通信干扰、光电干扰、电力干扰弹、计算机病毒武器、逻辑炸弹等。

雷达干扰是使用主动或被动的干扰设备和手段，欺骗或迷茫敌方的雷达，使敌方雷达效能降低或者完全失效的软杀伤手段。通信干扰是使用通信干扰设备阻断或干扰敌方无线电通信的措施。光电干扰是利用光电技术和光电器材，压制、欺骗和扰乱敌方光电设备，使其不能正常工作或完全失效。电力干扰弹又称石墨弹，通常是弹体内装有大量碳纤维丝的子母弹药。当母弹飞抵发电厂、配电站、输电网上空时，子弹被抛出，爆炸后抛出的轻质碳纤维丝可使电线发生短路，干扰正常供电。计算机病毒、逻辑炸弹等武器是针对计算机、信息系统和信息网络的以计算机病毒为手段的新一代信息战武器。逻辑炸弹可以在软件、固件或硬件逻辑里实现，用来执行干扰、拒绝或破坏功能。

(二) 硬摧毁信息化武器

硬摧毁信息化武器是指对敌方目标及其功能具有直接杀伤、摧毁、破坏作用的信息化武器，大致可分为两类：一是主要针对信息目标的信息化武器；二是主要针对非信息性目标及人员的杀伤性武器，其中最主要的是各种精确制导武器。反辐射导弹、反辐射无人机、电磁脉冲武器等都是硬摧毁信息化武器。

(1) 反辐射导弹是利用敌方雷达的电磁辐射进行导引，从而摧毁敌方雷达及其载体的导弹。反辐射导弹目前是对付雷达最有效的硬摧毁武器之一，代表产品有美国 AGM-88 "哈姆" 反辐射导弹。在海湾战争中，美英军队共发射数百枚该型导弹，用于攻击伊军雷达，命中率 90%，对伊军的雷达预警系统造成了致命性打击。

(2) 反辐射无人机装有反辐射导引头和战斗部的小型无人驾驶飞机，主要用于压制和摧毁敌方地面防空系统中的雷达，以削弱敌方防空系统的作战能力。反辐射无人机具有巡航时间长、攻击半径大、造价低廉、使用灵活等特点。现代战场上的反辐射无人机在发射后可以自动飞行到作战空域，并在该空域盘旋待机，截获敌方雷达信号后迅速转入攻击状态，即使敌方雷达关机，反辐射无人机仍可利用记忆功能完成攻击或恢复到巡航状态，等待目标重新暴露后再行攻击。

(3) 电磁脉冲武器(EMP)是利用强电磁脉冲辐射，破坏敌方的雷达、通信、计算机等电磁设备的武器系统。电磁脉冲武器的作战对象主要是敌方电子信息系统，能对较大范围内的敌方各种电子信息设备的内部关键部件同时实施压制性和摧毁性的硬杀伤。电磁脉冲武器不以杀伤有生力量为目的，而专门以敌方电子信息装置和电力系统为杀伤对象，以瘫痪指挥控制系统为目的。20 世纪，美国和苏联都开发了这一武器。

信息化杀伤武器不但具备信息探测、传输、处理、控制、制导、电磁频谱对抗等一项或多项功能，而且其发展往往自成体系，如精确制导武器、核生化武器、新概念武器等。

三、精确制导武器

当前，以导弹为主的精确制导武器已经成为信息化战争中最具典型色彩的信息化武器，其数量的多少和质量的优劣已成为衡量一支军队建设水平高低和战斗力强弱的重要标志之一。作为现代战争中最主要的打击手段，在 20 世纪 90 年代以来的历次主要局部战争中，精确制导武器已经扮演了战场的主角，其地位和作用日益突出。近年来，随着高新技术的突飞猛进，精确制导武器的发展也是日新月异，并成为高技术武器装备发展的重中之重。

精确制导武器的
定义和作战特点

(一) 精确制导武器的概念

精确制导武器是指采用精确制导技术，直接命中概率在 50% 以上的武器，主要包括各类导弹、制导炸弹、制导炮弹、制导地雷、制导鱼雷等，一般用于攻击坦克、装甲车、飞机、舰艇、雷达、指挥控制通信中心、桥梁、武器库等目标。这里所说的直接命中是指武器战斗部的概率误差小于战斗部的杀伤半径，并不是单指战斗部直接打在目标上，而是包括战斗部爆炸后形成的破片直接命中目标，并将其击毁、击伤。例如防空导弹，当目标进入杀伤区时，引信就能迅速引爆战斗部，并依靠破片击毁目标。

(二) 精确制导武器的作战特点

精确制导武器的制造极为复杂，应用了大量高新尖的军事技术，与传统的非精确制导武器相比，在作战性能和打击效果等方面都有显著特征，概括起来主要有以下几点。

(1) 命中精度高。直接命中概率高，这是精确制导武器名称的根本由来，也是精确制导武器最基本的特征。在第二次世界大战中，非制导武器攻击水面舰艇的命中概率分别为：大口径舰炮 1%～3%，航空炸弹 7%，鱼雷 15%。精确制导武器出现后，命中精度大大提高。1974 年第四次中东战争中，埃及用 24 枚反坦克导弹击落以色列坦克 24 辆，命中率为 100%。1991 年海湾战争中，美国"战斧"巡航导弹的命中率高达 89%。目前，一些有代表性的精确制导武器，命中率已达 80% 以上。

(2) 杀伤威力大。精确制导武器应用了大量军用高技术，在实战中直接命中概率高，对目标的毁伤威力大。提高武器杀伤威力的方式主要有两种：一是提高武器战斗部的爆炸力，二是提高武器的命中精度。计算表明，导弹战斗部爆炸威力提高一倍，杀伤力提高 40%；而命中精度提高一倍，杀伤力则可提高 400%。据战场统计，炸毁同样一座建筑物，"二战"时平均需要投下 9000 枚普通炸弹，越南战争时需要投下 300 枚普通炸弹，而现在只要 1～2 枚激光制导炸弹。在 1991 年海湾战争中，多国部队所使用的精确制导武器弹药量仅为总弹药量的 8%，但其摧毁的预定目标却达 80% 以上，毁伤目标的能力比其余非精确制导武器(占92%)大得多。

(3) 作战效费比高。精确制导武器虽然技术比较复杂，单发成本比较高，但从实战来看，它通常攻击的对象都是造价昂贵的坦克、飞机、军舰、大型地面雷达等高价值目标或战略目标。美军 M1 式坦克每辆价格百万美元以上，现代战斗机价格都在千万美元以上，大型军舰价格在亿美元以上。1982 年 5 月的英阿马岛海战中，阿根廷用一枚不到 20 万美元的法制"飞鱼"反舰导弹击沉了英国 1 艘价格近 2 亿美元的"谢菲尔德"号驱逐舰，价格交换比高达 1:1000。

(4) 发射后不用管。随着导弹技术的发展，现在的精确制导武器正变得越来越"聪明"，不但命中精度越来越高，而且逐渐实现了自主搜索、自主发现、自主跟踪和自主攻击。比如，美国的"黄蜂"空对地导弹，由于采用了人工智能技术和先进的信号处理技术，已具备了初步的智能化特征，可在复杂的地物背景中鉴别出目标是否属于要攻击的目标。如果不是，则继续搜索目标；如果是，则进一步判断目标是否处在战斗部毁伤范围之内。如果是在杀伤范围之内，则自动估算出最佳爆炸高度，将战斗部引爆，从坦克顶部将其击毁；如果不在杀伤范围内，则继续对目标进行锁定跟踪，直至进入有效杀伤范围为止。

此外，精确制导武器通常具有攻击距离远、机动能力强、能全天候作战、能有效摧毁攻击目标或大面积杀伤人员和装备等特点。

(三) 精确制导武器的制导方式

精确制导武器的命中精度主要依靠其制导系统来保证。制导系统的工作过程就是发现和利用目标特征信息的过程。一般目标具备多种多样的特征信息，这也决定了制导系统可以采取多种途径和手段来获取这些信息，并发出控制指令，因而也就产生了各不相同的制导系统和制导方式。目前，制导系统主要分成以下四大类。

精确制导武器的
制导方式

1. 自主式制导

自主式制导是根据导弹内部或外部固定参考基准，导引和控制导弹飞向目标的制导。这种制导方式，有关目标的特征信息是在制导开始以前就已经确定好的，制导过程中不需要提供目标的直接信息，也不需要导弹以外的设备配合。自主式制导包括惯性制导、图像匹配制导和卫星制导等。

(1) 惯性制导是采用陀螺仪、加速度计等惯性仪表测量和确定导弹运动参数，控制导弹飞向目标的一种制导方式。其优点是不需要弹外设备的配合，也不需要外界提供目标的直接信息，仅靠弹上设备独立工作，不与外界发生关系，因而不易受外界干扰。惯性制导的缺点是精度随射程的增大而降低，机动发射的弹道导弹精度还要更差一些。目前，大部分地地、潜地导弹都以惯性制导为主。

(2) 图像匹配制导是事先把目标特征信息存储在计算机中，在制导过程中，弹上设备将目标的地形或地貌特征与计算机事先存储的信息进行比较，得出导弹实际飞行位置与标准位置的偏差，通过计算机实时运算，形成制导指令，控制导弹飞向目标。图像匹配制导包括地形匹配制导和地图匹配制导。

(3) 卫星制导的工作原理是利用弹上安装的 GPS 接收机接收 GPS 导航卫星播发的信号(卫星的位置)及播发信号的时间，来确定导弹的位置，根据这个数据来修正导弹的飞行路线，提高导弹的制导精度。例如，在 1999 年科索沃战争中被大量使用的联合直接攻击弹药(JDAM)，就是利用 GPS 卫星制导的。

2. 寻的制导

寻的制导是弹上装备有用于制导的导引头，导引头在感受到目标辐射或反射的能量时自动跟踪目标并形成制导指令，控制导弹飞向目标的制导。寻的制导系统由导引头、计算装置和执行装置等构成。导引头能不断输出有关导弹和目标的相对运动信息，弹上计算装置依据不同的导引规律，在对有关信息综合处理后，形成控制指令，操纵执行装置改变导弹的飞行弹道，使导弹命中目标。寻的制导的特点是制导精度较高，但制导距离不能太远。寻的制导通常按有无照射目标的能源和这种能源所处的地点区分为主动寻的制导、半主动寻的制导和被动寻的制导三种类型。

(1) 主动寻的制导，其照射目标的能源位于导弹上，并由导引头接收来自目标的反射能量。采用主动寻的制导的导弹，当弹上的主动导引头截获目标并转入正常跟踪后，就可以独立完成工作，而无须导弹以外的任何系统参与。例如法国的亚音速近程掠海飞行的"飞鱼"反舰导弹，在自主控制段结束后，末段就是采用单脉冲雷达寻的制导。它的导引头由天线、发射机、接收机、角跟踪和距离跟踪设备、电源以及天线罩等组成。

(2) 半主动寻的制导，其照射目标的能源不在导弹上。这个照射目标的能源装置可设在导弹发射点或其他地点，包括地面、水面以及空中等。例如，中国的 HQ-61 中、低空地空导弹就是采用半主动雷达寻的制导，用于对目标进行照射的能源是一部大功率连续波照射跟踪雷达，被安放在导弹发射点。

(3) 被动寻的制导，是由弹上导引头直接感受目标辐射能量，进而形成制导指令的制导方式。导引头依据目标的不同物理特性作为跟踪的信息来源。例如美国"响尾蛇"系列(Sidewinder)空空导弹中，多数采用被动红外寻的制导，其红外导引头由红外位标器、陀螺机构与电子线路三个大部分组成。红外位标器接收飞机的热辐射，经处理后形成制导指令，自动跟踪目标，并控制导弹飞向目标。美国的"高速反辐射导弹"(HARM)则是利用无线电辐射的被动雷达寻的制导。

3. 遥控制导

遥控制导是指在导弹以外设立指令站，由指令站遥控导弹飞行，并控制导弹命中目标的制导方式。制导站可设于地面、海上(舰艇)或空中(载机)。遥控制导的导弹受控于制导站，飞行弹道可根据目标运动情况而随时改变，因此，适合攻击活动目标。遥控制导根据其装置特点分为有线指令制导、无线电指令制导和波束制导。

(1) 有线指令制导是通过连接制导站和导弹的专用导线传输制导指令的一种遥控制导。在导弹飞行过程中，专用导线是悬在空中的，因此受导线强度及其释放速度等因素的约束。这种制导方式的优点是不易受干扰，但其射程是有限的，一般用于反坦克导弹。例如美国的"陶"(TOW)、法国和德国联合研制的"霍特"(HOT)等反坦克导弹均采用有线指令制导方式。

(2) 无线电指令制导是将制导指令经发射天线以无线电波的形式发送到弹上的一种遥控制导。弹上设备收到制导指令，形成控制信号，控制导弹的飞行。雷达是无线电指令制导最早和最广泛使用的跟踪测量装置。一部雷达可同时跟踪测量目标和导弹的运动，不仅设备简单，而且可以提高测量精度。随着光电器件、集成电路、信号处理、计算机等技术的发展，使用红外、激光、电视等设备作为跟踪测量手段日渐增多。例如英国的"海猫"舰空导弹采用电视跟踪，法国的"响尾蛇"地空导弹则采用红外跟踪手段。

(3) 波束制导又称驾束制导，是由制导站发出无线电或激光波束，作为制导基准，使设备据此形成制导指令，控制导弹飞行的一种遥控制导方式。早期使用较多的是雷达波束制导，如美国的"黄铜骑士"、英国的"海蛇"等舰空导弹；美国的"麻雀"Ⅰ、苏联的 K-5 等空空导弹等。20 世纪 70 年代后出现了激光波束制导，如瑞典的 RBS-70 小型防空导弹。

4. 复合制导

复合制导是采用两种或两种以上制导方式，或在不同的阶段采用不同的制导方式。单一的制导系统容易出现制导精度不高、作用距离不够远、抗干扰能力不强或不能适应各飞行阶段的要求等。采用复合制导能充分发挥各种制导系统的优点，相互搭配、取长补短，解决上述问题。根据导弹类别、作战需求和打击目标的不同，常见的组合方式有以下四种。

(1) 惯性+雷达相关末制导：例如美国"潘兴"Ⅱ弹道导弹就以惯性制导为主，以雷达相关末制导修正末段误差，命中精度比"潘兴"Ⅰ提高 10 倍。

(2) 惯性+星光制导：例如美国"三叉戟"Ⅱ潜地弹道导弹，利用惯性制导不易受外界干扰的优点，又用星光制导修正误差，以提高制导精度。

(3) 惯性+地形匹配制导：这种组合方式是由惯性导航系统控制导弹按预定弹道飞行，中段用地形匹配制导修正误差，直至命中目标的复合制导模式，如美国"战斧"BGM-109C 巡航导弹。

(4) 惯性+遥控+寻的制导：例如美国"阿利·伯克级"导弹驱逐舰上装备的标准 SM-2MR 舰空导弹，前段是惯性制导，中段是无线电指令制导，末段则用半主动雷达寻的制导修正误差。

此外，制导技术还可以按照所用物理量的特性进行分类，如无线电制导、红外制导、激光制导、雷达制导、电视制导等。

(四) 导弹

导弹是精确制导武器中研究最早、类别最多、生产和装备数量最大的一类。1944 年 6—9 月，德国首先制造并向伦敦发射了数千枚 V-1 导弹和 V-2 导弹，人类军事武器从此掀开了一个新的时代。第二次世界大战以后特别是 20 世纪 70 年代，微电子和计算机技术术的发展和在制导技术中的应用，使得制导武器的命中精度有了极大提高，精确制导武器进入全面发展阶段，并在近些年的几场局部战争中产生了巨大影响。

精确制导武器的种类

1. 导弹的基本概念

导弹是指依靠自身动力装置推进，由制导系统导引、控制其飞行路线并导向目标的武器。导弹通常由战斗部、弹体结构、动力装置和制导系统组成。一枚完整的导弹应具备战斗部、动力装置、制导系统和具备飞行器功能这四个要素，缺少任何一个要素，就不能称为导弹。比如，运载卫星的火箭因其有效载荷不是战斗部，不能称为导弹；制导炸弹因缺少动力装置，不能称为导弹；火箭弹因缺少制导系统，也不能称为导弹；制导鱼雷因不具备飞行器功能，也不能称为导弹。

2. 导弹的分类

按照不同的标准，导弹分类的方式有很多，通常从多种角度来对导弹进行分类：按攻击目标的类型分为反坦克导弹、反舰导弹、反潜导弹、反飞机导弹、反弹道导弹、反卫星导弹、反辐射导弹等。按导弹发射点和目标位置分为地地导弹、地空导弹、岸舰导弹、潜地导弹、空地导弹、空空导弹和空舰导弹等。按导弹射程分为近程导弹(射程在 1000 千米以内)、中程导弹(射程在 1000~3000 千米)、远程导弹(射程在3000~8000 千米)及洲际导弹(射程在 8000 千米以上)。按飞行弹道可分为弹道导弹和巡航导弹。弹道导弹在主动段按预定弹道飞行，发动机关机后按自由抛物体轨迹飞行，再入段仍按自由抛物体轨迹飞行或机动飞行的导弹。巡航导弹又称飞航式导弹，是能以巡航状态在大气层内飞行的导弹。按作战任务分为战略导弹和战术导弹。战略导弹是用于完成战略任务的导弹，通常使用核战斗部，由国家最高统帅部直接掌握，用于摧毁敌方纵深重要战略目标。战术导弹是用于完成战术任务的导弹，主要用于打击敌方战役、战术纵深的战役、战术目标，亦可用于直接支援地面部队作战。

3. 几种常见导弹

导弹是在火箭基础上发展而来的，人类通过数十年的研究，已经制造和生产出数百种不同型号和种类的导弹。这里我们主要介绍几种常见的导弹。

(1) 反坦克导弹，是用于击毁坦克和其他装甲目标的导弹。20 世纪 50 年代中期，反坦克导弹由法国率先投入使用，继而在众多国家掀起研制高潮，至今发展了三代，并成为最有效的反坦克武器，如美国"标枪"和"掠夺者"反坦克导弹、法德联制的"米兰""霍特"反坦克导弹、俄罗斯"短号"反坦克导弹、中国"红箭-9"和"红箭-10"反坦克导弹等。

(2) 反舰导弹，是从舰艇、岸上或飞机上发射，攻击水面舰船的导弹。它是对海作战的主要武器，通常包括舰舰导弹、潜舰导弹、岸舰导弹和空舰导弹。反舰导弹常采用半穿甲爆破型战斗部、固体火箭发动机为动力装置、采用自主式制导、自控飞行，当导弹进入目标区，导引头自动搜索、捕捉和攻击目标。反舰导弹多次用于现代战争，在海战中发挥了重要作用。比如，美国"鱼叉"反舰导弹、法国"飞鱼"反舰导弹、俄罗斯"花岗岩"和"白蛉-E"反舰导弹、中国"鹰击"系列反舰导弹等。

(3) 空空导弹，是指从空中平台发射攻击空中目标的导弹，是现代空战的"杀手锏"，由制导装置、战斗部、引信、动力装置、弹体与弹翼等组成。与地空导弹、地地导弹相比，空空导弹具有反应快、机动性能好、尺寸小、重量轻、使用灵活方便等特点。与航空机关炮相比，空空导弹具有射程远、命中精度高、威力大的优点。空空导弹分为近距格斗导弹、中距拦射导弹和远距拦射导弹。比如，美国"麻雀""响尾蛇"和"不死鸟"空空导弹、俄罗斯"弓箭手"(R-73)和 R-77 空空导弹、中国"霹雳"系列空空导弹、印度"阿斯特拉"空空导弹等。

(4) 防空导弹，是指由地面、舰船或者潜艇发射，拦截空中目标的导弹，西方也称之为面空导弹。由于大多数空中目标速度高、机动性强，故绝大多数防空导弹为轴对称布局的有翼导弹；动力装置多采用固体火箭发动机，也可以采用液体火箭发动机、冲压式空气喷气发动机和火箭冲压发动机。比如，美国"爱国者"防空导弹系统、苏联"萨姆"系列地空导弹，俄罗斯 S-300 系列防空导弹、法国"西北风"便携式防空导弹、日本"凯科"便携式防空导弹、中国红旗系列防空导弹等。

(5) 战略导弹，是指用于打击战略目标的导弹。进攻性战略导弹通常射程在 1000 千米以上，携带核弹头，主要用于打击敌方政治经济中心、军事和工业基地、核武器库、交通枢纽，以及拦截对方来袭的战略弹道导弹等重要目标。战略导弹是战略核武器的主要组成部分，是衡量一个国家战略核力量和军事科学技术综合发展能力的主要标志之一。比如，美国"民兵-3"地对地战略导弹和"三叉戟"潜对地战略导弹、俄罗斯 SS-27 地对地战略导弹、法国 M-4 潜对地战略导弹和中国东风-41 洲际地对地弹道导弹等。

(6) 巡航导弹，是指主要以巡航状态在稠密大气层内飞行的导弹，旧称飞航式导弹。巡航状态指导弹在火箭助推器加速后，主发动机的推力与阻力平衡，弹翼的升力与重力平衡，以近于恒速、等高度飞行的状态。在这种状态下，单位航程的耗油量最少。巡航导弹的飞行弹道通常由起飞爬升段、巡航(水平飞行)段和俯冲段组成，依靠喷气发动机的推力和弹翼的气动升力。比如，美国"战斧"巡航导弹(含陆射、海射、空射、潜射四种类型)和 AGM-86C 空射巡航导弹、俄罗斯 KH-55/KH-555 巡航导弹、中国长剑-10 和长剑-20 陆基巡航导弹等。

(五) 精确制导弹药

精确制导弹药又称灵巧弹药，自身无动力装置，需借助火炮、飞机投掷。精确制导弹药通常不能全程制导，其制导装置或传感器仅在飞行末段起作用。精确制导弹药根据不同的作用原理可分为末制导弹药和末敏弹药两类。

1. 末制导弹药

末制导弹药装有寻的器和控制系统，在其弹道末段能根据目标和弹药的位置自行修正偏差或改变弹道，直至命中目标。末制导弹药主要包括以下三类。

(1) 制导炮弹，是须用地面火炮发射，弹丸带有制导装置的一种高新技术炮弹，可以大幅度提高了精度和首发命中率，使火炮这类间接瞄准杀伤武器具备远距离精确打击点目标(装甲目标)的能力。制导炮弹按制导方式不同可分为激光制导炮弹、毫米波制导炮弹和红外寻的制导炮弹等。

(2) 制导炸弹也叫灵巧炸弹，是指有制导装置和空气动力操纵面的航空炸弹。制导炸弹是在制式航空炸弹上加装制导装置和气动力装置，靠飞机投放时给予的初速度滑翔飞行，依靠其制导系统修正弹道，直至命中目标。制导炸弹在一定程度上具有指哪打哪、发射后不用管、同时攻击多个目标等能力，可在数十、数百乃至上千千米之外全天候攻击目标。制导导弹的圆概率误差为 0~3 米，命中概率是普通航弹的 25~50 倍。

(3) 制导雷，是一种将自毁破片技术、遥感技术和微处理机结合起来的新型雷。在普通地雷、水雷上加装上制导系统就可称为制导雷。制导雷通常分为三类：一是打击坦克、装甲车和直升机的制导地雷；二是执行反潜、反舰任务的制导水雷；三是执行反卫星任务的太空雷。

2. 末敏弹药

末敏弹药既不能自动跟踪目标，也不能改变飞行弹道，只能在一定的撒布范围内利用其自身的探测器(或寻的器)探测和攻击目标。末敏弹药一般由一些子弹药组成。子弹药被抛撒后，立即用其自身携带的探测器开始在小范围内探测目标，发现目标后，即可沿探测器瞄准的方向发射弹丸，对目标进行攻击，既有较大的毁伤面积，又有较高的命中精度。但末敏弹药的探测范围较窄，通常只有末制导弹药探测范围的1/10。末敏弹药是子母弹技术、爆炸成型弹丸技术和先进传感器技术相结合的产物。

四、核生化武器

核生化武器是核武器、生物武器及化学武器的合称，是指运用核物理学、生物学和化学原理所制造的，具有杀伤破坏作用大、毁伤范围广的三种大规模杀伤性武器。核生化武器属于大规模杀伤性武器，是被国际社会明确禁止使用的一类武器。但是随着核生化技术的发展，此类武器向着微型化、隐秘化方向发展，以不断适应信息化战争的需求，如有关国家开发的贫铀弹、电磁脉冲炸弹、新型毒剂、基因武器等。

(一) 核武器

核武器是利用能自持进行的原子核裂变或者聚变反应瞬时释放的能量产生爆炸作用，并具有大规模杀伤破坏效应的武器的统称。核武器一般是由核弹头及其承载壳体组成，可用导弹、火炮、飞机等发射或投掷。按结构原理的不同，核武器可分为原子弹、氢弹和特殊性能核武器。核武器释放的总能量即威力大小，通常用爆炸相同能量的梯恩梯药量来表示，称梯恩梯当量。

1. 核武器的杀伤破坏因素

核武器在爆炸瞬间能产生光辐射、冲击波、早期核辐射、核电磁脉冲和放射性沾染等杀伤破坏因素。

(1) 光辐射，是指核爆炸时从高温火球辐射出来的光和热。核闪光以光速直线传播，可透过透明物体，也可被不透明的物体遮挡吸收和反射。核爆炸形成的火球表面温度可达 8000℃，可造成人员皮肤、眼、呼吸道烧伤和闪光盲，还能使物体熔化、碳化、燃烧和造成火灾。

(2) 冲击波，是指核爆炸瞬间形成的高速高压气浪，是由高温高压火球猛烈地膨胀，急剧地压缩周围空气而形成的，压强高达数百个大气压，每秒速度可达上千米，可造成人员的直接杀伤和间接杀伤。冲击波可使人耳鼓膜和内脏出血或破裂、颅脑损伤、骨折、皮肉撕裂等，还能严重毁坏建筑物、工事和其他物体。

(3) 早期核辐射，是核爆炸最初几十秒内放出的 γ 射线和中子流，以直线传播，能与空气中介质碰撞而发生散射，也是核爆炸所特有的杀伤因素。人体受到一定剂量的 γ 射线或中子流照射后，可引起急性放射病；受到低剂量照射，也可能引起外照射生物效应。

(4) 核电磁脉冲，是核爆炸瞬间释放的 γ 射线、X 射线与周围的分子、原子相互作用产生大量带电粒子。这些粒子高速运动，在爆心周围形成很强的瞬时电磁场，并以波的形式进行传播，这就是核电磁脉冲。核电磁脉冲对人员和物体没有杀伤、破坏作用，只对电子设备、电路和元器件有干扰和破坏作用。

(5) 放射性沾染，是指核爆炸产生的放射性物质对地面、水、空气、食品、人体等造成的沾染。因其作用时间长，又称延缓性杀伤破坏因素。放射性沾染可对人体组织细胞产生电离作用，损伤人的肌体。例如日本广岛、长崎遭到核袭击后，当地许多人得了一种奇怪的病，症状是高烧、疲劳、毛发脱落、吐血、便血，全身衰弱而死。

2. 核武器的杀伤特点

核武器的杀伤特点主要体现在以下几个方面。

(1) 多种因素综合作用，构成复合杀伤。核爆炸产生的五种杀伤破坏因素几乎是同时发生的，瞬间即发生人、牲畜大量死伤，建筑物严重毁坏，城市变成废墟，救治和抢修工作困难而复杂。

(2) 杀伤破坏范围广。核武器的杀伤破坏范围比常规武器大数百、数千甚至数万倍。一枚 2 万吨 TNT 当量的核弹空爆，可使 7 km² 范围内的暴露人员 85% 以上受中度伤害。

(3) 杀伤作用持续时间长。放射性沾染对人员的伤害可达数个月、数年甚至更长。

(4) 核武器的使用手段和方式多种多样，可视不同目的来选择。例如，为摧毁坚固的地面目标，造成阻止敌方行动的弹坑或沾染，可采用地面爆炸；为利用核电磁脉冲破坏敌方雷达、电子设备和指挥通信系统，可在目标上空实施超高空爆炸。

3. 核武器的发展现状

1945 年 7 月 16 日，美国在新墨西哥州的荒漠上引爆了人类制造的第一个核爆炸装置；1945 年 8 月 6 日和 9 日，美军向日本广岛和长崎空投下两颗原子弹，首次将核武器用于实战；1949 年，苏联成功进行了第一次核试验；1952 年，英国成功地爆炸了自己的原子弹；1960 年，法国在北非成功地进行了首次核试验；1974 年，印度成功地进行了第一次核装置地下实验，并于 1998 年 5 月 11—13 日连续进行了 5 次地下核试验。受印度影响，当月 28—30 日，巴基斯坦也连续进行了 6 次核试验。2006 年，朝鲜进行了首次核试验，并于 2009—2016 年又进行了多次核试验。据统计，目前世界上有 9 个国家公开承认或默认拥有核武器，分别是美国、俄罗斯、英国、法国、中国、印度、以色列、巴基斯坦、朝鲜。

(二) 生物武器

生物武器是指以生物战剂杀伤有生力量和毁坏植物的各种武器、器材的总称，包括装有生物战剂的炮弹、航空炸弹、火箭弹、导弹弹头等。生物战剂是军事行动中，用以杀伤人、畜和毁坏农作物的致病微生物、毒素和其他生物活性物质的统称。

1. 生物武器的杀伤特点

生物战剂主要是通过呼吸道吸入、消化道食入和皮肤接触进入人体，通过破坏人体的生理机能达到杀伤效果。与常规武器及核、化武器相比，生物武器有如下特点。

(1) 污染范围广、致病力强。撒布生物战剂一般是在黄昏、午夜、清晨或多雾天气秘密进行，加之生物气溶胶无色、无味，携带病菌、病毒的昆虫、动物一般也无异常外观，因而很难及时发现。一些毒性强烈的生物战剂，如炭疽杆菌、天花病毒致死率高达 50%～80%，若不及时采取有效措施，则迅速蔓延，一般可造成几十、数百甚至上千平方千米的污染区，可造成大量非战斗减员。

(2) 具有传染性。生物战剂大都是传染病的病原体，带有大量致病微生物，只要少量侵入人体，即可引发生病或者死亡。

(3) 伤害途径多、救治复杂。生物战剂可通过吸入、食入、昆虫叮咬、伤口污染、皮肤接触、饮用水污染等多种途径伤害人体，且救治复杂。

(4) 危害作用时间长。生物战剂伤害人、畜的时间，一般为数小时、几天、几十天，甚至更长。例如，霍乱弧菌在水中可存活数十天；炭疽杆菌芽孢在土壤中能存活几十年。

(5) 没有即时杀伤效果。生物战剂侵入人体、引发疾病有一定潜伏期，短则几小时，长则数十天。同时，其杀伤效果也易受天气、温度、风向、地形等因素影响。

2. 生物武器的分类

目前已知生物战剂主要包括细菌类、病毒类、立克次体类、衣原体类、毒素类和真菌类。

(1) 细菌类：细菌是单细胞微生物，是地球上起源最早的细胞生命形态，大小常以微米计量。根据细菌的外形，可分为球菌、杆菌和弧菌三种，如鼠疫杆菌、炭疽杆菌、霍乱弧菌和金黄色葡萄球菌等。日本、美国都曾在战争中使用过细菌武器。

(2) 病毒类：病毒是目前已知的最小生物，广泛存在于自然界，可感染动物、植物和微生物。病毒分为动物病毒、植物病毒和细菌病毒三种，其中动物病毒对人类有致病性，如埃博拉病毒、东方马脑炎病毒、天花病毒、黄热病毒、西部脑炎病毒、天花病毒、登革病毒、马尔堡病毒等。

(3) 立克次体类：立克次体是生物学家立克次发现并命名的一种大小介于细菌和病毒之间的一种微生物。自然界中对人类有致病性的立克次体约 10 余种，可作为生物战剂的有普瓦斯基立克次体、恙虫热立克次体和贝氏立克次体，可引起流行性斑疹伤寒、恙虫热和 Q 热。其中流行性斑疹伤寒以人的体虱为媒介，在人群间传播，是一种致死性生物战剂。

(4) 衣原体类：衣原体是一种广泛寄生于人、哺乳动物及禽类体内的微生物，能在宿主细胞内形成包涵体，只有少数会致病，会感染人类的衣原体有沙眼衣原体、鹦鹉热衣原体和肺炎衣原体。目前，鹦鹉热衣原体已作为生物战剂。

(5) 毒素类：毒素是某些细菌或真菌在生长繁殖过程中，能合成对人畜有害的有毒蛋白质。某些细菌所产生的蛋白质毒素毒性特别强，且能大规模生产，被一些国家作为潜在的生物战剂进行研究。微量的毒素侵入有机体后就可能引起生理机能的破坏，致使人畜中毒或死亡。

(6) 真菌类：真菌是有完整细胞核并有核膜而无叶绿素的一类菌藻植物，如粗孢子菌、荚膜组织胞浆菌。真菌引起的人类疾病多为慢性病，真菌类战剂多数用来进行农业生物战。

3. 生物武器的发展现状

生物武器自用于战争以来，便给人类带来了恐怖性灾难。目前，国际上公认的生物战剂有潜在生物战剂(马尔堡热病毒、拉沙热病毒、埃博拉病毒、各种生物毒素和化学毒素等)和标准生物战剂两大类。据资料记载，现代生物战剂已发展为 6 类 28 种，构成了生物战剂系列。尽管 1972 年 4 月 10 日联合国就通过了《禁止试制、生产和储备并销毁细菌(生物)和毒剂武器公约》，但仍禁而不止。由于生物武器比其他大规模杀伤性武器更易制造和走私，因而，近些年来生物战剂的威胁不仅未消除，而且还在不断增长。

(三) 化学武器

化学武器是以化学毒剂的毒害作用杀伤有生力量，迟滞、困扰敌方军事行动的各种武器和器材的总称，包括装有毒剂、毒剂前体或毒剂二元化学武器的化学弹药和航空布洒器等。毒剂是军事行动中以毒害作用杀伤人、畜的化学物质，对化学武器的性能和使用方式有决定性作用。二元化学武器是指将两种或两种以上毒剂前体分装在带隔膜的同一弹体内，在投射过程中经化学反应生成新毒剂的化学武器。

1. 化学武器的杀伤特点

化学武器和化学毒剂的制备相对简单，因此被誉为"穷国的原子弹"。与常规武器相比，化学武器具有以下几个特点：第一，毒性作用强。化学武器多属剧毒或超毒性毒物，杀伤力远远大于常规武器。随着化学武器的发展，毒剂的毒性比"一战"时所用毒剂的毒性高达数十乃至数百倍。第二，杀伤方式多样。化学武器使用后，呈现蒸汽状、雾状、烟状、液滴状和微粉状等，可以经呼吸道、眼睛、伤口、消化道、皮肤等多种渠道致人中毒。第三，具有空间流动性。化学武器投放形成毒剂云团，可以随风扩散，使一定范围的空气和地面染毒，可以杀伤大量暴露人员和隐蔽不严密的人员。第四，杀伤作用具有持续性。其杀伤作用持续时间少则几分钟、几十分钟，多则几天、几十天，甚至更长。第五，具有局限性和可防护性。化学武器虽然杀伤力大，破坏力强，但使用时受气候、地形、战情等的影响，具有很大的局限性，而且也是可以防护的，其防护措施包括探测通报、破坏摧毁、防护、消毒和急救等。

2. 化学武器的分类

根据毒剂的毒害作用和性质，可以把化学武器分为六种，分别是神经性毒剂、糜烂性毒剂、全身中毒性毒剂、失能性毒剂、窒息性毒剂和刺激性毒剂。

(1) 神经性毒剂，属于有机磷酸酯类衍生物，分为 G 类和 V 类神经毒剂。G 类神经毒剂主要有塔崩、沙林、梭曼；V 类神经毒剂主要是维埃克斯(VX)。神经性毒剂可通过呼吸道、眼睛、皮肤等进入人体，并迅速与胆碱酶结合使其丧失活性，引起神经系统功能紊乱，出现瞳孔缩小、恶心呕吐、呼吸困难、肌肉震颤甚至死亡。

(2) 糜烂性毒剂，是能使人组织细胞坏死而引起皮肤溃烂的毒剂。糜烂性毒剂主要通过呼吸道、皮肤、眼睛等侵入人体，破坏肌体组织细胞，造成呼吸道黏膜坏死性炎症、皮肤糜烂、眼睛刺痛畏光甚至失明等。抗日战争期间，侵华日军先后在我国 13 个省 78 个地区使用化学毒剂 2000 次，其中主要是有"毒气之王"之称的芥子气(二氯二乙硫醚)和有"死亡之露"之称的路易氏剂(二氯乙烯二氯胂)，造成了大量的同胞死伤。

(3) 全身中毒性毒剂，能破坏人体组织细胞氧化功能，从而引起全身缺氧。全身中毒性毒剂主要有氢氰酸(HCN)、氯化氰。氢氰酸是氰化氢的水溶液，有苦杏仁味，可与水及有机物混溶，战争使用状态为蒸汽状，主要通过呼吸道吸入中毒，其症状表现为恶心呕吐、头痛抽风、瞳孔散大、呼吸困难等，重者可迅速死亡。

(4) 失能性毒剂，是一类能暂时使人的思维和运动机能发生障碍从而丧失战斗力的化学毒剂，主要是毕兹。毕兹是无嗅、白色或淡黄色结晶，不溶于水，微溶于乙醇。战争使用状态为烟状，可通过呼吸道吸入中毒，中毒症状有口干、眩晕、嗜睡、瞳孔放大、记忆力减退、产生幻觉、反应迟钝、行动不便、血压降低等。

(5) 窒息性毒剂，是通过损害呼吸器官，引起急性肺气肿而造成窒息的一类毒剂，主要有光气、氯气、双光气、氯化氢等。光气具有蒸发快、易造成伤害浓度的特点，它的毒性要比氯气大 6~8 倍，即使吸入小剂量也能腐蚀肺组织，造成持久的、易感染的损伤。

(6) 刺激性毒剂，是对人的眼、鼻、喉、皮肤造成局部刺激的毒剂，主要有亚当氏气、苯氯乙酮、西阿尔、西埃斯等，中毒症状有流泪、眼痛、喷嚏、咳嗽、恶心呕吐、胸痛、头痛等。该毒剂一般不会造成死亡。

3. 化学武器的发展现状

虽然《全面禁止化学武器公约》已经正式生效，并被国际社会认为是世界上迄今为止最完善的一部公约，然而它也有其局限性，如公约不禁止以防护为目的的毒剂研究，所以有关国家就以此为幌子，发展新的公约之外的化学武器。美国新闻媒体曾披露《美军方未来武器研制重点》，其中指出，"美五角大楼需要研究进攻性生物和化学武器，这样如果有人使用它们来对付美国及其盟国，我们就能战胜它们。"一些发展中国家为对抗军事大国的核威胁和先进的军事技术、武器装备，也纷纷发展和进口化学武器。

五、新概念武器

新概念武器是指与传统武器相比，在基本原理、杀伤破坏机理和作战方式上都有本质区别，尚处于研制或探索之中一类新型武器。新概念武器具有科技含量高、技术难度大、探索性强、资金投入巨大的特点，其发展受技术、经济、需求及时间等诸多不确定因素的影响，因此也具有较高的风险性。新概念武器的出现和陆续实用化，必将对未来的军事理论、作战方式、军队体制编制等产生一系列革命性的影响。

新概念武器综述

(一) 新概念武器的基本特征

顾名思义，新概念武器是指与传统武器存在巨大的差别，以至于颠覆了武器传统概念的一类武器。与传统武器相比，新概念武器呈现出三大特征。

(1) 新概念武器的工作原理与传统武器完全不同。传统武器通常利用机械能或化学能，其基本工作原理通常是点火—发射—击中—爆炸摧毁。不管是枪、炮、导弹这些常规武器，还是核武器，基本上都遵循这一原理。新概念武器则突破了传统武器的工作原理和模式。例如激光武器与动能武器也发射弹丸，但与传统武器的弹丸飞行原理不同，它们通常采用火箭加速、电磁加速等方法进行高速运动，飞行速度可达到30 万千米/秒。气象武器可以人为控制地震、人工刮风下雨，即使是核武器当量再大，也无法与之相比。与传统武器相比，新概念武器具有创新的工作原理。

(2) 新概念武器具有独特的杀伤机理。传统武器的杀伤破坏机制主要有两种：靠爆炸和靠命中。尽管传统武器的种类繁多，性能各异，但其杀伤破坏机制基本上没有超出以上两种形式。新概念武器采用了不同于传统武器的、概念全新的杀伤破坏机制，而且形式多样，几乎每一种武器都有着不同于其他武器的杀伤破坏机制。例如，激光武器是靠高温烧毁，熔化直至被摧毁；动能武器是靠粒子束强大的动能碰撞物体；微波武器通过发射强大的微波波束攻击目标，使人产生烦躁、头痛、神经混乱、记忆力减退。

(3) 新概念武器具有创新的作战方式。由于新概念武器具有全新的工作原理和杀伤破坏机制，也因此具有独特的作战方式。可以说，在新概念武器系统中，每一种武器都具有不同的作战方式，每一种新概念武器都能在各自的作战领域中充分发挥其独有的作战效能，在所打击目标上有针对性地释放所需要的毁伤能量。例如，激光、粒子束、微波束等束能武器不需使用弹药，作战时不产生后坐力和放射性污染，但具有巨大的能量，且使用灵活方便，能同时对多个方向上的目标实施攻击，既可实施硬杀伤，也可实施软打击；计算机病毒武器能够造成敌人大范围的信息污染，使其计算机系统运作困难、信道阻塞、指挥紊乱；基因武器是靠传播基因战剂达成作战目的。

(二) 新概念武器的分类

由于现代科学技术的不断发展，新概念武器也不断推陈出新。新概念武器种类繁多不胜枚举，大致可以归纳为以下几类。

1. 定向能武器

定向能武器又称束能武器，是一种把能量聚集成射束状，用定向的方式来直接杀伤敌人或摧毁目标的新概念武器，具有速度快、距离远、可多方向、多目标、多次射击的优点。定向能武器主要包括激光武器、粒子束武器、高功率微波武器等。

(1) 激光武器是利用沿一定方向发射的激光束的能量直接来杀伤、破坏目标或使其丧失作战效能的武器。激光武器按功率可分为低能激光武器和高能激光武器，按作战用途可分为激光致盲武器、战术激光武器、战略激光武器等。激光武器的杀伤机理是用光束毁伤目标，因而在射击时不用考虑提前量，完全能够在瞬间命中目标，且不受电磁干扰，不会对地面、海洋、空中和外层空间造成污染。由于激光的亮度高，低能激光器可用于对人员致盲或使武器系统的光学瞄准装置及电光传感器失效，毁伤敌人的武器器材和人员等。

(2) 粒子束武器是指将质子、中子、电子和重离子等粒子，由加速器加速到接近光速，并用磁场将它们聚集成一束高能量的粒子束流，经射束定向辐射装置直接地或去掉电荷后向向远距离目标，利用粒子束携带的能量摧毁目标的武器。粒子束武器分为中性粒子束武器和带电荷粒子束武器。中性粒子束武器适用于外层空间，带电荷粒子束武器适用于大气层内空间。粒子束武器有极强的动能，在击中目标瞬间，可产生 8000℃ 的高温，连陶瓷、碳等耐热材料都会被钻洞、熔化，其破坏力与天然雷击相仿，可以击毁在空间中飞行的飞机、导弹和卫星。

(3) 高功率微波武器也称射频武器，是采用强微波发生器和高增益定向天线，发出强大的微波波束，杀伤和破坏目标的一种新式武器。高功率微波武器利用高功率微波在与物体或系统的相互作用的过程中所产生的电效应、热效应对目标造成破坏。高强度辐射场包围目标，在电器和电子线路中产生致命的电压和电流，破坏飞机、导弹等目标内部的电子设备，使其丧失战斗力，从而达到破坏作用。高功率微波武器也可以用于攻击人员，使人灼伤、烧伤、烦躁、头痛、神经混乱和记忆力减退等。高功率微波武器打击速度快，作用距离远，使用成本低，受天气影响小，是定向能武器的"超级明星"。

2. 动能武器

动能武器又称超高速射弹武器，是利用发射超高速运动的弹头，并利用弹头的巨大动能，通过直接碰撞摧毁目标的武器。动能武器是一种典型的直接拦截武器，关键技术是高精度制导和快速响应控制，它不是靠爆炸、辐射等其他物理和化学能量去杀伤目标，是一种完全不同于常规弹头或核弹头的全新概念的新式武器。与定向能武器相比，动能武器的速度慢，但价格低廉，并难以采取有效的反击措施，代表了反战术弹道导弹的一个重要发展方向。动能武器按照武器性能可分为动能拦截弹、电炮和群射火箭等。

3. 声波武器

声波武器包括高能超声波武器、次声波武器、强声波武器、噪声武器等。高能超声波武器是利用高能量的高频声波造成强大的大气压力，使人产生视觉模糊、恶心呕吐等生理反应，减弱或使其丧失战斗力。次声波武器是利用发射低频率的次声波与人体发生共振，使共振的器官或部位发生位移和变形而造成损伤的武器，可对人产生精神的和机械的损伤，如全身不适、无力、头晕目眩、恶心呕吐、眼球震颤，严重的可使人精神失常、癫狂不止、腹部疼痛等。次声波不易被人察觉，在大气中的衰减也很少，能够穿透装甲和建筑物，对隐藏在车辆和工事中的敌人也具有良好的软杀伤效果。

4. 基因武器

基因武器是指利用基因工程技术研制出的具有特定杀伤性的新型生物战剂。基因武器本质上属于生物武器，但是它比传统生物战剂更加可怕，其杀伤机理就是运用生物工程技术，在一些病菌或病毒中，接种能抗普通疫苗和药物的基因，生产具有显著抗药性的病原体，或在一些不会使人致病的微生物体内，接种致病基因，制造新的生物战剂，尔后将致病病原体、生物制剂投向目标人群，从而导致该人群或种族致病、大批死亡甚至灭绝。基因武器具有成本低、威力大、难以破解、杀伤隐秘等特点。

5. 气象武器

气象武器是按照一定的军事目的给大气施加某种能量，将恶劣和不利的气象条件强加到敌人头上，把有利的气象条件创造给自己，从而直接或间接地达到消灭敌人的目的，使气象条件起到武器的作用，如人造洪暴、人工引导台风、人工消雾和造雾、人造臭氧洞穴、人造地震、人造严寒、人造热风暴等。

六、信息化杀伤武器的发展趋势

随着人类科学技术的不断进步，以新材料、5G、人工智能、量子通信、可控核聚变等技术为代表的第五次科技革命即将到来。一系列技术的进步进一步推动了信息化杀伤武器的发展，使其体现出新的发展趋势。

(一) 人工智能化程度将不断提高

在未来复杂多变的战场环境下，作战双方在短时间内要分清敌我，争取先敌发现、先敌进攻、先敌摧毁，这就要求信息化武器不断提高智能化水平，尽量减少人的控制，而目前指挥自动化系统的发展也体现出这一趋势，精确制导武器也越来越智能化、无人化。目前各国正在开发的无人机蜂群技术就是武器智能化的例子，由一架有人战机主导，成百架的无人机自主跟随、自动控制形成"蜂群"，在未来空战中，这种"蜂群"可以对目标展开围攻，瞬间取得空战优势，并且极大降低己方的人员伤亡概率。

(二) 信息化程度将越来越高，功能也越来越强大

未来战场上的每一个作战要素都是整个信息化作战系统的有机单元，既能单独承担某种特定作战任务，又能和整个系统无间融合，发挥体系优势，达到最大作战效果。这就要求信息化杀伤武器不但能完成火力打击、火力毁伤的任务，也要兼顾侦察、通信、保障、评估等其他任务。在新的作战任务体系中，信息化杀伤武器只有不断提高其信息化程度，不断拓展和提升其作战功能，才能适应未来信息化战争的需要。

(三) 信息化杀伤武器的使用效益将进一步提高

以精确制导武器为例，根据理论计算得出，弹头爆炸力提高一倍，杀伤力只能提高 40%，而命中精度提高一倍，杀伤力则可增加 4 倍，所以，提高精度可以大大提高威力。为了提高精确制导武器的性能，制导系统已经变得越来越复杂，成本也越来越高。而制导武器又都是一次使用的，成本过高就会难以承受。因此，未来的信息化杀伤武器将更多地采取各种措施，提高装备效益，例如采用模块化设计，也可以开发一种装备供各军种通用，抑或是通过增加装备数量、扩大装备外销等手段摊薄研发成本等。总之，未来信息化杀伤武器的作战消费比将越来越高。

思考题:

1. 什么是信息化杀伤武器?
2. 精确制导武器的作战特点有哪些?
3. 核武器有哪些杀伤破坏因素?
4. 新概念武器的特征是什么?

第六章

共同条令教育与训练

【教学目标】

了解中国人民解放军共同条令的主要内容，掌握基本的队列动作要领，学习良好的军人作风，增强大学生的组织性、纪律性和集体观念，培养令行禁止、团结奋进、顽强拼搏的作风。

第一节　共同条令教育

中国人民解放军共同条令是中共中央军委主席以简明条文的形式签署给全军的命令，是全军官兵战斗、训练、工作、生活的法规和准则。中国人民解放军有很多条令条例，既有中央军委颁发的，也有各军种和各战区颁发的。中央军委颁发的《中国人民解放军内务条令》《中国人民解放军纪律条令》《中国人民解放军队列条令》合称共同条令或三大条令，是全体军人必须共同遵守的法规，是从严治军、依法治军的重要依据，也是有效维护军队高度集中统一的基本保证。共同条令主要规定了军人的基本职责、权利义务、相互关系、生活制度、活动方式、队列、行动、执勤、奖惩和纪律等。在普通高等学校开展共同条令教育与队列训练，对于增强学生的组织纪律性，维护良好的校园秩序，促进校风、校纪建设等具有积极的作用。

一、《内务条令》简介

《中国人民解放军内务条令》(以下简称《内务条令》)是规定军队内部关系、生活制度和军人职责的条令，是全军施行行政管理教育的依据。现行《内务条令(试行)》自 2018 年 5 月 1 日起施行，共 15 章 325 条 10 项附录。

(一) 总则

总则是条令的总纲，是条令基本精神和原则的高度概括。《内务条令》总则除规定制定条令的目的和依据外，还规定了以下四个方面内容。

1. 我军的性质和任务

《内务条令》指出，中国人民解放军是中国共产党缔造和领导的，用马克思列宁主义、毛泽东思想、邓小平理论、"三个代表"重要思想、科学发展观、习近平新时代中国特色社会主义思想武装的人民军队，是中华人民共和国的武装力量，是人民民主专政的坚强柱石。紧紧地和人民站在一起，全心全意地为人民服务，是这支军队的唯一宗旨。中国人民解放军必须始终不渝地保持人民军队的性质，忠于党，忠于社会主义，忠于祖国，忠于人民。中国人民解放军的任务是，巩固国防，抵抗侵略，保卫祖国，保卫人民的和平劳动，参加国家建设事业。中国人民解放军在新时代的使命任务是，坚决维护中国共产党的领导和中国特色社会主义制度，坚决维护国家主权、安全、发展利益，坚决维护国家发展的重要战略机遇期，坚决维护地区与世界和平，为实现"两个一百年"奋斗目标、实现中华民族伟大复兴的中国梦提供战略支撑。

2. 内务建设的指导思想

建设一支听党指挥、能打胜仗、作风优良的人民军队，是党在新时代的强军目标。中国人民解放军必须高举中国特色社会主义伟大旗帜，坚持党的基本理论、基本路线、基本方略，贯彻毛泽东军事思想、邓小平新时期军队建设思想、江泽民国防和军队建设思想、胡锦涛国防和军队建设思想、习近平强军思想，贯彻新形势下军事战略方针，坚持走中国特色强军之路，坚持政治建军、改革强军、科技兴军、依法治军，更加注重聚焦实战，更加注重创新驱动，更加注重体系建设，更加注重集约高效，更加注重军民融合，全面加强军队革命化、现代化、正规化建设，构建中国特色现代作战体系，提高有效履行新时代军队使命任务的能力，不忘初心，牢记使命，为实现党在新时代的强军目标、全面建成世界一流军队而奋斗。

3. 内务建设的地位、作用和基本任务

中国人民解放军的内务建设，是军队进行各项建设的基础，是巩固和提高战斗力的重要保证。其基本任务是使每个军人明确和认真履行职责，维护军队良好的内外关系，建立正规的战备、训练、工作、生活秩序，培养优良的作风和严格的纪律，保证军队圆满完成任务。

4. 内务建设的基本原则

中国人民解放军的内务建设，必须贯彻政治建军原则，必须贯彻改革强军战略，必须贯彻科技兴军战略，必须贯彻依法治军方略，必须始终聚焦备战打仗。

(二) 军人宣誓

军人宣誓是军人对自己肩负的神圣职责和光荣使命的承诺和保证。《内务条令》规定，中华人民共和国公民入伍(入校)后 90 日内必须进行军人宣誓。誓词内容："我是中国人民解放军军人，我宣誓：服从中国共产党的领导，全心全意为人民服务，服从命令，忠于职守，严守纪律，保守秘密，英勇顽强，不怕牺牲，苦练杀敌本领，时刻准备战斗，绝不叛离军队，誓死保卫祖国。"

(三) 军人职责

军人职责是军人在各自岗位上行使的职权和应当承担的责任与义务。在《内务条令》中规定军人职责，是为了使每个军人明确党、国家和人民对自己的要求，了解自己肩负的重任，有利于增强军人的责任感、使命感和荣誉感，以增强全体军人履行职责的自觉性。

(四) 军队内部关系

军队内部关系是指军人相互关系、官兵关系、机关相互关系、部(分)队相互关系。《内务条令》明确，中国人民解放军军人，不论职位高低，在政治上一律平等，相互间是同志关系。部属、下级必须服从首长、上级，首长有权对部属下达命令，部属对命令必须坚决执行，并将执行情况及时报告首长。如果认为命令有不符合实际情况之处，可以提出建议，但在首长未改变命令时，仍须坚决执行。不同建制的军人共同执行任务时，应当服从上级指定的负责人的领导和指挥。

(五) 军人的言行举止和日常管理

《内务条令》对军人日常生活的言行举止，如礼节、着装、军容风纪、对外交往等，都有明确规定。同时对作战、训练、执勤以及日常活动各个方面、各个环节的秩序也作了严格规定。《内务条令》对军人的言行举止和日常管理主要包括四个方面的内容：一是关于日常生活秩序方面的制度；二是关于日常管理和安全方面的制度；三是关于战备秩序方面的制度；四是关于零散人员的管理制度。

(六) 国旗、国歌、军旗、军徽和军歌

军人必须遵守有关国旗、国歌的法律法规，维护和捍卫国旗、国歌的尊严。军旗是中国人民解放军的标志，是中国人民解放军荣誉、勇敢和光荣的象征，军人必须维护和捍卫军旗的尊严。军徽是中国人民解放军的象征和标志。军人必须爱护军徽，维护军徽的尊严。军歌是中国人民解放军性质、宗旨和精神的体现。新兵入伍、学员入校，必须学唱军歌。国庆节、建军节等重大节日组织集会，应当奏唱军歌。

二、《纪律条令》简介

《中国人民解放军纪律条令》(以下简称《纪律条令》)是规定军队纪律的条令，是军人的行为准则和军队维护纪律、实施奖惩的基本依据。现行《纪律条令(试行)》自 2018 年 5 月 1 日起施行，共 10 章 262 条 8 项附录。

(一) 总则

《纪律条令》总则主要规定了六个方面的内容：制定条令的目的和依据；该条令在我军建设中的法律地位和适用范围；纪律的主要内容，即"十个遵守"；我军纪律的性质、作用和维护纪律必须遵循的原则；奖惩与维护纪律的关系；全体军人维护纪律的责任和义务。

(二) 奖励

奖励的目的在于鼓励先进、维护纪律，调动官兵的积极性和创造性，发扬爱国主义、共产主义和革命英雄主义精神，保证作战、训练和其他各项任务的完成。奖励应当坚持下列原则：严格标准，按绩施奖；发扬民主，贯彻群众路线；精神奖励和物质奖励相结合，以精神奖励为主，注重发挥物质奖励的激励作用。

对个人的奖励项目包括嘉奖、三等功、二等功、一等功、荣誉称号、八一勋章。根据需要，中央军委可以设立其他勋章。

(三) 处分

处分的目的在于严明纪律，教育违纪者和部队，强化纪律观念，维护集中统一，巩固和提高部队战斗力。《纪律条令》规定，处分应当坚持下列原则：依据事实，惩戒恰当；惩前毖后，治病救人；法律面前人人平等。对军官和文职干部的处分包括警告、严重警告、记过、记大过、降职(级)或降衔(级)、撤职、开除军籍。对士官的处分包括警告、严重警告、记过、记大过、降职或者撤职、降衔、开除军籍。对义务兵的处分包括警告、严重警告、记过、记大过、降职或者撤职、降衔、除名、开除军籍。

(四) 奖惩的权限和实施

奖惩权是领导权、指挥权的重要组成部分。奖惩权限的确定，关系到能否正确实施奖惩。条令本着有利于贯彻党委集体领导、有利于首长履行职责和增强奖惩时效的原则，并适应我军现行编制，明确规定了各级首长享有的奖惩权限和奖惩的实施办法。

(五) 维护纪律的措施

根据新形势下军队维护纪律的需要，《纪律条令》规定了以下措施：一是行政看管、士官留用察看等特殊措施；二是控告和申诉；三是各级首长滥施奖惩应承担的责任；四是首长、机关、群众相结合的监察制度。

三、《队列条令》简介

《中国人民解放军队列条令》(以下简称《队列条令》)是规定部队和单个军人队列动作的条令，是全军队列训练和队列生活的依据。现行《队列条令(试行)》自 2018 年 5 月 1 日起施行，共 10 章 89 条 4 项附录。

(一) 总则

制定《队列条令》是为了规范中国人民解放军的队列动作、队列队形和队列指挥，保持整齐划一和严格正规的队列生活。《队列条令》适用于中国人民解放军现役军人和单位，以及参训的预备役人员，是中国人民解放军队列生活的准则和队列训练的基本依据。全体军人必须严格执行本条令，加强队列训练，培养良好的军姿、严整的军容、过硬的作风、严格的纪律性和协调一致的动作，落实全面从严治军要求，促进军队正规化建设，巩固和提高战斗力。《队列条令》由各级首长和机关组织贯彻执行，首长和机关应当严格执行，起表率作用，并对部属执行本条令的情况进行检查、监督。

(二) 队列指挥

《队列条令》规定了队列指挥位置、队列指挥方法、队列指挥要求，具体内容如下。

(1) 指挥位置应当便于指挥和通视全体。通常是：停止间，在队列中央前；行进间，纵队时在队列左侧中央前或者偏后，必要时在队列中央前，横队、并列纵队时在队列左侧前或者左侧，必要时在队列右侧前(右侧)或者左(右)侧后。

(2) 队列指挥通常用口令。行进间，动令除向左转走和齐步、正步互换及敬礼、礼毕时落在左脚，其他均落在右脚。变换指挥位置，通常用跑步(5 步以内用齐步)，进到预定的位置后，成立正姿势下达口令。纵队行进时，可以在行进间下达口令。

(3) 队列指挥要求是：指挥位置正确；姿态端正，精神振作，动作准确；口令准确、清楚、洪亮；熟练掌握和运用队列指挥方法；认真清点人数、检查着装，按照规定组织验枪；严格要求，维护队列纪律。

(三) 队列队形

《队列条令》规定了队列的基本队形、列队的间距和班、排、连、营、旅的队形。队列的基本队形为横队、纵队、并列纵队，需要时，可以调整为其他队形。

列队的间距：队列人员之间的间隔(两肘之间)通常约 10 厘米，距离(前一名脚跟至后一名脚尖)约 75 厘米，需要时，可以调整队列人员之间的间隔和距离。

班的队形：班的基本队形，分为横队和纵队，需要时，可以成二列横队或者二路纵队。

排的队形：排的基本队形，分为横队和纵队。排横队，由各班的班横队依次向后排列组成。排纵队，由各班的班纵队依次向右并列组成。

连的队形：连的基本队形，分为横队、纵队和并列纵队。连横队，由各排的排横队依次向左并列组成。连纵队，由各排的排纵队依次向后排列组成。连并列纵队，由各排的排纵队依次向左并列组成。

(四) 队列动作

《队列条令》规定了单个军人的队列动作；班、排、连、营、旅的队列动作。本章第二节将详细介绍。

(五) 敬礼

《队列条令》规定了敬礼的种类和敬礼、礼毕、单个军人敬礼、分队与部队敬礼的口令、要领；还规定了国旗的掌持、升降和军旗的掌持、授予与迎送以及阅兵的相关内容。

第二节 队列动作训练

中国军人必须严格执行《队列条令》，加强队列训练，培养良好的军资、严格的军容、过硬的作风、严格的纪律性和协调一致的动作，促进军队正规化建设，巩固和提高战斗力。

一、单个军人队列动作训练

单个军人队列动作是部队训练、队列和日常生活的基础动作，是加强部队作风纪律建设、培养战斗力的必要形式。军人通过队列动作训练，可以增强组织纪律观念，培养集体主义精神，养成良好的军姿。单个军人队列动作主要包括立正、跨立、稍息、停止间转法、行进、停止、步法变换、行进间转法、坐下、蹲下、起立等内容。

(一) 立正、跨立、稍息、停止间转法

1. 立正

立正是军人的基本姿势，是队列动作的基础。军人在宣誓、接受命令、进见首长和向首长报告、回答首长问话、升降国旗、迎送军旗、奏唱国歌和军歌等严肃庄重的时机和场合，均应当立正。

口令：立正。

要领：两脚跟靠拢并齐，两脚尖向外分开约60°；两腿挺直，小腹微收，自然挺胸；上体正直，微向前倾；两肩要平，稍向后张；两臂下垂自然伸直，手指并拢自然微曲，拇指尖贴于食指第二节，中指贴于裤缝；头要正，颈要直，口要闭，下颌微收，两眼向前平视(见图 6-1)。参加阅兵时，下颌上仰约 15°。

2. 跨立

跨立即跨步站立，主要用于训练、执勤和舰艇上分区列队等场合，可以与立正互换。

口令：跨立。

要领：左脚向左跨出约一脚之长，两腿挺直，上体保持立正姿势，身体重心落于两脚之间；两手后背，左手握右手腕，拇指根部与外腰带下沿或者内腰带上沿同高；右手手指并拢自然弯曲，拇指贴于食指第二节，手心向后。

3. 稍息

口令：稍息。

要领：左脚顺脚尖方向伸出约全脚的三分之二，两腿自然伸直，上体保持立正姿势，身体重心大部分

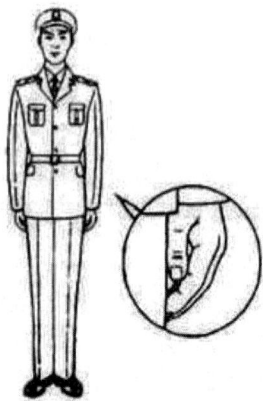

图6-1 立正

落于右脚；携枪(筒)时，携带的方法不变，其余动作同徒手；稍息过久，可以自行换脚，动作应当迅速。

4. 停止间转法

停止间转法是停止间变换方向的方法，分别是向左转、向右转、向后转，需要时也可半面向左(右)转。

(1) 向右(左)转。

口令：向右(左)——转，半面向右(左)——转。

要领：以右(左)脚跟为轴，右(左)脚跟和左(右)脚掌前部同时用力，使身体协调一致向右(左)转 90°，身体重心落在右(左)脚，左(右)脚取捷径迅速靠拢右(左)脚，成立正姿势。转动和靠脚时，两腿挺直，上体保持立正姿势。半面向右(左)转，按照向右(左)转的要领转 45°。

(2) 向后转。

口令：向后——转。

要领：按照向右转的要领向后转 180°。

(二) 行进、停止、步法变换

行进的基本步法分为齐步、正步和跑步，辅助步法分为便步、踏步、移步和礼步。

1. 齐步

齐步是军人行进的常用步法。

口令：齐步——走。

要领：左脚向正前方迈出约 75 厘米，按照先脚跟后脚掌的顺序着地，同时身体重心前移，右脚照此法动作；上体正直，微向前倾；手指轻轻握拢，拇指贴于食指第二节；两臂前后自然摆动，向前摆臂时，肘部弯曲，小臂自然向里合，手心向内稍向下，拇指根部对正衣扣线(着海军藏青色春秋常服、冬常服时，拇指根部对正双排扣中间位置)，并高于春秋常服或者冬常服最下方衣扣约 5 厘米(着夏常服、水兵服时，高于内腰带扣中央约 5 厘米；着作训服时，与外腰带扣中央同高)，离身体约 30 厘米；向后摆臂时，手臂自然伸直，手腕前侧距裤缝线约 30 厘米(见图6-2)。行进速度为每分钟 116～122 步。

图6-2　齐步

2. 正步

正步主要用于分列式和其他礼节性场合。

口令：正步——走。

要领：左脚向正前方踢出约 75 厘米，腿要绷直，脚尖下压，脚掌与地面平行，离地面约 25 厘米，适当用力使全脚掌着地，同时身体重心前移，右脚照此法动作；上体正直，微向前倾；手指轻轻握拢，拇指伸直贴于食指第二节；向前摆臂时，肘部弯曲，小臂略成水平，手心向内稍向下，手腕下沿摆到高于春秋常服或者冬常服最下方衣扣约 15 厘米处(着夏常服、水兵服时，高于内腰带扣中央约 15 厘米处；着作训服时，高于外腰带扣中央约 10 厘米处)，离身体约 10 厘米；向后摆臂时左手心向右、右手心向左，手腕前侧距裤缝线约 30 厘米。行进速度为每分钟 110～116 步。

3. 跑步

跑步用于快速行进。

口令：跑步——走。

要领：听到预令，两手迅速握拳(四指蜷握，拇指贴于食指第一节和中指第二节上)，提到腰际，约与腰带同高，拳心向内，肘部稍向里合。听到动令，上体微向前倾，两腿微弯，同时左脚利用右脚掌的蹬力跃出 85 厘米，前脚掌先着地，身体重心前移，右脚照此法动作；两臂前后自然摆动，向前摆臂时，大臂略垂直，肘部贴于腰际，小臂略平，稍向里合，两拳内侧各距衣扣线约 5 厘米；向后摆臂时，拳贴于腰际(见图 6-3)。行进速度每分钟 170～180 步。

4. 便步

便步用于行军、操练后恢复体力及其他场合。

口令：便步——走。

要领：用适当的步速、步幅行进，两臂自然摆动，上体保持良好姿态。

5. 踏步

踏步用于调整步伐和整齐。

停止间口令：踏步——走。

行进间口令：踏步。

要领：两脚在原地上下起落(抬起时，脚尖自然下垂，离地面约 15 厘米；落下时，前脚掌先着地)，上体保持正直，两臂按照齐步或者跑步摆臂的要领摆动。

图6-3 跑步

6. 移步(5步以内)

移步用于调整队列位置。

(1) 右(左)跨步。

口令：右(左)跨×步——走。

要领：上体保持正直，每跨 1 步并脚一次，其步幅约与肩同宽，跨到指定步数停止。

(2) 向前或者后退。

口令：向前×步——走。

后退×步——走。

要领：向前移步时，应当按照单数步要领进行(双数步变为单数步)。向前 1 步时，用正步，不摆臂；向前 3 步、5 步时，按照齐步走的要领进行。向后退步时，从左脚开始，每退 1 步靠脚一次，不摆臂，退到指定步数停止。

7. 立定

口令：立——定。

要领：齐步、正步和礼步时，听到口令，左脚再向前大半步着地，脚尖向外约 30°，两腿挺直，右脚取捷径迅速靠拢左脚，成立正姿势。跑步时，听到口令，继续跑 2 步，然后左脚向前大半步(两拳收于腰际，停止摆动)着地，右脚取捷径靠拢左脚，同时将手放下，成立正姿势。踏步时，听到口令，左脚踏 1 步，右脚靠拢左脚，原地成立正姿势；跑步的踏步，听到口令，继续踏 2 步，再按照上述要领进行。

8. 步法变换

步法变换，均从左脚开始。

齐步、正步互换，听到口令，右脚继续走 1 步，即换正步或者齐步行进。

齐步换跑步，听到预令，两手迅速握拳提到腰际，两臂前后自然摆动；听到动令，即换跑步行进。

齐步换踏步，听到口令，即换踏步。

跑步换齐步，听到口令，继续跑 2 步，然后换齐步行进。

跑步换踏步，听到口令，继续跑 2 步，然后换踏步。

踏步换齐步或者跑步，听到"前进"的口令，继续踏 2 步，再换齐步或者跑步行进。

(三) 行进间转法

1. 齐步、跑步向右(左)转

口令：向右(左)转——走。

要领：左(右)脚向前半步(跑步时，继续跑 2 步，再向前半步)，脚尖向右(左)约 45°，身体向右(左)转 90°时，左(右)脚不转动，同时出右(左)脚按照原步法向新方向行进。

半面向右(左)转走，按照向右(左)转走的要领转 45°。

2. 齐步、跑步向后转

口令：向后转——走。

要领：左脚向右脚前迈出约半步(跑步时，继续跑 2 步，再向前半步)，脚尖向右约 45°，以两脚的前脚掌为轴，向后转 180°，出左脚按照原步法向新方向行进。

3. 转动

转动时，保持行进时的节奏，两臂自然摆动，不得外张；两腿自然挺直，上体保持正直。

(四) 坐下、蹲下、起立

1. 坐下

口令：坐下。

要领：左小腿在右小腿后交叉，迅速坐下(坐凳子时，听到口令，左脚向左分开约一脚之长；女军人着裙服坐凳子时，两腿自然并拢)，手指自然并拢放在两膝上，上体保持正直。

2. 蹲下

口令：蹲下。

要领：右脚后退半步，前脚掌着地，臀部坐在右脚跟上(膝盖不着地)，两腿分开约 60°(女军人两腿自然并拢)，手指自然并拢放在两膝上，上体保持正直。蹲下过久，可以自行换脚。

3. 起立

口令：起立。

要领：全身协力迅速起立，左脚取捷径靠拢右脚(蹲下时，右脚取捷径靠拢左脚)，成立正姿势或者成持枪、肩枪(筒)立正姿势。

(五) 脱帽、戴帽、整理着装

1. 脱帽

口令：脱帽。

要领：双手捏帽檐或者帽前端两侧，将帽取下，取捷径置于左小臂，帽徽向前，掌心向上，四指扶帽檐或者帽墙前端中央处，小臂略成水平，右手放下(见图 6-4)。

戴贝雷帽脱帽不便于放置时，可将帽左右向内折叠，左手将左肩袢提起，右手将帽插入袢下，帽顶向上，帽徽朝前。

图6-4 脱帽

2. 戴帽

口令：戴帽。

要领：双手捏帽檐或帽前端两侧，将帽迅速戴正。

3. 整理着装

口令：整理着装。

要领：双手(持 81 式自动步枪、印迫击炮时，将枪、炮夹于两腿之间)从帽子开始，自上而下，将着装整理好。必要时，也可以相互整理。整理完毕，自行稍息。听到"停"的口令，恢复立正姿势。

(六) 敬礼、礼毕

敬礼分为举手礼、注目礼和举枪礼。

1. 举手礼

口令：敬礼。

要领：上体正直，右手取捷径迅速抬起，五指并拢自然伸直，中指微接帽檐右角前约 2 厘米处(戴无檐帽或者不戴军帽时微接太阳穴，与眉同高)，手心向下，微向外张(约 20°)，手腕不得弯曲，右大臂略平，与两肩略成一线，同时注视受礼者(见图 6-5)。

2. 注目礼

要领：面向受礼者成立正姿势，同时注视受礼者，并目迎目送(左、右转头角度不超过 45°)。

3. 举枪礼

举枪礼用于阅兵式或者执行仪仗任务。

口令：向右看——敬礼。

图6-5　敬礼

要领：右手将枪提到胸前，枪身垂直并对正衣扣线，枪面向后，离身体约 10 厘米，枪口与眼同高，大臂轻贴右胁；同时左手接握表尺上方，小臂略平，大臂轻贴左胁；同时转头向右注视受礼者，并目迎目送，右、左转头角度不超过 45°。

4. 礼毕

口令：礼毕。

要领：行举手礼者，将手放下；行注目礼者，将头转正；行举枪礼者，将头转正，右手将枪放下，使枪托前踵(半自动步枪托底板)轻轻着地，同时左手放下，成持枪立正姿势。

二、分队队列动作训练

分队队列动作包括集合、离散、整齐、报数、出列、入列、进行、停止、队形变换、方向变换等内容。

(一) 集合、离散

1. 集合

集合是使单个军人、分队、部队按照规范队形聚集起来的一种队列动作。集合时，指挥员应当先发出预告或者信号，如"全连(或×排)注意"，然后，站在预定队形的中央前，面向预定队形成立正姿势，下达"成××队——集合"的口令。所属人员听到预告或信号，原地面向指挥员成立正姿势；听到口令，跑步到指定位置面向指挥员集合(在指挥员后侧的人员,应当从指挥员右侧绕过),自行对正、看齐,成立正姿势。

(1) 班集合。

口令:成班横队(二列横队)——集合。

要领:基准兵迅速到班长左前方适当位置,成立正姿势;其他士兵以基准兵为准,依次向左排列,自行看齐。成班二列横队时,单数士兵在前,双数士兵在后。

口令:成班纵队(二路纵队)——集合。

要领:基准兵迅速到班长前方适当位置,成立正姿势;其他士兵以基准兵为准,依次向后排列,自行对正。成班二路纵队时,单数士兵在左,双数士兵在右。

(2) 排集合。

口令:成排横队——集合。

要领:基准班在指挥员前方适当位置,成班横队迅速站好;其他班成班横队,以基准班为准,依次向后排列,自行对正、看齐。

口令:成排纵队——集合。

要领:基准班在指挥员右前方适当位置,成班纵队迅速站好;其他班成班纵队,以基准班为准,依次向右排列,自行对正、看齐。

(3) 连集合。

口令:成连横队——集合。

要领:队列内的连指挥员或者基准排,在指挥员左前方适当位置,成横队迅速站好;各排和连部成横队,以连指挥员或者基准排为准,依次向左排列,自行对正、看齐。

口令:成连纵队——集合。

要领:队列内的连指挥员或者基准排,在指挥员前方适当位置,成纵队迅速站好;各排和连部成纵队,以连指挥员或者基准排为准,依次向后排列,自行对正、看齐。

口令:成连并列纵队——集合。

要领:队列内的连指挥员或者基准排,在指挥员左前方适当位置,成纵队迅速站好;各排和连部成纵队,以连指挥员或者基准排为准,依次向左排列,自行对正、看齐。

2. 离散

离散是使列队的单个军人、分队、部队各自离开原队列位置的一种队列动作。

(1) 离开。

口令:各营(连、排、班)带开(带回)。

要领:队列中的各营(连、排、班)指挥员带领本队迅速离开原列队位置。

(2) 解散。

口令:解散。

要领:队列人员迅速离开原列队位置。

(二) 整齐、报数

1. 整齐

整齐是使列队人员按规定的间隔、距离,保持行、列齐整的一种队列动作。整齐分为向右(左)看齐和向中看齐。

口令:向右(左)看——齐。向前——看。

要领：基准兵不动，其他士兵向右(左)转头(持枪时，听到预令，迅速将枪稍提起，看齐后自行放下)，眼睛看右(左)邻士兵腮部，前四名能通视基准兵，自第五名起，以能通视到本人以右(左)第三名为度。后列人员，先向前对正，后向右(左)看齐。听到"向前——看"的口令，迅速将头转正，恢复立正姿势。

口令：以×××为准，向中看——齐。向前——看。

要领：当指挥员指定"以×××为准(或者以第×名为准)"时，基准兵答"到"，同时左手握拳高举，大臂前伸与肩略平，小臂垂直举起，拳心向右。听到"向中看——齐"的口令后，其他士兵按照向右(左)看齐的要领实施。听到"向前——看"的口令后，基准兵迅速将手放下，其他士兵迅速将头转正，恢复立正姿势。

一路纵队看齐时，可以下达"向前——对正"的口令。

2. 报数

口令：报数。

要领：横队从右至左(纵队由前向后)依次以短促洪亮的声音转头(纵队向左转头)报数，最后一名不转头。数列横队时，后列最后一名报"满伍"或"缺×名"。连集合时，由指挥员下达"各排报数"的口令，各排长在队列内向指挥员报告人数，如"第×排到齐"或者"第×排实到××名"。

必要时，连也可以统一报数。

要领：连实施统一报数时，各排不留间隔，要补齐，成临时编组的横队队形。报数前，连指挥员先发出"看齐时，以一排长为准，全连补齐"的预告，尔后下达"向右看——齐"的口令，待全连看齐后，再下达"向前——看"和"报数"的口令，报数从一排长开始，后列最后一名报"满伍"或者"缺×名"。

(三) 出列、入列

单个军人和分队出、入列，通常用跑步，5 步以内用齐步，1 步用正步，或者按照指挥员指定的步法执行；然后，进到指挥员右前侧适当位置或者指定位置，面向指挥员成立正姿势。

1. 单个军人出列、入列

(1) 出列。

口令：×××(或第×名)，出列。

要领：出列军人听到呼点自己姓名或者序号后应当答"到"，听到"出列"的口令后，应当答"是"。位于第一列(左路)的军人，按照有关规定取捷径出列。位于中列(路)的军人，向后(左)转，待后列(左路)同序号的军人向右后退1步(左后退1步)让出缺口后，按照有关规定从队尾(纵队时从左侧)出列；位于"缺口"位置的军人，待出列军人出列后，即复原位。位于最后一列(右路)的军人出列，先退1步(右跨1步)，然后按照有关规定从队尾出列。

(2) 入列。

口令：入列。

要领：听到"入列"口令后，应当答"是"，然后按照出列的相反程序入列。

2. 班、排出列与入列

(1) 出列。

口令：第×班(排)，出列。

要领：听到"第×班(排)"的口令后，由出列班(排)的指挥员答"到"，听到"出列"的口令后，由出列班(排)的指挥员答"是"，并用口令指挥本班(排)，按照有关规定，以纵队形式从队尾(位于第一列的班取捷径)出列。

(2) 入列。

口令：入列。

要领：听到"入列"的口令后，由入列班(排)指挥员答"是"，并用口令指挥本班(排)，以纵队形式从队尾(位于第一列的班取捷径)入列。

(四) 行进、停止

横队和并列纵队行进以右翼为基准，纵队行进以左翼为基准(一路纵队行进以先头为基准)。

1. 行进

指挥员应当下达"×步——走"的口令。听到口令，基准兵向正前方前进，其他士兵向基准翼标齐，保持规定的间隔、距离行进。纵队行进时，排、连通常成三路纵队，也可以成一、二路纵队。行进中，需要时，用"一、二、一"(调整步伐的口令)、"一、二、三、四"(呼号)或者唱队列歌曲，以保持步伐的整齐和振奋士气。

2. 停止

指挥员应当下达"立——定"的口令。听到口令，按照立定的要领实施，分队的动作要整齐一致。停止后，听到"稍息"的口令，先自行对正、看齐，再稍息。

(五) 队形变换

队形变换是由一种队形变为另一种队形的队列动作。

1. 横队和纵队的互换

横队变纵队：停止间口令：向右——转；行进间口令：向右转——走。

纵队变横队：停止间口令：向左——转；行进间口令：向左转——走。

要领：停止间，按照单个军人向右(左)转的要领实施。行进间，按照单个军人向右(左)转走的要领实施。分队动作要整齐一致。队形变换后，排以上指挥员应当进到规定的列队位置。

2. 停止间班横队和班二列横队，班纵队和班二路纵队互换

(1) 班横队变班二列横队。

口令：成班二列横队——走。

要领：变换前，先报数。听到口令，双数士兵左脚后退1步，右脚(不靠拢左脚)向右跨1步，左脚向右脚靠拢，站到单数士兵之后，自行对正、看齐。

(2) 班二列横队变班横队。

口令：间隔1步，向左离开。成班横队——走。

要领：听到"间隔1步，向左离开"的口令，取好间隔；听到"成班横队——走"的口令，双数士兵左脚左跨1步，右脚(不靠拢左脚)向前1步，左脚向右脚靠拢，站到单数士兵左侧，自行看齐。

(3) 班纵队变班二路纵队。

口令：成班二路纵队——走。

要领：变换前，先报数。听到口令，双数士兵右脚右跨1步，左脚(不靠拢右脚)向前1步，右脚向左脚靠拢，站到单数士兵右侧，自行对正、看齐。

(4) 班二路纵队变班纵队。

口令：距离两步，向后离开。成班纵队——走。

要领：听到"距离 2 步，向后离开"的口令，取好距离；听到"成班纵队——走"口令，双数士兵右脚后退 1 步，左脚(不靠拢右脚)站到单数士兵之后，自行对正。

3. 连纵队和连并列纵队的互换

(1) 连纵队变连并列纵队。

停止间口令：成连并列纵队，齐步——走。

行进间口令：成连并列纵队——走。

要领：连指挥员或者基准排踏步，其他排和连部逐次进到连指挥员或者基准排左侧踏步并取齐，然后听口令前进或者停止。

连、排指挥员位置的变换方法：听到口令，连长左脚继续踏 1 步，右脚向右前 1 步，进到政治指导员前方仍踏步，政治指导员继续踏步，副连长向前两步(未编有副政治指导员时，副连长向左前两步)，进到连长左侧，副政治指导员向左前 1 步，进到政治指导员左侧，排长、司务长进到预定列队位置，继续踏步并取齐。

(2) 连并列纵队变连纵队。

停止间口令：成连纵队，齐步——走。

行进间口令：成连纵队——走。

要领：连指挥员或者基准排照直前进，其他排和连部停止间和行进间均踏步，待连指挥员或者基准排离开原位后，各排按照排长、连部和炊事班的顺序或按照司务长的口令依次跟进。

连、排指挥员位置的变换方法：听到口令，连长向左前 1 步，进到副连长前方踏步，政治指导员向前 2 步，进到连长右侧继续踏步，副政治指导员向右前 1 步，进到副连长右侧继续踏步(未编有副政治指导员时，副连长右跨半步并踏步)，排长、司务长进到预定列队位置继续踏步，取齐后照直前进。

(六) 方向变换

方向变换是改变队列面对方向的一种队列动作。

1. 横队和并列纵队方向变换

停止间，通常是左(右)转弯或者左(右)后转弯，必要时可以向后转。

口令：左(右)转弯，齐(跑)步——走，或者左(右)后转弯，齐(跑)步——走。向后——转，齐(跑)步——走(当需要向后转走时，应当先下"向后——转"的口令，待方向变换后，再下"齐(跑)步——走"的口令)。

行进间口令：左(右)转弯——走，或者左(右)后转弯——走。

要领：一列横队方向变换时，轴翼士兵踏步，并逐渐向左(右)转动；外翼第一名士兵用大步行进并与相邻士兵动作协调，逐步变换方向(越接近轴翼者，其步幅越小)，其他士兵用眼睛的余光向外翼取齐，并保持规定的间隔和排面整齐，转到 90°或者 180°时踏步并取齐，听口令前进或者停止。

数列横队和并列纵队方向变换时，第一列轴翼士兵停止间用踏步、行进间用小步，外翼士兵用大步行进，保持排面整齐，边行进边变换方向，转到 90°或者 180°后，听口令前进或者停止；后续各列按照上述要领，保持间隔、距离，取捷径进到前一列转弯处，转向新方向跟进。

2. 纵队方向变换

停止间，通常是左(右)后转弯，必要时可以向后转。

口令：左(右)转弯，齐(跑)步——走，或者左(右)后转弯，齐(跑)步——走。向后——转，齐(跑)步——走(按照横队和并列纵队向后转走的方法实施)。

行进间口令：左(右)转弯——走，或者左(右)后转弯——走。

要领：一路纵队方向变换时，基准兵在左(右)转弯时，按照单个军人行进间转法(停止间，左转弯走时，左脚先向前一步)的要领实施，在左(右)后转弯时，用小步边行进边变换方向，转到90°或者180°后，照直前进；其他士兵逐次进到基准兵的转弯处，转向新方向跟进。数路纵队方向变换时，按照数列横队和并列纵队方向变换的要领实施。

三、阅兵

在重大节日或者组织重要活动时，可以举行阅兵。

阅兵是由党和国家领导人，中央军事委员会主席、副主席、委员及团以上部队军政主要首长或者被上述人员授权的其他领导和首长实施。通常由1人检阅。

阅兵分为阅兵式和分列式。通常进行两项，根据需要，也可以只进行一项。

(一) 阅兵程序

阅兵分为上级首长检阅和本级首长检阅。当上级首长检阅时，由本级军事首长任阅兵指挥；当本级军政主要首长检阅时(由1人检阅，另1人位于阅兵台或者队列中央前方适当位置面向部队)，由副部队长或者参谋长任阅兵指挥。

旅阅兵程序如下。

1. 迎军旗

迎军旗在阅兵式开始前进行。

迎军旗时，主持迎军旗的指挥员下达"立正""迎军旗"的口令，听到口令后，掌旗员(扛旗)、护旗兵齐步行进，当由正前或者左前方向本团右翼进至距队列40～50步时，主持迎军旗的指挥员下达"向军旗——敬礼——"的口令，听到口令后，位于指挥位置的军官行举手礼，其余人员行注目礼；掌旗员(由扛旗换端旗)、护旗兵换正步，取捷径向本团右翼排头行进，当超过团机关队形时，主持迎军旗的指挥员下达"礼毕"口令，部队礼毕；掌旗员(由端旗换扛旗)、护旗兵换齐步。军旗进至团指挥员右侧3步处时，左后转弯立定，成立正姿势。

2. 阅兵式

旅阅兵式的队形，通常为营横队的旅横队，或者由旅首长临时规定。

(1) 阅兵首长接受阅兵指挥报告。当阅兵首长行至本团队列右翼适当距离时或者在阅兵台就位后(当上级首长检阅时，通常由团政治委员陪同入场并陪阅)，阅兵指挥在队列中央前下达"立正"的口令，随后跑到距阅兵首长5～7步处敬礼，待阅兵首长还礼后礼毕并报告。例如，"司令员同志，××第×旅列队完毕，请您检阅"。报告后，左跨1步，向右转，让首长先走，尔后在其右后侧(当上级首长检阅时，团政治委员在团长右侧)跟随陪阅。

(2) 阅兵首长向军旗敬礼。阅兵首长行至距军旗适当位置时，应立正向军旗行举手礼(陪阅人员面向军旗，行注目礼)。

(3) 阅兵首长检阅部队。当阅兵首长行至团机关、各营部、各连及后勤分队队列右前方时，团机关由副团长或者参谋长，各营部由营长，各连由连长，后勤分队由团指定的指挥员下达"敬礼"的口令；听到口令后，位于指挥位置的军官行举手礼，其余人员行注目礼，目迎目送首长(左、右转头不超过45°)，阅兵首长应当还礼，陪阅人员行注目礼；当首长问候："同志们好!"或者"同志们辛苦了!"，队列人员应当齐声洪亮地回答："首——长——好!"或者"为——人民——服务!"，当首长通过后，指挥员下达"礼毕"的口令，队列人员礼毕。

(4) 阅兵首长上阅兵台。阅兵首长检阅完毕后上阅兵台，阅兵指挥跑步到队列中央前，下达"稍息"的口令，队列人员稍息。当上级首长检阅时，团政治委员陪同首长上阅兵台，然后跑步到自己的列队位置。

(二) 分列式

旅分列式队形由旅阅兵式队形调整变换，或者由旅首长临时规定。

旅分列式，应当设四个标兵。第一、二标兵之间和第三、四标兵之间的间隔各为 15 米，第二、三标兵之间的间隔为 40 米。标兵应携带 81 式自动步枪或者半自动步枪，并在枪上插标兵旗。

分列式程序如下。

1. 标兵就位

分列式开始前，阅兵指挥在队列中央前，下达"立正""标兵，就位"的口令；标兵听到口令，成一路纵队持(托、挂)枪跑步到规定的位置，面向部队成持枪立正姿势。

2. 调整部(分)队为分列式队形

标兵就位后，阅兵指挥下达"分列式，开始"的口令，尔后，跑步到自己的列队位置。听到口令后，各分队按规定的方法携带武器(掌旗员扛旗)，旅、营指挥员分别进到团机关和营部的队列中央前，各分队指挥员进到本分队队列中央前，下达"右转弯，齐步——走"的口令，指挥分队变换成分列式队形。

(三) 开始行进

变换成规定的分列式队形后，旅机关由副旅长或者参谋长下达"齐步——走"的口令。听到口令后，旅指挥员、旅机关人员齐步前进，其余分队依次待前一分队离开约 15 米时，分别由营、连长及保障分队指挥员下达"齐步——走"的口令，指挥本分队人员前进。

(四) 接受首长检阅

各分队行至第一标兵处，将队列调整好。进到第二标兵处，掌旗员下达"正步——走"的口令，并和护旗兵同时由齐步换成正步，扛旗换端旗(掌旗员和护旗兵不转头)。此时，阅兵首长和陪阅人员应当向军旗行举手礼；副旅长或者参谋长和各分队指挥员分别下达"向右——看"的口令，队列人员听到口令后，可以呼喊"一、二"，按照规定换正步(81 式自动步枪手换端枪)行进，并在左脚着地的同时向右转头(位于指挥位置的军官行举手礼，并向右转头，各列右翼第一名不转头)不超过 45°注视阅兵首长，此时，阅兵台最高首长行举手礼。

进到第三标兵处，掌旗员下达"齐步——走"的口令，并与护旗兵由正步换齐步，同时换扛旗；其他分队由上述指挥员分别下达"向前——看"的口令，队列人员听到口令后，在左脚着地时礼毕(将头转正)，同时换齐步(81 式自动步枪手换提枪)行进。

当上级首长检阅时，旅长和旅政治委员通过第三标兵处后，到阅兵首长右侧陪阅；各分队通过第四标兵处，换跑步到指定的位置。

待最后一个分队通过第四标兵处，阅兵指挥下达"标兵，撤回"的口令，标兵按照相反顺序跑步撤至预定位置。

四、阅兵首长讲话

分列式结束后，阅兵指挥调整好队形，请阅兵首长讲话。讲话完毕，阅兵指挥下达"立正"口令，向阅兵首长报告阅兵结束。当上级首长检阅时，由团政治委员陪同阅兵首长离场。

五、送军旗

送军旗在阅兵首长讲话后或者分列式结束后进行。

送军旗时，主持送军旗的指挥员下达"立正""送军旗"的口令；听到口令后，掌旗员(成扛旗姿势)、护旗兵按照迎军旗路线相反方向齐步行进；军旗出列后行至团机关队形右侧前时，主持送军旗的指挥员下达"向军旗——敬礼——"的口令；听到口令后，掌旗员(由扛旗换端旗)、护旗兵换正步，全团按照迎军旗的规定敬礼；当军旗离开距队列正面40～50步时，主持送军旗的指挥员下达"礼毕"的口令，部队礼毕，掌旗员(由端旗换扛旗)、护旗兵换齐步，返回原出发位置。

第三节　现地教学

现地教学是一种实践性教学活动，通过带教者的必要讲解和学员的实地实践感知，使教学内容由抽象复杂变为具体简单，教学方式由单一封闭变为灵活开放，学员加深对教学内容的理解和掌握。现地教学是军事教育的一种重要教学模式和教学方法，采取实地参观、实境观看、模拟教学、体验式练习和综合演练等方式，有助于提升教学质量和教学效果。

一、走进军营

军营，即兵营，是军队留驻的住所，用于驻扎士兵的住所。目前，各国军队为了向民众展示良好的精神风貌和武器装备，提高民众对军队的认同感，都设立军营开放日。例如，俄罗斯、法国、韩国、以色列、新加坡、马来西亚等国都设有军事机关、基地和院校的"开放日"；美国的军营开放日是美军对外开放、塑造其亲和形象，以及传播美国、美军文化的标志性活动。长期以来，美军从主题设计、内容设置、氛围营造、价值实现等方面不断优化、创新开放日的制度、内容和组织形式，逐渐形成了独具特色的美军开放日，使其社会乃至全球影响力迅速提升。美国国防部大楼也常年对外开放，每年参观者超过10万人次。

(一) 军营开放办法

2017年10月12日，中央军委办公厅印发了《中国人民解放军军营开放办法》(以下简称《办法》)。这是新时代充分发挥军队资源优势，推动全民国防教育深入发展的重要举措，也为各级部队规范有序地组织军营向社会开放提供了基本遵循。

《办法》规定，驻大中城市市区或者郊区的师、旅、团级单位，以及具有独立营区的建制营、连级单位，经批准可以组织军营向社会开放；军营开放活动主要面向本国公民，一般在国庆节、建军节、国际劳动节、全民国防教育日、全民国家安全教育日、抗日战争胜利纪念日、烈士纪念日和各军兵种成立纪念日等时机组织进行。军营开放的内容包括军史馆、荣誉室等场所，部队可以公开的军事训练课目和武器装备，基层官兵学习、生活、文化活动等设施。同时，要强调保守军事秘密，团级以上单位办公场所、作战指挥所、情报信息中心、武器弹药库等重点部位不适宜开放，实弹投掷和军事演习等不宜公开，具有危险性的军事活动不得开放。

《办法》的印发施行，有助于依法推进军营向社会开放工作，充分展示人民军队强军兴军新面貌和新一代革命军人良好形象，进一步增进人民群众对人民军队的热爱，在全社会营造关心国防、热爱军队、尊重军人的浓厚氛围，激发广大官兵投身强军兴军伟大实践的政治热情。

(二) 开展"走进军营"活动

(1) 活动目标：通过实地参观和体验，感受军队优良传统和作风，增强大学生国防观念和意识；鼓励大学生要严于律己，养成良好的生活、学习习惯。

(2) 活动安排：由学校统一组织、安排大学生到附近军营参观学习，可组织同学们唱红歌、叠被子，参观军史馆、荣誉室和体验官兵日常生活等活动。

(3) 活动建议：活动结束返回后，可以要求学生撰写心得体会。

二、学唱军营歌曲

军营歌曲是我军特色文化的一种外在表现形式，以其高度融合的思想性与艺术性，集中反映了该部队的发展历程、优良传统、精神内涵和意志品格，是部队特色文化最直接、最独特的体现，因而在凝聚军心、提高士气、鼓舞斗志、激昂精神等方面具有重要作用。因此，可以通过学唱军营歌曲，传承红色基因，弘扬爱国主义精神，引导青年学生树立正确的人生观和价值观。

(一) 教学例子一：《中国人民解放军军歌》

《中国人民解放军进行曲》原为《八路军进行曲》，创作于1939年，由张松如(笔名公木)作词，郑律成作曲。解放战争时期，《八路军进行曲》被更名为《中国人民解放军进行曲》，歌词略有改动。1988年7月25日，被中央军事委员会确定为中国人民解放军军歌，其歌词内容反映了我军的性质、任务、革命精神和战斗作风。曲调气势磅礴，坚毅豪迈，热情奔放。词曲浑然一体，表现了人民军队一往无前、无坚不摧的革命精神，塑造了人民军队肩负历史重托，为中华民族的解放英勇奋战的英雄形象。学唱中国人民解放军军歌，有助于弘扬爱国主义和革命英雄主义精神。

(二) 教学例子二：《一二三四歌》

《一二三四歌》由石顺义填词，臧云飞作曲。这是一首描写军人的精神、气质和风貌的歌曲。歌词由军营中的操练口令一二三四开始，开门见山就展现出严格威武的军人形象，紧接着按一、二、三、四分别引出了对军人内在情感的刻画。从"一把钢枪交给我"到"二话没说为祖国"，到"三军将士苦为乐"，再到"四海为家"，巧妙、风趣地道出军人的价值观和乐观精神，形象地刻画了军人的情感和品德。青年学生通过学唱《一二三四歌》，感受军人的光荣使命，感受军人团结、紧张、严肃、活泼的精神风貌和乐观向上的态度，有助于培养爱祖国、为人民的无私奉献精神。

三、走进国防教育基地

国防教育基地是具有国防教育功能，经省级(直辖市、自治区)人民政府命名的国防教育场所。其场所主要有：用于缅怀纪念的场所，包括纪念馆、纪念地、领袖故居、烈士陵园、革命和历史遗址等；用于观摩学习的场所，包括博物馆、科技馆、文化馆、青少年宫、国防园、兵器馆、部队荣誉(军史)馆等；用于开展军事训练的场所，包括民兵训练基地、学生军训基地、少年军校等；以及其他具有国防教育功能的场所。

(一) 国防教育基地的基本条件

《国防教育基地命名管理办法》第七条规定，国防教育基地应当符合《中华人民共和国国防教育法》第二十八条的规定，具备以下基本条件：

(1) 主题内容鲜明。紧扣国防教育主题，弘扬爱国主义主旋律，具有思想性、知识性、可鉴赏性，有助于普及国防知识，增强群众国防观念，陶冶公民爱国情操。

(2) 管理正规有序。有专门的管理机构，有健全的规章制度，管理规范，运作有序，无不正当经营，无违章违规现象。

(3) 基础工作扎实。基本建设比较完善，教育资料完整翔实，师资或者讲解员队伍素质较高，配套设施齐全，更新及时，适合开展国防教育活动需要，具有较强的吸引力和感染力。

(4) 经费保障落实。有必要的经费保障，能够保证正常运转。

(5) 社会效果显著。按照当地党委、政府有关部门和国防教育工作机构的部署和要求，经常开展各种形式多样、丰富多彩的国防教育活动，并产生良好的社会影响。

(二) 常见的国防教育基地

2009 年 9 月以来，国家国防教育办公室先后公布、命名了多批数百个国家国防教育基地。《国防教育法》第二十三条规定，烈士陵园革命遗址和其他具有国防教育功能的博物馆、纪念馆、科技馆、文化馆、青少年宫等场所，应当为公民接受国防教育提供便利，对有组织的国防教育活动实行优惠或者免费；依照本法第二十八条的规定被命名为国防教育基地的，应当对有组织的中小学生免费开放；在全民国防教育日向社会免费开放。下面列举四个方便参观学习的基地。

(1) 侵华日军南京大屠杀遇难同胞纪念馆。侵华日军南京大屠杀遇难同胞纪念馆位于南京市建邺区水西门大街 418 号，通称江东门纪念馆，选址于南京大屠杀江东门集体屠杀遗址及遇难者丛葬地，是首批国家一级博物馆、首批全国爱国主义教育示范基地、全国重点文物保护单位、首批国家级抗战纪念设施、遗址名录，也是国际公认的"二战"期间三大惨案纪念馆之一。该馆是为铭记侵华日军攻占南京，制造了惨无人道的南京大屠杀的暴行而筹建，是中国人民承载全民族灾难的实证性、遗址型专史纪念馆，也是一座有关侵华日军南京大屠杀的专史陈列馆及国家公祭日主办地。纪念馆占地面积 120 000 多平方米，建筑面积 115 000 平方米，展陈面积近 18 000 平方米，馆藏文物史料 20 万余件。从 1985 年 8 月 15 日建成开放至今，参观总人数近千万人次，其中来自美、日、德、英等 90 多个国家和地区的海外人士近 300 余万人次。

(2) 福建省革命历史纪念馆。福建省革命历史纪念馆坐落于福州著名风景名胜区鼓山脚下，是全国爱国主义教育示范基地、全国红色旅游经典景区、福建省国防教育基地、全省爱国主义教育基地先进单位，也是福建省精神文明建设和改革开放的重要窗口。1998 年开馆，是福建唯一一家省级也是福建全省最大的革命历史纪念馆。该纪念馆占地 30 亩，建筑面积 16 000 平方米。馆体建筑融中西建筑风格为一体，兼具福建土楼风格，以内广场为中心，依次为序厅、陈列厅、半景画馆、办公楼、培训中心等空间序列。

(3) 福州马尾船政文化遗址群。福州马尾船政文化遗址群以中国船政文化博物馆为中心，包括中坡炮台、昭忠祠、英国领事分馆、轮机车间、绘事院等多所船政遗址；展现了近代中国科学技术、新式教育、工业制造、国防建设、西方经典文化翻译传播、东西方文化交流等方面的丰硕成果；折射出立志进取、积极作为、虚心好学的传统文化神韵，形成独特的船政文化。它是中国近代工业的重要发源地，被誉为"中国近代海军的摇篮"，先后被命名为爱国主义教育示范基地及国防教育基地。

(4) 古田会议纪念馆(龙岩市上杭县)。1929 年 12 月 28—29 日，中国共产党红四军第九次代表大会在古田召开(即古田会议)。毛泽东作了工作报告，总结了南昌起义以来的建军经验，从根本上划清了新军队与旧军队的界限，为人民军队的建设奠定了政治基础。古田会议纪念馆是以中国重点文物保护单位——古田会议会址为依托建立起来的专题革命纪念馆。古田会议纪念馆占地面积 86 000 平方米，建筑面积 11 000 平方米；管辖着古田会议会址、中共红四军前委机关暨红四政治部旧址——松荫堂、毛泽东《星星之火可以燎原》写作旧址——协成店、中共闽西第一次代表大会会址——文昌阁、中共闽西特委机关旧址——

树槐堂、红四军司令部旧址——中兴堂等六处革命旧址。

思考题:

1. 《内务条令》的主要内容有哪些?
2. 《纪律条令》的主要内容有哪些?
3. 单个军人的队列动作主要包括哪些?
4. 国防教育基地应具备哪些基本条件?

第七章

射击与战术训练

【教学目标】

学习轻武器的基本性能和射击学理，掌握射击动作要领和轻武器的保养知识；了解战斗的主要类型和基本样式，熟悉战术基本原则，学会单兵战术的基础动作。

第一节　轻武器射击

轻武器也称轻兵器，是指由单兵或班组携行战斗的武器。现装备的轻武器主要包括各种枪械(手枪、步枪、冲锋枪、机枪)、单兵杀伤武器、便携式反坦克武器和单兵防空导弹等。轻武器的作战用途是在近距离内杀伤有生目标，毁伤轻型装甲目标、低空飞行目标，破坏敌方设施和军事器材。

一、轻武器常识

(一) 81式自动步枪

1. 基本性能

81 式自动步枪是一种近距离消灭敌人的自动武器，既可对 400 米距离内的单个人员目标实施有效射击，也可集中火力射击 500 米距离内的集团目标，弹头飞行至 1500 米处仍有杀伤力。该枪使用 7.62 毫米的子弹，既可进行半自动射击(打单发)，又可进行自动射击(打连发)，还可发射枪榴弹。弹匣可装 30 发子弹，当弹匣的最后一发子弹发射出去时，滑机退回到后面挂机。该武器在 100 米距离上，使用 56 式普通子弹，可穿透 6 毫米的钢板、15 厘米厚的砖墙、30 厘米厚的土层或 40 厘米厚的木板。

2. 机件与用途

81 式自动步枪主要由刺刀、枪管、瞄准具、活塞及调节塞(导气装置)、机匣、枪机、复进机、击发机、弹匣和枪托等十大部件(见图 7-1)组成，另有一套附品。

(1) 刺刀：用以刺杀敌人，可以根据需要打开或折叠。

(2) 枪管：用以赋予弹头及枪榴弹的飞行方向。

(3) 瞄准具：由表尺和准星组成，用以瞄准。表尺上有缺口和游标，并刻有 1~10 条分划，每一分划对应 100 m；缺口用以通视准星向目标瞄准。游标用以装定需要的表尺分划。表尺座上有固定栓和固定栓扳手，用以固定活塞筒和推杆。准星可拧高、拧低，准星移动座可左右移动。准星座上还有护圈。

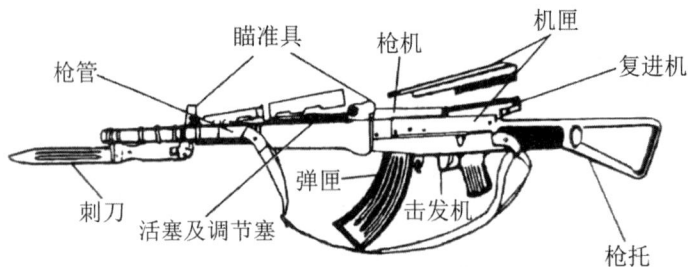

图7-1　81式自动步枪十大部件

(4) 活塞及调节塞：用以传导火药气体压力，推压推杆向后。活塞外套有活塞筒，活塞筒有上护木。

(5) 机匣：用以容纳枪机、复进机、固定击发机和弹匣。

(6) 枪机：由机栓和机体组成。用以送弹、闭锁、击发和退壳，并能使击锤向后成待发状态。机体上有击针，用以撞击子弹底火；抓弹钩，用以从膛内抓出子弹；以及导笋、闭锁凸笋和弹底巢。

(7) 复进机：用以使枪机回到前方位置，由复进簧、导管、导杆和支撑环组成。

(8) 击发机：用以与枪机相互作用形成待发和击发。击发机上有击发控制杆，能在枪机闭锁枪膛前防止击发；保险机用以保险和控制单发、连发射(下单、中连、上保险)。

(9) 弹匣：用以容纳和托送子弹，可装 20 发子弹。

(10) 枪托：用于操枪和据枪。铁枪托由架杆、肩托和枪托卡笋组成，可打开或折叠。

附品包括擦拭杆、鬃刷、铳子、扳子、附品筒、通条、油壶、背带和子弹袋等，用以分解结合、擦拭上油、携带和排除故障。

3. 自动原理

扣扳机后，击锤打击击针，撞击子弹底火，点燃发射药，产生火药气体，瞬时形成高温高压，推动弹头沿膛线向前运动，弹头一经过导气孔，涌入导气箍，冲击活塞，推动推杆，枪机向后压缩复进簧，完成开锁、抛壳，并使击锤成待发状态；枪机退到后方时，由于复进簧伸张，使机枪向前运动，推送下一发子弹入膛、闭锁；自动步枪射击时，如果保险定在连发位置，扳机未松开，击发阻铁不能卡住击锤，击锤再次打击击针，形成连发；如果保险定在单发位置，击锤被单发阻铁卡住不能向前，若再次发射，必须松开扳机，再扣扳机。

(二)　95式自动步枪

1. 基本性能

95 式自动步枪是中国自行设计、制造的单兵使用的小口径战斗武器。该枪首装于驻港部队，并在 1999 年的国庆阅兵中充分展示。它与 95 式班用轻机枪共同组成 95 式 5.8 毫米班用枪族化武器，两者的活动机件和弹匣、弹鼓均可互换，并能用实弹直接从枪管发射 40 毫米枪榴弹，使射手具有全面杀伤和反装甲的能力，是近战中消灭敌人有生力量的自动武器和步兵分队反装甲目标的辅助武器。95 式自动步枪对单个目标在 400 米内射击效果最好，集中火力可射击 500 米内的敌人飞机、伞兵以及集团目标。

(1) 供弹方式：弹匣供弹，每支枪配有 5 个弹匣(每个装 30 发)。也可使用弹鼓供弹。

(2) 射击方法：可实施短点射(2～5 发)，还可实施长点射(6～10 发)和单发射。

(3) 战斗射速：点射每分钟 100 发，单发射每分钟 40 发。

2. 主要机件

95 式自动步枪由刺刀、枪管、导气装置、瞄准具、护盖、枪机、复进簧、击发机、枪托、机匣和弹匣十一大部件组成(见图7-2)。另有一套附品。该枪自动原理与81式自动步枪相似。

(三) 子弹

1. 子弹的组成

子弹由弹头、弹壳、底火和发射药组成。弹头用以杀伤敌人的有生力量;弹壳用以容纳发射药,安装弹头和底火;底火用以点燃发射药;发射药用以燃烧后产生火药气体,推送弹头前进(见图7-3)。

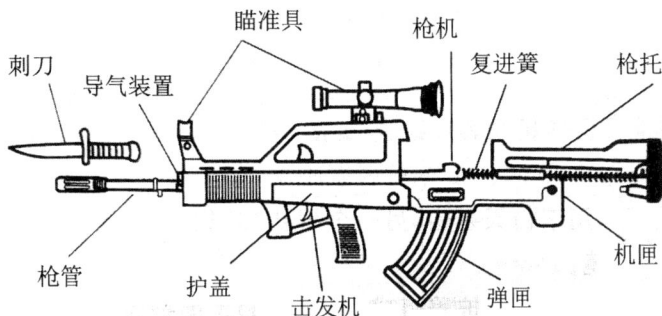

图7-2 95式自动步枪十一大部件

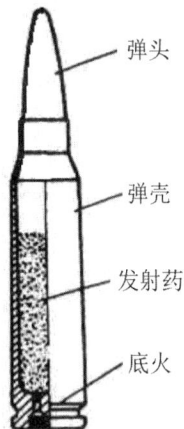

图7-3 子弹

2. 子弹的种类、用途和标志

(1) 普通弹:用以杀伤敌人有生力量。

(2) 曳光弹:主要用以试射、指示目标和作信号。命中干草能起火。曳光距离可达800米。弹头头部为绿色。

(3) 燃烧弹:主要用以引燃易燃物。弹头头部为红色。

(4) 穿甲燃烧弹:主要用以射击飞机和轻装甲目标(在200米距离上穿甲厚度为7毫米),并能在穿透装甲后引燃汽油。弹头头部为黑色并有一道红圈。

子弹箱外均标有弹种、数量、批号和年号等,领用时应看清标志,以免弄错。

二、简易射击学理

(一) 发射与后坐

火药气体压力将弹头(火箭弹、炮弹)从膛内推送出去的现象叫作发射。射手将子弹推送到弹膛,然后扣动扳机,使击针撞击子弹底火,使起爆药发火,火焰通过导火孔引燃发射药,产生大量火药气体,在膛内形成很大的压力,迫使弹头脱离弹壳,沿膛线旋转加速前进,直到推出枪口,即完成了整个发射过程。

发射时,武器向后运动的现象叫作后坐。发射药燃烧时,产生的气体同时作用于各个方向,作用于膛壁周围的压力为膛壁所抵消;向前作用于弹头后部的压力推送弹头前进;向后作用于弹壳底部的压力经过枪机传给整个武器,使武器向后运动,形成后坐。武器的后坐和弹头的运动是同时开始的。在弹头脱离枪口瞬间,大量的火药气体随弹头后部从膛内向外喷出,形成反作用力,使武器后坐更加明显。后坐对单发(连发首发)射击的命中影响极小,但对连发射击的命中有一定的影响。因此,射手应正确掌握枪的射击要领,适应连发武器射击时的后坐规律,才能减小后坐对连发命中的影响,提高射击精度。

(二) 弹道及其实用意义

1. 弹道及其形成

弹头运动过程中，其重心所经过的路线叫作弹道。弹头脱离枪口后，如果没有重力和空气阻力的作用，它将保持其获得的速度，沿着发射线无止境地匀速飞行。实际上，弹头脱离枪口在空气中飞行时，同时受到重力和空气阻力的作用，使弹道不能成为一条直线。

弹道包括起点、枪口水平面、射线、射角、发射线、发射角、弹道最高点、升弧、降弧、弹道高、最大弹道高、射程、落角诸元素。

2. 弹道的实用意义

弹道的实用意义要涉及危险界、遮蔽界和死角等问题。危险界分为表尺危险界和实地危险界。瞄准线上弹道高没有超过目标高的部分，称为表尺危险界；在实际地形上弹道高没有超过目标高的部分，称为实地危险界。遮蔽界是指从弹头不能射穿的遮蔽物顶端到弹着点的一段距离。遮蔽界内包括危险界和死角。死角是指目标在遮蔽界内不会被杀伤的一段距离。遮蔽界和死角的大小取决于遮蔽物的高低和落角的大小。

懂得了危险界、遮蔽界和死角，在战斗中就能更好地隐蔽身体，发扬火力，灵活地运用地形地物，隐蔽地运动、集结和转移，以避开或尽量减少敌火力的杀伤。

(三) 选定表尺分划和瞄准点

1. 瞄准具的作用

由于地心引力和空气阻力的作用，如果用枪管瞄向目标射击，射弹就会打低、打近。为了命中目标，必须将枪口抬高，使火身轴线与瞄准线之间形成一定的角度，即瞄准角。瞄准具的作用，就是对一定距离的目标射击时赋予武器相应的瞄准角和射向。射击时，只要按照目标的距离装定相应的表尺分划瞄准射击，就能命中目标。

2. 瞄准要素

在水平面和垂直面内赋予火身轴线一定的位置，以便使弹道通过目标，这种动作称瞄准。其主要要素包括瞄准基线、瞄准线、瞄准点、瞄准角、高低角、弹道高、落点、弹着点、命中角、表尺距离、实际射击距离等(见图7-4)。

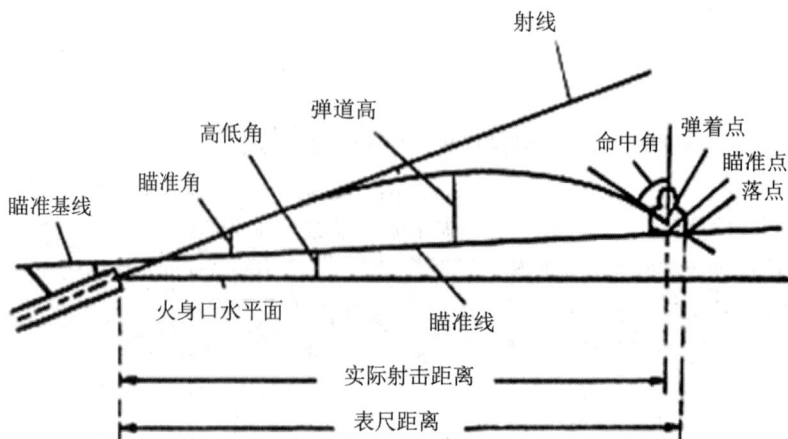

图7-4 瞄准要素

3. 选定表尺分划和瞄准点

为了使射弹准确地命中目标，射击时，射手应根据目标的距离、大小和武器的弹道高，正确地选定表尺分划和瞄准点。

(1) 目标距离为 100 米(轻机枪 50 米)整数时，可根据目标的距离装定相应的表尺分划，瞄准点选在目标中央。

(2) 目标距离不是 100 米(轻机枪 50 米)整数时，通常选定大于实距离的表尺分划。根据武器在该距离上的弹道高，相应降低瞄准点射击。也可选定小于实距离的表尺分划。根据武器在该距离上的负弹道高，相应提高瞄准点射击。

(3) 对 300 米距离以内的目标射击时，通常定常用表尺(表尺"3")分划，小目标瞄准下沿，大目标瞄准中央射击。

4. 观察弹着和修正偏差

射击时，由于测距、瞄准的误差和外界条件对射击的影响，以及射手操作不正确等原因，会使射弹产生偏差。因此，射手(副射手)应注意观察弹着，及时修正偏差，以提高射击效果。

(1) 观察弹着。观察弹着时，应根据射弹击起的尘土、水花的位置及曳光迹和目标状况的变化等情况，判断射弹是否命中目标或偏差量的大小。

(2) 修正偏差。发现偏差时，应认真分析，找出原因。如果是武器、风造成的偏差，偏差多少就修正多少。修正方向偏差时，瞄准点(横表尺)向弹着偏差相反的方向修正(用横表尺修正时，瞄准点不变)；修正高低偏差时，可以升降瞄准点或增减表尺分划。

(四) 外界条件对射击的影响及修正

1. 风对射弹的影响及修正

(1) 横(斜)风对射弹的影响及修正：横(斜)风会使射弹产生方向偏差，风力越大，距离越远，偏差就越大。射击时，为了准确地命中目标，必须根据射弹受风影响的偏差量，将瞄准点或横表尺向风吹来的方向修正。修正时，以横方向的和风修正量为准，强风加一倍，弱风减一半。斜方向的强(和)风，应按横方向的强(和)风修正量减一半。修正量从预期命中点算起。横表尺修正后，瞄准点不变。

(2) 纵风对射弹的影响及修正：纵风能影响射弹的飞行距离。顺风会使射弹打远(高)；逆风会使射弹打近(低)。但风速小于 10 米/秒时影响较小，对 400 米内的目标射击不必修正。如果对远距离的目标射击时，可稍降低或提高瞄准点。

修正时，应注意风向、风力的不断变化，灵活运用。

2. 光对瞄准的影响及克服方法

(1) 光对瞄准的影响。在阳光下瞄准时，由于阳光的照射作用，缺口部分产生虚光，形成三层缺口：虚光部分、真实缺口、黑实部分。若用虚光瞄准，射弹就偏向阳光照来的方向；若用黑实部分瞄准，射弹就偏向阳光照来的相反方向。

(2) 克服的方法。射手应多在不同方向的阳光照射下练习瞄准。练习时，可采取遮光瞄准、不遮光检查，或不遮光瞄准、遮光检查的方法，反复区别，确实辨清真实缺口的位置和正确瞄准的景况。瞄准时间不宜过长，以免眼花而产生偏差。平时应注意保护好瞄准具，不使其磨亮而反光。

3. 气温对射弹的影响及修正

(1) 气温对射弹的影响。气温变化时，空气密度也随之改变，因而影响射弹的飞行速度。气温升高时，空气密度减小，对射弹飞行的阻力也相应减小，射弹就会打远(高)；气温降低时，空气密度增大，对射弹飞行的阻力也相应增大，射弹就会打近(低)。

(2) 修正方法。由于各地区和各季节的气温不同，很难与标准气温(+15°C)条件相符。因此，应在当时当地的气温条件下矫正武器的射效，并以矫正射效时的气温条件为准。射击时，若气温差别不大，在 400 米(重机枪 500 米)内对射弹命中的影响较小，不必修正。若气温差别很大或对远距离目标射击时，应适当提高或降低瞄准点射击。气温降低时，提高瞄准点或增加表尺分划；气温升高时，降低瞄准点或减少表尺分划。

三、武器操作与实弹射击

(一) 验枪及射击准备

1. 验枪

听到"验枪"口令后，以右脚掌为轴。身体半面向右转，左脚顺势向前迈出一步(两脚约与肩同宽)，同时右手移握护木将枪向前送出(半自动步枪右手将枪向前送出)，左手接握下护木，左大臂紧靠左肋，枪托贴于右胯，准星约与肩同高；右手打开保险，卸下弹匣(半自动步枪打开弹仓)，交给左手握于护木右侧，弹匣口向后、挂耳向下，右手移握机柄，当指挥员检查时，拉枪机向后，验过后，自行送回枪机，装上弹匣(半自动步枪关上弹仓)，扣扳机，关保险，移握枪颈。

听到"验枪完毕"口令后，左手反握护木，将枪倒置于胸前，上背带环约与肩同高，右手挑起背带，身体半面向左转，在右脚靠拢左脚的同时，两手协力将枪送上右肩，恢复背枪姿势(半自动步枪右手握上护木，成持枪立正姿势)。

2. 射击准备

射击准备主要包括向弹匣内装填子弹和采取各种射击姿势装退子弹。

(二) 据枪、瞄准、击发

在完成射击准备之后，一旦发现目标，就应正确地据枪，快速构成瞄准线，指向瞄准点，实施果断的击发。

1. 据枪

据枪分有依托据枪和无依托据枪。

自然、稳固、持久的据枪是准确射击的基础，要想做到稳固和持久，就应尽量充分利用地形，进行有依托射击(见图 7-5)。

图7-5 卧姿有依托据枪

在战场上不可能时时处处都有依托物可利用，因此，还应掌握无依托据枪的动作。

2. 瞄准

正确的瞄准是整个射击过程的重要环节。其方法是：右眼通视缺口和准星，使准星位于缺口中央，准星尖与缺口上沿平齐，指向瞄准点。此时，正确的瞄准景况是，准星与缺口的平正关系看得清楚，而目标看得较模糊。

3. 击发

击发是完成射击的最后一个环节。均匀正直的击发是准确射击的关键。击发时，射手用右手食指第一指节均匀正直地向后扣压扳机(食指内侧与枪机应有一点空隙)，余指力量不变。当瞄准线接近瞄准点时，开始预扣扳机，并减缓呼吸。当瞄准线指向瞄准点时，应停止呼吸，继续增加对扳机的压力，直至击发，击发瞬间应保持正确一致的瞄准。若瞄准线偏离瞄准点或不能继续停止呼吸时，应既不增加也不放松对扳机的压力，待修正或换气后，再继续扣压扳机，完成击发。操纵点射时，应稳扣快松，扣到底松开为2～3发。在扣扳机的过程中，应始终保持姿势稳固，操枪力量不变，以提高连发射击的命中率。

(三) 常犯错误与纠正方法

(1) 抵肩位置不正确。射击时，射手若不能正确地抵肩，会使射弹产生偏差。在通常情况下，抵肩过低易打低；抵肩过高易打高。纠正时，射手要反复体会正确的抵肩位置，并通过他人摸、推的方法检查抵肩位置是否正确。

(2) 两手用力不当。射击时，射手为了命中目标，往往以强力控制枪的晃动，造成肌肉紧张，用力方向不正，姿势不稳，使枪产生角度摆动，增大射弹散布。纠正时，应强调据枪时正直向后适当用力，使用力方向与后坐方向一致。连发射击时，应保持姿势稳固，操枪力量不变。练习时，可据枪后由协助者向后推枪、拉枪机或射手两手向后引枪等方法，检查用力方向是否正确，发生偏差，及时纠正。自动武器射击应特别注意防止右手上抬、下压或向后引枪等毛病。

(3) 击发时机掌握不好。无依托射击时，有的射手常为捕捉瞄准点，造成勉强击发或猛扣扳机。纠正时，应指出瞄准线的指向在瞄准点附近轻微晃动是正常现象，当瞄准线在瞄准点附近轻微晃动时，应适时击发。

(4) 停止呼吸过早。射击时，停止呼吸过早易造成憋气，使肌肉颤动而导致据枪不稳或猛扣扳机。纠正时，应使射手反复体会在瞄准线指向瞄准点或在瞄准点附近轻微晃动时自然停止呼吸的要领。在剧烈运动后，无法按正常情况停止呼吸时，应进行深呼吸后再停止呼吸。

(5) 耸肩、眨眼和猛扣扳机。射击时，由于射手过多地考虑枪响时机、点射弹数、射击成绩等原因，造成心情紧张，产生耸肩、眨眼和猛扣扳机等错误动作，影响射弹命中。纠正时，应强调按要领操作，把主要精力、视力集中在准星与缺口的正确关系上，达到自然击发。

(6) 枪面倾斜。瞄准时，如果枪面偏左(右)，射角减小，枪身轴线指向瞄准点左(右)边，射击时，弹着偏左(右)下。纠正时，强调射手据枪应保持枪面平正。

四、轻武器保养

(一) 爱护武器

爱护武器、子弹是每一个军官和士兵的重要职责，是一项经常性的战备措施，也是预防故障的有效方法。为此，必须勤检查、勤擦拭、不碰摔、不生锈、不损坏、不丢失，使武器和子弹始终保持完好状态。

(二) 分解结合

1. 分解结合的要求

分解结合是为了擦拭、上油、检查和排除故障。枪支分解前必须验枪。分解结合应按顺序和要领进行，不可强敲硬卸。分解下来的机件应按次序放在干净的物体上。除所讲的分解机件外，未经许可，不准分解其他机件。

2. 分解结合的要领

以81式自动步枪为例(见图7-6)介绍分解的要领。

(1) 卸下弹。左手握护木，枪面稍向左，右手握弹匣，拇指按压弹匣卡(也可右手掌心向上提弹匣，以手掌的肉厚部分推压弹匣卡)，前推取下。

(2) 拔出通条和取出附品筒。左手握护木，右手向外向上拔出通条。然后，用食指顶开附品筒巢，取出附品筒，并从附品筒内取出附品。

(3) 卸下机匣盖。左手握枪颈，以拇指按压机匣盖卡，右手将机匣盖上提取下。

(4) 抽出复进机。左手握枪颈，右手向前推导管座，使其脱离凹槽，向后抽出复进机。

(5) 取出枪机。左手握枪颈，右手拉枪机向后到定位，向上向后取出。左手转压机体向后，使导笋脱离导笋槽，再向前取出枪机。

(6) 卸下护盖。右手握表尺座下方护木，左手拉出左表尺轮转动，使"0"码和"1"码平面交接棱边对准表尺座上的定位点，而后移握下护木，右手向上卸下护盖。

(7) 卸下调节塞和活塞。左手下护木，右手转动调节塞至极限位置，将调节塞向后拉，压缩活塞簧使调节塞从导气箍中脱出，卸下调节塞和活塞，将活塞和活塞簧分开。

结合时，按分解的相反顺序进行。结合后拉送枪机数次，检查机件结合是否正常，扣扳机，关保险。

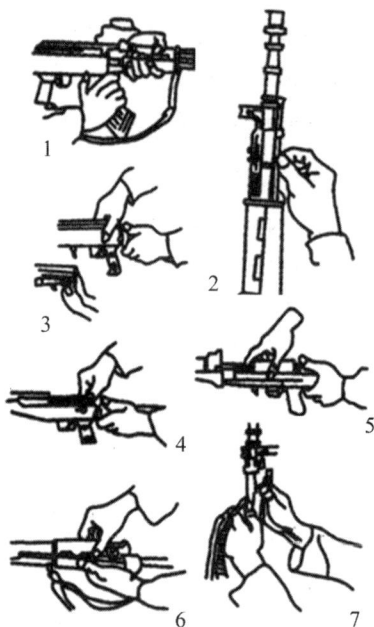

图7-6 81式自动步枪的分解

(三) 擦拭上油

1. 擦拭的时机和要求

在实弹射击后，应用浸透油和碱水(肥皂水)的擦布，将武器内的烟渣、污垢擦洗干净，再用干布擦干后上油，之后三四天内应每天擦拭一次。参加训练或演习后，应适时地用干布和油布进行擦拭；不经常使用时，每周至少擦拭一次。从寒冷的室外将枪带到室内时，应待水珠干后再擦拭上油。枪支被海水浸泡过或受毒剂等放射性物质沾染后，应先用淡水冲洗干净，再擦拭。擦拭上油后，应放在通风干燥处晾干，严禁火烤和太阳暴晒。

2. 擦拭上油的方法

擦拭前，应准备好擦拭用具，分解好枪支。使用通条时，应将通条穿过筒或枪口罩，拧紧擦拭杆。然后将通条与筒体、铳子或穿钉连接在一起。擦拭枪时，把布条缠在擦拭杆活动部分，并插入枪膛，将筒盖或枪口罩套在枪口上，沿枪膛全长均匀地来回擦拭(弹膛应从后面擦拭)，直到擦净。而后，再用布条或鬃刷涂油。擦拭导气箍、活塞筒时，用通条或木杆缠布擦拭。擦净再后涂油。擦拭其他机件时，应先擦净表面的烟渣和污垢，对孔、槽、沟等细小部分，可用竹(木)签缠上布进行擦拭，而后轻轻地涂上一层油。

(四) 排除故障

在射击过程中，如果发生故障，通常要拉枪机向后，重新装弹继续射击。如果仍然有故障，应迅速查明原因，且及时排除。自动步枪可能的故障现象、发生原因和排除方法如表 7-1 所示。

表7-1　自动步枪可能的故障现象、发生原因和排除方法

故障现象	发生原因	排除方法
不送弹	1. 弹匣过脏或损坏。 2. 机件过脏，枪机后退不到位	1. 擦拭或更换弹匣。 2. 擦拭过脏机件
不发火	1. 子弹底火失效。 2. 击锤簧弹力不足。 3. 击针损坏	1. 更换子弹。 2. 更换击针簧。 3. 更换击针
不退壳	1. 子弹、枪机、机匣、弹膛及火药气体通路过脏，枪机后退不到位。 2. 抓弹钩过脏或损坏。 3. 调节塞位置不正确	1. 捅出内弹壳。 2. 擦拭过脏机件。 3. 更换抓弹钩。 4. 将调节塞调到正确位置
枪机前进不到位	1. 弹膛、机匣、枪机和复进机过脏，枪油凝结。 2. 子弹或弹匣口过脏	1. 推枪机到位。 2. 擦拭过脏机件。 3. 更换子弹或弹匣
不抛壳	1. 火药气体通路过脏。 2. 机件过脏，枪机后退不到位。 3. 调节位置不正确	1. 卸下弹匣，取出弹壳。 2. 擦拭过脏机件。 3. 将调节塞调到正确位置

第二节　战术训练

战术是指导和进行战斗的方法，包括战斗基本原则、兵力部署、协同动作、战斗指挥、战斗行动方法和各种保障措施等。战术基础是最基本的战术理论和战斗动作的统称。根据普通高等学校开展大学生军事训练的实际情况，这里主要介绍步兵班(组)战斗类型、单兵战术基础动作。

一、战斗基本类型

战斗是敌对双方兵团、部队、分队(单机、单舰)进行的有组织的武装冲突，是夺取战争胜利的主要手段。战斗按其性质可分为进攻战斗和防御战斗两种类型。

(一) 进攻战斗

进攻战斗是主动进击敌人的战斗行动，是消灭敌人的主要手段，其目的是歼灭敌人，攻占重要地区或目标。进攻战斗具有优势性、主动性、突然性、机动性和坚决性等基本特征，其基本任务或为下列情况之一：突破敌人阵地，消灭防御之敌，夺占重要地区或目标；攻歼驻止、运动之敌；破袭敌人的交通运输线和重要目标；夺占敌纵深要点，割裂敌部署，断敌退路，阻敌增援，配合主力围歼敌人。

进攻战斗既可以在与敌直接接触的情况下开始实施，又可以在与敌非直接接触的情况下开始实施。不

管是在何种情况下开始实施的进攻，都应周密地组织侦察，正确地选定主要进攻方向和集中使用兵力，建立起有重点的立体、纵深、梯次而又疏散的兵力部署，组织好各部(分)队、各兵种和陆空之间的协同动作和各种保障，迅速完成各项准备，隐蔽、突然地发起攻击，突破后还要善于实施包围迂回、穿插分割、垂直打击，各个歼灭敌人。可见，进攻是在交战中保持和夺取战场主动权最重要的战斗行动。只有实施坚决、勇猛的进攻，才能彻底消灭敌人，逐步削弱敌人的有生力量和战争潜力，达到最后战胜敌人的目的。

(二) 防御战斗

防御战斗是抗击敌人进攻的战斗行动，是辅助进攻或准备转入进攻的一种手段，其目的是杀伤、消耗、迟滞敌人，扼守阵地，争取时间，为转入进攻或保障其他方向的进攻创造条件。防御战斗虽然不如进攻战斗那样能充分发挥主动权，也容易陷入被动地位，但是，防御者却能够与数倍于自己的敌人作战，且往往能够挫败敌人的进攻，其主要原因是防御战斗具有目的相对有限、空间相对固定、行动相对被动、容易利用地形、方便实施伪装、以逸待劳和后发制人等特征。防御战斗的基本任务或为下列情况之一：保卫重要目标或地区；迟滞、消耗、钳制、吸引敌人，创造歼敌的有利战机或掩护主力进攻；阻敌增援、突围或退却；巩固占领的地区，抗击敌人反冲击或保障主力侧翼安全；掩护主力机动、集中或休整。

尽管防御战斗是一种被动的作战形式，但它在被动的形式中具有主动的内容，而且能够由形式上的被动阶段转入形式上、内容上的主动阶段。这是因为战术上的防御手段，都是直接或间接地为进攻服务的，都是为整个战斗或战役全局服务的，这也是防御战斗具有主动内容的一个重要方面。同时，防御本身也不是单纯采用被动挨打的防御战法，而是要善于从机动中积聚力量，善于把顽强坚守与积极反击结合起来，以必要的攻势行动大量杀伤、消耗敌人。因此，防御战斗必须树立全局观念和积极顽强的思想，善于根据信息条件下的战斗特点，充分利用地形，巧妙布设阵地，构筑工事，部署兵力，组织火力，采取多种防护和保障措施，构成全纵深、全方位、立体的防御体系。还要把严密防护与积极反击结合起来，把正面抗击与侧后袭击、阵地伏击结合起来，把阵地坚守与机动抗击结合起来，把地面抗击与防空作战结合起来，灵活机动地使用兵力、火力、障碍器材及其他各种手段，各个击破敌人的进攻。

总而言之，古今中外战争的基本战斗类型，只有进攻和防御两种。战争就是进攻与防御的交替应用。这两种战斗类型是在相互斗争中共同发展起来的，两者互相依存、互为作用、互相制约、互相渗透，并在一定的条件下互相转化。在战争实践中，进攻者为了创造有利的进攻态势，常常要以防御的手段作辅助；而防御者为了从被动中争取主动，也常常要以攻为守，以达到防御的目的。因而，它们是紧密联系，不可分割的。从"消灭敌人，保存自己"这一战争目的上讲，由于消灭敌人是第一位，保存自己是第二位的，所以，作为消灭敌人之主要手段的进攻是主要的，作为辅助进攻或准备转入进攻的手段的防御是第二位的。但就执行战斗任务的兵团、部队和分队来讲，则有时以进攻为主，有时以防御为主，通常在连续战斗的过程中，攻防交替应用，真正做到攻中有防，防中也有攻。

二、单兵战术基础动作

单兵战术基础动作是单个战斗员遂行战斗任务的基本技能，也是士兵在战场上应用最广泛的战斗动作。战斗员要想在战场上有效地躲避敌火力杀伤和消灭敌人，必须能够熟练掌握和灵活应用各种战术基础动作。根据学生军训的实际情况，本节主要介绍几种最基本的单兵战术动作。

(一) 持枪

持枪是士兵在战斗中携带枪支的动作和方法。士兵持枪时要做到：便于运动，便于卧倒，便于观察，便于射击。在不同的地形和距离条件下，士兵可根据敌情和任务灵活采用以下持枪动作。

(1) 单手持枪。单手持枪时，右臂微屈，右手虎口正对上护木握枪(背带上挑压于拇指下)，用五指的握力将枪身固定，枪身轴线与地面约成 45°，枪身距身体约 10 厘米；左臂自然下垂，运动时自然摆动。

(2) 单手擎枪。单手擎枪时，右手正握握把，食指微接扳机，将枪置于身体的右侧，枪口向上，机匣盖末端贴于肩窝，枪身微向前倾，枪面向后；右大臂里合，枪托贴于右肋(枪托折叠时除外)，背带自然下垂，目视前方；左手自然下垂或攀扶，运动时自然摆动。

(3) 双手持枪。双手持枪时，左手托握下护木或握弹匣弯曲部，右手握握把，食指微接扳机，将枪身置于胸前，枪口向前稍向左，枪身约成水平，背带自然下垂或挂在后颈上(见图 7-7)。

(4) 双手擎枪。这是在单手擎枪基础上，左手托握下护木或弹匣弯曲部，枪身略低，枪口对向前上方，背带自然下垂或压于左手下，身体与射向约成 30°。

(二) 卧倒、起立

在战场上，士兵突遭敌火力射击时，应快速卧倒；在转移位置时，通常又要先起立。按照持枪方法的不同，卧倒、起立可以分为：徒手卧倒、起立，单手持枪卧倒、起立，双手持枪卧倒、起立。

图7-7 双手持枪

1. 卧倒

卧倒是隐蔽身体，减少敌火力杀伤的一种最低姿势，也是士兵在战斗中最常用的动作。

徒手卧倒时，左脚向右脚尖前迈出一大步，左腿弯曲，上体前倾，两眼注视前方，左手顺左脚方向伸出，掌心向下，手指稍向右，以左手、左膝、左肘的顺序迅速卧倒，成侧身；左小臂横贴于地面上，左腿弯曲，右腿伸直，在转体的同时，伸直左腿，两手掌心向下，放置于头部两侧或两手握拳交叉胸前。在必要时，也可右脚向前一大步，左手撑地迅速卧倒。

单手持枪卧倒时，右手提枪并握背带，按徒手卧倒的要领卧倒侧身；侧身时，右手提枪，枪口稍抬高，枪托轻着地，目视敌方；出枪时，以右手虎口的压力和四指的顶力将枪向目标方向送出，左手接握弹匣弯曲部，同时蹬直左腿，全身伏地，收回右手，拇指打开保险，移握握把，成据枪射击姿势。

双手持枪卧倒时，左脚向前一大步，上体前倾，重心前移，按左膝、左肘、左小臂的顺序着地，然后转体，在全身伏地的同时两手协力将枪向目标方向送出，两腿伸直，成据枪射击姿势(见图 7-8)。

图7-8 双手持枪卧倒

2. 起立

徒手起立时，转身向右，屈左腿于右腿下，左小臂里合，以左臂和两腿的撑力撑起身体，右脚向前一大步，左脚再向前一步，右脚靠拢左脚的同时，身体成立正姿势。

单手持枪起立时，右手移握上护木，收枪的同时侧身，按徒手起立的要领起立，在右脚靠拢左脚的同时，成单手持枪立正姿势。

双手持枪起立时，应先观察前方情况，后再迅速收腹、提臀，用肘、膝支起身体，左脚先上步，右脚顺势跟进，双手持枪继续前进。

(三) 直身、屈身前进

1. 直身前进

直身前进是在遮蔽物高于人体、地形较隐蔽或距敌较远、敌观察射击不到时采用的战斗动作。其动作要领是：射手目视前方，右手持枪，大步或快步前进。轻机枪副射手身背弹盒，在射手左后侧 3～5 步处跟进。

2. 屈身前进

屈身前进是在遮蔽物略低于人体时采用的战斗动作，也是士兵在战场上接敌最常用的一种动作。其动作要领与直身前进大致相同，所不同的是：前进时，上体前倾，两腿弯曲，其弯曲程度要依据遮蔽物高低而定，应以头部不超过遮蔽物为宜。

(四) 跃进、滚进

1. 跃进

跃进是在敌火下迅速通过开阔地时采用的运动方法。跃进要做到跃起快、前进快、卧倒快。跃进前，要先观察前方地形，选好前进路线和暂停位置，再突然迅速地前进。卧姿跃起时，可先向左(右)移(滚)动，以迷惑敌人，步(冲锋)枪手应迅速收枪，同时屈左脚于右腿下，右手提枪，以左手、左膝、左脚的支撑力将身体支起，同时出右脚前进。前进时，右手持枪，枪面向前倾斜约45°，目视前方，屈身快跑(见图7-9)。当到达暂停位置或遇敌猛烈射击时，应迅速卧倒或隐蔽。卧倒时，左脚向前一大步，身体下榻，左膝稍内合，以左膝、左手、左肘着地，迅速卧倒；或者右脚向前一大步，左手撑地迅速卧倒。动作口诀是：手持枪，目视前方，屈身快跑，距离适当。跃进的速度和距离要根据敌火和地形而定，敌火越猛烈，地形越开阔，跃进应距离越短、速度越快；每次跃进一般不超过30米。

图7-9　跃进

2. 滚进

滚进，通常是卧姿时，为避开敌人观察、射击而左右移动或通过棱线时采用。其动作要领是：先关上枪保险，左手握枪表尺上方，右手握枪颈或两手握上护木，枪面向右，顺置于胸、腹前抱紧，两臂尽量向里合，两脚腕交叉或紧紧并拢，全身用力向移动方向滚进；或者，两臂前伸，保持据枪姿势不变，两脚分开与肩同宽，全身用力向预定位置滚进。运动中，也可在卧倒的同时向移动方向滚进。其动作要领是：左(右)脚向前一大步，左手在左(右)脚前着地，身体尽量下榻，右手将枪挽于小臂内，枪面向右，身体向右(左)侧，在右(左)肩、臂着地的同时，向右(左)滚进；滚进时，右(左)腿伸直，左(右)腿微屈，长距离滚进时宜两腿夹紧(见图7-10)。动作口诀是：左手握表尺上方，右手握枪颈，两臂里合枪贴身，两腿合拢快滚进。

图7-10　滚进

(五) 匍匐前进

匍匐前进是在通过敌机枪、自动枪火力封锁较短地段，或利用较低的遮蔽物前进时采用，根据遮蔽物高低可分为低姿匍匐前进、高姿匍匐前进、侧身匍匐前进和高姿侧身匍匐前进四种。

1. 低姿匍匐前进

低姿匍匐前进通常在遮蔽物高约 40 厘米时采用。其动作要领是：腹部贴于地面，屈回右腿，伸出左手，用右脚内侧蹬力和左手扒力使身体前移；在移动同时，屈回左腿，伸出右手，用左脚内侧蹬力和右手扒力使身体继续前移；依次交替前进。携步(冲锋)枪时，右手掌心向上，枪面向右，虎口卡住机柄，并握住背带，枪身紧靠右臂内侧；或者右手虎口向上，握枪的上背带环处，食指卡住枪管，将枪置于右小臂上。携班用轻机枪时，右手握住握把推枪前进，或者由正、副射手协同推、拉枪前进(见图7-11)。动作口诀是：手扒脚蹬腹着地，手脚交替向前移，注视前方要隐蔽，动作迅速姿势低。低姿匍匐前进时，要保持姿势较低，第三衣扣不得离地，速度一般不小于 0.8 米/秒。

图7-11　低姿匍匐前进

2. 高姿匍匐前进

高姿匍匐前进通常在遮蔽物高约 60 厘米时采用。其动作要领是：用两小臂和两膝支撑身体，反复交替前移。携枪前进时，左手握护木，右手握枪颈，将枪托于胸前；也可采取与低姿匍匐相同的携枪方法。动作口诀是：两眼目视敌，肘膝撑身体，手扒脚又蹬，交替向前移。高姿匍匐前进时要注意保持方向，速度一般不小于 1 米/秒。

3. 侧身匍匐前进

侧身匍匐前进通常在遮蔽物高约 60 厘米时采用。其动作要领是：身体左侧及左小臂着地，左大臂向前倾斜支撑上体，左腿弯曲，右腿收回，右脚靠近臀部着地，右手握枪，用左臂支撑力和右脚跟蹬力使身体前移(见图 7-12)。动作口诀是：身体左侧要着地，右臂要低枪提起，左脚回收右脚蹬，左臂前扒向前移。侧身匍匐的姿势较高，运动速度也较快，一般不小于 1.2 米/秒。

图7-12　侧身匍匐前进

4. 高姿侧身匍匐前进

高姿侧身匍匐前进通常在遮蔽物高 80~100 厘米时采用。其动作要领是：左手和左小腿外侧着地，右手提枪，以左手支撑力和右脚掌蹬力使身体前移。动作口诀是：左手左腿要着地，右手提枪要离地，左脚不动右脚蹬，左手前扒向前移。其速度一般也不小于 1.2 米/秒。

(六) 敌火下运动

在敌人火力威胁下运动时，要充分利用己方火力突击和烟幕掩护的效果，抓住有利时机，采取有利姿势，快速隐蔽地运动。运动前应根据地形的不同形态，选择好前进路线和暂停位置；运动中要不断观察敌情、地形，灵活变换运动姿势和方法，保证前进方向与己方支援火器的协同动作。通过开阔地时，应乘敌火中断、减弱、转移和被己方火力压制时跃起通过；通过道路时，应利用拐弯处、涵洞、行道树等快速隐蔽地通过；通过隘路、山垭口时，要认真观察敌射击规律，乘敌火力间隙或沿隐蔽一侧快跑通过；通过纵向冲沟时，应沿一侧的斜坡前进，不要走沟底，以便观察和处置情况；通过横向冲沟时，遇到断绝地应绕行，或与友邻协同搭人梯快速通过；通过高地时，应尽量利用其两侧运动，不要从顶端通过；通过街道时，应沿街道两侧隐蔽地逐段行进，在接近拐弯处前，先察看对面街区，再迅速进入拐弯处，观察下一段情形继续前行；横穿街道时，应先观察左右和对面街区的情况，再快速通过。

(七) 利用地形地物

地形地物是地面上防敌火力袭击最好的遮蔽物体。由于遮蔽物的存在，在其后面形成了一定范围的遮蔽界、危险界和死角。士兵在利用地形地物时，要根据遮蔽物的高低、大小、形状以及敌火力的威胁程度等情况，充分利用死角采取适当姿势保护自己。要求是：细致观察，快速接近，隐蔽防护；当敌火力减弱时，再视情况灵活变换位置。

1. 利用树木防护

树木防护通常是利用其背敌面，防敌直瞄和间瞄火力的杀伤。树干较粗(直径 50 厘米以上)时，可采取跪、卧、立多种姿势；树干较细时，则应采取卧姿。机枪手应采取卧姿，并根据树干粗细和地形情况，将枪口前伸超过树木或离开树木 20 厘米，脚架也可超过树木(见图 7-13)。

2. 利用丛林、高苗(草)地防护

利用丛林、高苗(草)地防护通常是指利用其靠近敌方的边缘内侧，并按其高低程度、稠密情况采取适当姿势防护。

3. 利用较大土堆、坟包防护

有较大土堆、坟包时，应横向卧倒，身体一侧紧贴在土堆的背敌斜面上。当土堆较小时，也可纵向卧倒，头紧靠土堆。需要射击时，可利用土堆的右侧和顶部。

图7-13　利用树木防护

土(弹)坑和沟渠通常利用其前沿和底部，纵向沟渠利用弯曲部，根据敌情和坑的大小、深度可采取跳、滚、匍匐等方法进入。在坑里可采取卧、跪、仰等各种姿势实施防护。待敌火力减弱时才能实施观察和射击。

4. 利用田埂、堤坎防护

田埂、堤坎是横向地物，应根据其高低程度，利用背敌斜面，采取不同姿势隐蔽防护。田埂偏低，应

横向卧倒，身体紧贴田埂；堤坎较高，则可采取蹲、跪、坐、立等姿势防护。射击时可利用田埂、堤坎的顶部或右侧进行。

5. 利用墙壁、墙角和门窗防护

(1) 墙壁：可按其高度采取适当姿势进行射击。当墙高于人体时，可挖射孔或垫高人脚；当墙低于人体时，可利用其顶端或残缺部；机枪手利用墙壁射击时，可将脚架折回。

(2) 墙角：通常是利用其右侧，左小臂紧靠墙角，采取适当姿势射击。火箭筒手利用墙角射击时，筒口距墙角一般不小于20厘米。

(3) 门窗：通常是利用门的左侧或窗户的左(右)下角进行射击(见图7-14)。

思考题：

1. 81式自动步枪由哪些部件组成？

2. 据枪、瞄准、击发的动作要领是什么？

3. 战斗的基本类型和样式有哪些？

4. 单兵作战在敌火下运动有哪些姿势与方法？

图7-14 利用窗户防护

第八章

防卫技能与战时防护训练

【教学目标】

了解格斗、防护的基础知识和动作要领，学习卫生知识、救护常识，掌握战场自救、互救的基本技能，提高大学生的安全防范意识和防护能力。

第一节 格斗基础

格斗是由拳打、脚踢、摔打等搏击、散打的基本动作组成。擒敌术则是将拳击、散打、搏击、摔跤等融为一体，综合运用踢、打、摔等动作制敌的徒手格斗术。练习擒拿、格斗，能使身体各部位得到比较全面的活动，尤其是上、下肢肌肉的爆发力与各关节的灵活性和柔韧性，以及快速反应能力都能得到提升。

一、格斗常识

了解人体的主要关节与要害部位，练习基本手型和步法，是擒拿和格斗训练的基础。

(一) 人体的主要关节

关节是骨骼与骨骼连接的部位，在人体中起着连接骨骼的作用，能使身体做出转展、旋、屈、翻等动作。关节在受到超过生理限度的压迫、击打、拧转、扳压时，会造成脱臼、骨折或韧带撕裂等伤害，致使关节失去原有的活动能力。根据人体部位、运动方式和幅度的不同，关节可以分为以下几种。

(1) 颈椎(见图 8-1)。颈椎是连接人体躯干和头颅的主要关节，能前屈、后伸、左右转动。强力扳拧颈椎，很容易造成颈椎骨折、脱位，从而压迫脊神经，引起四肢麻痹，甚至高位截瘫。

(2) 肩关节。肩关节是人体关节中活动范围最广、最不稳固的关节，由肩胛盂衔接肱骨而成。肩关节处有多条韧带加固，可以内屈、外展、前后旋转。强力扳拧肩关节，容易造成脱臼，使人疼痛难忍。

(3) 肘关节。肘关节由肱尺关节、肱桡关节和桡尺关节组成，其活动范围较小(只能屈伸和旋转)，是一个比较脆弱的关节。强力压迫肘关节，会造成肘脱臼或韧带、肌肉撕裂。

(4) 腕关节。腕关节的活动范围比较大。而加固腕关节的韧带较薄弱，限制了其活动幅度。用力后折、内扭、扳拧腕关节，会造成关节脱位和韧带撕裂，使之失去活动能力。

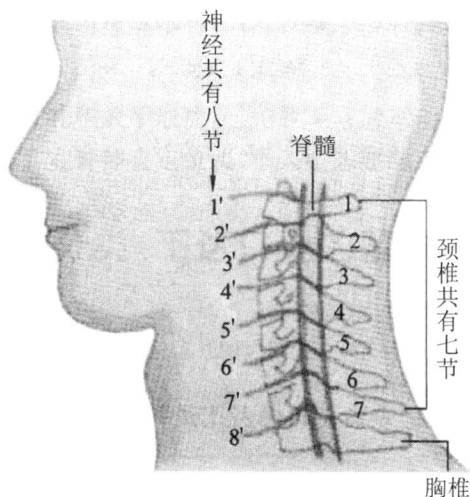

图8-1 颈椎示意图

(5) 指关节。指关节包括掌指关节和指间关节。指间关节由两节短小的指骨连接而成，能弯曲和伸直。指关节处的韧带比较薄弱，如果用力向后压，极易造成脱臼或骨折。

(6) 膝关节。膝关节由胫骨、腓骨、髌骨、半月板和股骨连接而成，是人体下肢的主要关节，只能屈、伸和小幅度的旋转。

(7) 踝关节。踝关节由胫骨、腓骨、跟骨、距骨等连接而成，可以内收、外展和旋转等，因缺少肌肉包覆，较容易碰伤。用力扳拧脚掌，会造成关节脱臼和韧带撕裂，使之失去活动能力。

(二) 人体的要害部位

人体的要害部位是指当受到外力击打时，人体会出现剧痛、昏迷甚至死亡的重要生理部位。在日常训练和搏击实战中，要特别注意保护自身的要害部位，同时也要善于攻击对手的这些部位，以制服对手。

1. 头部

头部有人的五官和脑部，各个部位都非常脆弱。击打对手头部，可以造成重创。

(1) 翼点。翼点又叫翼区，俗称太阳穴，位于眼睛的后外侧略上方(见图 8-2)。人的头骨大部分都比较坚硬，而翼点处骨质脆弱，受重力击打极易发生骨折，引起颅内硬膜外血肿，重者会失语、昏迷，甚至死亡。击打对手的翼点可采用摆拳。

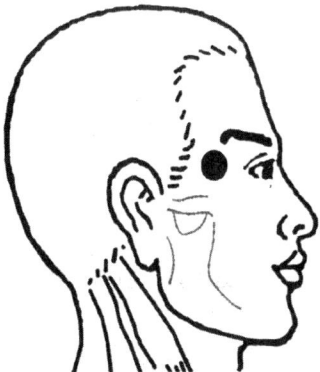

图8-2 翼点示意图

(2) 眼睛。眼睛是人的视觉器官，位于面部中央。当眼睛受到外力击打时，经过眼心反射会造成血压下降、心跳减慢甚至骤停。当眼睛受到插入性点状暴力攻击时，易造成出血甚至失明。击打对手的眼睛可采用直拳。

(3) 鼻子。鼻子是人的嗅觉器官，位于面部中央。鼻骨极为脆弱，且内有丰富的血管。当鼻子受到外力击打时，极易造成出血和骨折，且出血比较凶猛，重者还会造成脑震荡。击打对手的鼻子可采用直拳、横踢等。

(4) 耳朵。耳朵是人的听觉器官，位于头部左、右两侧。当耳朵受到外力击打时，会致人眩晕、站立不稳，甚至跌倒。击打对手的耳朵可采用摆拳、双手拍击等。

(5) 下颌。下颌位于面部的下侧三分之一。下颌骨较硬，但也存在薄弱环节。当下颌受到外力击打时，也易发生骨折。击打对手的下颌可采用摆拳、肘击、顶膝、横踢等。

2. 颈部

颈部是人体头部和躯干连接的部位，可击打部位包括喉、颈椎和颈动脉。喉位于颈的前部，是人体呼吸通道和发声器官。击打喉部可能造成呼吸不畅，重者造成窒息。击打对手的喉部可采用锁喉或砍掌。颈动脉位于颈的左右两侧，是向大脑输送血液的通道。压迫颈动脉，可迅速、有效地减少脑部供血量；若延长压迫时间，可致其昏迷和脑损伤。击打对手的颈动脉可采用双掌砍击等。

3. 胸部

胸部内侧有重要器官——心脏。胸部一旦受到暴力攻击，易造成血压下降、心跳减慢，甚至骤停。心肌挫伤会引起剧痛、心慌气短、心律失常，甚至死亡。攻击对手的胸部可采用拳击、肘击和正踢腿等。

4. 肋部

肋部主要有肋骨，共 12 对。肋部一旦受到重力击打，易发生骨折，骨折断端还可能刺破胸膜和肺组织，造成呼吸困难。攻击对手的肋部可采用勾拳、顶膝和横踢等。

5. 腹部

腹部一般分为上腹部和下腹部。上腹部有胃、十二指肠等器官，一旦受到重力击打，可能引起呕吐、疼痛性休克、血压下降，甚至心跳骤停等，击打对手上腹部可采用勾拳或顶膝。下腹部主要有肝脏、脾脏等器官，一旦受到重力击打，可导致肝脏或脾脏挫伤、破裂和出血，致人昏迷甚至死亡。击打对手下腹部可采用勾拳或顶膝。

6. 腰部

腰部主要有肾脏，左右各一。肾脏紧贴腹部后壁，位置较浅。肾脏质地脆弱，一旦受到钝性暴力击打，易造成肾脏挫伤、破裂和出血，引起剧痛甚至死亡。击打对手的腰部可采用勾拳或踢击。

7. 裆部

裆部的神经非常敏感。轻度击打即可引起剧痛，重力击打可能造成出血、肿胀，甚至疼痛性休克。击打对手的裆部可采用踢击等方法。

(三) 格斗的基本手型

一般在格斗中将手做出的某种固定形状称为手型，如拳、掌、爪等。

1. 拳

拳是四指并拢蜷握，拇指紧扣在食指、中指的第二节上，拳面平，手腕挺直。拳分为拳面、拳峰、拳背、拳轮、拳眼、拳心等(见图 8-3)。在格斗中，可用拳峰、拳面、拳背、拳轮击打对手的要害部位。

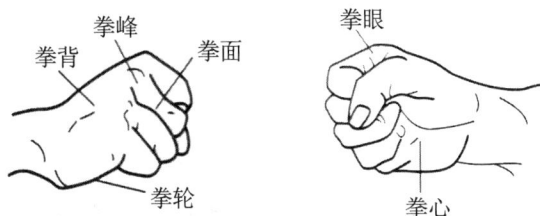

图8-3　拳

2. 掌

(1) 立掌：又称柳叶掌，即四指并拢伸直，拇指弯曲紧贴于虎口处。立掌分为掌背、掌指、掌外沿、掌心、掌根等(见图8-4)。在格斗中一般用掌外沿、掌根击打对手的要害部位。

(2) 横掌：即四指并拢伸直，拇指紧扣于虎口处，掌心向下，掌外沿向前，手腕内扣(见图 8-5)。在格斗中常用掌外沿横砍、横切、横推对手的要害部位。

(3) 八字掌：即四指并拢伸直，拇指外展，虎口张开成"八"字(见图8-6)。在格斗中常用虎口按、压对手的要害部位。

3. 爪

爪即五指弯曲，四指并拢，拇指分开，爪心向下(见图8-7)。爪常用于抓握对手的手腕、肩部和肘关节等。

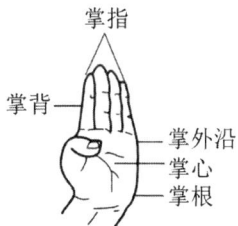

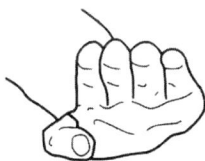

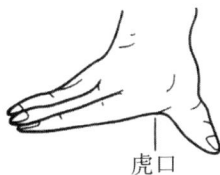

图8-4　立掌　　　　　图8-5　横掌　　　　　图8-6　八字掌　　　　　图8-7　爪

(四) 格斗的基本步型

1. 并立步

并立步即身体自然直立，两腿、两脚自然并拢，两臂自然下垂，眼睛平视前方(见图8-8)。

2. 开立步

开立步有两种：①两脚左右平行站立；②两脚前后站立(见图8-9)。第二种开立步的动作要领：左脚向左前上步，脚尖内扣 45°；右脚尖向外摆与正前方成 45°，两脚间距与肩同宽，两膝微屈，重心保持在两脚之间。

3. 弓步

弓步即左脚向前一步，左腿屈膝90°，上体正直，双手握拳于腰际，右腿挺直，重心落于两腿之间(见图8-10)。

4. 马步

马步即两脚左右分开，距离大于肩宽，两脚尖微内扣，两腿屈半蹲，重心落于两腿之间(见图8-11)。

5. 骑龙步

骑龙步即两脚前后开立，距离约与肩同宽，两脚尖内扣，膝盖指向脚尖方向，收腹含胸，屈膝下蹲，重心落于两腿之间(见图8-12)。

图8-8　并立步　　　图8-9　开立步　　　图8-10　弓步　　　图8-11　马步　　　图8-12　骑龙步

二、格斗基本功

正确的格斗式与步法是进行有效攻击和严密防守的基础，其基本要求是能向任何方向快速移动和躲闪，能快速实施攻击，能保持正确的防守姿势，缩小暴露面，增大防守面。

(一) 格斗式

格斗式又称实战姿势或预备式等，是与敌人格斗前的基本站姿，兼具攻击与防护功能。练好格斗式姿势，是格斗的前提与保证。

口令：准备格斗，停。

动作要领：两脚前后开立，前、后脚间距稍宽于肩，两脚尖微内扣，膝盖指向脚尖方向，收腹含胸，两膝稍弯曲，重心落于两脚之间。在撤步的同时，两手握拳上抬与肩同高，大臂自然下垂，左臂内屈约90°，右臂内屈约45°，右拳置于右肩前，下颌微收，咬紧牙齿，闭合嘴唇，直视前方(见图8-13)。

(二) 格斗步法

格斗步法是依据格斗需要，在步型的基础上前进、后退等，从而与敌人保持一定距离的方法。步法在格斗中非常重要。拳谚曰："技击步为先。"这就是说，在格斗中运用攻击、防守动作时，步法是先导。步法对于自身重心的稳固、身法的运用等有着重要作用。

图8-13　格斗式

1. 前进步与后退步

口令：前进步(后退步)，1，2，……

前进步动作要领：在格斗式的基础上，右脚掌蹬地发力，左脚向前上半步，然后右脚快速跟进半步，上体姿势不变(见图8-14)。

后退步动作要领：在格斗式的基础上，左脚掌蹬地发力，右脚向后退半步，重心落于右脚，然后左脚向后退半步，上体姿势不变(见图8-15)。

2. 左闪步与右闪步

口令：左(右)闪步，1，2，……

左闪步动作要领：在格斗式的基础上，右脚掌蹬地发力，左脚向左前上步，然后右脚向左侧前上步，上体微向右转(见图8-16)。

右闪步动作要领：在格斗式的基础上，左脚掌蹬地发力，向右前上步，然后左脚向右侧前上步，上体微向左转(见图8-17)。

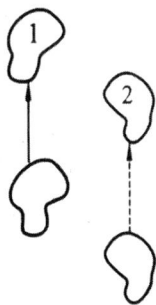 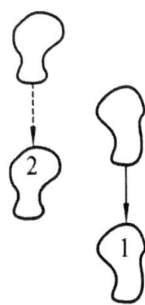 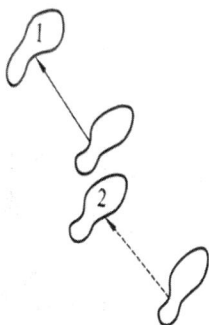 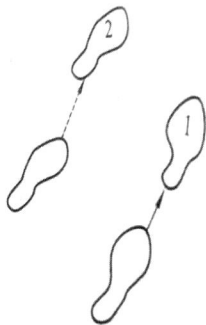

图8-14　前进步　　　图8-15　后退步　　　图8-16　左闪步　　　图8-17　右闪步

(三) 攻击动作

格斗的攻击动作有多种，而军警格斗的攻击动作追求简练、实用。此处主要介绍部分较实用的动作"三拳四腿，一肘一膝"，即直拳、摆拳、勾拳、弹踢腿、横踢腿、正蹬腿、侧踹腿、横击肘和右顶膝。

1. 直拳

直拳是直线攻击拳法，主要用于击打对手的面部和下颌，具有攻击迅速、易于掌握的特点。一般前手直拳求快，后手直拳求重。直拳包括左直拳和右直拳。

口令：左(右)直拳，1，2，……

左直拳动作要领：在格斗式的基础上，右脚掌蹬地发力，身体以腰为纵轴右转，左肩向前顶出左臂，左拳迅速击出，拳面向前，拳心向下，右拳回收防护下颌，目视攻击方向(见图 8-18)。拳击打到位后，左肘自然下沉回收，身体回位成格斗式。

右直拳动作要领：在格斗式的基础上，右脚掌蹬地发力，身体以腰为纵轴左转，右肩向前顶出右臂，右拳旋转击出，拳面向前，拳心向下，左拳回收防护下颌，目视攻击方向(见图 8-19)，拳击打到位后，右肘自然下沉回收，身体回位成格斗式。

2. 摆拳

摆拳是弧线攻击拳法，主要用于击打对手的下颌和头部两侧，具有力量大、杀伤力强的特点。摆拳包括左摆拳和右摆拳。

口令：左(右)摆拳，1，2，……

左摆拳动作要领：在格斗式的基础上，身体重心微向左压，然后左脚快速蹬地发力，向右转髋、转腰，身体右转，左拳向左前方伸出，拳心向下，微向外翻，借助转体的力量，左大臂快速里合，以拳峰食指、中指关节击打目标，右拳回收防护下颌，目视攻击方向(见图8-20)。左肘关节的角度为120°～130°，击打过身体中线后沉肘收拳，身体回位成格斗式。

右摆拳动作要领：在格斗式的基础上，右脚掌蹬地发力，快速向左转髋、转腰，身体左转，右拳向右前方伸出，拳心向下，微向外翻，然后借助转体的力量，右大臂快速里合，以拳峰食指、中指关节击打目标，左拳回收防护下颌，目视攻击方向(见图8-21)。右肘关节的角度为120°～130°，击打过身体中线后沉肘收拳，身体回位成格斗式。

图8-18　左直拳

图8-19　右直拳

图8-20　左摆拳

图8-21　右摆拳

3. 勾拳

勾拳是近身攻击拳法，主要用于击打对手的腹部、肋部和下颌，具有力量大、速度快、不易防守的特点。勾拳包括左勾拳和右直勾拳。

口令：左(右)勾拳，1，2，……

左勾拳动作要领：在格斗式的基础上，身体微左转，身体重心左移，左拳下降至与腰部同高，然后左脚快速离地，身体右转，左拳由下向右上方勾击，肘关节的角度约为90°，着力点在拳面，右拳回收防护下颌，目视攻击方向(见图8-22)。拳击打到与下颌同高后回收，恢复格斗式。

右勾拳动作要领：在格斗式的基础上，身体微右转，身体重心右移，右拳下降至与腰部同高，右脚置地转体的同时，借助转体的力量，右拳由下向左上方勾击，肘关节的角度约为90°，着力点在拳面，左拳回收防护下颌，目视攻击方向(见图8-23)，拳击打到与下颌同高后回收，恢复格斗式。

图8-22　左勾拳

图8-23　右勾拳

4. 弹踢腿

弹踢腿是最基本的攻击腿法，主要用于击打对手的裆部和下颌。在训练时，应注重速度和准确度。弹踢腿包括左弹踢腿和右弹踢腿。

口令：左(右)弹踢腿，1，2，……

左弹踢腿动作要领：在格斗式的基础上，右脚在左脚后垫步，左腿迅速屈膝前顶，待膝关节运行至与大腿同高后(见图8-24a)，借助屈膝前顶的力量，左小腿迅速向前上方踢击，脚尖绷直，着力点在脚背，右手防护下颌，左手下摆保持平衡(见图8-24b)，左腿踢直后迅速屈膝回收，向前落步成格斗式。

右弹踢腿动作要领：在格斗式的基础上，右腿迅速屈膝前顶，左脚跟向前拧转，左手防护下颌，右手下摆保持平衡，待膝关节运行至与大腿同高后(见图8-25a)，借助屈膝前顶的力量，右小腿迅速向前上方踢击，脚尖绷直，着力点在脚背(见图8-25b)，右腿踢直后迅速屈膝回收，向前落步，左脚上步成格斗式。

图8-24　左弹踢腿

图8-25　右弹踢腿

5. 横踢腿

横踢腿是一种弧线攻击腿法，主要用于击打对手的膝关节、肋部和头部。在训练中，可按照由低到高的顺序进行。横踢腿包括左横踢腿和右横踢腿。

口令：左(右)横踢腿，1，2，……

左横踢腿动作要领：在格斗式的基础上，右脚垫步，左腿迅速前顶，同时右脚跟向前拧转，髋关节内扣，使左小腿略成水平，右手防护下颌，左手后摆保持平衡(见图8-26a)，借助屈膝前顶和扣髋的力量，左小腿向右侧横踢，脚尖绷直，着力点在脚背(见图8-26b)，完成踢击后左小腿回收，向前落步成格斗式。

右横踢腿动作要领：在格斗式的基础上，右腿迅速屈膝前顶，同时左脚跟向前拧转，髋关节内扣，使右小腿略成水平，左手防护下颌，右手后摆保持平衡(见图8-27a)，借助屈膝前顶和扣髋的力量，右小腿向左侧横踢，脚尖绷直，着力点在脚背(见图8-27b)，完成踢击后右小腿回收，向前落步，左脚上步成格斗式。

图8-26　左横踢腿

图8-27　右横踢腿

6. 正蹬腿

正蹬腿是直线攻击腿法，主要用于攻击对手的胸部、腹部，具有力量大、容易掌握、可攻可防的特点。正蹬腿包括左正蹬腿和右正蹬腿。

口令：左(右)正蹬腿，1，2，……

左正蹬腿动作要领：在格斗式的基础上，右脚垫步，右脚跟向前拧转，左腿迅速屈膝上抬，大、小腿折叠，左脚抬起向前，脚尖回勾，右手防护下颌，左手下摆保持平衡(见图8-28a)，然后左腿猛力向前蹬出，着力点在脚掌(见图8-28b)，左腿蹬直后迅速回收，向前落步成格斗式。

右正蹬腿动作要领：在格斗式的基础上，右腿迅速屈膝上抬，大、小腿折叠，右脚抬起向前，脚尖回勾，左手防护下颌，右手下摆保持平衡(见图8-29a)，然后左脚跟向前拧转，右腿猛力向前蹬出，着力点在脚掌(见图8-29b)，右腿蹬直后迅速回收，向前落步，左脚上步成格斗式。

a	b	a	b
图8-28　左正蹬腿		图8-29　右正蹬腿	

7. 侧踹腿

侧踹腿也是一种直线攻击腿法，主要用于攻击对手的躯干和头部。相比正蹬腿而言，侧踹腿的攻击距离远，也便于发力，但对人体的柔韧性要求较高。侧踹腿包括左侧踹腿和右侧踹腿。

口令：左(右)侧踹腿，1，2，……

左侧踹腿动作要领：在格斗式的基础上，右脚垫步，右脚跟向前拧转，左腿屈膝上抬，大、小腿折叠略成水平，左脚尖回勾对准目标，右手防护下颌，左手下摆保持平衡(见图8-30a)，然后髋关节向前伸展，左腿猛力向前踹出，着力点在脚掌(见图8-30b)，完成攻击后左腿迅速回收，向前落步成格斗式。

右侧踹腿动作要领：在格斗式的基础上，左脚跟向前拧转，身体向左转动，两眼直视攻击方向，右腿屈膝上抬，大、小腿折叠略成水平，右脚尖回勾对准目标，左手防护下颌，右手下摆保持平衡(见图8-31a)，然后髋关节向前伸展，右腿猛力向前踹出，着力点在脚掌(见图8-31b)，完成攻击后右腿迅速回收，向前落步，左脚上步成格斗式。

8. 横击肘

肘法具有力量大、杀伤力强的特点，但其攻击距离短，需近身才有出击机会。肘法包括挑肘、顶肘和横击肘，这里主要介绍横击肘。横击肘包括左横击肘和右横击肘。

口令：左(右)横击肘，1，2，……

图8-30 左侧踹腿 图8-31 右侧踹腿

左横击肘动作要领：在格斗式的基础上，左脚上步，身体右转，左大臂抬平与肩同高，大、小臂折叠，借助转体的力量，左大臂猛力向右横击，着力点在肘关节前侧，右手成掌以掌心轻贴左拳(见图 8-32)，击打过身体中线后，左臂回收，恢复格斗式。

右横击肘动作要领：在格斗式的基础上，身体左转，右大臂抬平与肩同高，大、小臂折叠，借助转体的力量，右大臂猛力向左横击，着力点在肘关节前侧，左手成掌以掌心轻贴右拳(见图 8-33)，击打过身体中线后，右臂回收，恢复格斗式。

9. 右顶膝

膝法也是一种近身攻击的技法，主要用于击打对手的裆部、腹部等。膝法包括前顶膝、横顶膝和撞膝等，这里主要介绍右顶膝。

口令：右顶膝，1，2，……

右顶膝动作要领：在格斗式的基础上，左脚跟向前拧转，右腿迅速屈膝前顶，髋关节向前伸展，大、小腿折叠，右脚尖绷直下压，左手防护下颌，右手下摆保持平衡，着力点在膝盖上方(见图 8-34)，然后髋关节回收，右脚向前落步，左脚上步成格斗式。

图8-33 左横击时 图8-33 右横击肘 图8-34 右顶膝

（四）训练方法

1. 力量训练

可采取引体向上、收腹举腿、仰卧起坐、负重蹲起、使用杠铃等方法进行训练。在训练中，应做到局部力量训练与整体力量训练相结合，防止训练的片面性，科学安排和调整运动负荷，宜采用强度大、重复次数少的练习方法。力量训练应与其他训练交替进行，一般每周不超过 3 次。

2. 速度训练

(1) 移动速度训练：可以腿系沙袋奔跑，也可按基本步法快速移动，以提高移动速度。

(2) 击打速度训练：可以采取全身肌肉松紧互换训练的方法；也可以采取负重训练的方法，如腿系沙袋空击或击打吊袋，以提高击打速度，增强爆发力。

3. 耐力训练

可采取长跑、长时间空击或击打吊袋等方法。空击或击打吊袋，应选定动作组合，规定击打时间、组数、间歇时间等。如打左、右直拳 1 分钟，间歇 1 分钟，重复 3～5 组。训练时，应根据受训者体力情况，逐渐加大训练量，以达到增强耐力的目的。

4. 柔韧性训练

可采取竖叉、横叉、压腿、正腿、压髋、侧摆腿等方法。训练要持之以恒，循序渐进，严禁强劈硬压。压腿、压髋前，要充分做好准备活动，防止肌肉、韧带拉伤。柔韧性训练应适度，注意全面协调发展，防止过度训练，造成关节和韧带畸形。

三、捕俘拳

捕俘拳是特种兵的一种拳法，一共有 16 招，每一招约有两个动作组成。捕俘拳没有装饰，出拳动作干脆，有多种步伐配合，以拳、步、挡、削进攻对手要害，以猛烈攻击致对手难以反击。大学生开展捕俘拳训练，有助于磨练意志、强化体能，培养坚韧不拔、勇敢顽强的作风。

（一）格斗准备

在立正的基础上，两脚快速并拢，同时两手握拳，两臂微弯，拳眼向里，距胯部约 10 厘米，头向左甩，目视左方。

（二）拳法步骤

1. 上挡冲拳

起右脚原地猛力下踏，左脚向左侧跨出一步，在左转身的同时，左臂上挡，拳心向前，右拳从腰际旋转冲出，拳心向下，成左弓步。

动作要求：踏脚时要全脚掌着地，有爆发力。

2. 削臂绊腿

左拳变掌向前击右拳背，右拳收回腰际，右脚前扫。左手挡抓、拧、拉于腰际，同时右脚后绊，右拳猛力旋转冲出。

动作要求：前扫、后绊要协调有力，重心要稳。

3. 上架弹踢

上右脚步成右弓步，同时两拳变掌，沿小腹向上叉掌护头。两拳变钩猛力向后击，同时起左脚，大腿抬平、脚尖绷直、猛力向前弹踢，迅速收回。

动作要求：两大臂挟紧，猛力后钩击，猛踢快收，重心要稳。

4. 下砸上挑

两手变拳，左拳由上猛力下砸，与膝同高，同时左脚向前跨步，成左弓步。右拳由前上挑护头，拳心向前，起右脚大腿抬平，脚绷直，头向左甩。

动作要求：起身要快，重心要稳。

5. 交叉侧踹

上体正直下蹲，右脚猛力下踏，两小臂上下置于胸前，左臂在上拳心向下，右臂在下拳心向上。迅速起身，两拳交错外格，起左脚大腿抬平，脚尖里勾，向左猛踹，迅速收回。

动作要求：踏脚要有爆发力，下蹲起身要快。

6. 顺手牵羊

左脚向前落地屈膝，两拳变掌起在左前方，成抓拉姿势。两手向右后猛拉，同时右脚前扫。

动作要求：后拉前扫要协调有力，重心要稳。

7. 上挡抱膝

右脚向前落地同时，左手变拳，小臂上挡。左转身屈膝下蹲，两手合力后抱，两掌相对，掌心向内，略低于膝，右肩前顶成右弓步。

动作要求：转体、合抱要协调一致。

8. 插裆扛摔

左手向上挡抓，右手插前裆，掌心向上。左手向右下拧拉，大臂贴肋，小臂略平，拳心向上同时右臂上挑，右肩上扛，身体大部分落于右脚，成右弓步。

动作要求：下拉、上挑、转体要协调一致。

9. 下拨上勾

左拳下拨后摆，左转身同时，右拳由后向前猛力上击，拳心向内，与下颌同高，同时右脚向右自然移动，成左弓步。

动作要求：转身要快，勾拳要猛。

10. 卡脖掼耳

向左踮步，在左脚落地同时，右脚上步，左拳变掌，置于胸前，右拳后摆。向左转体，左手下按，右拳向下猛力横击，成左弓步。

动作要求：踮步有力，转体、卡脖、拳击要协调一致。

11. 内外绊腿

在起身的同时，左脚向右踮步，右脚前扫，两手合掌于右肩前。两手猛力向左肩前拧拉，上体稍向左转，同时右脚后绊，成左弓步。

动作要求：踮步、合掌、前扫要协调一致，重心要稳。

12. 踹腿锁喉

右脚向右前方踮步，左脚向右跃步，然后起右脚，大腿抬平，脚尖里勾，两臂弯曲，置于胸前，掌心向下。右脚侧踹，在落地同时，右手前插，左手抓握右手腕，右手变拳，猛力后拉下压，成右弓步。

动作要求：踹、锁要协调一致，重心要稳。

13. 里拨冲拳

上左脚右转身成右弓步，左臂顺势内拨护于胸前，右拳收于腰际，拳心向上。左拳向左后，右拳向前以蹬腿、扭腰送胯之合力同时冲出，成左弓步。

动作要求：双拳冲出要有爆发力。

14. 抓手缠腕

两手变掌，左手抓握右手腕。右掌上挑外拨，身体稍向右转，两臂用力后拉，猛扣压于腰际，成右弓步。

动作要求：抓握要快而有力。

15. 掐挡卡脖

左手抬起，臂弯曲，掌心向前，右手下插，后拉上提，置于肋前，屈指、掌心向上，同时左手猛力向前下推压与膝同高，掌心向下，成左弓步。

动作要求：上提、推压要协调一致。

16. 别臂下压

右转身成右弓步，同时两手变拳，右小臂上挡。上左脚成弓步，左手立掌插向前上方，臂稍屈，右手抓握左手腕。左手变拳，向右转体，两手下拉别压，成右弓步。

动作要求：拉、压、转体要协调一致。

(三) 结束姿势

捕俘拳的结束姿势是左脚靠拢右脚，恢复立正姿势。

第二节　战场医疗救护

战场救护是战时为减少伤亡，迅速恢复战斗力，以保持战争实力而必须采取的一项重要措施。战场救护的基本原则：加强敌情观念和灭菌观念，要迅速、准确、及时地抢救伤员。在救护中要先抢后救，先重后轻，先近后远。要做到不用手接触伤口，不用碘酒涂擦伤口，不随便用水冲洗伤口(化学烧伤和磷弹伤例外)，不随便取出伤口内的异物，不准塞回突出的脏器，不轻易放弃和停止抢救时机。做好战场医疗救护工作，对提高部队的战斗力具有十分重要的意义。

一、救护的基本知识

救护是指对在执勤、处突、训练过程中，以及在生活环境下发生危重急症和意外伤害的官兵实施的救助和保护。实施良好的救护可以降低伤害程度，延长待救时间。在紧急情况下，实施救护必须掌握止血、包扎、固定和搬运等基本知识和技能。

(一) 止血

血液从伤口向外流出称外出血。为了防止因流血过多而休克或死亡，就需要及时止血。一般要先根据出血的特征判断出血种类：若是动脉出血，血色鲜艳，呈喷射状，出血快且量多；若是静脉出血，则血色暗红，呈涌出状或缓缓流出，出血较多而流速慢；若是毛细血管出血，则血色鲜红，从伤口向外渗出，出血点不易判明。在正确判定出血种类的基础上，选择合适的止血方法。

1. 加压包扎止血法

毛细血、血管静脉或小动脉出血，可直接用绷带或三角巾包扎止血。如果伤口大、出血较多，可先用纱布块或急救包填塞，再用棉花团、纱布卷、毛巾、手帕折成垫子或用石块、小木片等放在出血部位的纱布外面，然后用三角巾或绷带加压包扎即可。这种方法简便易行，也是战伤救护中最常用的止血方法之一。

2. 指压止血法

指压止血法是一种暂时的紧急止血方法，适用于较大的动脉血管出血。如果遇到较大动脉出血时，要立即用手掌或手指用力压迫伤口近心端的动脉搏动点，以阻断血液的流通，达到迅速止血的目的。

当头顶一侧出血时，可用拇指或食指压迫同侧耳前方的颞浅动脉止血(见图 8-35)；当颜面部一侧出血时，可用拇指或食指压迫同侧下颌骨下缘与下颌角前方约 3 厘米处的面动脉止血(见图 8-36)；当头面部一侧大出血时，可用拇指或其他四指压迫同侧气管外侧与胸锁乳突肌前缘中点之间的颈总动脉止血(见图 8-37)；当肩腋部出血时，可用拇指压迫同侧锁骨上窝中部的锁骨下动脉止血(见图 8-38)；当前臂出血时，可用拇指或其他四指压迫上臂内侧肱二头肌与肱骨之间的肱动脉止血(见图 8-39)；若是手部出血，互救时可用两手拇指分别压迫手腕横纹稍上处内、外侧的尺动脉和桡动脉止血(见图 8-40)，自救时可用健手拇指、食指分别压迫上述两点止血；若是大腿及其以下动出血，自救时可用双手拇指重叠用力压迫大腿上端腹股沟中点稍下方的股动脉止血，互救时可用双掌重叠压迫止血(见图 8-41)。

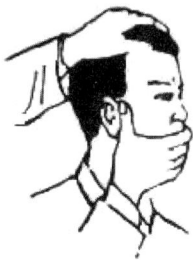

| 图8-35 压颞浅动脉止血 | 图8-36 压面动脉止血 | 图8-37 压颈总动脉止血 | 图8-38 压锁骨下动脉止血 |

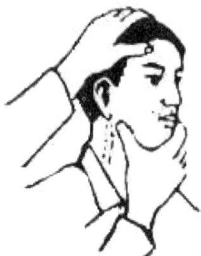

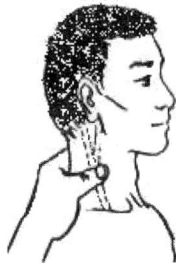

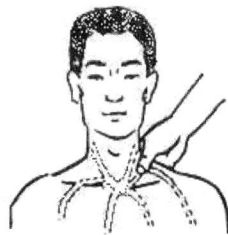

| 图8-39 压肱动脉止血 | 图8-40 压尺动脉和桡动脉止血 | 图8-41 双手(掌)重压股动脉止血 |

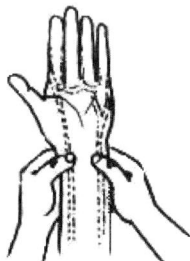

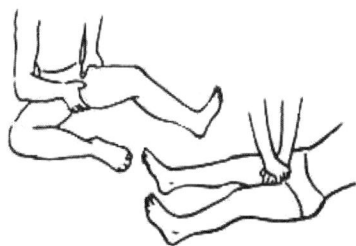

3. 止血带止血法

止血带是一种制止肢体出血的急救用品。常用的是长约 1 米的橡皮管。一般是在四肢大动脉出血，用其他方法止血无效时，才采用止血带。使用口诀："止血带左手拿，后头五寸要留下，右手拉紧绕体扎，前头交左手，中食二指夹，沿着肢体向下拉，前头环中插，保证不松垮。"(见图 8-42)

使用时还应注意：止血带与皮肤之间要加垫(如敷料、衣服等)，不可直接扎在皮肤上；扎止血带的伤员应做标记，注明扎止血带的时间；每隔 1 小时(冬季 0.5 小时)松开一次，每次放开 2~3 分钟，以暂时改善血液循环；松开时应慢慢放松，如有出血，立即再扎上止血带。

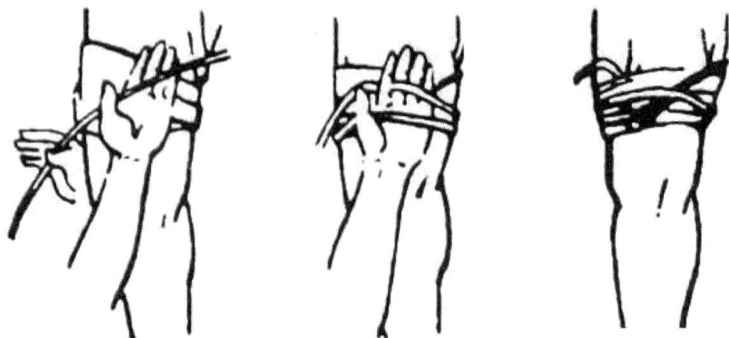

图8-42　止血带绑法

(二) 包扎

包扎时通常使用配发的急救包，将急救包沿箭头方向撕开，将敷料盖在伤口上，然后进行包扎。不同的部位，其包扎方法也不同。包扎的要求是动作准确、迅速、轻巧敏捷，松紧适宜，牢固严密。

1. 头面部的包扎

(1) 风帽式包扎法。将三角巾的顶角和底边中部各打一结，形成风帽，顶角结放在额前，底边结放于脑后，包住全头，向下拉紧两底角，底边向外反折成带状包绕下颌，拉到脑后打结固定好(见图 8-43)。

图8-43　风帽式包扎法

(2) 下颌包扎法。将三角巾中的顶角折至底边，取三分之一处放在下颌处，长端经耳前拉到头顶部，绕到对侧耳前与另一端交叉，两端分别经额前与脑后，最后在另一侧打结固定好(见图 8-44)。

(3) 面部包扎法。将三角巾顶角打结，兜住下颌，盖住面部，然后拉紧两底角，在脑后交叉，绕至额前打结。包扎好后，分别在眼、鼻、口处剪洞，露出眼、鼻、口(见图 8-45)。

图8-44　下颌包扎法　　　　　　　　图8-45　面部包扎法

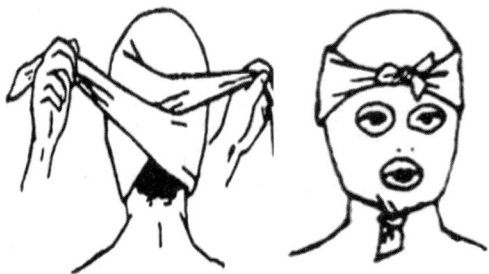

2. 四肢的包扎

(1) 环形包扎法。环形包扎法适合包扎手腕和小腿下部等粗细均匀的部位(见图 8-46)。

(2) 转折形包扎法。转折形包扎法适合包扎大腿和小腿等粗细相差较大的部位(见图 8-47)。

(3) 螺旋形包扎法。螺旋形包扎法适合包扎肢体粗细差不多的部位(见图 8-48)。

(4) 8 字形包扎法。8 字形包扎法适用于包扎关节部位(见图 8-49)。

图8-46　环形包扎法　　图8-47　转折形包扎法　　图8-48　螺旋形包扎法　　图8-49　8字形包扎法

(5) 三角巾包扎手。将手放在三角巾中央，手心向下，手指指向顶角，拉顶角盖住手背，两底角左右交叉，压住顶角绕手腕打结(见图 8-50)。包扎脚部时采用相同的方法。

(6) 三角巾包扎脚和小腿。脚趾朝向三角巾底边，把脚放在近一底角底边的一侧，提起顶角与较长两侧的底角交叉包裹小腿打结，再将另一个底角折到脚背上，绕脚腕与底边打结(见图 8-51)。

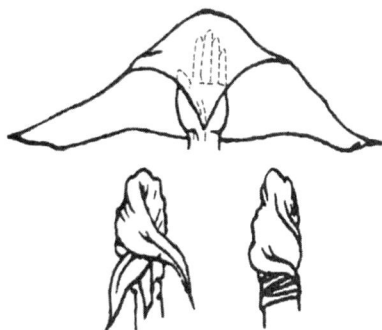

图8-50　三角巾包扎手　　　　　图8-51　三角巾包扎脚和小腿

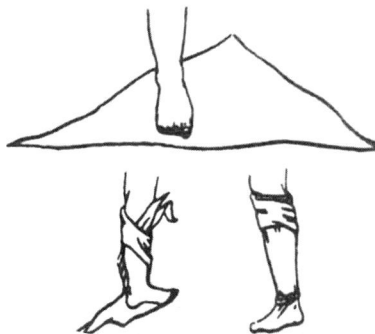

(7) 三角巾包扎上肢。将三角巾的一个底角打结后套在手上，另一个底角沿手臂后侧拉至对侧肩上，用顶角包裹伤肢，前臂屈至胸前，拉紧两底角打结(见图 8-52)。

(8) 三角巾包扎肘和膝。将三角巾折成带状，将带的中段斜放在伤口处，取带的两端分别压住上、下两边，包绕肢体一周后打结(见图 8-53)。

3. 胸(背)部的包扎

将三角巾的顶角放在伤侧肩上，把两底角拉到背后打结，然后和顶角打结(见图 8-54)。本方法也适用于背部的包扎。

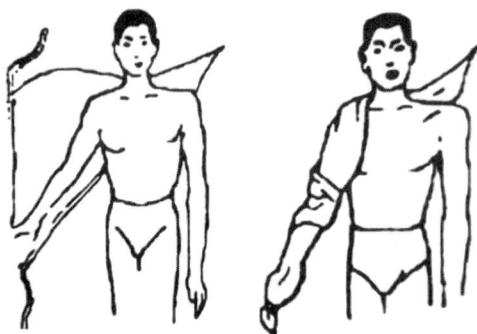

图8-52　三角巾包扎上肢　　　　　图8-53　三角巾包扎肘和膝

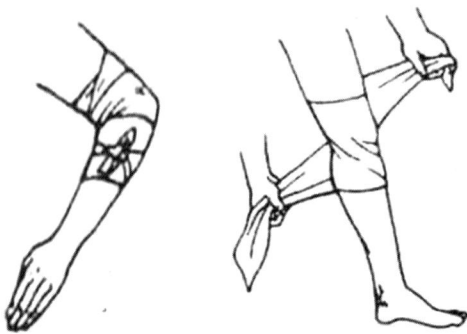

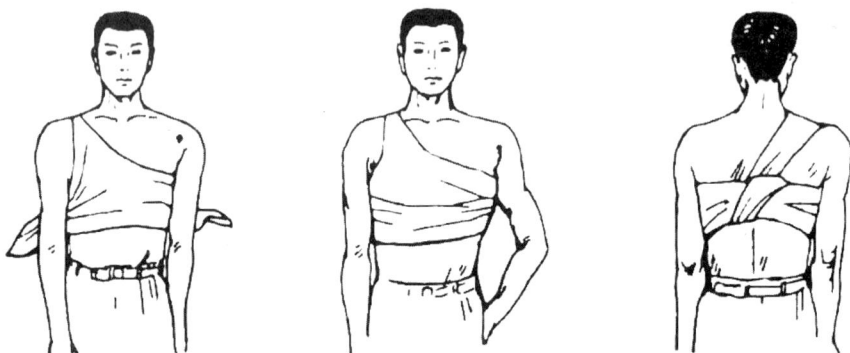

图8-54　胸部的包扎

4. 腹部的包扎

将三角巾中的顶角朝下，放在一侧大腿根部稍下方，用一个底角包绕大腿与顶角打结，将另一个底角提起围腰与底边打结，在包扎完 5 分钟后，必须检查受伤部位远端肢体有无发麻、发胀的症状。如果不易分辨，可与对侧肢体进行比较，以便确认是否有包扎过紧导致的远端肢体缺血症状，伤员自己也应注意观察远端肢体。如果出现皮肤发紫、肢体麻木、疼痛加剧等症状，应立即报告，以便及时进行调整。

(三) 固定

骨折是最为常见的外伤之一。骨折后如没有及时、正确的固定，有可能因剧烈疼痛导致休克，还会影响伤肢功能的恢复。严重时，可因刺破血管、离断神经而造成重大的伤情。骨折可分开放性骨折与闭合性骨折两种。凡骨折断端刺破人皮肤与外界相通的称为开放性骨折。骨折断端未刺破人体皮肤，不与外界相通的称为闭合性骨折。

1. 骨折的特征与判定

判断骨折的方法：一是疼痛剧烈，在骨折处有明显的压痛；二是功能受限，不能活动；三是局部肿胀；四是完全骨折时，因断端移位而发生肢体畸形(常表现缩短或伸长、弯、屈曲、旋转、错位、重叠)，并在断端移动时可听到骨擦音。

2. 骨折固定的方法

骨折伤员临时固定通常采用木制夹板，也可用木棍、竹片、树枝等代替。固定的方法主要有以下几种。

(1) 上臂骨折固定法。将两块夹板分别放在伤员的上臂内、外侧，垫好后用绷带或三角巾绑好，再用三角巾将前臂悬吊于其胸前(见图 8-55)。

(2) 前臂骨折固定法。在伤员前臂外侧放一块夹板，垫好后用两条绷带将骨折上、下端绑好，再将前臂吊于其胸前(见图8-56)。

(3) 小腿骨折固定法。将两块夹板(长度等于伤员大腿中部到脚跟)分别放于伤员小腿外侧，垫好后用绷带或三角巾等分段绑好(见图8-57)。

图8-55　上臂骨折固定法　　　　图8-56　前臂骨折固定法　　　　图8-57　小腿骨折固定法

(4) 大腿骨折固定法。将一块长度相当于从脚至腋下的木板，放于伤员受伤大腿的外侧，在关节和骨突处加上垫，再用5～7条绷带或三角巾分段绑好(见图8-58)。

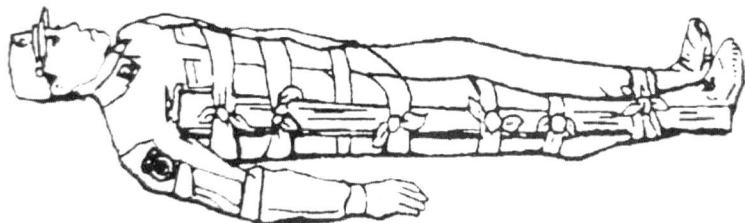

图8-58　大腿骨折固定法

(5) 脊椎骨折固定法。将伤员仰卧木板上，用绷带将伤员胸、腹、髂、膝、踝部固定于木板上。

(6) 颈椎骨折固定法。将伤员仰卧在木板上，颈下、肩部两侧要加垫，头部两侧用棉垫固定防止左右摇晃，然后用绷带(或三角巾)将额、下巴尖、胸固定于木板上。

(四) 搬运

1. 徒手搬运

单人徒手搬运可以采取扶、背(见图 8-59)、掮(见图 8-60)、抱(见图 8-61)等方法进行搬运。

图8-59　背　　　　图8-60　掮　　　　图8-61　抱

双人徒手搬运可以采取拉车式(见图8-62)、座椅式(见图8-63)等方法搬运。

图8-62 拉车式双人徒手搬运 图8-63 座椅式双人徒手搬运

2. 担架搬运

搬运前,先把担架放在伤员的伤侧,然后两名救护人员在伤员健侧跪下一腿,解开伤员的衣领后,第一人用双手平托伤员的肩和头部,第二人用双手捧着伤员的下肢,将伤员轻轻地抬放在担架上。伤员躺好后,再用衣物等柔软物体把空隙垫好,防止摇荡。担架行进时,伤员头部要向后,方便后面的人随时观察伤情。伤情恶化时,要停下来急救。抬担架行进时要保持平稳,搬运脊椎骨折伤员要用木板担架。冬季要注意伤员的防冻保暖,夏季要注意防暑遮荫。

二、个人卫生常识

个人卫生是集体卫生的基础。做好个人卫生,可以防止传染性疾病传播,有效保障官兵的健康。为了适应复杂艰苦的作战环境,圆满完成战备训练、施工生产等任务,每个军人都必须注重健康,养成良好的卫生习惯。

(一) 个人卫生的要求

军人这一特殊职业,要求官兵必须有强健的体魄。《中国人民解放军内务条令》也对官兵的个人卫生作出了明确规定,全体官兵必须做到:饭前、便后洗手,不吃(喝)不洁净的食物(水),不暴饮暴食;勤洗澡,勤理发,勤剪指甲,勤洗晒衣服、被褥;不随地吐痰、便溺,不乱扔果皮、烟头、纸屑等废弃物;保持室内和公共场所的清洁卫生;积极提倡戒烟。

(二) 个人卫生的内容

(1) 皮肤的卫生。清洁、健康的皮肤对全身各器官都有保护作用。因此,要保持皮肤清洁,勤洗澡,提倡淋浴和冷水擦澡。

(2) 手脚的卫生。养成饭前便后洗手的习惯,经常修剪指甲,保持指甲干净。经常保持脚的清洁和干燥,尽可能每天洗脚、换袜子。要穿大小合适的鞋子。

(3) 头发的卫生。个人头发过长,既不卫生,也不方便战场行动,一旦受伤还易发生感染。因此,要保持头发整洁,定期理(剪)发,不留胡须,不与他人共用梳子和剃须刀。

(4) 脸部的卫生。个人要养成勤洗脸的良好习惯,注意保持脸部的卫生。不要与他人共用洗漱用品,防止细菌、病毒交叉传染。冬季提倡用冷水洗脸,用干毛巾擦脸,以提高御寒能力。

（5）五官的卫生。经常刷牙、漱口，保持口腔卫生；擦眼、鼻时要用干净的手帕或纸巾，不要用手抠鼻子，不要用树枝、火柴等尖硬物体清洁外耳道，不要在光线不足处或强光下看书。执行任务遇到风沙时，宜佩戴风镜。

（6）饮食的卫生。做好饮食卫生是防止"病从口入"的关键。注重合理饮食，不暴饮暴食，不喝生水，不吃变质的食物，食用洗净的瓜果。应当实行分餐制，积极预防各种传染性疾病和消化系统疾病的发生。

（7）衣服和卧具的卫生。衣服和卧具要勤换洗，若不能换洗，则应定期打开抖一抖，并在阳光下暴晒一会儿。这样可以大大减少衣服和卧具上的细菌和病毒，有利于个人身体健康。

三、意外伤害的急救

意外伤害是指外来的、突发的和意料不到的对人体造成伤害的事件。意外伤害的原因多种多样，造成的伤害结果也各不相同。在日常生活中，一旦发生意外伤害事件，我们首先要保持镇静，正确开展急救，迅速排除致命和致伤因素，降低伤员痛苦，防止伤情加重或造成并发症。必要时，及时求助专业人员或送医院救治。这里简单介绍几种常见意外伤的急救方法。

（一）被蛇咬伤的急救

毒蛇有毒牙和毒腺，头部大多呈三角形，颈部较细，尾部较短粗，色斑较鲜艳，牙齿较长。被毒蛇咬伤的，患处一般是 2～4 个大而深的牙痕，局部疼痛。被无毒蛇咬伤的，患处一般是两排"八"字形牙痕，小而浅，排列整齐，伤处无明显疼痛。若暂时无法确定的，则应按毒蛇咬伤处理。

急救措施：①立即就地自救或互救，千万不要惊慌、奔跑，那样会加快毒素的吸收和扩散。②立即用皮带、布带、手帕、绳索等物在距离伤口 3～5 厘米的地方缚扎，以减缓毒素扩散速度。每隔 20 分钟需放松 2～3 分钟，以避免肢体缺血坏死。③用清水冲洗伤口，用生理盐水或高锰酸钾液冲洗更好。此时，如果发现有毒牙残留必须拔出。④冲洗伤口后，用消过毒或清洁的刀片，以两个毒牙的牙痕为中心做"十"字形切口，切口不宜太深，只要切至皮下能使毒液排出即可。⑤有条件的话，可以用拔火罐或者吸乳器反复抽吸伤口，将毒液吸出。紧急时也可用嘴吸，但是吸的人必须口腔无破溃，吐出毒液后要充分漱口。吸完后，要将伤口温敷，以利毒液继续流出。⑥可点燃火柴，烧灼伤口，破坏蛇毒。⑦尽快食用各类蛇药，咬伤 24 小时后再用药无效。同时可用温开水或唾液将药片调成糊状，涂在伤口周围的 2 厘米处，伤口上不要包扎。⑧经处理后，应立即送医院救治。

（二）被狗咬伤的急救

被狗咬伤对人的危害较大，因为狗的牙齿里有各种病菌和病毒，很容易通过伤口侵入人体，引发疾病，甚至造成伤风，致人死亡。如果是被疯狗咬伤，还会由狂犬病毒引发狂犬病，狂犬病致人死亡率非常高，所以，被狗咬伤决不能轻视，必须采取紧急处理措施。

急救措施：①一般情况下很难区别是否被疯狗咬伤，所以一旦被狗咬伤，都应按疯狗咬伤处理。②被狗咬伤后，要立即处理伤口，首先在伤口上方扎止血带(可用手帕、绳索等代用)，防止或减少病毒随血液流入全身。③迅速用洁净的水或肥皂水对伤口进行流水清洗，彻底清洁伤口。伤口上不要包扎。④迅速送往医院进行诊治，在 24 小时内注射狂犬病疫苗和破伤风抗毒素。

（三）被蜜蜂、黄蜂等蜇伤的急救

蜂的种类有很多，有蜜蜂、黄蜂和土蜂等。蜂的腹部末端有与毒腺相连的蜇刺，一旦扎入人体，可随之注入毒液。伤处会出现肿胀、水疱，局部剧痛或搔痒，甚至出现头痛、恶心、烦躁、发烧等症状。

急救措施：①不要过度紧张、应保持镇静。②如有毒刺蜇入皮肤，先拔去毒刺。③可用肥皂水、食盐水或糖水清洗伤口。④被黄蜂蜇伤的，可以取食用醋涂在患处。⑤可以将大蒜、生姜捣烂后取汁涂于患处。⑥可取少许韭菜，洗净捣烂成泥状涂在患处。⑦症状严重的，应送医院救治。

(四) 触电的急救

触电是电击伤的俗称，是指人体直接触及电源或高压电经过空气或其他导电介质传递电流通过人体时引起的组织损伤、功能障碍，甚至死亡。超过 1000V 的高压电还可引起灼伤。闪电损伤(雷击)属于高压电损伤。

触电表现：轻者立刻出现惊慌、呆滞、面色苍白，触电部位肌肉收缩，且有头晕、心跳过快和全身乏力。重者出现昏迷、持续抽搐、心室纤维颤动、心跳和呼吸停止。有些触电患者心跳和呼吸极其微弱，甚至暂时停止，处于"假死状态"，因此要认真鉴别、救助触电患者。

现场急救：①切断总电源。如果电源总开关在附近，则应快速切断电源，再采取下一步措施。②脱离电源。用绝缘物(如木质制品、塑料制品、橡胶制品、书本、皮带、棉麻制品、瓷器等)快速将电线、电器与伤员分离。同时要防止相继触电。③心肺复苏。对心跳、呼吸停止者立即进行心肺复苏。④妥善处理、包扎电烧伤伤口。⑤迅速送医院救治。

(五) 烧伤和烫伤的急救

烧伤和烫伤由火焰、沸水、热油、电流、射线、化学物质(如强酸、强碱)等物质引起。最常见的是火焰烧伤，热水、热油烫伤。

烧伤和烫伤主要是损伤皮肤，轻者皮肤肿胀，起水泡，疼痛；重者皮肤烧焦，甚至血管、神经、肌腱等受损，呼吸道也可能烧伤。烧伤引起的剧烈疼痛等伤害可能导致休克，后期还可能感染败血症，危及生命。

急救措施：①立即脱离险境，不能带火奔跑，否则不利于灭火，还会加重呼吸道烧伤。②带火者应快速卧倒，就地打滚灭火，或用水灭火，也可用棉被、大衣等覆盖灭火。③可用冷水冲洗伤肢，冷却受伤部位。④脱掉伤处的手表、戒指、衣物等。⑤可用消毒敷料(或毛巾、床单等)覆盖伤处。⑥勿刺破水泡，伤处勿涂药膏，勿粘贴受伤皮肤。⑦口渴严重时可喝盐水，以减少水分经由皮肤渗出，防止休克。⑧迅速转送医院救治。

四、心肺复苏

心肺复苏是指对由各种原因所导致的循环和呼吸突然停止、伴有意识丧失的急症而采取的一系列急救措施。现场急救包括人工呼吸和胸外心脏按压两个方面，病人送到医院后一般还需用药物或器械继续抢救(如脑复苏等)。现场抢救时，若病人只是呼吸停止而心跳尚存，可以立即进行人工呼吸；若病人伴有心跳停止，则需同时进行胸外心脏按压。在实际病例中，呼吸停止与心跳骤停往往同时存在或相继存在。

(一) 心跳、呼吸骤停的原因

心跳骤停的原因主要有各种心血管疾病(如冠心病、脑血管意外、急性心肌梗塞)、意外伤害(如溺水、电击)、严重创伤和大失血等。呼吸停止的原因主要有气道异物阻塞、呼吸中枢抑制、窒息等。不论是什么原因导致的心跳、呼吸骤停，都要尽快进行心肺复苏，尽早建立有效的血液循环和人工呼吸，以挽救病人的生命。

(二) 人工呼吸的做法

一旦遇到疑似失去知觉，呼吸、心跳骤停的病人，首先要在最短时间内识别、判定病人的病情及其通气、循环状态。这可以通过轻轻摇动病人肩膀并对其叫喊，将耳朵贴向昏迷者口部并观察其胸部起伏与否，用耳朵听和面颊感觉来判断病人是否有呼吸；也可以用棉絮等贴于病人鼻孔口，观察摆动与否来判断病人呼吸情况。如果确定病人已经停止呼吸，应该迅速采取口对口的方式进行人工呼吸。

一般做法：先将病人平躺仰卧，清理其口中堵塞物，确保呼吸道通畅；然后用手托起其下颌，使头部向后仰翻，将其口腔打开；再用一只手捏住病人鼻孔，另一只手放在其颈下并上托；自己深吸一口气，对准病人口用力吹气，再迅速抬头并松开双手；倾听病人有无回气声响，若有则表示呼吸道通畅。如此反复进行，每分钟 16～20 次。如果病人心跳已停止，应同时进行心脏按压，每按压心脏 4～5 次后吹气一次，吹气应在放松按压的间歇中进行。

(三) 胸外心脏按压

如果发现病人已经失去知觉，应立即检查其心脏是否跳动，可用手指接触其喉结两侧颈动脉，看其有无搏动。如果没有搏动，应立即采用胸外心脏按压法抢救。

一般做法：先将病人平躺仰卧在地上或硬板上，找准按压部位(见图 8-64)，将左手掌部压在病人胸骨下 1/3 处，右手掌压在左手背上，然后用力向下按压，使其胸骨下陷 3～4 厘米，再放开。如此反复进行，每分钟 60～80 次。进行胸外按压的同时，还应进行口对口人工呼吸(见图 8-65)。如果急救时只有一人，可先向病人口中吹 4 大口气，接着按压 15 次，再吹 2 大口气，再按压 15 次，如此反复进行。

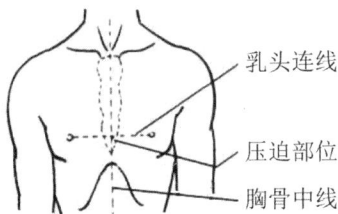

图8-64 胸外按压部位

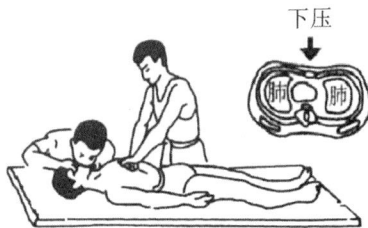

图8-65 人工呼吸与胸外按压

(四) 心肺复苏效果的判定

心肺复苏是否有效可以从以下几个方面判定：①每次心外按压后可摸到病人颈动脉一次搏动，说明心肺复苏有效。②病人面色由苍白或青紫逐渐转为红润，嘴唇变红，说明心肺复苏有效；若病人面色转为灰白说明心肺复苏无效。③病人瞳孔由大变小说明心肺复苏有效，若瞳孔由小变大且固定则说明无效。④病人出现自主呼吸说明心肺复苏有效。

一般来说，病人呼吸、心跳恢复，只是现场初级心肺复苏的成功。之后，病人还必须及时转送附近医院进行后期救治。若病人深度昏迷，自主呼吸持续停止，瞳孔散大且固定 15～30 分钟以上，则表明脑已死亡。心肺复苏持续 1 小时以上仍无心跳、无脉搏，则表明心脏死亡，可以终止心肺复苏。但是，如果病人有脉搏，收缩压保持在 8 千帕(60 毫米汞柱)以上，瞳孔处于收缩状态，则应继续进行心肺复苏抢救。

五、战场自救与互救

战场自救与互救是战时参战人员负伤后的自我救护和相互救护活动，是战场上挽救伤员生命、赢得后续救治机会的重要方式。战争经验表明，及时、准确的战场救护，可有效挽救伤员生命、减少残废，也有助于巩固官兵战斗意志，恢复部队战斗力。

(一) 利用地形地物隐蔽和抢救伤员

战场急救是指在战场上对负伤人员实施最初救护的活动，包括卫生人员救护和官兵自救互救。在战场上，救治伤员时遭敌袭击的可能性较大，伤员也随时面临生命危险，导致抢救与防护的矛盾更为突出，因此，要努力做到：一是合理确定抢与救的顺序。救护伤员前，应根据敌情、伤情和地形条件，快速、果断地决定是采用抢出优先法还是急救优先法。抢出优先法是指对伤员首先进行隐蔽，然后再进行急救的方法。该方法一般是在伤员暴露在敌人火力威胁范围，而其伤情又不至于危及生命时采用，即先将伤员快速搬运到敌人武器射程之外或射击死角，然后再进行急救。急救优先法是指对伤员首先进行急救，然后再进行隐蔽的方法。当伤员受到致命性伤害时，如不马上急救，就会有生命危险，因此，当敌人火力威胁不大，且附近无可利用地形时，就应采取急救优先法。如果伤员伤情严重、敌人火力威胁也较大，此时急救人员先应对伤员实施快速止血、简易包扎、解除窒息等救命性措施，然后再利用地形、地物进行快速隐蔽。二是充分利用地形地物隐蔽和施救。战场情况瞬息万变，而急救需要一定时间。在施救过程中，一旦被敌人发现或遇敌火力袭击，往往会措手不及，此时若中断急救操作，就可能会造成新的伤亡。因此，在施救前，只要伤员的伤情允许，急救人员应主动、就近利用地形、地物，先分散隐蔽伤员，再进行急救操作。一般要就近利用后方或左右侧的地形、地物隐蔽，才不容易被敌人发现和击中，也便于下一步集中和搬运伤员。同时，要注意避开明显、独立、易燃、易爆、易倒塌的地形地物，进行快速、分散隐蔽，避免暴露行踪而再次遭敌打击，造成重大损失。

(二) 采取科学搬运方法使伤员脱离火线

施救完成后，战友生命虽然暂时保住了，但敌人火力打击随时都可能给伤员造成二次伤害。因此，保护伤员、快速搬运至关重要。在战场上搬运伤员，目标变大、行动缓慢，易遭敌火力打击，因而要根据敌情、伤情、地形等条件，采取科学的搬运方法和防护措施，尽快将伤员搬离阵地。这就要求我们：第一，要分清轻重缓急，原则上按"一重、二轻、三烈士"的顺序进行搬运。重伤员的伤情复杂，生命垂危，且丧失自我防护能力，如不能及时搬下阵地，随时会出现生命危险，因而应作为优先搬运对象。第二，要积极、主动保护伤员。搬运过程中，如遇敌人火力威胁，要及时隐蔽、保护伤员，避免其伤情加重或再次受袭。第三，要利用制式器材和就便材料搬运。在战场上，一旦伤员数量剧增，制式搬运器材不能满足需要时，要积极制作和利用就便材料进行搬运，必要时也可进行徒手搬运。第四，要充分利用装甲救护车、救护直升机和救护艇等现代化装备搬运伤员。这些装备具有机动能力强、装载量大的优势，用于搬运可提高伤员的存活概率。

第三节　常规与核生化防护

防护是指在战斗中防备敌人的各种常规武器和核生化武器的杀伤，有效保护自己的行动。战时做好防护工作，可以有效地应对各种袭击，使自己处于没有危险、不受伤害的安全状态。学习一些防护知识，掌握必要的防护技能，在战时可以有效地抵抗敌人的空袭行动，在平时则可以冷静处理所面临的灾害、事故，减少、降低自身受到伤害的概率和程度。

一、防护设施和器材

防护设施是指为抵抗各种杀伤性武器破坏而修建的各种防护工程、建筑设施等的统称，一般包括露天式、掩盖式、坑道式的人防工程和必要的防护设备器材等。防护器材是个人用于防止化学毒剂、放射性灰尘和生物战剂气溶胶等伤害的各种器材的统称。

(一) 人防工程

人防工程也叫人防工事，是指为保障战时人员与物资掩蔽、人民防空指挥、医疗救护而单独修建的地下防护建筑，以及结合地面建筑物修建的可用于战时防空的地下室。人防工程既是保存战争潜力、坚持城市防空袭斗争的物质基础，又是保护人民群众生命和财产安全的主要设施。人防工程与城市建设紧密相连，且容量较大，设备齐全，平时主要服务于国家经济建设，战时则用于人员防护和物资储备。

1. 人防工程结构

人防工程一般由口部、主体和设备间等几个部分组成。其主体部分主要用于人员、物资的掩蔽，也可根据需要设立指挥所、通信站、医疗救护中心等机构。口部也称工程头部，是主体与地面的连接部分，由出入口和防护措施构成。出入口是供人员和设备进出的孔口，每个人防工程均有两个以上的出入口，一般处在主体的两侧。在出入口处安装有防护设施，主要包括防护密闭系统、滤毒通风系统、洗消系统、自动报警控制系统和剂量监测化验系统等。

(1) 防护密闭系统。主要由防护门、防护密闭门、密闭门及防毒通道组成，其作用是阻止染毒空气经出入口进入人防工程内部。

(2) 滤毒通风系统。主要由防爆破活门、扩散室、密闭阀门、滤尘器、滤毒器、鼓风机、氧气再生装置组成。此系统是人防工程防护设施的基本内容，主要是起到滤除烟尘、毒雾和吸附毒剂蒸汽的作用，可将净化的清洁空气由风机通过管道送入人防工程内，保证人员呼吸需要。

(3) 洗消系统。主要由洗消间、洗消器材、消毒药品等组成。此系统用于对进入人防工程的人员进行局部或全身洗消，防止他们将毒剂等带入工程主体内，保证内室安全。

(4) 自动报警控制系统。主要由 γ 射线报警器、含磷毒剂报警器、自动控制台等组成。当射线报警器或含磷毒剂报警器探测到核袭击或毒气袭击时，就会发出报警信号，同时自动控制系统会关闭鼓风机和阀门，防止有毒气体和放射性尘埃进入人防工程内部。

(5) 剂量监测化验系统。用于人防工程内外的空气、食物、水源的取样化验，防止受到污染。

2. 进出人防工程的行动

熟悉人防工程的位置和前往的道路，熟悉白天和夜晚出入口的识别标志。当进入战时状态后，要准备好个人必需品，如身份证件、手电筒、个人防护器材、饮用水、干粮食品等，切不可携带易燃、易爆、有毒或有气味的物品，做好随时进入人防工程掩蔽的准备工作。

空袭警报响起后，人员应快速进入指定的人防工程，外出人员应尽快进入其附近人防工程。进入人防工程后，要听从工作人员指挥，禁止大声叫喊，禁止在出入口处拥堵。如果人防工程内暂无灯光，人员应靠右摸扶墙壁行进。敌人空袭开始后，一般禁止人员进出人防工程。空袭警报解除前，任何掩蔽人员不得开启防护门私自离开。空袭警报解除后，掩蔽人员要有秩序地撤出人防工程，防止因拥挤造成伤害。

(二) 防护器材

防护器材又称个人"三防"器材，主要包括呼吸道防护器材、皮肤防护器材、其他个人防护器材等。

1. 呼吸道防护器材

呼吸道防护器材主要是指防毒面具，是保护人员的呼吸器官、眼睛和面部免受毒剂、细菌及放射性灰尘的直接伤害的个人防护器材。常见的过滤式防毒面具有 FMUO3 型防毒面具、FMI05 型防毒面具等。

过滤式防毒面具主要由面罩、滤毒罐和面具袋等部件构成。滤毒罐分成滤烟层和滤毒层两部分：滤烟层能有效滤除毒烟、毒雾；滤毒层则能滤掉空气中的毒气。战时，如果某些毒气不能被滤毒罐除去，则需换成有生氧剂的面具进行防护。选用防毒面具应注意：一要选配适合自己的面具，过大、过小都不能保证防护效果；二要检查外观是否有损坏；三要进行灭菌以保证卫生；四要检查气密性，查看是否漏气；五要进行佩戴练习，确保战时正确、迅速地佩戴面具。此外，由于滤毒罐的过滤能力有限，故不可以超过使用时限。

2. 皮肤防护器材

皮肤防护器材能够有效地阻挡化学毒剂、生物战剂及放射性尘埃对人体皮肤的直接伤害。皮肤防护器材主要包括防毒衣、防毒斗篷、防毒手套和防毒靴等。防毒衣用来保护全身，防止皮肤渗透性毒剂与皮肤接触；防毒斗篷用于阻挡敌机布撒的毒剂液滴与服装或皮肤接触；防毒手套和防毒靴用以防护手和脚。

现用 66 型连身式防毒衣是上衣、裤子、靴套连在一起，与手套、腰带和衣袋组成完整的一套。穿戴时，要先撑开颈口、胸襟，把两腿穿入裤内，再穿好上衣；然后卷起外袖，将拇指插入套环，系好鞋带、腰带；接着戴上防毒面具，戴上防毒斗篷，扎好胸襟、颈带；最后戴上手套，放下袖子并系紧。常见的皮肤防护器材主要有 FDPO3 型防毒斗篷、FST04 型防毒手套、FXT02 型防毒手套、FFFO1 型防毒服和 FFFO2 型防毒服。

3. 其他个人防护器材

在条件许可的情况下，还可以配备个人消毒急救盒、侦毒纸等个人防护器材。个人消毒急救盒内装有消毒粉、预防药品、急救药品和自动注射器等，可用以对染有毒剂液滴的人员皮肤、武器和服装进行消毒，预防含磷毒剂的中毒和进行急救；侦毒纸可用于侦检毒剂。熟练地使用个人防护器材，可有效地减轻人员在核、生、化袭击时的伤亡。

4. 制作简易防护器材

在制式防护器材不足时，也可以充分利用就便材料，制作一些简易防护器材，提供人员防护使用。

(1) 简易呼吸道防护器材。如滤毒口罩(取普通毛巾叠 12 层，将上端两角折回，按个人脸型缝成鼻垫，缝上带子做成口罩，再浸上弱碱性溶液即可使用，这对沙林、光气、氢氰酸等化学毒剂有一定防护效果)、简易滤毒筒(见图 8-66)。滤毒材料可用晒干的浸碱颗粒、石灰黏土颗粒等；滤烟材料可用木屑、纸粉、棉花和棉织物等。制作时要注意均匀装填，保证气流均匀通过；佩戴时要注意滤毒筒与脸部的密合程度，否则达不到防护效果。

(2) 简易防毒眼镜。选取一些合适材料制作成防毒眼镜，可用于对眼睛的防护。

(3) 简易防毒面具。可用简易防毒面罩、简易滤毒筒、简易防毒眼镜合成简易防毒面具。做防毒面罩的材料要柔软，且有一定的强度，不透气，如人造革、橡胶布等。

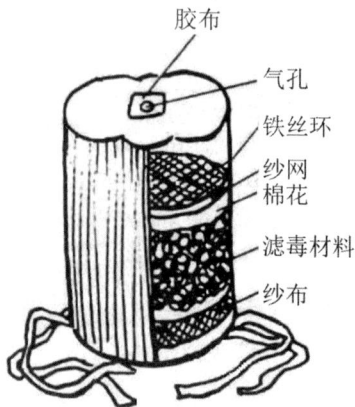

图8-66　简易滤毒筒结构

二、防护技能和方法

在战争中，常规武器和核生化武器的杀伤破坏因素和对人员伤害效果不尽相同，因此对这些武器的防护方法和技巧也有一定的差别。

(一) 对常规武器空袭的防护

目前，我国已经建立较为完备的防空预警系统。一旦爆发战争，各级人民防空机构会根据敌人可能发动的空袭情况，通过固定警报台、移动警报车以及广播、电视、网络等方式发放防空警报，即预先警报、空袭警报和解除警报。人民群众在听到防空警报后，应根据不同的警报种类，采取相应的防护行动。

对预先警报的响应行动：听到预先警报后，在室内的人员应立即关闭电源、水管和燃气阀门，携带好个人防护器材和必要生活用品，按定人、定位、定路线的要求，快速有序地进入人防工程。公共场所的人员、车辆，应听从有关人员的指挥，迅速到指定地点隐蔽。夜间还应遵守灯火管制等规定。

对空袭警报的响应行动：听到空袭警报时，应进入最近的人防工程隐蔽；如情况紧急无法进入人防工程，要利用地形、地物就近隐蔽。在空旷地，可选择最近的路沟边、低洼地、土堆旁、大树下疏散隐蔽、迅速卧倒；在室内，可在钢筋混凝土建筑物(5层以上)的底层或底层走廊、楼梯下，或在跨度较小的间、室、房等处藏身；不具备上述条件时，可在靠墙角的桌下、床下卧倒，并避开门窗和易燃、易爆物；在公共场所，如车站、码头、商场、影剧院的人员，要利用地形、地物分散隐蔽，切勿慌张、拥堵、乱跑，应尽快进入最近地下室、地铁车站或钢筋混凝土建筑物底层隐蔽，特别不可在油库、高压线等危险地点逗留。

对解除警报的响应行动：听到解除警报后仍不可大意，还需要注意以下两点：一要进入安全地带。听到解除警报并不意味着危险消除了，房屋还可能倒塌，还可能发生大火，周围区域也可能染毒、染菌，甚至沾染放射性物质。因此，应认识到潜在的危险，时刻保持清醒的头脑，携带好自己的物品，快速撤离危险区域，进入安全地带。二要遵守战时生产、生活秩序。敌人的空袭往往会给社会、家庭造成重大损失，因此，全体人员应积极行动起来，协助有关部门尽快恢复生产、生活秩序，使空袭的损失降到最低。

此外，敌人空袭范围很广，情况复杂多变。除了利用人防工程进行防护外，还可以根据具体情况，采取多种措施进行防护。例如及时将人员、物质、设备进行疏散防护，利用地铁、隧道、溶洞进行掩蔽防护，利用合适的地形、地物进行隐蔽防护，采取施放烟幕、涂布迷彩、人工植被、设置遮障和假目标进行伪装防护等。

(二) 对生、化武器空袭的防护

敌人使用生、化武器进行空袭后，其中的生物战剂和化学毒剂可能通过误饮、误食、误吸、皮肤接触、蚊虫叮咬等途径，给人员、牲口和动植物等造成伤害。生、化武器通常被用于袭击后方城市、港口、车站和交通枢纽，对人口密度大、文化知识落后、卫生条件差的地区造成的危害可能更为严重。目前，对生、化武器的防护主要有两种方法。

1. 利用器材防护

防护器材主要有呼吸道防护器材、皮肤防护器材、简易防护器材和防护急救包。熟练使用手中防护器材可以有效地保护自己，免受生、化武器的伤害。

(1) 呼吸道防护器材，主要用于保护人员的呼吸器官、眼睛及面部，使其免受毒剂、生物战剂的伤害，如 65 型和 69 型防毒面具。

(2) 皮肤防护器材，主要用于保护身体免受毒剂液滴、云团的侵害，如 81 型、82 型皮肤防护器材。

(3) 简易防护器材。在制式器材不足时，可以利用雨衣、大衣、棉被、塑料布、油纸、毯子等作为简易防护器材，也能对皮肤起到一定的防护作用。

(4) 防护急救包。防护急救包可内装神经性毒剂预防药片、11 号注射针或 80 型急救针、粉剂、个人消毒手套、抗氰预防片和抗氰急救针剂。人们经过训练或在专业人士指导下，可用急救包救治受生、化学武器伤害的人员。

2. 利用地形防护

当毒剂云团或生物战剂气溶剂云团飘来时，人员应迅速转移到云团上风处或避开云团漂移路线。晴朗白天的气流上升时，应到上风低洼处；早、晚、阴天的气流下降时，应到上风高处。此外，生物气溶剂云团或毒剂云团均易在壕沟、山谷、洼地、丛林等处停留，因此防护时应该尽可能避开这些地方。

(三) 对核武器袭击的防护

一旦敌人用核武器进行空袭，其爆炸瞬间就会释放出冲击波、热辐射、核辐射、核电磁脉冲、放射性沾染等杀伤破坏因素，对人员、建筑、设施和装备会造成巨大伤害和破坏。这些杀伤破坏因素作用时间长短不一，有的只持续瞬间，有的可达几天至几十天，甚至数年。目前，应对核武器袭击的防护方法主要有以下几种。

1. 在开阔地上防护

当人员在开阔地上收到核袭击警报或发现核闪光时，应立即背向爆心卧倒，两手交叉压于胸下，两肘前伸，头自然下压夹于两臂之间，闭眼闭嘴(有条件时堵耳)，憋气(当空气变热时)，两腿伸直并拢。当行驶的车辆发现核闪光时，驾驶员应立即停车，将身体弯曲或卧伏于驾驶室内，乘车人员也应尽快卧倒。

2. 利用地形地物防护

利用土丘、土坎、坟包等高于地面的土堆，可以有效地减少核武器的杀伤。当发现核闪光时，应就近利用地形背向爆心迅速卧倒(动作要领与开阔地同)。如土丘、土坎或坟包较大时，也可面向爆心卧倒防护。

利用土坑、弹坑、沟渠等低于地面的凹地防护时，应快速跃(滚)入坑内，蜷缩身体，跪(坐)坑内，肘置腿上，两手掩耳，闭眼闭嘴，屏住呼吸。如坑大底宽，也可横向或面向爆心卧倒。利用沟渠时，应在横向爆心的沟渠卧倒防护；如沟渠走向朝着爆心，应利用拐弯处防护。

一般建筑物对瞬时杀伤破坏因素具有一定的防护作用。在室外时，应尽量利用墙体拐角或紧靠墙根卧倒；在室内时，可在屋角或桌、床下蹲下或卧倒，且应远离易倒塌的建筑物，避开门窗和易燃易爆物体。

此外，利用山洞、涵洞、下水道也可以进行防护，利用树木、丛林、青纱帐或潜入水中也有一定的防护效果。

3. 利用衣物装具防护

利用雨衣、塑料布、防毒斗篷和棉被、大衣、风衣、毛巾、手套、皮靴等防护，在一定程度上也可减轻或避免热、核辐射的伤害。防护效果一般是厚的比薄的好，密的比疏的好，浅色的比深色的好。核爆炸的冲击波在一定范围内会损伤人的耳膜，因此可利用耳塞、棉花或其他细软物堵塞耳孔进行防护。

思考题：

1. 简述人体关节的种类。

2. 人体有哪些要害部位？

3. 简述各种止血方法和注意事项。

4. 骨折固定方法有哪些？

5. 简述心肺复苏的一般做法和效果判定。

第九章

战备基础与应用训练

【教学目标】

了解战备规定、紧急集合、徒步行军、野外生存的基本要求、方法和注意事项，学会识图用图、电磁频谱监测的基本技能，培养学生的分析、判断和应急处置能力，全面提升综合军事素质。

第一节 战备基础与紧急集合

战备是军队为了应付可能发生的战争或军事突发事件而在平时进行的准备和戒备行动及工作。士兵作为部队的主体，担负着作战和应付突发事件的各项任务，必须牢固树立战备观念，了解战备常识，搞好战备的各项训练，以保证一旦遇到紧急情况能在最短的时间内准备好，能以最快的速度投入战斗，并能圆满地完成任务。所以，士兵要了解有关战备规定及要求，掌握一些如紧急集合、徒步行军、乘坐车辆等能够保证战备行动完成的动作和方法。

一、战备规定

战备规定的主要内容有战备教育、战备管理、战备方案、战备检查、战备值班、战备等级转换、"三分四定"等。士兵要重点掌握战备等级转换和"三分四定"两项内容。

(一) 战备等级转换

战备等级是指根据军队战备工作的轻、重、缓、急程度，按一定的标准进行划分的等级。我军的战备等级共分为四级：四级战备、三级战备、二级战备和一级战备。

(1) 四级战备，为最低一级。此时部队呈戒备状态，控制外出，进行必要的战备教育，保持警惕性。

(2) 三级战备，部队进入部分作战准备状态，收拢人员，进行战备动员和物资器材的准备。

(3) 二级战备，部队进入全面准备状态，进行深入的战备动员，完成一切战斗行动(拉动)准备。

(4) 一级战备，为最高一级。此时部队呈待发状态，人员、车辆、物资器材全部准备就绪，武器不离身，并立即进行临战动员，一声令下，就可立即出动。

在通常情况下，部队应根据命令由平时状态向四级、三级、二级、一级战备状态依次转进。有时也可根据命令越级转进。士兵应按照规定保持装备完好率和人员在位率，保证随时遂行各种任务。部队一旦进入战备等级状态，就要求每一名士兵必须做到：第一，严格遵守保密规定，不泄露部队行动的秘密；第二，外出探亲人员，接到上级的通知后要迅速归队；第三，服从命令、听从指挥，按上级的命令完成各项工作；第四，提高警惕，坚持在岗在位，保持良好的战备状态；第五，进一步落实战备计划，随时做好出动准备。

(二) "三分四定"

"三分"是将个人的物资分为携行、前运、后留三部分，分别放置。携行物资是在紧急情况下自己随身带的必备物资；前运物资是指有些物资个人很需要，但自己携带不了，需要上级单位帮助运走的物资；后留物资是不需要带走的个人物资(自己买的，不是部队发的东西)，留在营房里，由上级统一保管。

"四定"，即定人、定物、定车、定位。定人，根据战备行动方案，确定每个士兵在可能出现的紧急情况中所担负的任务、归谁指挥、可能的行动等内容；定物，确定士兵紧急出动时携带物资的数量、种类，主要规定武器装备的携带方法；定车，确定士兵紧急出动时所乘坐的车辆(几号车)；定位，确定士兵乘坐车辆的具体位置及在行进中可能担负的任务。

"三分四定"是战备工作的重要内容，每一个士兵平时要严格按规定做好各项工作，保证一旦有紧急情况就可立即出动。

二、紧急集合

紧急集合是指在紧急情况下快速进行的集合，是应付突然情况的一种紧急行动。比如，发现和遭到敌人的突然袭击时；受到火灾、水灾、地震、台风等自然灾害威胁时；上级赋予紧急任务或发生重大意外情况时等。部队通常是根据上级的紧急战备号令实施紧急集合，以警报、哨声等为信号，在极短时间(一般为5分钟)内对所属人员按警勤要求进行集中。士兵一旦接到信号或命令时，应立即按规定着装，携带好武器装备和器材，迅速到达规定地点集合。

紧急集合分为全副武装紧急集合和轻装紧急集合两种。全副武装紧急集合是根据当时部队所处的战备等级状态而确定。此时，人员的负荷量、携行的装备和器材均按战备方案和上级要求执行。轻装紧急集合是在执行临时紧急任务时所采取的方式。在着装时，为减轻士兵的负荷量，通常不背背包(或携带单兵生活携行具)，以提高部队快速机动能力。紧急集合一般包括以下四个步骤。

(一) 着装

通常着作战服。昼间进行紧急集合时，一般按当时的训练着装进行。如果上级重新规定着装，士兵应立即换装。夜间实施紧急集合时，士兵应迅速起床，按照帽子(冬季戴皮、棉帽时，披装后再戴)、上衣、裤子、袜子、鞋子(双层床上铺的士兵打完背包再穿鞋子)的顺序进行穿戴。

(二) 整理携行生活器材

在没有装备生活携行具时，应打背包。背包宽30~35厘米，竖捆二道、横压三道。米袋捆于背包上端或两侧；雨衣、大衣通常捆于背包上端，大衣袖子捆于背包两侧；鞋子横插在背包背面中央或竖插两侧；锹(镐)竖插在背包背面中央，头朝上。装备有生活携行具时，应按以下顺序进行：第一，迅速结合背架；第二，按规定将物品分别装入主囊、侧囊和睡袋携行袋；第三，组合背架和军需装备携行具。

(三) 装具携带(以步兵为例)

1. 没有装备战斗携行具的携带方法

(1) 携81式自动步枪装具。

全副武装：背手榴弹袋，左肩右胁；背挎包，右肩左胁；扎腰带(机枪手先背弹鼓)；披弹袋；背防毒面具，左肩右肋；背水壶，右肩左肋；背背包(火箭筒副射手背背具)；取枪(筒)和爆破器材(见图9-1)。

轻装：其他装具的披带同全副武装，只是不背背包，将锹(镐)头朝下背于右肩，系绳绕腰间与背绳系紧；米袋，右肩左肋；雨衣(冬季带大衣时，将大衣袖子留在外面卷紧捆好，再将袖口对接扎紧)左肩右肋(见图9-2)。

图9-1　全副武装士兵(正、背面)　　　图9-2　着轻装士兵(正、背面)

(2) 携95式自动步枪装具。

全副武装：背挎包，右肩左肋；背水壶，右肩左肋；背防毒面具，左肩右肋；扎腰带(机枪手先背弹鼓)；披弹袋；背背囊(背包，火箭筒副射手背背具)；取枪(筒)和爆破器材。

轻装：只是不背背囊(背包)，将锹(镐)头朝下背于右肩，系绳绕腰间与背绳系紧；米袋，右肩左肋；雨衣(冬季带大衣时，将大衣袖子留在外面卷紧捆好，再将袖口对接扎紧)左肩右肋；其他装具携带同全副武装。

2. 装备战斗携行具的携带方法

装备有战斗携行具时，应首先按要求将各功能模块组装好，然后将战斗携行具披挂于身上，取手中武器。

(四) 集合

士兵披装完毕后，迅速跑步到班集合地点，向班长报告。全班到齐后，班长带领全班迅速赶到排集合场，并向排长报告。

士兵在紧急集合时要做到：迅速、肃静、确实、完整、安全、便于行动。这就要求每名士兵在平时应按规定放置武器、弹药、装具和衣物，这样在紧急集合时就便于拿取和穿着，行动才不会慌乱。

第二节　行军拉练与宿营

行军拉练是部队离开营房驻地，到野外进行行军、宿营等科目，是一种模拟实战的训练。这种训练在野战部队很普遍，是与紧急集合相结合，把部队全员单兵装备，拉到野外进行机动训练的一种方式，有时在拉练过程中还要结合多内容、多科目的训练。行军拉练是对人意志的一种磨练，是增强官兵体质和提升战斗力的一种训练。在行军拉练过程中，每个人都会在纪律严明的压力下磨砺自己，使整个队伍变得更加团结和更有凝聚力，进而提高整个部队的战斗力。

一、行军要领和方法

行军是部(分)队沿指定路线有组织的移动,其目的是转移兵力,争取主动,形成有利态势。行军,按方式分为摩托化行军、徒步行军及徒步与摩托化相结合的行军;按时间分为昼间行军和夜间行军;按强度分为常行军、强行军和急行军;按行军方向可分为向敌行军、背敌行军和侧敌行军。

(一) 行军的准备

分队受领任务后,应在规定的时间内,有计划地做好行军准备。如果时间紧迫,可在行进中不断组织和完善。

1. 传达任务,确定行军方案

分队指挥员接到行军命令后,应迅速向部属传达任务。时间充足时,应适时召开支委会或骨干会,传达上级的行军命令,分析研究敌情、任务、地形、道路、气象等情况,确定行军方案,周密安排行军准备工作。方案的主要内容包括:行军路线、行军序列;各分队和配属分队的任务;前卫及搜索分队的编成和任务及警戒、搜索的方法;行军途中可能遇到的情况及处置方案和各种保障措施等。行军方案确定后,应明确分工、分头组织,积极做好各项准备工作,并充分发挥专业技术军官的作用。

2. 下达命令,进行思想动员

行军命令通常在行军前向所属和配属分队下达。时间紧迫时,也可在明确尖兵的编成、本分队序列和路线后,先指挥分队按规定的时间出发,其他事项在行进中明确。行军命令的内容主要包括:上级任务;本分队的任务;出发时间、路线,通过调整点的时间、行程,到达的时间和地点;行军序列、集合时间和地点;行军时速与分队间隔;大休息地点、时间与警戒;完成行军准备的时间等。指挥员应根据实际情况,对分队进行政治动员,讲清行军的目的和要求,鼓舞士气,保证任务顺利完成。

3. 组织各种保障

指挥员要根据受领的任务、敌情、地形、道路等情况,着眼特点,周密计划和全面组织行军的侦察、警戒、通信联络、防护和物资器材等工作,保障行军的顺利实施,准时按计划投入战斗或集结。

4. 检查行军准备

在出发前,分队指挥员应认真检查本分队的行军准备情况。检查事项主要包括:下属分队对行军命令传达落实和动员情况;武器、弹药、油料、粮食和各种器材的领取、携带情况;炊事班的生活物资保障准备情况;卫生保障准备情况及车辆状况等。

(二) 行军的实施

科学地组织实施指挥与管理是分队达成行军目的的重要保障。因此,行军时,指挥员应加强观察,掌握行军路线、方向、队形和速度,及时了解敌情、沿途地形和道路状况,克服各种困难,灵活、果断地处置各种情况,组织分队迅速、隐蔽地前进。

1. 接受命令按时出发

出发时,应按上级的命令,准时通过出发线,加入上级行军序列。在有可能出现意外情况下行军时,各排长应随连长在先头行进,以便及时受领任务。分队在公路或乡村路行军时,应沿道路的一侧或两侧行进,乘车时,沿道路的右侧行进。

2. 严格遵守行军纪律

行进中，应注意保持行进速度和规定的距离，听从调整哨的指挥。未经上级允许，不得超越前面的分队。经过渡口、桥梁、隘路等难以通行的地点时，应严密组织迅速通过，不准停留；通过交叉路口时，要看清路标，防止走错路。摩托化行军，应保持规定的车距、车速，不随意超车和停车，主动给指挥车和特种车让路。如车辆发生故障，应靠道路右侧，必要时离开道路停车抢修，修好后根据上级指示归队。徒步行军的分队应主动给车辆、执行特别任务的分队和人员让路。夜间行军应严格管制灯火。

3. 遵照指示组织休息

要严格按上级的指示组织休息。小休息应靠路边，并保持原来队形。在第一次小休息时，应督促大家整理鞋袜、装具等。大休息应离开道路，进入指定区域。休息时可组织野炊，督促驾驶员检查车辆，组织分队在规定地区休息。夜间休息时，人员不准随意离队，武器、装具要随身携带。出发前，应清点人数，检查装备，补充饮(用)水。

4. 认真处置各种情况

在山林地行军通过山垭口和上下坡时，应适当减速行进，以避免后面跑步追赶或掉队；火炮、车辆应适当加大距离。在严寒地带行军时，小休息时间不要过长，并禁止躺卧，以免发生冻伤。在炎热季节或在热带山岳丛林地行军时，应尽量利用早晚时间实施。要带足饮水和消毒、防暑药品，途中应采取防暑、防虫害的措施。

5. 安排专人收容伤病员

徒步行军时，应成立专门收容组，指定一名军官负责，带领一些卫生员和若干体力较好的士兵，在连队后负责收容伤病员和掉队人员，组织他们跟进，并根据情况消除路标等。

二、徒步行军

现代条件下作战，战场流动性增大，为争取主动，避免被动，士兵经常在上级组织下实施徒步行军。徒步行军是以步行方式实施的行军，通常在行军距离较近、输送工具不足或没有输送工具的情况下，以及地形不便于实施摩托化行军时采用。徒步行军对士兵的意志和体能是一个考验。无论是自然环境如何，只要作战需要，均要实施徒步行军。

(一) 徒步行军常识

徒步行军的优势在于目标小，分散快，易指挥，组织简便，利于隐蔽，受地形限制小。其不足之处是速度慢，体力消耗大。徒步行军，常行军乡村路为每小时4～5千米；山地为每小时3～4千米。急行军时，乡村路时速可达8～10千米。徒步行军时，通常开始行军后30分钟小休息一次，然后每行进50分钟小休息一次。小休息时间通常为10分钟(第一次小休息时间可稍长)。休息时，士兵应靠路的右侧(也可在路的两侧)，面向路外，放下背包，解开鞋带使脚放松，但武器、装具不能离身(见图9-3)。大休息通常在走完当日行程一半以上进行，休息时离开道路，进入指定地区休息，时间通常为2～3小时。大休息时，可以就餐、补充饮水，治疗脚伤，注意武器、装具始终不能离身(见图9-4)。

图9-3 行军小休息

图9-4 行军大休息(可适当补给)

(二) 徒步行军注意事项

士兵在行军过程中应按照正确的行军要领，坚决服从班(组)长的指挥，灵活处置各种情况，确保按时迅速到达目的地。

(1) 士兵徒步行军应按照全副武装或轻装的规定携行有关装具。

(2) 行军前，士兵应检查所带装具是否齐全，佩带是否牢固，尤其是要仔细检查鞋袜是否合适，以避免行军中脚打泡。

(3) 行军过程中，应均匀呼吸，全脚掌着地，调整好步幅，保持正常的行军速度。

(4) 行军掉队时，应大步跟上，尽量不要跑动，以节省体力，体力好的士兵要主动帮助体力差的战友，搞好体力互助。

(5) 小休息时，士兵应就地休息，及时调整体力，不要乱走动，并按要求处理脚上打起的血泡。

(6) 行军中，士兵要以灯光、旗语、音响、手势等简易信号通信、运动通信等手段传递口令，保持通信联络。

(7) 遇敌空中火力袭击时，士兵应就近利用地形进行防护；接到敌核、化学武器袭击警报时，人员迅速穿戴防毒面具和防护衣罩，就地隐蔽防护。警报解除后，应迅速抢救伤员，检查武器装备，恢复行军序列。

(8) 当道路、桥梁遭敌破坏或者遇到难以通行的地段时，应按命令绕行，无法绕行时，应及时报告上级。

(9) 在夜间、雨天、山地、水网稻田地、沙漠、雪地等一些特殊环境和地形条件下徒步行军时，士兵要根据特殊环境和地形的特点及当时的具体情况，按命令进行必要的物资器材准备，特别是一些辅助器材，如照明器材、绳索、木棍等。

(10) 行军中要注意紧跟队伍，不要掉队；无论遇到什么样的情况都要及时报告；要发扬不怕苦、不怕累的精神，坚决走到目的地。

三、宿营

宿营是指军队在行军或战斗后的临时住宿，目的是使部队得到休息和调整，车辆得到检查和保养，为继续行军或战斗做好准备。部队在组织宿营前，应当与地方政府有关部门取得联系，认真做好各项准备工作。

(一) 选择宿营区域

宿营地区的选择，应根据敌情、地形、任务和行军编成而定。既要能保证部队安全休息，又要便于迅速投入战斗。通常应远离城镇、集市、车站、渡口、大的桥梁，避开疫区、传染病流行村落，还要有适当的地幅和较好的进出道路。

选择露营地应当注意：尽量选择可以防风、防雨，山洪冲不到，不会受到落石或雪崩威胁的地方。尽量选择比较平坦开阔的空间，有助于发送求救信号，易于被救援者发现。尽量选择靠近水源，并有足量可利用林木的地方，但不要把帐篷搭建在与水源过分靠近的地方，以避免上游山洪暴发被冲走的危险。尽可能选择有自然地形地物可以利用的地方，以便为构筑庇护所打下良好的基础。利用自然地形地物构筑庇护所，不但可以节省材料和体力，而且可以提高庇护所的稳固性。尽量避开独立的高大乔木，因为它可能成为雷击的目标。尽量避开野兽出没的地方或野兽的饮水路线，以免遭到野兽的攻击。

(二) 宿营方式

宿营方式分为舍营、露营、舍营与露营相结合三种。舍营，是军队在房内宿营。露营，是军队在房舍外宿营，通常在不具备舍营条件时采用，是平时部队训练的重点。这里主要介绍野外露营。

野外露营的方式分为利用制式器材露营和利用就便器材露营。利用制式器材露营，通常是在预先有准备的情况下，利用帐篷、车辆、坦克、装配工事等装备制式器材进行的露营。利用就便器材露营，通常是利用诸如篷布、雨衣、大树、竹子、草木等随身携带和就地可以获取的器材、材料，搭建栖身之所进行露营。这里简要介绍几种野外露营的方法。

(1) 利用洞穴：洞穴是很好的庇护所。位于山谷较高处的山洞比较干燥，洞内气候受外界影响不大，是比较理想的栖息之所。位于谷底和深不可测的山洞，相当潮湿，不适宜居住，应当慎用。

(2) 架设帐篷：预先有计划的野外作业，一般都携带有制式帐篷或轻便的旅行者帐篷。遭遇突发事件而身处荒野时，必须搭建简易帐篷。可搭建简易帐篷的材料有雨衣、塑料薄膜、盖布等覆盖面料，以及竹竿、木棍等骨架材料。其大小和形状可根据地形特征，以及器材数量和露营人数灵活确定。

(3) 搭建棚屋(竹、木、草)：可根据所处环境和地形特征，充分利用自然条件，就地取材，搭建各种竹棚、木棚或草棚，以作为栖身之所。棚屋的形状，可结合地形地物，灵活设计成屋顶形、半屋顶形、单面斜坡形、圆锥形等各种形状。要尽可能利用自然地形地物，这样既可节省材料和工作量，又可增加牢固程度。

(4) 搭筑简易庇护所：通常是寻找就近可利用的地形地物，加以改造和补充搭盖，构成临时栖息所，其好处是有利于求生者保存和恢复体力。

(三) 宿营的基本要求

进入宿营地前，指挥员应了解宿营地域情况，重点调查是否有传染病流行等卫生情况，以及当地的民情风俗等。到达宿营地域后，必须做好以下工作。

(1) 派出岗哨和观察员组织侦察和搜集情况。

(2) 组织所属指挥员勘察地形，划分各排的隐蔽配置位置，规定紧急集合场所和疏散隐蔽地域，明确遭遇突发事件时各分队的行动方案。

(3) 组织分队构筑必要的工事并进行伪装，建立通信联络，侦察水源，对汲取饮用水的河流，要区分饮水和洗刷的地段。

(4) 督促士兵用热水洗脚，整理装具，烤晒衣服，抓紧时间休息。

(5) 组织各班、排构筑厕所，教育士兵不得随地大小便。

(6) 了解当地民情，遵守群众的风俗习惯和三大纪律八项注意，密切军民关系。

(7) 炊事员注意饮食卫生和调剂生活，检查食物是否清洁，防止中毒。

(8) 宿营结束，要认真清点文件和武器装备，避免丢失，消除宿营时所留痕迹，并会同政治部门进行群众纪律检查和做好善后工作。

(四) 宿营警戒

宿营警戒是保障军队宿营安全的警戒。宿营警戒的组织应根据敌情、地形和宿营部署确定。通常团(营)向敌威胁较大的方向上派出连(排)哨，向次要方向派出排(班)哨；连(排)派出班哨、步哨、潜伏哨、游动哨。警戒派出的距离以保障主力不受突然袭击和有时间组织部队投入战斗为宜，一般连(排)哨为4～6千米。警戒地带的宽度：连哨为2～3千米，排哨为1～1.5千米。必要时，应组织有重点的环形警戒。

第三节　野外生存训练

野外生存是指人在住宿无着的野外复杂的环境中求生。在当代，无论是军人还是学生，在非作战的特殊情况下，如进行旅游、探险等活动时，有时也迷途于荒岛、丛林、大漠，个人陷入困境时，野外生存知识掌握越多，生存概率越大。因此，即使没有战争，掌握一些野外生存知识也是十分必要的。

一、准备生存物质

(一) 有计划行动的行装准备

对有计划的野外行动，出发前，应根据客观环境的需要选择适合的装备，准备好行装。这些装备主要包括以下四大类。

(1) 基本生活用品：鞋子、衣服、雨衣、被装、帐篷、背包、行囊、食品、通信设备和电源等。

(2) 常用药和卫生用品：镇痛类药、肠道镇定剂、抗生素、抗感冒药、防中暑药、抗过敏药、防毒蛇咬(蚊虫叮)伤药、抗疟疾类药品、跌打损伤药、膏药类、急救包、绷带及消毒、灭菌药物等。上述各类医药卫生用品可根据个人的习惯，以及执行任务区域的流行病特点，灵活选择搭配。

(3) 百宝盒或救生宝盒。内有火柴、蜡烛、打火石、放大镜、针和线、鱼钩、鱼线，还可以根据需要再装其他小件物品。

(4) 工具包。内有指南针、绳索、手电筒、饭盒、救生袋、刀具等。

(二) 携装

携装又叫着装或装载。行装的装载程序应根据先用后装，后用先装，常用的物品装在最上面(或边袋)的顺序进行。为了方便，最好把所有东西分门别类地放在各种聚乙烯透明袋里，每件物品应有相对固定的存放位置，每次使用完后都必须放回原来的位置。

(三) 意外情况下搜集和制造装备

受困于荒野之中，面临恶劣的气候和时常出没的野兽，缺少必要的工具和武器是非常危险的。因此，要设法寻找、制作基本的工具和武器，以战胜恶劣环境，求得生存。

搜集出事地点的可用之物：当乘坐舰船、飞机、汽车等各种交通工具远行，不幸发生意外事故受困荒野、孤岛时，不要匆忙离开出事地点，在确实判明不会发生进一步的危险时，应该留在出事地点及其附近地区，一方面采取自救互救措施，另一方面等待救援；当出事地点远离人烟，短时间内难以得到救援时，应搜集可用之物制造求生工具和武器，装备自己。然后依据客观情况，决定下一步的求生行动。

制作工具和武器：大自然提供了各种各样的材料，我们要学会就地取材，根据需要加工制作，使之成为适用的工具和武器。石头是大自然中最容易获取的材料，可以利用石头制作石器；如果身处竹、木林地，可以利用竹、木制作竹木器具；身处海岛可利用海螺和贝壳制作刀具；身处草原、林区，可以利用动物的骨头、犄角制作武器。

二、获取饮用水

水是人体的最基本需求，离开它人就无法生存。在野战条件下，作战人员要对饮水计划使用。同时，组织人员寻找水源或采集、处理用水，以弥补消耗的饮用水。

(一) 寻找水源

野外生存必须要找到维持生命的饮用水，寻找水源的方法主要有几个方面。

地上水：包括泥泞水、雨水、露水等。

地下水：凡是高山融雪、溪水、渗入地下的雨水、山谷低凹处积水、岩缝里流出的山泉等，均可视为地下水，此类水源易得，但应注意消毒。

植物代用水：如果地上、地下水源均枯干，或水源不洁不能饮用时，可在植物上找到代用水。在野外可以根据野生植物的种类、生长的数量和分布范围，以及动物出没活动规律等寻找地下浅层水源。一般植物茂盛、动物经常出现的地方，是容易找到浅层水源的。在许多干旱的沙漠、戈壁地区，生长着铃铛刺等灌木丛，其下 6～7 米深就有地下水；胡杨林生长的地方，地下水距地面 5～10 米；茂盛的芦苇指示地下水位于地表下 1 米左右；而在喜湿的金戴戴、马兰花等植物下面，挖掘 1 米左右就能找到水；南方雨水充沛，根深叶茂的竹林通常是浅表地下有水的标志。另外，蚂蚁、蜗牛、青蛙、蛇等动物喜欢在泥土潮湿的地方做窝栖身，这些地方向下深挖通常可以找到水。

(二) 取水方法

获取饮用水的途径通常有两种：一是挖掘地下水，二是获取地面水。在这里，我们主要介绍一些从地表获取饮用水的方法。

(1) 露水的采集：在日夜温差较大的地区或季节，清晨时露水比较多。采集办法如下：用吸水性强的衣服或布料做成布团，在草地上来回拖动，以吸收其叶片上的露水，待布团吸足水后，再将其拧在容器里或直接吮吸。也可采集树枝、树叶上的水滴和岩石上的积水。

(2) 雨水的收集：雨水一般是野外最安全的水源。下雨时，选择大面积的集水区，尽量利用各种容器、罐来收集。也可选择在比较低洼的地面上挖个坑，铺上能防渗的塑料布、帆布或雨衣，用来收集雨水。

(3) 冰雪化水：一般情况下，能融冰就不化雪。因为融冰比化雪消耗的热能少，且能更快更多地化出水。在取舍冰或雪时也要考虑获取的难易程度。化雪时，应先融化小块的雪，待容器中的雪化成水后，再逐渐加雪，这样有利于热传导和保护化雪容器。

(4) 采集凝结水：是指利用植物根部从地下吸收水分和叶面的蒸腾作用采集饮水。采集方法如下：挑选枝叶浓密的嫩枝条，在嫩枝叶上套一只塑料袋，袋口朝上，袋的一角靠下，以便收集凝结水。这样，当温度升高时，叶面蒸腾作用产生的水汽上升与薄膜接触时遇冷，就会在袋内产生凝结水。

(5) 植物中取水：某些树的汁液是可以饮用的，如椰子树、枫树、仙人掌等。清晨时较宜从这类富含水分的树上汲取汁液。竹子的竹节间也常有存水，摇动时有明显声响就可采用。采集方法如下：把竹枝弯曲绑住，将头部切断，在切口处用容器接住滴下的水；或在每一节的顶部剖开个 V 形槽口，将竹竿倾斜就可倒出水来。从植物中取水时还要先判断该植物的液汁是否有毒，以及其气味情况。有毒的不能直接饮用，气味特异的要引起注意。如椰子汁富含水分，但成熟椰子的果汁有轻泻功能，饮用过多会引起腹泻，故要适量饮用。

(6) 蒸馏取水：有些水(如海水、树汁、受污染的水)是不能直接饮用的，但通过蒸馏可得到洁净的饮用水。蒸馏方法如下：先找一些可替代实验室曲颈瓶的用具，如容器、软管等。将软管一端插进盛满水的密闭容器顶部，另一端插入封闭的冷却器皿中，给盛水的容器加温，水沸腾产生的蒸汽经管子散发到冷却器皿中，遇冷凝结成洁净的饮用水。

(三) 净化饮用水

野外生存最重要的是保持良好的身体状态，而污染水极易使人致病。因此，净化饮用水以保证安全卫生是非常重要的。在野外条件下，净化饮用水的方法主要有以下几种。

(1) 药物净化：使用 69-1 型饮水消毒片、漂白粉精片处理浊水，可以起到澄清杀菌的作用，使用明矾可以使浊水变清。

(2) 植物净化：将一些含有黏液质的植物如仙人掌、榆树皮等，捣烂成糊加入浊水中，搅拌 3 分钟后，再静止 10 分钟左右，可起到类似明矾的作用。一般 15 千克水可用 4 克植物糊净化。

(3) 过滤水：将竹节一端堵节打掉，在另一端堵节上钻一个小孔。竹节内从下向上依次放入石子、沙、土、木炭碎块做成过滤器。将浊水缓缓倒入竹节，小孔中就会流出比较洁净的过滤水。

三、获取食物

食物是为人体提供热能和营养，以维持生命的基本物质。因此，受困荒野要战胜危机，生存下去，就要想办法获取食物。野外生存获取食物的途径主要有以下两种。

(一) 采集野生植物

可食用的野生植物可分为野果类、野菜类、野生菌类和海藻类等。鉴别植物是否有毒的一个简单方法是将采集到的植物割开一个口子，放进一小撮盐，然后仔细观察这个口子是否改变原来的颜色，通常变色的植物不能食用。

常见可食的野果主要有山桃、椰子、木瓜、稠李、笃斯、茅莓、沙棘、棠梨、坚果、余甘子、山葡萄、山荆子、火把果、桃金娘、胡颓子、乌饭树、野栗子、山樱桃、山柿子、猕猴桃、酸藤果、小果蔷薇、黑瞎子果等。夏秋两季，这些野果都可以生食充饥。一般情况下，老鼠、松鼠、兔子、猴子等动物吃过的野果对人体也是无害的，但是鸟类可以食用的植物，人不一定能食用。

常见可食的野菜主要有菱、藕、芦苇、苦菜、荠菜、青苔、蒲公英、马齿苋、刺儿菜、野苋菜、扫帚菜、猪牙草等。野菜加工方法较重要，加工目的主要是去毒去味。无毒并美味的野菜，如苦菜、小根蒜、蒲公英等可以生食；对于一些有苦涩味并可能有轻微毒性的野菜，如水芹、败酱、珍珠菜、胭脂麻、龙芽草、水杨梅等可煮浸后食用；无毒或无不良苦味的野菜，如荠菜、扁蓄、刺儿菜、野苋菜、扫帚菜、鸭跖草等，可将嫩茎叶摘洗干净，切碎后即可炒食或蒸食。

常见可食的野生菌类主要有香菇、草菇、竹荪、口蘑、鸡枞、猴头菇等。采食蘑菇要特别注意识别毒蘑。毒蘑多有各种色泽，而且美丽，无毒蘑则多呈白色或茶褐色；菌盖上有肉瘤，菌柄上有菌环和菌托的有毒，反之则无毒；毒蘑一般生长在肮脏潮湿、有机质丰富的地方，无毒蘑则多生在干净的地方；毒蘑采集后极易变色，无毒蘑则不易变色；毒蘑大多柔软多汁，无毒蘑则较致密脆弱。蘑菇的吃法一般是炒食或做汤。

海岸和岛屿生长着许多海藻、绿藻、红藻、褐藻，一般都可以食用。常见的可食海藻类主要有紫菜、裙带菜、鹅掌菜、角叉菜、鸡冠菜、刺海松。海藻类可用类似处理野菜的方法，加工处理后食用。此外，树皮也可应急食用，如柳树、松树、白杨树新生的树皮或内皮(硬树皮与树木之间的软皮)，均可以吃。

(二) 猎捕野生动物

狩猎是人类最古老的生产活动，它与捕鱼、采食野生植物同是人类适应自然环境并与大自然长期斗争的产物。捕食动物是野外求生的重要手段之一。一般来说，各种长有皮毛的动物、各种禽鸟和蛇类，只要是新鲜的都可以食用。

野外求生时，通常不具备捕捉大型动物的条件和技能，但可以捕捉一切可以食用的小动物，如鱼、虾、蛇、龟、鳖、蛙、蜥蜴等。在江、河、湖、塘等垂钓或捕捉的鱼、虾，食用前要认真辨别是否有毒。通常在热带浅海中，没有鱼鳞而有尖刺或硬毛，形状比较怪异的，就可能是毒鱼，不可食用。在捕蛇时，既要胆大，又要心细，打蛇要打头部七寸，要谨防被毒蛇咬伤。蛇肉可以清炖、红烧或烧烤，既鲜美，又富有营养。捕捉蜥蜴时，要尽可能抓住蜥蜴的尾巴，谨防被咬伤或被其利爪抓伤。捕捉到后，先砍头剁脚，然后剥皮、剖腹去除内脏，即可下锅烹饪或烧烤食用。宰杀龟、鳖时，要先重击其头部，杀死后再沿腹部剖开，去除内脏，切除头部，切块下锅烹煮。在水边或稻田捕到的蛙类均可食用，但有些种类(如蟾蜍)皮下有毒腺，必须宰杀、剥皮、煮透，杀死寄生虫后方能食用。

此外，昆虫也是野外生存能够获取的动物性食物。目前，人们食用的昆虫主要有蜗牛、蚯蚓、蚂蚁、蝉、蟑螂、蟋蟀、蝴蝶、飞蛾、蝗虫、蚱蜢、蜘蛛、螳螂、蜜蜂等。很多人会厌恶吃昆虫，但在万不得已时，为维持生命，保持体力，不妨一试。但应注意，一定要煮熟或烤透，以免昆虫体内的寄生虫进入人体，导致中毒或得病。食用前，对大型昆虫，如蟋蟀、蝗虫、蚱蜢等，要先去除翅膀和小腿。因为其腿毛会刺激人的消化道，某些昆虫幼虫的纤毛还会引起皮疹。

四、野外取火

火可以煮饭烧水、熏烤食品、烘烤衣物、取暖御寒、驱除猛兽和有害昆虫，必要时还可以作为信号。但是，因为用火不慎而引发火灾，也可能危及生命，破坏自然生态，造成不可挽回的损失。在野外生存，不仅要懂得如何生火、用火，而且要懂得控制火焰燃烧，安全用火。

(一) 选择生火点和构筑火炉

选择生火点：要根据所处环境的地形特点，确定生火的地点。最好选择在靠近宿营处，既能保证用火安全，又便于火焰燃烧和散烟的地点。

构筑火炉：为了保证用火安全，提高热效能，求生者应当在选定的生火点上，根据用途、地形特点和可能获取的材料，采用垒、挖、架等办法，构造合适的火炉。有条件时，也可以利用就便器材改造成火炉。

(二) 点火方法

用火柴或打火机点火是最方便的。如果事先没有准备这些取火工具，也可以准备少许轻软易燃的引火物，如枯草、野兽毛、干树皮等，尝试用其他方法取火。

(1) 火柴点火：火柴和打火机是最便利的点火工具。因此，求生包里一定要备有火柴或打火机。用火柴或打火机点火时，最好先点燃一支蜡烛，再用蜡烛点燃火堆，待火势燃烧起来后即把蜡烛熄灭，这样可以节省火柴。

(2) 凸镜生火：强烈的阳光通过凸镜的聚焦作用，可以产生足够的热能点燃火种。因此，在阳光直射的情况下，可利用随身携带的放大镜、望远镜和照相机的凸镜，将太阳光聚焦于引火物之上，火种开始冒烟时，用口吹气助燃。

(3) 击石取火：这是人类最早的取火方法。可以找一块质地坚硬的石头作"火石"，用小刀的背或小片钢铁，在石头上敲打，使火花落到引燃物上。当引火物开始冒烟时，缓缓地吹或扇，使其燃起明火。也可以用两块石头互相敲打，产生火花引燃引火物取火。

(4) 弓钻取火：这也是一种古老的生火方法。用强韧的树枝或竹片绑上鞋带、绳子或皮带做成一个弓子。在弓子上缠一根干燥的木棍，用它在一小块硬木上迅速地旋转，最后钻出黑粉末，这些黑粉末冒烟而生出火花点燃引火物取火。

(5) 钻木取火：用一根干燥坚硬的纺锤状木棒在一块干燥的软木底座上摩擦钻孔，靠钻孔摩擦发热点燃引火物。

(6) 枪弹取火：取一枚子弹，将弹丸拔出，倒出三分之二的发射药，撒在干燥易燃的枯草或纸上，把弹壳空出的地方塞上纸或干草，然后推弹壳入膛，用枪口贴近撒了发射药的引火物射击，引火物即可燃烧。

(7) 电池生火：电池正、负极接触产生电火花，也可用来点火。在野外生存中，可以利用的电池主要有汽车电池、手电筒电池、收音机和通信工具的电池等。

五、常见伤病防治

(一) 昏厥的防治

野外昏厥多是由于摔伤、疲劳过度、饥饿过度等原因造成的，其症状是脸色突然苍白，脉搏微弱而缓慢，失去知觉。如果遇到这种情况，不必惊慌，一般过一会儿便会苏醒。苏醒后应喝些热水并注意休息。

(二) 毒蛇咬伤的防治

在山野丛林里活动时，一旦被毒蛇咬伤应立即采取紧急救护措施。首先要马上用布条或布绳等缚住伤口处靠近心脏一端，以缓阻毒血上流。然后，再用刀子在毒蛇咬伤处划一个十字，挤出毒液，也可以用口吸出毒液(如口内有溃疡、生疮、出血时不能用口吸，以免中毒)，即吸即吐，有条件时还可进行冲洗。处理好伤口后，要及时就医，不可延误伤情。一般情况下，在毒蛇较多的地区活动时，应备有蛇药。

(三) 昆虫叮咬的防治

在野外，为了防止昆虫的叮咬，人员应着长袖衣和长裤，扎紧袖口、领口。在皮肤暴露部位涂擦防蚊药。不要在潮湿的树荫下和草地上坐卧。宿营时，燃点艾叶、香篙、野菊花、柏树叶等驱赶昆虫。如被昆虫叮咬后，可用氨水、盐水、肥皂水、小苏打水或氧化锌软膏涂抹患处止痒消毒。

(四) 蚂蟥叮咬的防治

蚂蟥是危害很大的虫类。如被蚂蟥叮咬时，不能硬拔，可用手拍打，或用肥皂液、盐水、烟油、酒精滴在其前吸盘处，或用点燃的香烟烫，让其自行脱落，然后压迫伤口止血，并用碘酒洗涤伤口以防感染。在部队行进中，应经常查看有无蚂蟥爬到脚上。在鞋面上涂些肥皂、防蚊油，也可以防止蚂蟥上爬，有效时间为4～8小时。此外，将大蒜汁涂抹于鞋袜和裤脚，也能起到驱避蚂蟥的作用。

(五) 蜇伤的防治

如被蝎子、蜈蚣、黄蜂等毒虫蜇伤后，伤口红肿、疼痒，并伴有头晕、恶心、呕吐等症状。要先挤出毒液，再用醋、氨水、烟油、肥皂水涂擦伤口，或用马齿苋捣碎，汁冲服，渣外敷，也可将蜗牛洗净后捣碎涂在伤口处。另外，蒜汁对蜈蚣咬伤有一定疗效。

(六) 中毒的防治

中毒症状一般表现为恶心、呕吐、胃痛、腹泻、心脏衰弱等。如遇这种情况，立即洗胃。先快速饮入大量的水，并用手指抠触咽部引起呕吐，然后吃蓖麻油等泻药清肠，吃活性炭等解毒药及其他镇静药，再次多喝水，以加速排泄。为保证心脏正常跳动，应喝些糖水、浓茶，暖暖脚，立即将病人送医院救治。

(七) 中暑的防治

在炎热夏季，人体的体温调节与其他生理机能发生障碍，或活动量过大，休息不足，水盐补充不及时，衣服不通气等都会引起中暑。其症状是突然头晕、恶心、昏迷，无汗或湿冷，瞳孔放大，发高烧。发病前，常感头晕口渴，浑身无力，眼前阵阵发黑，此时，应立即在阴凉通风处平躺，解开衣裤带，让全身放松，再服十滴水、仁丹等药物。发烧时，可用凉水洗头或冷敷散热；如昏迷不醒，可掐人中穴、合谷穴令其苏醒。

(八) 冻伤的防治

当气温降到 0℃以下，人长时间在户外活动，脸、鼻、耳和手、脚均容易冻伤。如发现皮肤有发红、发白、发凉、发硬等现象，应用手或干燥的布摩擦伤处，促进血液循环，减轻冻伤。轻度冻伤可用辣椒泡酒涂擦。如出现伤者身体冻僵，不宜马上将伤者抬到温暖的室内，应先摩擦肢体，做人工呼吸，待伤者恢复知觉后，再到较温暖的地方救治。

六、求救方法

(一) 利用声音求救

如果陷入低洼的地方、密林中、塌陷物内，或遇大雾、暗夜等情况，间断性地呼救是十分必要的。不少类似遇险者，意志坚强，不断地呼救，最后终于获救。也可就地取材，利用哨声、击打声呼救。

(二) 利用烟火、光求救

在丛林、荒岛、大漠等处遇险时，可点燃树枝、树皮、树叶、干草等，白天加湿，用烟作为求救信号；夜间用火，向可能获救的方向点三堆火，用火光传送求救信号；白天还可用镜子、眼镜、玻璃片等借助太阳光反射，向空中救援飞机发出求救信号。

(三) 利用求救信号求救

利用求救信号求救是指利用当今的一些高科技产品发出求救信号。各种现代化的工具如手机、计算机、卫星电话等，都可以方便、快捷地发出求救信号。例如，广为人知的 SOS 是国际上通用的求救信号。SOS 是 save our soul(救救我们)的英文缩写，在荒原、草地、丛林的空地上可以各种形式写上 SOS 求救。

第四节　识图用图

识图用图是识别与使用军用地图的简称，是军事地形学研究内容之一。识图，主要是了解军用地图上各种图形符号和文字注记的含义，包括地图投影、坐标和高程系统，地图比例尺，地物和地貌的表示方法，地图分幅和编号等。用图，主要是掌握军用地图的应用范围和使用方法，包括利用地图研究地形、现地判定方位、按地图行进、确定目标点的地理坐标和平面直角坐标、确定射击诸元、调制要图、制作沙盘等。两者相辅相成，识图是用图的基础，用图是对识图水平的检验。通过识图用图，可以了解战区的地形，标绘各种情况，量取各种数据，对正确利用地形条件遂行作战任务具有重要作用。

一、地形及其作战影响

(一) 地形概念和分类

地形是地貌和地物的总称。地貌是指地表面高低起伏的自然状态，如高山、丘陵、平原等。地物是指分布在地表面上的人工建造或自然形成的固定性物体，如树林、居民区、建筑物、道路、江河、湖泊等。

不同的地貌与地物相互结合，形成了各种不同类型的地形。按地貌形态可分为平原、丘陵、山地等；按地物的分布和土壤特性可分为居民地、水网稻田、江河湖泊、山林地、石林地、沙漠、戈壁、草原、沼泽等。在军事上，一般按地形对通行、观察、射击的影响及地面切割程度进行分类。

(二) 地形对作战行动的影响

不同地形有不同的特点，对作战行动也有不同的影响。认识和分析地形对作战行动的制约与影响，是军事上研究和利用地形的前提。

1. 平原地形

平原是指高差在 50 米以内，坡度在 30° 以下的宽而广的低平区域。在平原地区作战，便于机动，易于指挥，特别是在东北、华北平原作战，能发挥机械化部队良好的机动性能，视界、射界宽广，便于观察射击，也能充分发挥各种火器的效能。但不易选择观察所，很难找到足以瞰制战场的制高点，炮兵不易选择良好的遮蔽阵地。平原地形人烟稠密，物产丰富，能为军队提供较好的后勤补给和宿营条件，但对核生化武器的防护作用较差。从总体上看，平原地形一般易攻难守，制空权和装甲优势容易体现。

2. 山地地形

山地是指地表起伏明显、坡度较陡(大于 30°)、高差超过 200 米的区域。由于山地地形起伏较大，山高坡陡谷深，部队机动易受影响，各类战斗车辆只能沿公路或平坦的谷地机动；观察、射击受限，死角较多，但易选择制高点、指挥所和观察所；隐蔽与伪装条件较好，对核、化袭击有天然的防护作用，但凹、谷地易滞留毒剂；便于构筑坑道工事，但山地石质不易挖掘；指挥协同困难，不易变更部署，部队常被分割在不同方向上独自为战。从总体上看，山地地形一般易守难攻。

3. 丘陵地形

丘陵是指地表起伏较缓、坡度较小、高差大多在 200 米以内的地区。丘陵地形山丘起伏、谷地宽阔，便于部队机动，履带式车辆可越野行驶；丘谷交错，制高点多，易于观察、射击，方便部署兵力和选择炮兵阵地。从总体上看，丘陵地形既易攻，也易守，适合大兵团作战。

4. 高原地形

高原是指地势高而地面比较平缓宽广，海拔大多在 500 米以上的区域。高原上通视广阔，观察良好，但交通不便，部队机动困难，特别是技术兵器使用易受限制；高海拔的高原，空气较稀薄，部队机动体力消耗大，运动速度慢，射击误差大，通信与补给也较困难。此外，多数人会有高原反应，易发生疾病，非战斗减员增多，也直接影响部队战斗力。

5. 其他地形

(1) 居民区。按其大小和用途分为城市、乡镇和村庄。这类地形便于宿营、补给、隐蔽，建筑对常规武器有较好的防护作用，坚固的地下室对核武器攻击也有一定的防护作用，但战斗指挥困难，缺水断电后部队行动将会受到很大影响。乡镇、村庄的战术性能比城市差，但居民地外轮廓的明显拐角和散列式居民地中的独立房屋，却具有一定的方位作用。

(2) 海岸与岛屿。海岸是海洋与陆地相互连接和相互作用的狭长地带。海岸的坡度和类别，以及海滩的纵深、宽度、坡度和滩质，对海岸防御和登陆作战均有重要影响。岛屿是散布在海洋、江河、湖泊或大型水库中的陆地。岛屿地形在军事上通常易守难攻，是控制一定面积水域的立足地，但部队机动和补给受限，易四面受敌，防御时需加强阵地建设。

二、地形图基本知识

(一) 地图概述

地图也叫地形图，是按照一定的数学法则，用规定的图式、符号、颜色和文字标记，将地球表面的自然和社会要素，基于一定的制图原则，综合测绘到平面图纸上的图画。

地图一般按其比例尺、内容、制图区域范围、用途和使用形式等划分。按其内容可分为普通地图和专题地图。普通地图是综合反映表面自然和社会要素一般特征的地图，是以相对均衡的详细程度表示自然地理要素(如地貌、土质、水系、植被)和社会经济要素(如居民地、道路网、行政区划分)，广泛应用于经济建设、国防建设、军队作战训练等方面。专题地图又称特种地图，是以普通地图为底图，着重表示某一专题内容的地图，如地势图、地貌图、植被图、交通图、气象气候图等。

(二) 地图比例尺

地图是现地的缩影。地图比例尺是现地缩小的比率，即图上某两点间长度与相应实地水平距离的比值。一幅地图的图幅面积一定时，比例尺越大，其图幅所包括的实地范围就越小，但图上显示的内容则越详细；比例尺越小，图幅所包括的实地范围就越大，但图上显示的内容则越简略。地图比例尺一般绘注在南图廓的下方，其表示形式主要有：①数字式，即用比例尺或分数式表示，如 1:5 万或 1/50000。②文字式，即用文字叙述的形式予以说明，如"一百万分之一""五万分之一"或"图上 1 厘米相当于实地 500 米"。③图解式，即将图上与实地长的比例关系用线段、图形表示出来，也叫图解比例尺。地图上大多采用直线比例尺。直线比例尺是用直线(单线或双线)表示的，如图为 1:5 万的直线比例尺，从"0"向右为尺身，图上 1 厘米代表 0.5 千米；从"0"向左为尺头，图上 1 小格代表 50 米。

(三) 地物符号

地物符号是图示规定的图形符号，与地貌符号并称为地图符号。地物符号主要分为四类。

1. 依比例尺符号(也叫轮廓符号)

实地面积较大的地物，如大居民地、森林、江河、湖泊等，其外部轮廓是按比例尺缩绘的，内部文字注记是按配置需要填绘的。在图上可以了解其分布、形状和性质，也能算出相应实地的长、宽和面积。

2. 半依比例尺符号(也叫线状符号)

实地的窄长线状地物，如道路、土堤、垣栅、通信线路等，其转折点、交叉点位置是按实地精确测定的，其长度是按比例尺缩绘，而宽度则不按比例尺缩绘。

3. 不依比例尺符号(也叫点状符号)

实地上一些对部队战斗行动有影响或有方位意义的地物，如突出亭、塔、油库及树木等，因其实地面积较小，不能按照比例缩绘，只能用规定的符号表示。通过不依比例尺符号，可了解实地地物的性质和位置，但不能量取大小。

4. 说明与配置符号

说明符号主要用来说明地物的某种情况，如表示街区性质的晕线、表示江河流向的箭头等。配置符号主要用来表示某些地区的植被及土质分布特征，如草地、果园、树林、石块地等。

为了使地图层次分明，清晰易读，一般地图中还用多种颜色表示地物的性质和种类。其中，黑色表示人工地物和部分自然地物，如道路、居民地、独立石、溶洞；蓝色表示与水、冰雪有关的地物，如海洋、湖泊、水渠、冰川、雪山等；棕色表示地貌和土质，如等高线及其高程注记；绿色表示与植被有关的物体等。

(四) 地貌判读

1. 等高线显示地貌

等高线是由地面上高程相等的各点连接而成的曲线。假想把一座山从山底至山顶按相等的高度，一层一层的水平切开，这样在山的表面就会出现许多大小不同的截口线，再把这些截口线垂直投影到同一平面上，就形成一圈套一圈的曲线图形，由于同一条曲线上各点的高程都相等，所以叫等高线。地图就是根据等高线来显示地貌的特征(见图9-5)。

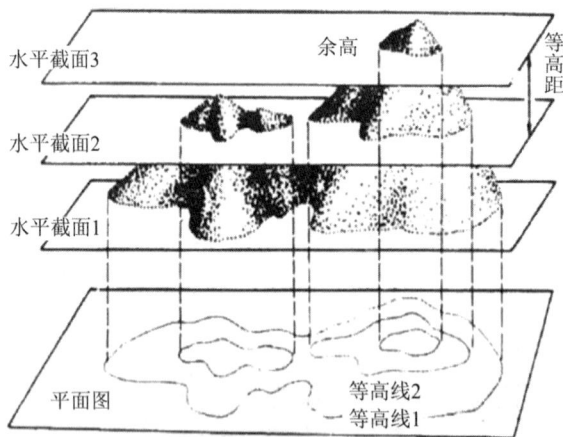

图9-5　等高线显示地貌的特征

利用等高线显示地貌具有以下特点：图上每一条等高线都表示实地的一定高度，在同一条等高线上各点的高程相等，每条等高线都是闭合曲线；在同一幅地图上，等高线多的山高，等高线少的山矮，凹地则与此相反；在同一幅地图上，等高线间隔疏的坡度缓，等高线间隔密的坡度陡；图上等高线的弯曲形状与相应实地地貌形状相似。

2. 等高距的规定

相邻两等高线各自所在水平截面间的垂直距离叫等高距，也指两相邻等高线间的高差。同一幅地图上，等高距越小，等高线越多、越密，图面越不清晰，但地貌显示越详细；等高距越大，等高线越少、越疏，图面越清晰，但地貌显示越简略。

等高线按其作用不同分为四种：①基本等高线(首曲线)，是按规定的等高距，由平均海平面起算而测绘的细实线，用以显示地貌的基本形态。②加粗等高线(计曲线)，规定从高程起算面起，每隔4条首曲线(即五倍等高距的首曲线)加粗绘制一条粗实线，用以数计图上等高线和判定高程。③半距等高线(间曲线)，是按1/2等高距描绘的细长虚线，主要用来显示首曲线难以显示的局部地貌，如小山、陡坡或鞍部等。④辅助等高线(助曲线)，是按1/4等高距描绘的细短虚线，主要用来显示间曲线难以显示的局部地貌。关于高程的起算和注记，中国1985年以前采用"1956年黄海高程系"，1985年后改用"1985国家高程基准"。以国家规定的高程基准面起算，高于高程基准面为正，低于该面为负(负值要前加"−"号)。以该基准面起算的高程为真高，也叫海拔或绝对高程。以假定水平面起算的高程，叫假定高程或相对高程。地物、地貌由所在地面起算的高度，叫比高。起算面相同的两点间高程之差，叫高差。

3. 地貌识别

地貌形态千姿百态，包括山顶、凹地、山背、山谷、鞍部、山脊和斜面等。掌握了识别这些地貌元素的要领，即可识别各种地貌(见图9-6)。

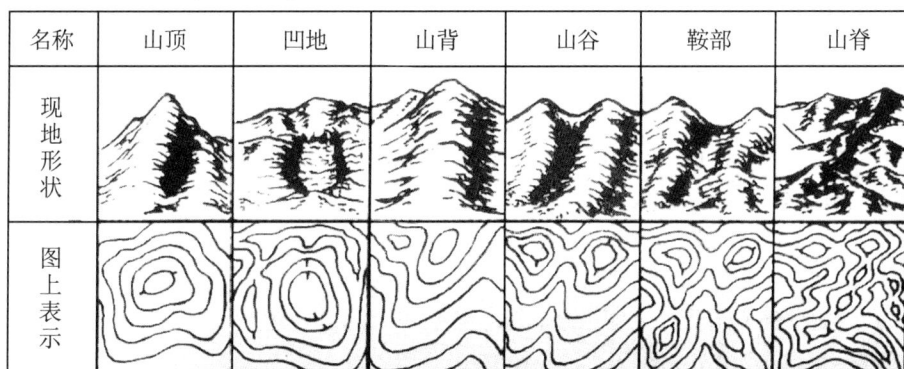

图9-6 山的各部形态

山顶是山的最高部位。表示山顶的等高线呈小闭合环圈。山顶按其形状又分为尖顶、平顶和圆顶三种。

凹地是指四周高、中间低，无积水的区域。大面积的凹地称为盆地。表示凹地的等高线是一个或数个小闭合环圈。为了区别凹地与山顶，表示凹地的环圈均要加绘示坡线。

山背是从山顶到山脚的凸起部分，很像动物的脊背。山背分为尖山背、圆山背和平齐山背。山背的中央凸起的最高棱线叫分水线。表示山背的等高线以山顶为准，等高线向外凸出，各等高线凸出部分定点的连线，就是分水线。

山谷是相邻山背、山脊之间的低凹部分。由于山谷是聚水的地方，其中央最低凹部分的底线叫合水线。表示山谷的等高线与山背相反，以山顶或鞍部为准，等高线向里凹入(或向高处凸出)，各等高线凹入部分顶点的连线，就是合水线。

鞍部是相连两山顶间的凹下部分，其形状如马鞍状，由一对表示山谷的等高线和一对表示山背的等高线表示。表示两山背的一对等高线高程相等，表示两山谷的一对等高线高程相等。

山脊是由数个山顶、山背、鞍部相连所形成的凸棱部分。山脊的最高棱线叫山脊线。

斜面是从山顶到山脚的倾斜部分，又叫斜坡或山坡。军事上以敌对双方占领区域为准，把朝向对方的斜面称为正斜面；背向对方的斜面称为反斜面。斜面按其起伏纵断面的形状分为等齐斜面、凸形斜面、凹形斜面和坡形斜面四种。

4. 高程、起伏和坡度的判定

(1) 高程和高差的判定。首先了解地图的等高距，在判定(目标)点附近找一个等高线或点的高程注记；再根据判断点与高程注记的关系位置，向上或向下数等高线，相应加减等高线，即可判定目标点的高程。两点的高程相减，即为两点的高差。

(2) 地面起伏的判定。判明行动地区和行进方向的起伏，可依等高线的疏密情况、高程注记、河流位置和流向，判定山脊、山坡、山谷的分布和地形，以及总的起伏状况。

(3) 坡度的判定。判定地图上某段坡度时，用两脚规量取该段相邻两条或间隔相等的相邻 2~6 条等高线之间隔，然后保持张度不变，到坡度尺上相同的间隔上比量，读出下方相应的坡度。

(五) 坐标

点的坐标是指确定平面上或空间中某点位置的有次序的一组数值。地图上的坐标有地理坐标和平面直角坐标。地理坐标是确定地面某点位置的经、纬度数值。平面直角坐标是确定平面上某点位置的长度值。这里只介绍地理坐标。地理坐标在地形图上构成坐标网，一般以度、分、秒表示，常用于指示飞机、舰船位置等。地理坐标网由一组经线和一组纬线构成。地形图是按经度和纬度分幅的，东、西内图廓线是经线，南、北内图廓线是纬线。由于地图比例尺不同，表示地理坐标网的形式也有区别。

1:2.5 万、1:5 万、1:10 万的地形图，只绘平面直角坐标网，其四边图廓间绘有经、纬度分度带，分度带的每个分划表示 1 分，将它们对应的度、分连接起来，即构成地理坐标网。

1:25 万、1:50 万、1:100 万的地形图，只绘地理坐标网。纵线是经线，横线是纬线，经、纬度数值注记在内外图廓间，在四边内图廓线上还绘有表示分、秒的短线。

在大比例尺地形图上量度某点的地理坐标时，可通过该点分别向经、纬分度带作垂线，直接在分度带读取坐标，也可连接对应的分度带，即可绘成地理坐标网。量读地理坐标时，通常先纬度后经度。

(六) 方位角与偏角

1. 方位角

从某点的指北方向线起，按顺时针方向到目标方向之间的水平夹角，叫该点至目标的方位角。根据现地用图的需要，在地图上定向，采用真子午线、磁子午线和坐标纵线三种不同的起始方向线，因此，从某点到同一目标，就有三种不同意义的方位角。

2. 偏角

由于真子午线、磁子午线、坐标纵线(也称三北方向线)三者方向不一致，而构成的水平夹角叫偏角或三北方向角。偏角分为磁偏角、磁坐偏角、坐标纵线偏角三种。

3. 方位角量测与换算

用量角器量读某点至目标点的坐标方位角时，先将两点连成直线，使其与坐标纵线相交，再用量角器按方位角的定义量读。当坐标方位角大于 30-00 密位(180°)时，应将量角器放在坐标纵线的左边，使零分划朝南，将量读出的密位数加上 30-00，即为所求坐标方位角。

磁方位角与坐标方位角的换算关系如下：

$$坐标方位角=磁方位角+磁坐偏角$$
$$磁方位角=坐标方位角-磁坐偏角$$

三、现地使用地图

现地使用地图，是在掌握一定地图基本知识的基础上，利用地图研究分析地形，熟悉和掌握地形情况，按照实际地形组织部队进行各种作战行动。

(一) 现地判定方位

判定方位是在现地辨明站立点的东、南、西、北向，明确周围地形关系和位置。判定方位的方法主要有以下几种。

1. 利用指北针判定方向

指北针，又名指南针，是中国古代发明的"司南"逐步改进而成。常用的指北针主要有62式和65式。判定方位时，平置指北针，待磁针静止后磁针北端所指的方向就是北方。使用指北针前应检查磁针是否灵敏，使用时应避开高压线和钢铁物体。指北针在磁铁矿和磁力异常区域不能正常使用。

2. 利用太阳和时表判定方向

一般来说，上午6时太阳在东方，中午12时在正南方，傍晚18时在西方。按照这一规律，可以利用时表根据太阳概略判定方位。方法是将时表放平，以时针所指时数(以24小时计时制)折半的位置对准太阳，12所指的方向就是北方。如在当地时间上午10时，应以折半的位置5时对准太阳；下午16时20分，应以8时10分对准太阳。为了便于判定，可在时数折半的位置垂直竖一根细棍或细针，使其阴影通过表盘中心。判定时，应以当地时间为准。我国大部分地区使用北京时间，即东经120°经线时间。由于经度不同，在同一北京时间内，各地所见太阳的位置也不同，故应适当增减。

3. 利用北极星判定方向

北极星是正北天空一颗较明亮的恒星，位于小熊星座的尾端，距北天极约1°角，肉眼看北极星在正北方。夜间找到北极星，就找到了正北方向(见图9-7)。

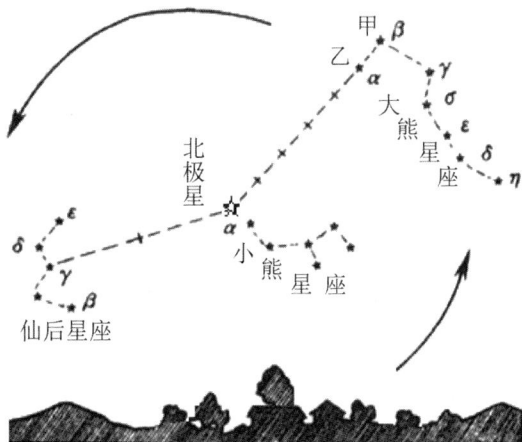

图9-7　利用北极星判定方向

可利用与北极星有关联的大熊星座和仙后星座来寻找北极星。大熊星座和仙后星座分别位于北极星两侧，遥遥相对，根据它们再找北极星就比较容易。大熊星座主要亮星有7颗，像一把勺子，俗称北斗七星，是北半球夜间判定方位的主要依据。将勺边甲、乙两星的连线向勺口方向延长，约在两星间隔的5倍处，有一颗比大熊星座略暗的星，就是北极星。

4. 利用自然特征判定方向

一些地物长期受太阳光、气候条件等影响，从而形成某种特征，可用以大致判定方位。单独生长的树木，一般是南面枝叶茂密，树皮光滑，北面枝叶稀疏，树皮粗糙；树木砍伐后，树桩上的年轮，通常北面间隔小，南面间隔大。突出地面的地物，如土堆、土堤、田埂和建筑物等，一般是南面干燥，北面潮湿，易生苔藓、地衣；南面积雪融化快，北面积雪融化慢。土坑、沟渠和林中空地则相反。北方平原地区较大庙宇、宝塔的正门多数朝南向；广大农村房子的大门也一般朝南开。

(二) 现地对照地图与定位

现地对照地图，确定站立点、目标点在图上的位置，是现地用图的主要内容。

1. 标定地图方位

现地标定地图方位，就是使地图的上北、下南、左西、右东方位与现地方位一致，以便现地使用地图。其主要方法有利用指北针标定，利用直长地物标定，利用明显地形点标定等。用指北针标定时，指北针的准星朝向地图上方，直尺边切于地图磁子午线，然后转动地图使指北针北端指零，则地图方位即已标定。

2. 现地对照地形

现地对照地形，就是在现地把图上的地形符号与现地的地物、地貌一一对应判别出来。同时要把现地有而图上没有，或图上有而现地已不存在的各类地形元素在图上或现地的位置找到。它通常是在标定地图方位之后进行，先通过观察实地地形概貌，判定出站立点的概略位置；再依次进行全面、详细的现地对照；然后准确判定站立点的图上位置。因此，现地对照与判定站立点的图上位置是一项交替进行、互相联系的工作。现地对照地形的一般顺序是：先现地后图上，再从图上到现地，反复进行。

3. 确定站立点在图上的位置

现地用图须随时确定站立点在图上的位置，以便利用地图了解周围地形和遂行作战任务。确定站立点的主要方法有地形关系位置判定法、后方交会法、侧方交会法、磁方位角法等。例如地形关系位置判定法，首先要标定地图方位，按照现地对照的方法和步骤，然后逐一判定站立点四周明显地形点在图上的位置，最后依它们相对站立点的关系和位置，在图上确定站立点的位置。

4. 确定目标点在图上的位置

作战中常需将新增和新发现的地形目标与战术目标标绘在地图上，以便量取坐标、指示目标和确定射击诸元。确定目标点在图上的位置，是在确定站立点在图上位置之后进行，主要方法有地形关系位置判定法、前方交会法、截线法等。

四、按地图行进

按地图行进是指利用地形图选定行进路线，通过地图与现地对照，保证沿选定的路线到达预定地点。

(一) 行进前准备

1. 选择、标绘行进路线

按照受领的任务、敌情、地形和部队装备等情况，在地图上选择行进路线。选择的路线要力求短捷、通畅、起伏小、方位物多、隐蔽和安全，重点考虑和研究路线上与行进有关的地形要素，如地貌起伏、沿线居民地、山垭口及桥梁、渡口状况等。在行进路线上所选择的方位物宜明显突出、不易变化。

标绘行进路线，就是将选定的行进路线(起点、转折点和终点)及方位物，用彩笔醒目地标绘在地图上，并按行进方向顺序编号，以便行进中进行对照检查。

2. 量取里程，计算行进时间

行进路线较长时，要按明显方位物分段量取里程，得出全程里程，并计算行进时间。从图上量得的里程，还需根据地表起伏情况进行坡度及弯曲改正。

3. 熟悉记忆行进路线

根据地形图，主要熟悉、记忆沿途经过的村镇、河流、桥梁、岔路口、城市中的明显建筑物等地形特征和方位物，以及各段里程数和行进时间。

(二) 行进的要领

在出发点上先标定地图，对照地形，判定出发点的图上位置，明确行进的方向和道路，然后及时出发，凭预先对沿途地形和方位物的记忆行进。

行进过程中要边走边对照，随时明确站立点的图上位置，清楚已走过的路线和里程；随时了解前方将要路过的方位物和到达的地点等，力求做到"人在路上走，心在图中移"。在经过岔路口、道路转弯点、居民地出入口时，应及时对照地形，以保持正确的行进方向；发现地形与地图不一致时，要仔细对照，全面分析，弄清情况后再继续行进；发现走错路时，应立即停止前进，对照地形，找到出错的地方，再根据实情决定另选迂回路线或返回原路，回到正确路线后，继续行进。

夜晚条件下行进，视线不良，地图与现地对照困难，容易迷失方向。行进前更要认真分析和熟记沿途地形特征，尽量选择道路近旁的高大地物和透空可见的山顶、鞍部等作为方位物，准备必需的照明、联络器材，明确相关信号。行进中，可用指北针或北极星标定地图，多找点、勤对照，采用走近观察、由低处向高处观察、由暗处向明处观察等方法；还可以根据水声、灯光等判断溪流和居民地的位置，及时确定站立点的位置，判定行进方向。

第五节　电磁频谱监测

现代社会无线电技术快速发展，对电磁谱资源的需求与日俱增，电磁环境日益复杂，也对电磁频谱监测和管理提出了更高的要求。电磁频率资源是人类共享的有限资源，它与水、土地、矿藏等一样是关系国民经济和社会可持续发展的重要战略资源，具有稀缺性。合理规划、分配和使用电磁谱资源，科学管理各类无线电台站，对保障国家和人民生命财产安全，促进社会和经济发展都具有重要意义。

一、电磁频谱监测基本知识

(一) 电磁波与电磁辐射

电磁波是由相同且互相垂直的电场与磁场在空间中衍生发射的震荡粒子波，是以波动的形式传播的电磁场，具有波粒二象性。频率是电磁波的重要特性。按照频率的顺序把这些电磁波排列起来，就是电磁波谱。电磁辐射是指电场和磁场的交互变化产生的电磁波向空中发射或泄露的现象。电磁辐射量与温度有关，通常高于绝对零度的物质或粒子都有电磁辐射，温度越高辐射量越大，但大多不能被肉眼观察到。电磁辐射由低频率到高频率主要分为无线电波、微波、红外线、可见光、紫外线、X射线和γ射线。太阳光(波长380～780nm)是电磁波的一种可见的辐射形态，在真空中的传播速度等同于光速。

(二) 电磁频谱监测与无线电测向

电磁频谱监测的主要内容是无线电测向与定位。无线电测向就是利用无线电定向测量设备，通过测量目标辐射源(无线电发射台)的无线电特性参数，获得电波传播方向的过程，也称为无线电定向，简称测向。利用无线电测向还可以确定辐射源的位置，称为无线电定位，简称定位。无线电测向可应用于军用和民用领域，如电磁频谱管理、自然生态科研、航空管理、国防安全和体育运动等。一般可根据其应用目的分为导航、辐射源寻的、寻找非法辐射源和干扰源、为干扰与摧毁提供引导、通信信号和通信网台的分选识别、勾画战场电磁态势图等。

(三) 无线电测向技术发展和应用

1888 年，德国物理学家海因利希·赫兹首先证实了电磁波的存在。1899 年，布朗发明了世界上第一个测向机——垂直旋转环，随后发表了"三个天线的方向图叠加而产生'心脏形'方向图"的研究成果。在 1916 年的英德海战中，英国利用岸基天线测向站，通过对德军舰队发射的通信信号进行测向，测得德军舰队的位置，进而引导英国舰队跟踪并追击德军舰队，使德军舰队遭到重创。1922 年，德国将旋转环体制的机载测向机首次用于飞行的导航，之后，机载无线电测向设备开始采用角度计听觉体制的测向机。20 世纪 40 年代，带视觉显示的机载测向机开始投入使用。"二战"中，美国大大推进了无线电测向技术的发展，改进了飞机上使用的无线电罗盘，研制成采用乌兰韦伯天线和间隔双环天线的测向机，研制成采用旋转开关的短波多普勒测向机，还改进了测向机的显示与读取设备等。"二战"后，德国首次在渔船上安装了第一部测向机，随后又开发出了船(民)用旋转环测向机和交叉环角度计测向机。20 世纪五六十年代，多普勒测向机被进一步改进，采用各种圆形天线阵的测向机也投入使用。20 世纪 80 年代初，研制成功短波波段的干涉仪测向机，之后，现代数字信号处理和控制技术在测向领域不断应用，测向理论和测向技术不断更新和完善，测向精度、灵敏度、时效性和分辨率等性能指标极大提高。

二、无线电测向设备

(一) 测向的物理基础

无线电测向的物理基础是无线电波在均匀媒质中传播的匀速直线性及测向天线定向接收无线电电波的方向性。无线电测向实质上是测量电磁波波阵面的法线方向相对于某一个参考方向(通常规定为通过测量点的地球子午线指北方向)的夹角。能完成这一测量任务的无线电设备称为无线电测向机或无线电测向设备。无线电测向不同于雷达，雷达是靠发射信号并接收目标反射回波而完成目标探测任务的。无线电测向不发射信号，它是通过接收辐射源信号来确定其来波方向的，从而完成对辐射源所在方向的测量即测向，故称为无源测向。因无线电测向过程不辐射电磁波，就辐射源方面来说，它对测向活动既无法检测，也无法阻止，因而保密性好。

(二) 测向设备的组成

无线电测向是建立在电波在均匀媒质中传播的匀速直线性及定向天线的方向性的基础上。由于定向天线接收来波信号后所产生的感应电势反映了来波的到达方向，又由于电波是沿直线传播的，所以这个方向就被认为是来波方向或目标辐射源所处的方位。基于上述考虑，现代无线电测向技术的物理实现包含三大部分：一是利用定向天线单元接收目标辐射源的来波信号，使得接收信号中含有来波的方位信息；二是利用射频信号前置预处理单元及测向信道接收机对定向天线单元送来的射频信号进行变换处理，使得信号中所含的目标方位信息便于后端的数字分析处理；三是利用方位信息数字处理与显示单元提取信号中所含的方位信息并进行综合处理，最后按所要求的格式和方式显示出来。可见，一部完整的测向设备应由多个基本单元组成(见图9-8)。

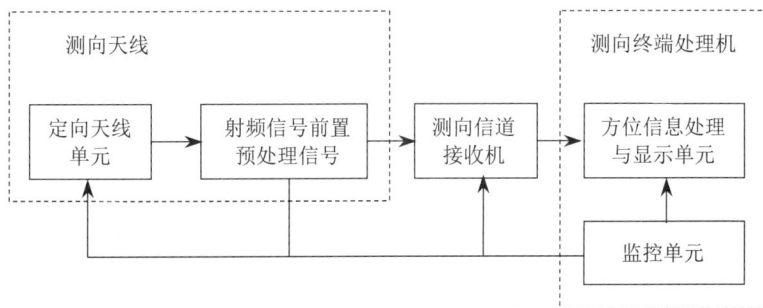

图9-8 测向设备的组成

(三) 测向机的分类

根据测向机运载方式的不同，测向机的运载方式通常有地面固定式和移动式两大类。地面固定式测向机一般是一种大基础测向机，测向天线系统很庞大，不便于移动，但它具有很高的测向接收灵敏度，可以对远距离电台传来的微弱信号进行测向，可以同时对多个方位同时到达的同频或近频来波信号进行测向，具有测向接收灵敏度高、测向精度高、抗干扰能力强等优点。移动式又分为便携式(手持式、背负式)、车载式、机载式、舰载式、卫星搭载式等多个种类。移动式测向机通常是一种小基础测向机，测向机比较轻便、灵活，便于战术移动，但它的性能指标一般来说不如大基础测向机。例如便携式(手持式)测向系统，便于监测人员随身携带和操作，具有体积小、重量轻、结构简单等特点，采用最简单的无线电测向方法，就是使用方向性天线直接进行无线电测向。方向性天线是指天线接收信号的幅度或相位与信号的方位角之间具有特定的关系，且方向特性良好、性能稳定的天线。

(四) 测向机的性能指标

选择测向机是一件细致的工作，因为面对给定操作环境和测向性能要做折中处理。不管测向原理如何，测向机的许多测向性能是一个测向机所必须具备的。设备的操作和设计性能(如显示方式、操作方式、遥控性能、温度范围、机械强度、形状、重量、功率消耗等)必须满足特定工作要求。其中主要测向工程特性有测向精确度、测向灵敏度、抗波前失真性能、去极化敏感性、同信道干扰性能和快速响应。

三、无线电测向训练活动

无线电测向运动是在野地、山丘、丛林等陌生环境中，借助无线电测向机，按顺序寻找隐蔽电台的一项融军事、体育、教育、科技于一体的竞技项目，是现代无线电通信技术与传统捉迷藏游戏的结合。在无线电测向比赛中，比赛成绩的高低取决于准确找台的个数以及完成比赛所花的时间。近年，全国每年举行一届比赛，有众多高校和大学生参赛。该项比赛有其独特特点，以跑为主，辅以跨、跳、走、攀登，不同于田径项目的跑，更类似于定向越野的跑。

(一) 无线电测向训练的安排和原则

研究表明，训练内容按重要性程度排列依次为识别电台信号能力、测定电台方位能力、心理承受力、耐力、应变能力、奔跑技术和速度。其中，参赛队员的找台技能、心理素质和体能较为重要的。普通高校参赛队员一般没有经过系统训练，体能、技能和心理素质等方面存在较多问题，又受学校课务、场地、交通和训练器材等因素制约，只能利用课余时间或暑假进行训练。训练场地可选择校园、学校周边丘陵等城市公园等，条件允许可安排到外地集训。

(二) 无线电测向训练的内容和方法

1. 参赛队员的技能训练

测向与奔跑紧密结合是电磁频谱监测运动独有的特征，因此，测向技能和奔跑技术也就成为该项运动技能训练的主要内容。其中，测向技能以起点标图技术、确定首找台技术、到位技术和近台区测向技术最为关键，也是技能训练的重点。

(1) 起点标图训练：可先在校园内设置 4～5 个距离 50 m 的"明台"进行训练，待队员熟练掌握该技术后，"明台"改为隐蔽电台，并增加干扰因素，提高测台难度，以训练队员精确标图的能力。干扰因素不仅局限于在目标台附近设置干扰台，还可以基于水、电缆、钢铁等传导性物质对无线电波的干扰作用，利用训练场上的水源、铁塔、移动电信发射台等来训练队员。然后，再加大信号源分布半径(如 500m、1000m)，并融入新的干扰因素，加大找台难度，反复训练参赛队员的找台技能和经验。

(2) 确定首找台训练：在比赛中，确定首找台是首要问题，也是正确地确定找台顺序的关键。这可以通过直线布台、小角度布台、大角度布台、环形布台等手段进行训练，熟练掌握方法后，再结合野外综合训练、变化布台特点反复训练。

(3) 到位训练：到位标志着对目标台途中测向的中止，近台区测向的开始。到位技术也是训练的重点。

(4) 近台区测向训练：可先进行方向跟踪、交叉定点、比音量、无信号找台、搜索等基本手段练习，然后再进行各种手段的综合运用训练，培养运动员按照环境、道路、电台难度和电波受影响的情况，穿插配合、灵活运用各种手段。

测向技能训练初期以校园内训练为主，在队员们基本掌握测向技能之后再进行野外训练，并可融入体能训练，由单项练习过渡到综合训练。在测向技能训练过程中，要注重在奔跑途中快速、准确地辨别电台信号、确定电台方位和距离，合理安排找台顺序，正确选择行进路线。

2. 参赛队员的体能训练

无线电测向运动属有氧、无氧综合供能，有氧为主的能耗特点决定了体能训练的 70%～80%时间应进行有氧耐力训练。耐力训练应以中长跑训练为基础，与测向专项技能训练相结合，再通过必要的野外综合训练来提高队员持续奔跑和适应野外环境的能力。重点培养队员野外奔跑的速度感、距离感，形成良好的野外奔跑节奏。

训练方法：可进行采用 12min-2400m 的定时跑，速度控制在 2min 跑 400m 的范围。在校内田径场完成数次基础训练后，再到野外用同样的方法反复训练，帮助运动员形成时间和距离概念。

变速跑训练也可以提高队员持续奔跑的能力。先可以在校园内规定路线(400m)跑后签名再跑，4 次为一组，训练强度 80%～90%为宜。训练 N 次后，逐步缩短调整期，并打乱奔跑距离的规律，使有氧训练和无氧训练有机结合起来，如 800m 中速—50m 慢速—100m 快速—400m 中速—1000m 慢速—50m 冲刺。另外，通过跑台阶、负重深蹲来训练腿部力量，增强下肢爬坡能力。

3. 参赛队员的心智训练

心智训练要以挫折教育理念为指导，采取"设难—克难—新困难—再克服"的模式，结合野外体能、技能综合训练来进行。让队员们在训练中充分接受逆境和"劣性刺激"的锻炼和磨练。

训练方法：可利用不良天气和环境条件，在无线电波干扰区架设隐蔽电台、设置流动电台或假电台等手段，增加找台难度，营造错找、漏找、找不到电台的挫折环境，让队员们体验挫折、接受磨练，以培养他们克服困难、迎难而上的自信和勇气。运用挫折教育要避免挫伤他们的自尊心和自信心，每次训练结束后要开会分析、讨论、交流和总结。教练员要注意指导、鼓励，激发队员们克服困难的勇气，提升他们的心理承受能力。

4. 参赛队员的野外综合训练

参赛队员在进行高强度训练时，还要尽可能多地搜集相关信息，从而准确辨别电台信号、精确测定电台位置、科学安排找台顺序、正确选择行进路线。这是一项能充分发挥个人智力、体力潜能的竞技体育项目。

野外综合训练正是增强队员比赛技能的重要途径。每次野外训练可安排不同外界环境，既可以选择大家熟悉的校园，也可以选择完全陌生的野外；既可以选择游人众多的公园，也可以选择人烟稀少的山丘；既可以选择植被茂密的树林，也可以选择视野开阔的水面。这些自然条件既保证了足够大的体能训练场地，又有可设置隐蔽电台的必要障碍，更是磨练队员意志品质和心理承受能力的理想环境。

应该说，无线电测向运动具有空间上的三维性、奔跑技术的复杂性、耐力储备的必要性、快速处理信息的高智能性等运动特点。根据其特点，各学校应积极开展以找台技能为主、定向越野为辅的训练，利用课余与假期安排技能、体能、心智和野外综合训练，在保证队员们完成正常学业的基础上有效提升比赛水平。

思考题：

1. "三分四定"是指什么？
2. 行军的基本要求有哪些？
3. 宿营地的选择通常要考虑哪些因素？
4. 野外生存时，取水有哪几种方法？
5. 地形对作战行动的影响有哪些？
6. 现地判定方位的方法有哪几种？

参考文献

[1] 全军军事术语管理委员会. 中国人民解放军军语[M]. 北京：军事科学出版社，2011.

[2] 中央宣传部. 习近平新时代中国特色社会主义思想三十讲[M]. 北京：学习出版社，2018.

[3] 中国大百科全书·军事[M]. 北京：中国大百科全书出版社，1989.

[4] 克劳塞维茨. 战争论(第一卷)[M]. 北京：解放军出版社，2004.

[5] 中央文献研究室. 邓小平军事文集(第三卷)[M]. 北京：军事科学出版社，2004.

[6] 王辉. 信息化战争基础知识思考与解读[M]. 北京：军事科学出版社，2009.

[7] 刘继贤. 论毛泽东军事思想[M]. 北京：中共中央党校出版社，2003.

[8] 新编大学生国防教育[M]. 北京：航空工业出版社，2019.

[9] 宋华，耿艳栋. 信息化武器装备及其运用[M]. 北京：国防工业出版社，2010.

[10] 王凯. 机械化战争论的"圣经"[M]. 北京：军事科学出版社，2000.

[11] 吴如嵩. 孙子兵法[M]. 北京：解放军出版社，1999.

[12] 哈珀·柯林斯. 世界军事历史全书[M]. 北京：中国友谊出版公司，1998.

[13] 程永生. 军事高技术与信息化武器装备[M]. 北京：国防工业出版社，2010.

[14] 凌永顺，万晓援. 武器装备的信息化[M]. 北京：解放军出版社，2004.

[15] 杨明建，瞿维中，等. 士官生军事训练教材[M]. 武汉：华中科技大学出版社，2017.

[16] 刘文炳. 军事课教程[M]. 修订版. 杭州：浙江大学出版社，2016.

[17] 翁木云，吕庆晋，等. 频谱管理与监测[M]. 2版. 北京：电子工业出版社，2017.

[18] 总装备部军训教材编委会. 军事技术概论[M]. 北京：国防工业出版社，2006.

[19] 顾伟. 军事科技与新军事变革[M]. 上海：复旦大学出版社，2003.

[20] 王保存. 世界新军事变革新论[M]. 北京：解放军出版社，2003.